银行业专业人员职业资格考试统编教材

公司信贷

—— 初、中级适用 ——

2021
年版

中国银行业协会银行业专业人员职业资格考试办公室◎编

中国金融出版社

责任编辑：李　融　李林子

责任校对：潘　洁

责任印制：程　颖

图书在版编目（CIP）数据

公司信贷：2021年版：初、中级适用/中国银行业协会银行业专业人员职业资格考试办公室编 . —北京：中国金融出版社，2021.3

银行业专业人员职业资格考试统编教材

ISBN 978 - 7 - 5220 - 1074 - 8

Ⅰ. ①公…　Ⅱ. ①中…　Ⅲ. ①信贷—银行业务—中国—资格考试—教材

Ⅳ. ①F832.4

中国版本图书馆 CIP 数据核字（2021）第 046588 号

公司信贷：2021年版：初、中级适用

GONGSI XINDAI：2021NIAN BAN：CHU ＿ ZHONGJI SHIYONG

出版
发行　**中国金融出版社**

社址　北京市丰台区益泽路2号

市场开发部　（010）66024766，63805472，63439533（传真）

网 上 书 店　www.cfph.cn

　　　　　　（010）66024766，63372837（传真）

读者服务部　（010）66070833，62568380

邮编　100071

经销　新华书店

印刷　北京市松源印刷有限公司

尺寸　185 毫米 ×260 毫米

印张　25.5

字数　522 千

版次　2021 年 3 月第 1 版

印次　2021 年 8 月第 2 次印刷

定价　58.00 元

ISBN 978 - 7 - 5220 - 1074 - 8

如出现印装错误本社负责调换　联系电话（010）63263947

本书指导委员会

首席专家： 李　钺

编写人员（按姓氏笔画排序）：

王　淳	王凤兵	刘吕科	江艳峰	李　壮
李　丽	李　琪	李德明	肖　静	汪晓帆
张万奇	陈忠阳	茆小林	周利群	怡　颖
俞　勇	施　伟	施　蕾	倪　剑	徐　挺
郭宏伟	黄党贵	曹　劲	龚　旸	梁定云
曾宪岩	温金祥			

审稿人员：

潘光伟	刘　峰	张　芳	朱宝明	杨　洸
张　亮	古　瑞	周更强	胡忠福	郭三野
金淑英	艾亚萍	高　峰	卜祥瑞	孙玉洁
宁　洁	李军彦	章筱枫	梁定云	陈晖萌
张允忠	金肖红	李妍婕	郭姗姗	王　丽

编写说明

为配合中国银行业专业人员职业资格考试，中国银行业协会银行业专业人员职业资格考试办公室组织专家小组，根据中国银行业专业人员职业资格考试《公司信贷科目考试大纲》编写了本考试教材。阅读本教材能帮助从业人员和考生基本把握考试大纲的范围和深度。

公司信贷教材专门为商业银行公司信贷业务相关的从业人员设计，其内容紧扣考试大纲，涵盖了公司信贷从业人员应知应会的基本知识和技能。本教材在编写过程中收集和参阅了大量已成熟定性的研究成果，同时还查阅了各家金融机构和监管机构已公开的资料，目的在于使教材尽可能地符合我国银行业的发展现状，以便于应试者复习备考，或者供有志于从事银行工作的人员学习。

本教材突出国内银行业实践，兼顾国际银行业最新趋势，坚持理论与实践相结合，以实践为主；知识与技能相结合，以技能为主；现实与前瞻相结合，以现实为主的原则。本教材以公司信贷的业务流程为主线，以贷款类公司信贷业务为重点，内容主要包括公司信贷概述、贷款申请受理和贷前调查、借款需求分析、贷款环境风险分析、客户分析与信用评级、固定资产贷款项目评估、担保管理、信贷审批、贷款合同与发放支付、贷后管理、贷款风险分类与贷款损失准备金的计提以及不良贷款管理等十二章，基本涵盖了银行公司信贷从业人员在开展公司信贷业务活动中需要了解和掌握的知识和技能。

本教材的编写工作得到了中国银保监会和中国银行业协会各会员单位的大力指导和支持，在此对上述部门、单位给予的支持，以及各位专家的辛苦付出表示特别感谢。

受时间和编写人员能力所限，本教材尚有诸多不尽如人意之处，真诚期待各方的批评指正。

联系邮箱：jiaocai@ china – cba. net。

中国银行业协会银行业专业人员职业资格考试办公室
二〇二一年三月

目　　录

第1章 公司信贷概述

 **本章概要**

公司信贷是指以银行为提供主体，以法人和其他经济组织等非自然人为接受主体的资金借贷或信用支持活动。公司信贷业务是我国商业银行的重要资产业务，是商业银行取得利润的主要途径，公司信贷业务的规模、结构和质量对商业银行的经营成败具有重要意义，其经营的结果直接影响商业银行安全性、流动性和盈利性目标的实现。

本章内容包括三节：第一节是公司信贷基础，主要从公司信贷的相关概念、公司信贷的基本要素和公司信贷的种类三个方面进行介绍；第二节是公司信贷管理，主要从我国信贷管理的原则、流程以及信贷管理的组织架构三个方面进行介绍，并介绍监管机构关于绿色信贷的相关要求；第三节是公司信贷主要产品，简要介绍公司信贷各主要产品的基本概念、主要特点。

1.1 公司信贷基础

公司信贷是指以银行为提供主体，以法人和其他经济组织等非自然人为接受主体的资金借贷或信用支持活动，主要包括贷款、担保、承兑、信用证、信贷承诺等。

1.1.1 公司信贷的基本要素

公司信贷的基本要素主要包括交易对象、信贷产品、信贷金额、信贷期限、贷款利率、还款方式、担保方式和约束条件等。

1. 交易对象

公司信贷业务的交易对象包括银行和银行的交易对手，银行的交易对手主要是经市场监督管理部门（或主管机关）核准登记，拥有市场监督管理部门颁发的营业执照的企

业法人、事业单位登记管理机关颁发事业单位法人证书的事业法人和其他经济组织等。

2. 信贷产品

信贷产品是指特定产品要素组合下的信贷服务品种，主要包括贷款、承兑、保函、信用证等。

3. 信贷金额

信贷金额是指银行向借款人提供的以货币计量的信贷产品数额。

4. 信贷期限

（1）信贷期限的概念

信贷期限有广义和狭义两种。广义的信贷期限是指银行承诺向借款人提供以货币计量的信贷产品的整个期间，即从签订合同到合同结束的整个期间。狭义的信贷期限是指从具体信贷产品发放到约定的最后还款或清偿的期限。在广义的定义下，贷款期限通常分为提款期、宽限期和还款期。

①提款期。提款期是指从借款合同生效之日开始，至合同规定贷款金额全部提款完毕之日为止，或最后一次提款之日为止，期间借款人可按照合同约定分次提款。

②宽限期。宽限期是指从贷款提款完毕之日开始，或最后一次提款之日开始，至合同约定的第一个还本之日为止，介于提款期和还款期之间。有时也包括提款期，即从借款合同生效日起至合同规定的第一笔还款日为止的期间。在宽限期内银行只收取利息，借款人不用还本；或本息都不用偿还，但是银行仍应按规定计算利息，至还款期才向借款企业收取。

③还款期。还款期是指从借款合同规定的第一次还款日起至全部本息清偿日止的期间。

（2）《贷款通则》有关期限的相关规定

①贷款期限根据借款人的生产经营周期、还款能力和银行的资金供给能力由借贷双方共同商议后确定，并在借款合同中载明。

②自营贷款期限最长一般不得超过10年，超过10年应当报中国人民银行备案。

③纸质商业汇票付款期限为从出票日期起至汇票到期日止，最长不得超过6个月，贴现期限为从贴现之日起到票据到期日止。

④不能按期归还贷款的，借款人应当在贷款到期日之前，向银行申请贷款展期，是否展期由银行决定。短期贷款展期期限累计不得超过原贷款期限；中期贷款展期期限累计不得超过原贷款期限的一半；长期贷款展期期限累计不得超过3年。

（3）电子商业汇票的期限

电子商业汇票较传统纸质票据，实现了以数据电文形式代替原有纸质实物票据、以电子签名取代实体签章、以网络传输取代人工传递、以计算机录入代替手工书写等变化，其期限最长为 1 年，使企业融资期限安排更加灵活。

5. 贷款利率

（1）贷款利率的种类

贷款利率即借款人使用贷款时支付的资金价格，通常有以下几种分类。

①本币贷款利率和外币贷款利率。根据贷款币种的不同将利率分为本币贷款利率和外币贷款利率。

②浮动利率和固定利率。按照借贷关系持续期内利率水平是否变动来划分，利率可分为固定利率和浮动利率。

固定利率是指在贷款合同签订时即设定好固定的利率，在贷款合同期内，借款人都按照固定的利率支付利息，不需要"随行就市"。

浮动利率是指借贷期限内利率随市场利率或其他因素变化相应调整的利率。浮动利率的特点是可以灵敏地反映金融市场上资金的供求状况，借贷双方所承担的利率变动风险较小。

③法定利率、行业公定利率和市场利率

法定利率是指由政府金融管理部门或中央银行确定的利率，它是国家实现宏观调控的一种政策工具。

行业公定利率是指由非政府部门的民间金融组织，如银行业协会等确定的利率，该利率对会员银行具有约束力。

市场利率是指随市场供求关系的变化而自由变动的利率。

（2）我国贷款利率管理情况

①人民币贷款基础利率——贷款市场报价利率（LPR）

2019 年 8 月，中国人民银行发布公告，决定改革完善 LPR 形成机制，LPR 报价方式由参考基准利率改为参考公开市场操作利率，由各报价行按照对最优质客户执行的贷款利率，于每月 20 日（遇节假日顺延）以公开市场操作利率［主要指中期借贷便利（MLF）利率］加点形成的方式报价。经存量贷款转换后，自 2020 年 8 月 31 日起，LPR 成为我国浮动利率贷款的统一定价基准。

目前，LPR 分为 1 年期和 5 年期以上两个期限品种，商业银行发放的 1 年期和 5 年期以上贷款参照相应期限的 LPR 定价，1 年期以内、1 年至 5 年期贷款利率由商业银行自主选择参考的期限品种定价。

商业银行贷款利率按借贷双方共同商定的贷款合同签订日的相应期限 LPR 及加点数值（可为负值）确定，加点数值在合同剩余期限内固定不变。中长期贷款（期限在 1 年以上）合同期内贷款利率调整由借贷双方按商业原则确定，可在合同期内按月、按季、按年调整，每个利率重定价日，利率水平由最近一次相应期限 LPR 与商定的加

点数值重新计算确定，也可采用固定利率的确定方式。

贷款展期，期限累计计算，累计期限达到新的利率档次时，自展期之日起，按展期日相应期限 LPR 及加点数值计息；达不到新的利率档次时，按展期日的原档次利率计息。

逾期贷款或挤占挪用贷款，从逾期或挤占挪用之日起，按罚息利率计收罚息，直到清偿本息为止，对不能按时支付的利息，按罚息利率计收复利。

借款人在借款合同到期日之前提前还款，银行有权按原贷款合同约定的借款期限和利率向借款人收取利息。

②外汇贷款利率

目前中国人民银行已不再公布外汇贷款利率，外汇贷款利率在我国已经实现市场化。国内商业银行通常以国际主要金融市场的利率为基础确定外汇贷款利率。

（3）利率表达方式

利率一般有年利率、月利率、日利率三种形式。年利率也称年息率，以年为计息期，一般按本金的百分比表示；月利率也称月息率，以月为计息期，一般按本金的千分比表示；日利率也称日息率，以日为计息期，一般按本金的万分比表示。我国计算利息传统标准是分、厘、毫，每十毫为一厘，每十厘为一分。年息几分表示百分之几，月息几厘表示千分之几，日息几毫表示万分之几。

（4）计息方式

按计算利息的周期通常分为按日计息、按月计息、按季计息、按年计息。

按是否计算复利分为单利计息和复利计息。单利计息是指在计息周期内对已计算未支付的利息不计收利息；复利计息是指在计息周期内对已计算未支付的利息计收利息。

6. 还款方式

还款方式一般分为一次性还款和分次还款，分次还款又分为定额还款和不定额还款两种方式。定额还款包括等额还款和约定还款，其中等额还款通常包括等额本金还款和等额本息还款等方式。

贷款合同应该明确还款方式，借款人必须按照贷款合同约定的还款方式还款。贷款合同中通常规定如借款人不按还款方式还款，则视为借款人违约，银行可按合同约定收取相应的违约金或采取其他措施。还款方式的任何变更须经双方达成书面协议。

7. 担保方式

担保是指借款人无力或未按照约定按时还本付息时的第二还款来源，是审查贷款项目最主要的因素之一。按照《中华人民共和国民法典》（以下简称《民法典》）的有关规定，典型的担保方式包括保证、抵押、质押和留置等方式。在信贷业务中经常运用的主要是前三种方式中的一种或几种。

8. 约束条件

提款条件主要包括合法授权、政府批准、资本金要求、担保落实、其他提款条件。

持续维护条件主要包括财务维持、股权维持、信息交流、其他持续维护条件。

1.1.2 公司信贷的种类

公司信贷的种类是按一定分类方法和标准划分的信贷类别，划分信贷种类是进行贷款管理的需要，目的在于反映信贷品种的特点和信贷资产的结构。

1. 按货币种类划分

（1）人民币贷款

人民币是我国的法定货币，以人民币为借贷货币的贷款称为人民币贷款。

（2）外汇贷款

以外汇作为借贷货币的贷款称为外汇贷款。现有的外汇贷款币种有美元、港元、日元、英镑和欧元。

2. 按贷款期限划分

（1）短期贷款

短期贷款是指贷款期限在 1 年以内（含 1 年）的贷款。

（2）中期贷款

中期贷款是指贷款期限在 1 年以上（不含 1 年）5 年以下（含 5 年）的贷款。

（3）长期贷款

长期贷款是指贷款期限在 5 年（不含 5 年）以上的贷款。

3. 按贷款经营模式划分

（1）自营贷款

自营贷款是指银行以合法方式筹集的资金自主发放的贷款，其风险由银行承担，并由银行收回本金和利息。

（2）委托贷款

委托贷款是指政府部门、企事业单位及个人等委托人提供资金，由银行（受托人）根据委托人确定的贷款对象、用途、金额、期限、利率等代为发放、监督使用并协助收回的贷款。委托贷款的风险由委托人承担，银行（受托人）只收取手续费，不

承担贷款风险，不代垫资金。

（3）特定贷款

特定贷款是指国务院批准并对贷款可能造成的损失确定相应补救措施后责成银行发放的贷款。

4. 按贷款偿还方式划分

（1）一次还清贷款

一次还清贷款是指借款人在贷款到期时一次性还清贷款本息。短期贷款通常采取一次还清贷款的还款方式。

（2）分期偿还贷款

分期偿还贷款是指借款人与银行约定在贷款期限内分若干期偿还贷款本金。中长期贷款一般采用分期偿还方式。

5. 按贷款利率划分

（1）固定利率贷款

固定利率贷款是指在贷款合同签订时即设定好固定的利率，在贷款合同期内，借款人都按照固定的利率支付利息，不需要随行就市。

（2）浮动利率贷款

浮动利率贷款是指贷款利率在贷款期限内随市场利率或其他因素变化按约定时间和方法自动进行调整的贷款。

6. 按贷款有无担保划分

无担保的为信用贷款，有担保的为担保贷款。担保贷款又可以分为抵押贷款、质押贷款和保证贷款。

（1）抵押贷款

抵押贷款是指以借款人或第三人财产作为抵押物发放的贷款。如果借款人不能按期归还贷款本息，银行将行使抵押权，处理抵押物以收回贷款。

（2）质押贷款

质押贷款是指以借款人或第三人的动产或权利作为质押物发放的贷款。

（3）保证贷款

保证贷款是指以第三人承诺在借款人不能偿还贷款时，按约定承担一般保证责任或者连带保证责任而发放的贷款。银行一般要求保证人提供连带责任保证。

（4）信用贷款

信用贷款是指凭借款人信誉发放的贷款。其最大特点是不需要提供保证和抵押、质押等担保，仅凭借款人的信用就可以取得贷款。信用贷款风险较大，发放时须从严掌握，一般仅向实力雄厚、信誉卓著的借款人发放，通常期限较短。

7. 按是否计入资产负债表划分

（1）表内业务

公司信贷的表内业务主要包括贷款和票据贴现等。

贷款是指商业银行以一定的利率和按期归还为条件，将货币资金使用权转让给其他资金需求者的信用活动。

票据贴现是指银行应客户的要求，买进其未到付款日期的票据，并向客户收取一定的利息的业务。贴现业务形式上是票据的买卖，但实际上是信贷业务。

（2）表外业务

公司信贷的表外业务主要包括保证业务、银行承兑汇票业务和信用证业务等。

保证业务是指银行应申请人的请求，向受益人开立书面信用担保凭证，保证在申请人未能按双方协议履行其责任或义务时，由银行代其按照约定履行一定金额的某种支付或经济赔偿责任的信贷业务。保证业务一般以保函形式出具，又称保函业务。

银行承兑汇票业务是银行接受出票人的付款委托，承诺在承兑汇票到期日对收款人或持票人无条件支付汇票金额的票据行为。

信用证业务是指开证银行根据申请人（基础交易买方）的申请并按其指示，向受益人（基础交易卖方）开出书面承诺文件，承诺在符合信用证条款的情况下，凭规定的单据，向受益人支付一定金额或承兑的信贷业务。主要包括国内信用证业务和进口信用证业务。

1.2　公司信贷管理

信贷管理理论是伴随着银行业金融机构信贷管理实践逐步发展和创新出来的，在此基础上又很好地促进和推动了银行业金融机构信贷管理的发展。本节重点介绍公司信贷管理的主要原则、流程以及管理组织架构，同时介绍绿色信贷的相关内容。

1.2.1　公司信贷管理的原则

1. 全流程贷款管理原则

全流程贷款管理原则强调，要将有效的信贷风险管理行为贯穿到贷款生命周期中的每一个环节。银行监管和银行经营的实践表明，信贷管理不能仅仅粗略地分为贷前管理、贷中管理和贷后管理三个环节。强调贷款全流程管理，可以推动银行业金融机

构传统贷款管理模式的转型，真正实现贷款管理模式由粗放型向精细化的转变，有助于提高银行业金融机构贷款风险管理的有效性及贷款质量，提升银行业金融机构信贷资产的精细化管理水平。

2. 诚信申贷原则

诚信申贷主要包含两层含义：一是借款人恪守诚实守信原则，按照贷款人要求的具体方式和内容提供贷款申请材料，并且承诺所提供材料是真实、完整、有效的；二是借款人应证明其信用记录良好、贷款用途和还款来源明确合法等。

贷款申请是贷款全流程管理与风险控制的第一个环节，对于管理客户关系、开拓业务市场、发现潜在风险具有十分重要的意义。贷款申请人应秉承诚实守信原则向贷款人提供真实、完整、有效的申贷材料，这有助于保护贷款人的权益，从而使贷款人能够更有效地识别风险、分析风险，做好贷款准入工作，在贷款的第一环节防范潜在风险。

3. 协议承诺原则

协议承诺原则要求银行业金融机构作为贷款人，应与借款人乃至其他相关各方通过签订完备的贷款合同等协议文件，规范各方有关行为，明确各方权利义务，调整各方法律关系，明确各方法律责任。

协议承诺原则通过强调合同的完备性、承诺的法制化乃至管理的系统化，弥补过去贷款合同的不足。协议承诺原则一方面要求贷款人在合同等协议文件中清晰规定自身的权利义务，另一方面要求客户签订并承诺一系列事项，依靠法律来约束客户的行为。一旦违约事项发生，则能够切实依法保护贷款人的权益。

4. 贷放分控原则

贷放分控是指银行业金融机构将贷款审批与贷款发放作为两个独立的业务环节，分别管理和控制，以达到降低信贷业务操作风险的目的。推行贷放分控，一方面可以加强商业银行的内部控制，防范操作风险；另一方面可以践行全流程管理的理念，建设流程银行，提高专业化操作，强调各部门和岗位之间的有效制约，避免权力过于集中在单一部门。

5. 实贷实付原则

实贷实付是指银行业金融机构根据借款人的有效贷款需求，主要通过贷款人受托支付的方式，将贷款资金支付给符合合同约定的借款人交易对象的过程。实贷实付原则的关键是让借款人按照贷款合同的约定用途使用贷款资金，减少贷款挪用的风险。

推行实贷实付，有利于确保信贷资金进入实体经济，在满足有效信贷需求的同时，严防贷款资金被挪用，避免信贷资金违规流入股票市场、房地产市场等；有助于贷款人提高贷款的精细化管理水平，加强对贷款资金使用的管理和跟踪。实贷实付为全流程管理和协议承诺提供了操作的抓手和依据，有助于贷款人防范信用风险和法律风险。

6. 贷后管理原则

贷后管理是指商业银行在贷款发放以后所开展的信贷风险管理工作。贷后管理原则的主要内容是：监督贷款资金按用途使用；对借款人账户进行监控；强调借款合同的相关约定对贷后管理工作的指导性和约束性；明确贷款人按照监管要求进行贷后管理的法律责任。

一个有效的贷后管理机制，要求针对借款人所属行业及经营特点，通过定期与不定期的现场检查与非现场监测，分析借款人经营财务等变化状况，监测贷款资金的用途及流向，适时掌握各种影响借款人偿债能力的风险因素以及有可能导致贷款资金出现违约的因素，及时发现潜在风险因素，并迅速采取措施，防范信贷损失。有效的贷后管理工作有助于银行业金融机构提高风险管理水平，防患于未然。建立长期、长效的信贷管理机制，是银行业金融机构管控好信贷资产质量的基本要求。

1.2.2　信贷管理流程

科学合理的信贷业务管理过程实质上是规避风险、获取效益，以确保信贷资金的安全性、流动性、盈利性的过程。每一笔信贷业务都会面临着诸多风险，基本操作流程就是要通过既定的操作程序，通过每个环节的层层控制达到防范风险、实现效益的目的。一般来说，一笔贷款的管理流程分为九个环节。

1. 贷款申请

借款人需用贷款资金时，应按照贷款人要求的方式和内容提出贷款申请，并恪守诚实守信原则，承诺所提供材料的真实、完整、有效。申请基本内容通常包括：借款人名称、企业性质、经营范围，申请贷款的种类、期限、金额、方式、用途，用款计划，还本付息计划等，并根据贷款人要求提供其他相关资料。

2. 受理与调查

银行业金融机构在接到借款人的借款申请后，应由分管客户关系管理的信贷人员采用有效方式收集借款人的信息，对其资质、信用状况、财务状况、经营情况等进行调查分析，评定资信等级，评估项目效益和还本付息能力。同时也应对担保人的资信、财务状况进行分析，如果涉及抵（质）押物的还必须分析其权属状况、市

场价值、变现能力等，并就具体信贷条件进行初步洽谈。信贷人员根据调查内容撰写书面报告，提出调查结论和信贷意见报公司业务经营部门及所在机构分管领导审核。

3. 审查及风险评价

银行业金融机构信贷人员将调查结论和初步贷款意见经所在机构分管领导审核同意后提交负责审查或风险评价的部门，由审查或风险评价部门对贷前调查报告等贷款申报资料进行全面审查，依据相关规则标准，对借款人情况、信贷方案、还款来源、担保情况等进行全面风险评价，并提出审查评价意见供有权审批人员决策。风险评价隶属于贷款决策过程，是贷款全流程管理中的关键环节之一。

4. 贷款审批

银行业金融机构要按照"审贷分离、分级审批"的原则由有权审批人员对信贷资金的投向、金额、期限、利率、担保方式等贷款内容和条件进行最终决策，签署审批意见。

5. 合同签订

合同签订强调协议承诺原则。借款申请经审批同意后，银行业金融机构与借款人应按照批复意见，共同签订书面借款合同，作为明确借贷双方权利和义务的法律文件。其基本内容应包括金额、期限、利率、借款种类、用途、支付、还款保障、违约条款及风险处置等要素和有关细节。对于保证担保贷款，银行业金融机构还须与保证人签订书面保证合同；对于抵（质）押担保贷款，银行业金融机构还须与抵（质）押物所有人签订抵（质）押担保合同，并办理登记等相关法律手续。

6. 贷款发放

贷款人应设立独立的责任部门或岗位，负责贷款发放审核。贷款人在发放贷款前应确认借款人满足合同约定的提款条件，并按照合同约定的方式对贷款资金的支付实施管理与控制，监督贷款资金按约定用途使用。

7. 贷款支付

贷款人应设立独立的责任部门或岗位，负责贷款支付审核和支付操作。支付方式应符合银行业监管机构相关贷款支付管理要求。采用贷款人受托支付的，贷款人应审核交易资料是否符合合同约定条件。在审核通过后，将贷款资金通过借款人账户支付给借款人交易对象。采用借款人自主支付方式的，贷款人应要求借款人定期汇总报告贷款资金支付情况，并通过账户分析、凭证查验、现场调查等方式核查贷款支付是否符合约定用途。

8. 贷后管理

贷后管理是银行业金融机构在贷款发放后对合同执行情况及借款人经营管理情况进行检查或监控的信贷管理行为。其主要内容包括监督借款人的贷款使用情况、跟踪掌握企业经营与财务状况及其清偿能力、检查贷款抵（质）押品和担保权益的完整性三个方面。其主要目的是督促借款人按合同约定用途合理使用贷款，及时发现并采取有效措施纠正、处理有问题贷款，并对贷款调查、审查与审批工作进行信息反馈，及时调整与借款人合作的策略和内容。

9. 贷款回收与处置

贷款回收与处置直接关系到银行业金融机构预期收益的实现和信贷资金的安全，贷款到期按合同约定足额归还本息，是借款人履行借款合同、维护信用关系当事人各方权益的基本要求。银行业金融机构应提前提示借款人到期还本付息；对贷款需要展期的，贷款人应审慎评估展期的合理性和可行性，科学确定展期期限，完善展期手续，加强展期后管理；对于确因借款人暂时经营困难不能按期还款的，贷款人可与借款人协商贷款重组；对于不良贷款，贷款人要按照有关规定和方式，予以核销或保全处置。此外，还要求做好信贷档案管理，贷款结清后，该笔信贷业务即已完成，贷款人应及时将贷款的全部资料归档保管，并移交专职保管员对档案资料的安全、完整和保密性负责。

1.2.3　信贷管理的组织架构

商业银行信贷业务经营管理组织架构包括董事会及其专门委员会、监事会、高级管理层和信贷业务前中后台部门。

1. 董事会及其专门委员会

董事会是商业银行风险管理的最高决策机构，承担商业银行全面风险管理的最终责任，负责确定银行的发展战略，决定银行内部管理机构设置、经营计划、风险管理政策和内部控制政策，制定银行风险管理和内部控制的相关制度，并监督其执行情况。董事会通常下设风险管理委员会，审定风险管理战略，审查重大风险活动，对整体风险状况、管理层和职能部门履行风险管理和内部控制职责的情况进行定期评估，并提出改进要求。

2. 监事会

监事会对股东大会负责，从事商业银行内部尽职监督、财务监督、内部控制监督

等工作。监事会通过加强与董事会及内部审计、风险管理等相关委员会和有关职能部门的工作联系，全面了解商业银行的风险管理状况，监督银行的经营决策、风险管理和内部控制等，以及董事会、高级管理层及其成员履职尽职情况。

3. 高级管理层

高级管理层的主要职责是负责银行的经营管理工作，拟订银行内部管理机构设置方案和基本管理制度，授权内部各职能部门及分支机构负责人从事经营活动，组织实施经营计划，执行风险管理政策，制定风险管理的程序和操作规程，及时了解风险水平及风险管理状况，并确保商业银行具备足够的人力、物力和恰当的组织结构、管理信息系统及技术水平，以有效地识别、计量、监测和控制各项业务所承担的各项风险。

4. 信贷业务前中后台部门

一般而言，信贷前台部门负责客户营销和维护，也是银行的利润中心，如公司业务部门、个人贷款业务部门，同时也是贷后管理及客户风险控制的第一责任人；信贷中台部门负责贷款风险的管理和控制，如信贷审批及管理部门、风险管理部门、合规部门、授信执行部门等；信贷后台部门负责信贷业务的配套支持和保障，如财务会计部门、审计部门、信息技术部门等。按照贷款新规的要求，商业银行应确保其前台、中台、后台各部门的独立性，前台、中台、后台均应设立防火墙，确保操作过程的独立性。

1.2.4　绿色信贷

近年来，监管机构对银行业金融机构绿色信贷的指导和要求日益健全和完善。2012年银监会下发了《绿色信贷指引》，对银行业金融机构开展绿色信贷提出了明确要求。银行业金融机构应当有效识别、计量、监测、控制信贷业务活动中的环境风险和社会风险，建立环境风险和社会风险管理体系，完善相关信贷政策制度和流程管理。

银行业金融机构应大力促进节能减排和环境保护，从战略高度推进绿色信贷，加大对绿色经济、低碳经济、循环经济的支持，防范环境风险和社会风险，并以此优化信贷结构，更好地服务实体经济。

银行业金融机构应重点关注客户及其重要关联方在建设、生产、经营活动中可能给环境和社会带来的危害及相关风险，包括与耗能、污染、土地、健康、安全、移民安置、生态保护、气候变化等有关的环境问题与社会问题。

银行业金融机构应至少每两年开展一次绿色信贷的全面评估工作，并向银行业监管机构报送自我评估报告。此外，还须建立绿色信贷考核评价和奖惩体系，公开绿色信贷战略、政策及绿色信贷发展情况。

在绿色信贷的组织管理方面，银行业金融机构高级管理层应当明确一名高管人员及牵头管理部门，配备相应资源，组织开展并归口管理绿色信贷各项工作。

银行业金融机构需要明确绿色信贷的支持方向和重点领域，实行有差别、动态的授信政策，实施风险敞口管理制度；建立健全绿色信贷标识和统计制度，完善相关信贷管理系统；在授信流程中强化环境风险和社会风险管理。

2013 年，银监会发布《关于绿色信贷工作的意见》（以下简称《意见》），主要是对《绿色信贷指引》的具体落实。《意见》要求银行业金融机构积极支持绿色、循环和低碳产业发展，加大对战略性新兴产业、文化产业、生产性服务业、工业转型升级等重点领域的支持力度。《意见》提出，银行业金融机构须加强授信机制、业务流程产品开发等领域的创新，积极改善金融服务，推动银行业金融机构发展具有自身特色的绿色信贷业务，不断增强银行业以绿色信贷促进生态文明建设的自觉性和主动性。

2014 年，银监会发布了《绿色信贷实施情况关键评价指标》，要求各银行对照绿色信贷实施情况关键评价指标，认真组织开展本机构绿色信贷实施情况自评价工作。该评价指标分为定性评价指标和定量评价指标两部分，定性评价指标主要对照《绿色信贷指引》的各项要求进行评价，定量评价指标则主要针对银行支持及限制类贷款情况、机构的环境和社会表现、绿色信贷培训教育情况、与利益相关方的互动情况等方面进行评价。

2015 年，银监会与国家发展改革委联合印发《能效信贷指引》，鼓励和指导银行业金融机构积极开展能效信贷业务。这是继 2012 年《绿色信贷指引》之后中国绿色信贷发展历程又一标志性事件，将引导更多的银行业金融机构进入绿色信贷领域。

所谓能效信贷，是指银行业金融机构为支持用能单位提高能源利用效率、降低能源消耗而提供的信贷融资。《能效信贷指引》界定能效信贷包括用能单位能效项目信贷和节能服务公司合同能源管理信贷两种方式。用能单位能效项目信贷是指银行业金融机构向用能单位投资的能效项目提供的信贷融资，用能单位是项目的投资人和借款人；合同能源管理信贷是指银行业金融机构向节能服务公司实施的合同能源管理项目提供的信贷融资，节能服务公司是项目的投资人和借款人。

《能效信贷指引》从能效项目特点、能效信贷业务重点、业务准入、风险审查要点、流程管理、产品创新等方面，提出具有可操作性的指导意见，通过专业化、针对性的业务创新和风险管控要求，为银行业金融机构提升产业服务水平提供了指导和帮助。

2016 年，中国人民银行、财政部等七部委联合印发了《关于构建绿色金融体系的指导意见》，提出了支持和鼓励绿色投融资的一系列激励措施，包括通过再贷款、专业化担保机制、绿色信贷支持项目财政贴息、设立国家绿色发展基金等措施支持绿色金融发展。

2020 年 9 月，习近平总书记郑重宣布中国二氧化碳排放力争于 2030 年前达到峰值，努力争取 2060 年前实现碳中和。我国碳达峰、碳中和目标等重大战略部署，将为银行业带来重大机遇与挑战。2021 年 2 月，国务院下发《关于加快建立健全绿色低

碳循环发展经济体系的指导意见》，要求大力发展绿色金融；发展绿色信贷和绿色直接融资，加大对金融机构绿色金融业绩评价考核力度；支持金融机构和相关企业在国际市场开展绿色融资；推动国际绿色金融标准趋同，有序推进绿色金融市场双向开放；推动气候投融资工作。

1.3 公司信贷主要产品

公司信贷产品主要包括流动资金贷款、固定资产贷款、项目融资、银团贷款、并购贷款、贸易融资和保证业务等。

1.3.1 流动资金贷款

《流动资金贷款管理暂行办法》（银监会令 2010 年第 1 号）规定，流动资金贷款是指贷款人向企（事）业法人或国家规定可以作为借款人的其他组织发放的用于借款人日常生产经营周转的本外币贷款。

流动资金贷款用途是满足借款人日常生产经营周转资金需要，贷款人应根据借款人生产经营的规模和周期特点，合理设定流动资金贷款的额度及业务期限，以满足借款人生产经营的合理资金需求，实现对贷款资金回笼的有效控制。

流动资金贷款按具体用途及还款来源差异大致可分为一般周转类流动资金贷款及满足某笔特定经营业务资金需求的专项流动资金贷款。一般周转类流动资金贷款的还款来源通常为借款人的综合经营现金流，贷款期限通常与借款人生产经营周期相匹配；专项流动资金贷款还款来源主要为所支持特定业务的销售回笼资金，期限通常与该业务的资金回笼时间相匹配，具有自偿性业务特征。

1.3.2 固定资产贷款

《固定资产贷款管理暂行办法》（银监会令 2009 年第 2 号）规定，固定资产贷款是指贷款人向企（事）业法人或国家规定可以作为借款人的其他组织发放的，用于借款人固定资产投资的本外币贷款。

固定资产贷款用途是满足借款人固定资产投资的资金需要，用途具体明确。固定资产投资是建造或购置固定资产的活动，固定资产贷款按照所支持固定资产投资性质差异主要分为基本建设贷款和技术改造贷款两类，基本建设贷款用于支持以外延扩大再生产为主的新建或扩建固定资产项目建设，技术改造贷款用于支持借款人以内涵扩大再生产或扩大产品品种、提高产品品质及生产效率为目的对原有固定资产设施进行更新和技术改造。固定资产贷款还款来源通常为所支持固定资产投资项目未来实现收益（包括固定资产折旧对应的现金流入）。

1.3.3　项目融资

《项目融资业务指引》（银监发〔2009〕71 号）规定，项目融资是指符合以下特征的贷款：贷款用途通常是用于建造一个或一组大型生产装置、基础设施、房地产项目或其他项目，包括对在建或已建项目的再融资；借款人通常是为建设、经营该项目或为该项目融资而专门组建的企事业法人，包括主要从事该项目建设、经营或融资的既有企事业法人；还款资金来源主要依赖该项目产生的销售收入、补贴收入或其他收入，一般不具备其他还款来源。

项目融资是一种特殊形式的固定资产贷款。项目融资与一般固定资产贷款的差异主要体现在担保方式及还款来源构成不同。一般固定资产贷款通常具有公司融资属性，还款资金来源较为广泛，除项目自身收入外，还包括借款人除项目之外的其他经营、投资等收入，也可以通过追加第三方担保等方式，获得其他补充还款来源。项目融资借款人通常为项目公司，且未提供第三方担保，还款来源单一，主要依赖项目自身收入，银行对融资项目的选择标准及准入门槛较高，适用于经营风险小、收益稳定、自身还款来源充足的优质项目。

1.3.4　银团贷款

银团贷款又称辛迪加贷款，是一种特殊的贷款组织形式。修订后的《银团贷款业务指引》（银监发〔2011〕85 号）规定，银团贷款是指由两家或两家以上银行基于相同贷款条件，依据同一贷款合同，按约定时间和比例，通过代理行向借款人提供的本外币贷款或授信业务。

参与银团贷款的银行均为银团成员。银团成员应按照"信息共享、独立审批、自主决策、风险自担"的原则自主确定各自授信行为，并按实际承担份额享有银团贷款项下相应的权利，履行相应的义务。

按照在银团贷款中的职能和分工，银团成员通常分为牵头行、代理行和参加行等角色，也可根据实际规模与需要在银团内部增设副牵头行、联合牵头行等，并按照银团贷款合同履行相应职责。

银团贷款牵头行是指经借款人同意，负责发起组织银团、分销银团贷款份额的银行。单家银行担任牵头行时，其承贷份额原则上不少于银团融资总金额的20%；分销给其他银团成员的份额原则上不得低于50%。按照牵头行对贷款最终安排额所承担的责任，银团牵头行分销银团贷款可以分为全额包销、部分包销和尽最大努力推销三种类型。

银团代理行是指银团贷款合同签订后，按相关贷款条件确定的金额和进度归集资金向借款人提供贷款，并接受银团委托按银团贷款合同约定进行银团贷款事务管理和协调活动的银行。代理行经银团成员协商确定，可以由牵头行或者其他银行担任。银团代理行应当代表银团利益，借款人的附属机构或关联机构不得担任代理行。

1.3.5　并购贷款

《商业银行并购贷款风险管理指引》（银监发〔2015〕5号）规定，并购贷款是指商业银行向并购方或其子公司发放的，用于支付并购交易价款的贷款。并购是指境内并购方企业通过受让现有股权、认购新增股权，或收购资产、承接债务等方式以实现合并或实际控制已设立并持续经营的目标企业或资产的交易行为。

根据并购目标企业不同，并购通常可分为同行业或上下游企业并购与跨行业并购。其中同行业并购主要目的为获取目标企业技术、市场及客户资源等补充，提高市场占有率及行业竞争力，实现协同效应；上下游并购主要目的为获得稳定、优质、低成本原材料供应，或通过向下游市场渗透，控制下游渠道、实现协同效应，提高产业链价值。而跨行业并购为并购方提供快速进入其他行业，分享目标行业收益及成长性，实现多元化、分散行业集中度风险的机会。

银行办理并购贷款须合理评估并购目标企业价值及并购交易价格合理性，并购交易价款中并购贷款所占比例不应高于60%；并购贷款期限一般不超过7年。

1.3.6　贸易融资

商业银行贸易融资是基于商品交易买卖双方信用需求提供的融资，融资主体可以是买方，也可以是卖方。贸易融资分为国内贸易融资和国际贸易融资两大类。

1. 国内贸易融资

国内贸易融资业务基础是境内客户之间进行的境内商品或服务贸易，其融资标的可以是交易中产生的存货、预付款、应收账款等资产。目前，我国国内贸易融资业务主要有国内保理、国内信用证、国内信用证项下打包贷款等产品。

《商业银行保理业务管理暂行办法》（银监会令2014年第5号）规定，保理业务是以债权人转让其应收账款为前提，集应收账款催收、管理、坏账担保及融资于一体的综合性金融服务。按照商业银行在应收账款付款人拖欠或无法偿付应收账款时，是否可以要求保理申请人（应收账款收款人）回购应收账款或归还融资，分为有追索权保理和无追索权保理。

国内信用证是开证银行依照申请人（基础交易买方）的申请向受益人（卖方）

开出的有一定金额、在一定期限内凭信用证规定的单据支付款项的书面承诺。

国内信用证项下打包贷款是商业银行基于国内信用证、对国内信用证受益人（交易卖方）提供的用于采购或生产信用证项下货物资金需求的专项贷款。

2. 国际贸易融资

国际贸易融资业务基础是境内外客户之间进行的跨境商品或服务贸易，按银行提供服务对象的不同可以分为两大类，一类是进口方银行为进口商提供的服务，另一类是出口方银行为出口商提供的服务。

（1）信用证

信用证是银行有条件的付款承诺，即开证银行依照开证申请人（即进口商）的要求和指示，承诺在符合信用证条款的情况下，凭规定的单据向受益人（即出口商）或其指定人进行付款，或承兑；或授权另一家银行进行该项付款，或承兑；或授权另一家银行议付。

信用证按不同的划分标准主要可以分为以下几类：

①按开证行承诺性质的不同，可分为可撤销信用证和不可撤销信用证。现在银行基本上只开不可撤销信用证。

②按信用证项下的汇票是否附商业单据，可分为跟单商业信用证和光票信用证。现在银行开立的基本上是跟单商业信用证。

③按信用证项下的权利是否可转让，可分为可转让信用证和不可转让信用证。现在银行开立的大多是不可转让信用证。

④按付款期限可分为即期信用证和远期信用证。

⑤按是否可循环使用可分为循环信用证和不可循环信用证。

⑥按是否保兑可分为保兑信用证和无保兑信用证。

（2）打包贷款

打包贷款又称信用证抵押贷款，是指出口商收到境外开来的信用证，出口商在采购这笔信用证有关的出口商品或生产出口商品时，资金出现短缺，用该信用证作为抵押，向银行申请本外币流动资金贷款，用于出口货物采购或生产加工、包装及运输过程出现的资金缺口。

（3）押汇

按进出口方的融资用途来分，押汇可分为出口押汇和进口押汇。

出口押汇是指银行凭借获得货运单据质押权利有追索权地对信用证项下或出口托收项下票据进行融资的行为。出口押汇在国际上也称议付，即给付对价的行为。

进口押汇是指银行应进口申请人的要求，与其达成进口项下单据及货物的所有权归银行所有的协议后，银行以信托收据的方式向其释放单据并代其对外付款的行为。进口押汇包括进口信用证项下押汇和进口代收项下押汇。目前，银行主要办理进口信

用证项下的进口押汇业务。

（4）保理

保理又称保付代理、托收保付，是贸易中以托收、赊账方式结算货款时，出口方为了加快回笼资金或规避收款风险而采取的一种请求第三者（保理商）提供信用支持的做法。保理业务是一项集贸易融资、商业资信调查、应收账款管理及信用风险担保于一体的综合性金融服务。

国际保理按进出口双方是否都要求银行保理分为单保理和双保理。单保理是指由出口银行与出口商签订保理协议，并对出口商的应收账款承做保理业务。双保理是进、出口银行都与进、出口商签订保理协议。

（5）福费廷

福费廷也称包买票据或买断票据，是指银行（或包买人）对国际贸易延期付款方式中出口商持有的远期承兑汇票或本票进行无追索权的贴现（即买断）。

福费廷是英文 Forfaiting 的音译，意为放弃。在福费廷业务中，这种放弃包括两个方面：一是出口商卖断票据，放弃了对所出售票据的一切权益；二是银行（包买人）买断票据，也必须放弃对出口商所贴现款项的追索权，可能承担票据拒付的风险。

从业务运作的实质来看，福费廷就是远期票据贴现。但福费廷又不同于一般的票据贴现业务，如银行（包买人）放弃了对出口商的追索权，只能基于真实贸易背景开立票据的偿付，融资的条件较为严格，银行（包买人）承担了票据拒付的所有风险，带有较长期限固定利率融资的性质。

3. 商业汇票的承兑与贴现

商业汇票的承兑是指银行作为付款人，根据出票人的申请，承诺在汇票到期日对收款人或持票人无条件支付汇票金额的票据行为。商业汇票承兑是银行的表外信贷业务。

商业汇票贴现是指商业汇票的合法持票人，在商业汇票到期以前为获取票款，由持票人或第三人向金融机构贴付一定的利息后，以背书方式将票据转让给金融机构。对于持票人来说，贴现是以出让票据的形式，提前收回垫支的商业成本。对于贴现银行来说，是买进票据，成为票据的权利人，票据到期，银行可以取得票据所记载金额。

按贴现票据承兑人不同，商业汇票贴现业务又可分为银行承兑汇票贴现和商业承兑汇票贴现。银行承兑汇票是指由承兑申请人签发并向开户银行申请，由银行承兑的商业汇票。商业承兑汇票是指由付款人或收款人签发，付款人作为承兑人承诺在汇票到期日，对收款人或持票人无条件支付汇票金额的票据。

1.3.7　保证业务

保证业务是指银行应申请人的请求，向受益人开立书面信用担保凭证，保证在申请人未能按双方协议履行其责任或义务时，由银行代其按照约定履行一定金额的某种支付或经济赔偿责任的信贷业务产品。保证业务一般以保函形式出具，又称保函业务。

保证业务分为融资性保证业务和非融资性保证业务两大类，融资性保证业务主要有借款保证、债券偿付保证等；非融资性保证业务较常见的产品有投标保证、履约保证、预收（付）款退款保证、质量保证、付款保证等。

1. 借款（或债券偿付）保证

借款（或债券偿付）保证是指银行应借款方（或债券发行人）的要求，向贷款方（或债券合法持有人）保证，如借款方（或债券发行人）未按期偿还借款（或债券）本息，银行将受理贷款方（或债券合法持有人）的索赔，按照保函约定承担保证责任。

2. 投标保证

投标保证是指银行应投标方的要求，向招标方保证，如投标方中标后在投标有效期内撤销投标书、中标后在规定期限内不签订招投标项下的合同或者未在规定的期限内提交银行履约保函等，银行将受理招标方的索赔，按照保函约定承担保证责任。

3. 履约保证

履约保证是指银行应保函申请人（通常为施工单位）的要求，向其交易对手（通常为工程业主）保证，如申请人未履行合同约定的义务，银行将受理其交易对手的索赔，按照保函约定承担保证责任。

4. 预收（付）款退款保证

预收（付）款退款保证是指银行应预收款人要求，向预付款人保证，如预收款人没有履行合同或不按合同约定使用预付款，银行将受理预付款人的退款要求，按照保函约定承担保证责任。

5. 质量保证

质量保证是指银行应卖方要求，向买方保证，如交付货物不符合合同约定而卖方又不能及时更换或修复时，银行将受理买方的索赔，按照保函约定承担保证责任。

6. 付款保证

付款保证是指银行应买方的要求，向卖方保证，如卖方按买卖双方合同约定合格履行了其合同义务，买方不支付货款，银行将受理卖方的索赔，按照保函约定承担保证责任。

第2章 贷款申请受理和贷前调查

 **本章概要**

  建立和保持信贷关系是开展信贷业务的第一步，对银行保持良好客户关系、拓展信贷业务具有十分重要的意义。同时，贷前调查是贷款发放的第一道关口，也是信贷管理的一个重要程序和环节，贷前调查的质量优劣直接关系到贷款决策正确与否。贷前调查工作不扎实，一是可能增加信贷资产风险，二是可能丧失与优良客户建立信贷关系的机会。

  本章包括三节内容：第一节介绍了有关借款人的相关知识，主要从借款人应具备的资格和基本条件、权利和义务、借款人分类等方面进行了介绍；第二节是贷款申请受理，主要从面谈访问、内部意见反馈、贷款意向阶段的处理等方面进行了阐述；第三节是贷前调查，主要对贷前调查的方法、内容和贷前调查报告的内容要求进行了阐述。

2.1 借款人

2.1.1 借款人应具备的资格和基本条件

1. 借款人应具备的基本条件

  公司信贷的借款人应当是经市场监督管理部门（或主管机关）核准登记的企（事）业法人。

  《固定资产贷款管理暂行办法》规定，固定资产贷款借款人应具备以下条件：借款人依法经工商行政管理机关或主管机关核准登记；借款人信用状况良好，无重大不良记录；借款人为新设项目法人的，其控股股东应有良好的信用状况，无重大不良记录；国家对拟投资项目有投资主体资格和经营资质要求的，符合其要求；借款用途及还款来源明确、合法；项目符合国家的产业、土地、环保等相关政策，并按规定履行了固定资产投资项目的合法管理程序；符合国家有关投资项目资本金制度的规定；贷款人要求的其他条件。

《流动资金贷款管理暂行办法》规定，流动资金贷款借款人应具备以下条件：借款人依法设立；借款用途明确、合法；借款人生产经营合法、合规；借款人具有持续经营能力，有合法的还款来源；借款人信用状况良好，无重大不良信用记录；贷款人要求的其他条件。

2. 借款人应符合的要求

（1）"诚信申贷"的基本要求

贷款申请应遵循"诚信申贷"的基本要求：一是借款人恪守诚实守信原则，按照贷款人要求的具体方式和内容提供贷款申请材料，并且承诺所提供材料的真实性、完整性和有效性；二是借款人应证明其设立合法、经营管理合规合法、信用记录良好、贷款用途以及还款来源明确合法等。

（2）借款人的主体资格要求

借款人的主体资格要求包括：企业法人依法办理工商登记，取得营业执照；事业法人依照《事业单位登记管理暂行条例》（国务院令第411号）的规定办理登记备案；特殊行业须持有相关机关颁发的营业或经营许可证。

（3）借款人经营管理的合法合规性

借款人的经营活动应符合国家相关法律法规规定；符合国家产业政策和区域发展政策；符合营业执照规定的经营范围和公司章程；新建项目企业法人所有者权益与所需总投资的比例不得低于国家规定的投资项目资本金比例。

（4）借款人信用记录良好

借款人必须资信状况良好，有按期偿还贷款本息的能力。通过中国人民银行企业征信系统查询未发现借款人有贷款逾期、欠息的情况，未发现借款人有被起诉查封的情况。借款人必须遵守贷款合同，诚实守信。

（5）贷款用途及还款来源明确合法

借款人必须以真实有效的商务基础合同、购买合同或其他证明文件为依据，说明贷款的确切用途和实际使用量，不得挪用信贷资金，不使用虚假信息来骗取银行业金融机构的信贷资金。对于固定资产贷款，应有明确对应的、符合国家政策的项目，不得对多个项目打捆或分拆处理，必要时还应具体约定贷款用于项目的具体支出。还款资金来源应在贷款申请时明确，一般情况下通过正常经营所获取的现金流量是贷款的首要还款来源。

2.1.2　借款人的权利和义务

1. 借款人的权利

根据《贷款通则》第十八条的规定，借款人的权利如下：

一是可以自主向主办银行或者其他银行的经办机构申请贷款并依条件取得贷款。

二是有权按合同约定提取和使用全部贷款。

三是有权拒绝借款合同以外的附加条件。借款人应承担的义务及责任应在贷款合同中载明。如在合同以外附加条件，借款人有权拒绝。

四是有权向银行的上级监管部门反映、举报有关情况。

五是在征得银行同意后，有权向第三方转让债务。

2. 借款人的义务

根据《贷款通则》第十九条的规定，借款人的义务如下：

一是应当如实提供银行要求的资料（法律规定不能提供者除外），应当向银行如实提供所有开户行、账号及存贷款余额情况，配合银行的调查、审查和检查。此项义务要求借款人如实提供银行要求的资料，不得误导银行；借款人必须如实向银行提供其多头开户、账户余额等情况，使银行可以真实掌握借款人资金运行情况。在此基础上对借款人的资信作出评价；银行的调查、审查、检查，贯穿于贷款审批、发放、执行的各环节中，银行可以借此了解借款人的生产经营情况，确保贷款的安全。对此，借款人应积极配合。

二是应当接受贷款人对其使用信贷资金情况和有关生产经营、财务活动的监督。

三是应当按借款合同约定用途使用贷款。企业借款用途与贷款能否按期归还有密切关系。在许多情况下，贷款的用途会影响偿还贷款的资金来源，如果借款人擅自改变贷款用途，银行预期的贷款风险、收益就会变得不确定。因此，借款人有义务根据合同约定的要求使用贷款。

四是应当按借款合同的约定及时清偿贷款本息。

五是将债务全部或部分转让给第三方的，应当取得贷款人的同意。银行提供贷款，是基于对借款人的信用评价。如借款人将债务转移至第三方，必须事先获得银行的同意。银行只有全面了解新债务人的资信状况、财务状况、生产经营状况和还贷能力等信息之后，才能作出决定。

六是有危及银行债权安全的情况时，应当及时通知银行，同时采取保全措施。

2.1.3 借款人分类

按照不同的划分方式，借款人可以有不同的分类方法。

1. 按企业性质划分

根据我国相关法律规定，我国有国有经济、集体所有制经济、私营经济、外商投资企业，以及港、澳、台资企业等经济类型。相应地，按照企业性质划分，商业银行借款人主要有以下类型。

（1）国有企业

国有企业是指国务院和地方人民政府分别代表国家履行出资人职责的国有独资企业、国有独资公司以及国有资本控股公司，包括中央和地方国有资产监督管理机构和其他部门所监管的企业本级及其逐级投资形成的企业。

（2）事业单位

事业单位法人指以政府职能、公益服务为主要宗旨的一些公益性单位法人。它参与社会事务管理，履行管理和服务职能，宗旨是为社会服务，主要从事教育、科技、文化、卫生等活动。其上级部门多为政府行政主管部门或者政府职能部门。

（3）集体所有制企业

集体所有制企业是指一定范围内的劳动群众集体拥有生产资料的所有权，共同劳动并实行按劳分配的经济组织。它包括城乡劳动者使用集体资本投资兴办的企业以及部分个人通过集资自愿放弃所有权并依法经市场监督管理部门认定为集体所有制的企业。

（4）私营企业

私营企业法人是指由自然人投资设立或由自然人控股，以雇用劳动力为基础的营利性经济组织，即企业的资产为私人所有，有法定数额以上雇工的营利性经济组织。

（5）外商投资企业

外商投资企业法人既包括依照中国法律在中国境内设立的，全部资本由外国企业、其他外国经济组织或个人单独投资、独立经营、自负盈亏的外资企业；又包括中外合营者在中国境内经过中国政府批准成立的，共同投资、共同经营、共享利润、共担风险的中外合资经营企业；还包括由外国企业或其他外国经济组织与中国境内企业按照中国法律，以合作协议约定双方权利和义务，经中国有关机关批准而设立的中外合作经营企业。

（6）港、澳、台资企业

港、澳、台资企业法人是指港、澳、台投资者依照有关涉外经济法律、法规的规定，以合资、合作或独资形式在境内开办的企业。

2. 按照规模划分

根据《国家统计局关于印发〈统计上大中小微型企业划分办法（2017）〉的通知》的要求，按照借款人的行业门类、大类、中类和组合类别，依据从业人员、营业收入、资产总额等指标或替代指标，可以将其划分为大型、中型、小型、微型等四种类型，个体工商户参照该标准进行划分。具体划分标准如表 2-1 所示。

表 2-1　　　　　　　　　　　统计上大中小微型企业划分标准

行业名称	指标名称	计量单位	大型	中型	小型	微型
农、林、牧、渔业	营业收入（Y）	万元	Y≥20000	500≤Y<20000	50≤Y<500	Y<50
工业*	从业人员（X）	人	X≥1000	300≤X<1000	20≤X<300	X<20
工业*	营业收入（Y）	万元	Y≥40000	2000≤Y<40000	300≤Y<2000	Y<300
建筑业	营业收入（Y）	万元	Y≥80000	6000≤Y<80000	300≤Y<6000	Y<300
建筑业	资产总额（Z）	万元	Z≥80000	5000≤Z<80000	300≤Z<5000	Z<300
批发业	从业人员（X）	人	X≥200	20≤X<200	5≤X<20	X<5
批发业	营业收入（Y）	万元	Y≥40000	5000≤Y<40000	1000≤Y<5000	Y<1000
零售业	从业人员（X）	人	X≥300	50≤X<300	10≤X<50	X<10
零售业	营业收入（Y）	万元	Y≥20000	500≤Y<20000	100≤Y<500	Y<100
交通运输业*	从业人员（X）	人	X≥1000	300≤X<1000	20≤X<300	X<20
交通运输业*	营业收入（Y）	万元	Y≥30000	3000≤Y<30000	200≤Y<3000	Y<200
仓储业*	从业人员（X）	人	X≥200	100≤X<200	20≤X<100	X<20
仓储业*	营业收入（Y）	万元	Y≥30000	1000≤Y<30000	100≤Y<1000	Y<100
邮政业	从业人员（X）	人	X≥1000	300≤X<1000	20≤X<300	X<20
邮政业	营业收入（Y）	万元	Y≥30000	2000≤Y<30000	100≤Y<2000	Y<100
住宿业	从业人员（X）	人	X≥300	100≤X<300	10≤X<100	X<10
住宿业	营业收入（Y）	万元	Y≥10000	2000≤Y<10000	100≤Y<2000	Y<100
餐饮业	从业人员（X）	人	X≥300	100≤X<300	10≤X<100	X<10
餐饮业	营业收入（Y）	万元	Y≥10000	2000≤Y<10000	100≤Y<2000	Y<100
信息传输业*	从业人员（X）	人	X≥2000	100≤X<2000	10≤X<100	X<10
信息传输业*	营业收入（Y）	万元	Y≥100000	1000≤Y<100000	100≤Y<1000	Y<100
软件和信息技术服务业	从业人员（X）	人	X≥300	100≤X<300	10≤X<100	X<10
软件和信息技术服务业	营业收入（Y）	万元	Y≥10000	1000≤Y<10000	50≤Y<1000	Y<50
房地产开发经营	营业收入（Y）	万元	Y≥200000	1000≤Y<200000	100≤Y<1000	Y<100
房地产开发经营	资产总额（Z）	万元	Z≥10000	5000≤Z<10000	2000≤Z<5000	Z<2000
物业管理	从业人员（X）	人	X≥1000	300≤X<1000	100≤X<300	X<100
物业管理	营业收入（Y）	万元	Y≥5000	1000≤Y<5000	500≤Y<1000	Y<500
租赁和商务服务业	从业人员（X）	人	X≥300	100≤X<300	10≤X<100	X<10
租赁和商务服务业	资产总额（Z）	万元	Z≥120000	8000≤Z<120000	100≤Z<8000	Z<100
其他未列明行业*	从业人员（X）	人	X≥300	100≤X<300	10≤X<100	X<10

说明：1. 大型、中型和小型企业须同时满足所列指标的下限，否则下划一档；微型企业只须满足所列指标中的一项即可。

2. 表中各行业的范围以《国民经济行业分类》（GB/T 4754—2017）为准。带 * 的项为行业组合类别，其中，工业包括采矿业，制造业，电力、热力、燃气及水生产和供应业；交通运输业包括道路运输业，水上运输业，航空运输业，管道运输业，多式联运和运输代理业、装卸搬运，不包括铁路运输业；仓储业包括通用仓储，低温仓储，危险品仓储，谷物、棉花等农产品仓储，中药材仓储和其他仓储业；信息传输业包括电信、广播电视和卫星传输服务，互联网和相关服务；其他未列明行业包括科学研究和技术服务业，水利、环境和公共设施管理业，居民服务、修理和其他服务业，社会工作，文化、体育和娱乐业，以及房地产中介服务，其他房地产业等，不包括自有房地产经营活动。

3. 企业划分指标以现行统计制度为准。（1）从业人员，是指期末从业人员数，没有期末从业人员数的，采用全年平均人员数代替。（2）营业收入，工业、建筑业、限额以上批发和零售业、限额以上住宿和餐饮业以及其他设置主营业务收入指标的行业，采用主营业务收入；限额以下批发与零售业企业采用商品销售额代替；限额以下住宿与餐饮业企业采用营业额代替；农、林、牧、渔业企业采用营业总收入代替；其他未设置主营业务收入的行业，采用营业收入指标。（3）资产总额，采用资产总计代替。

2.2　贷款申请受理

2.2.1　面谈访问

无论对于商业银行主动营销的客户还是向商业银行提出贷款需求的客户，信贷客户经理都应尽可能通过安排面谈等方式进行前期调查。前期调查的主要目的在于确定是否能够受理该笔贷款业务，是否投入更多的时间和精力进行后续的贷款洽谈，以及是否需要正式开始贷前调查工作。

1. 面谈准备

初次面谈前，调查人员应当做好充分准备，拟定详细的面谈工作提纲。提纲内容应包括客户总体情况、客户信贷需求、拟向客户推介的信贷产品等。

2. 面谈内容

在面谈过程中，调查人员可以按照国际通行的信用"5C"标准原则，即品德（Character）、能力（Capacity）、资本（Capital）、抵押（Collateral）和环境（Condition），从客户的公司状况、贷款需求、还贷能力、抵押品的可接受性以及客户目前与银行的关系等方面集中获取客户的相关信息。

（1）面谈中须了解的信息

①客户的公司状况，包括历史沿革、股东背景与控股股东情况、管理团队、资本构成、组织架构、产品情况、所在行业情况、所在区域经济状况、经营现状等；

②客户的贷款需求状况，包括贷款目的、贷款用途、贷款金额、贷款期限、贷款利率、贷款条件等；

③客户的还贷能力，包括主营业务状况、现金流量构成、经济效益、还款资金来源、保证人的经济实力等；

④抵押品的可接受性，包括抵押品种类、权属、价值、变现难易程度等；

⑤客户与银行关系，包括客户与本行及他行的业务往来状况、信用履约记录等。

（2）面谈结束时的注意事项

在对客户总体情况了解之后，调查人员应及时对客户的贷款申请（此时的申请通常不正式）作出必要反应。

①如客户的贷款申请可以考虑（但还不确定是否受理），调查人员应当向客户获取进一步的信息资料，并准备后续调查工作，注意不得超越权限作出有关承诺。

②如客户的贷款申请不予考虑，调查人员应留有余地地表明银行立场，向客户耐心解释原因，并建议其他融资渠道，或寻找其他业务合作机会。

2.2.2　内部意见反馈

客户经理在与客户面谈以后，应当进行内部意见反馈，使下一阶段工作顺利开展。这一原则适用于每次业务面谈。

1. 面谈情况汇报

客户经理在面谈后，应向主管汇报了解到的客户信息。反映情况应做到及时、全面、准确，避免上级领导掌握信息出现偏差。同时通过其他渠道，如银行信息管理系统，对客户情况进行初步查询。

2. 撰写会谈纪要

面谈后，业务人员须及时撰写会谈纪要，为公司业务部门上级领导提供进行判断的基础性信息。撰写内容包括贷款面谈涉及的重要主体、获取的重要信息、存在的问题与障碍以及是否需要做该笔贷款的倾向性意见或建议。会谈纪要的撰写应力求条理清晰、言简意赅、内容详尽、准确客观。

在实务操作中，贷款申请是否受理往往基于对客户或项目的初步判断。作为风险防范的第一道关口，在贷款的收益与贷款本身安全性的权衡上，业务人员应坚持将贷款安全性放在第一位，对安全性较差的项目在受理阶段须持谨慎态度。为确保受理贷款申请的合理性，在必要情况下，业务人员可将有关书面材料送交专业部门征求意见。

2.2.3　贷款意向阶段

如果确立了贷款意向，则表明贷款可以正式受理。在该阶段，客户经理应做到：及时以合理的方式（如通过口头、电话或书面方式）告知客户贷款正式受理，或者根据贷款需求出具正式的贷款意向书；要求客户提供正式的贷款申请书及更为详尽的材料；将储备项目纳入贷款项目库。

以下对该阶段业务流程中应当注意的事项进行说明，客户经理在实务操作中务必认真理解掌握。

1. 贷款意向书的出具

（1）贷款意向书与贷款承诺的区别

在实务操作中，客户经理往往在该阶段将贷款意向书与贷款承诺混淆。为避免可能造成的不良后果，以下根据两者的异同点和注意事项分别说明。

①贷款意向书和贷款承诺都是贷款程序中不同阶段的成果，常见于中长期贷款。但并非每一笔中长期贷款均需要做贷款意向书和贷款承诺，有的贷款操作过程中既不需要贷款意向书也不需要贷款承诺。

②贷款意向书表明该文件是为贷款进行下一步的准备和商谈而出具的一种意向性的书面声明，但该声明不具备法律效力，银行可以不受意向书任何内容的约束。贷款承诺是借贷双方就贷款的主要条件已经达成一致，银行同意在未来特定时间内向借款人提供融资的书面承诺（这就表明贷款承诺不是在贷款意向阶段作出的），贷款承诺具有法律效力。

（2）出具贷款意向书和贷款承诺的权限

①出具贷款意向书的权限。在项目建议书批准阶段或之前，各银行可以对符合贷款条件的项目出具贷款意向书，一般没有权限限制，超出所在行权限的项目须报上级行备案。

②出具贷款承诺的权限。项目在可行性研究报告批准阶段，各银行应按批准贷款的权限，根据有关规定，对外出具贷款承诺，超出基层行权限的项目须报上级行审批。

③出具贷款意向书和贷款承诺的要求。对于需要贷款的项目应及早介入、及时审查。在出具贷款意向书和贷款承诺时要谨慎处理、严肃对待，注意不得擅自越权对外出具贷款承诺，以免造成工作上的被动或使银行卷入不必要的纠纷。

（3）注意事项

①银企合作协议涉及的贷款安排一般属于贷款意向书性质。如果要求协议具有法律效力，则对其中的贷款安排应以借款合同来对待。因此，签订银企合作协议时，客户经理首先应明确协议的法律地位，并据此谨慎对待协议条款。

②贷款意向书、贷款承诺须按内部审批权限批准后方可对外出具。

2. 贷款申请资料的准备

在确立贷款意向后，向客户索取贷款申请资料是一个比较重要的环节。在实务操作中，客户经理要根据不同贷款种类收集不同的材料，避免遗漏或重复收集，给报审工作或客户带来不必要的麻烦。

（1）对借款申请书的要求

客户需要向银行提供一份正式的借款申请书。业务人员应要求客户在拟定借款申请书时写明：借款人概况、申请借款金额、借款币别、借款期限、借款用途、借款利息、还款来源、还款保证、用款计划、还款计划及其他事项。此外，业务人员还应要求法定代表人或其授权人在借款申请书上签字并加盖借款人公章。

（2）对借款人提供其他资料的要求

为了获取客户进一步的信息，除借款申请书外，业务人员要求客户提供的基本材

料包括：

①注册登记或批准成立的有关文件；

②企业征信报告；

③借款人的验资证明；

④借款人近三年和最近一期的财务报表；

⑤借款人预留印鉴卡及开户证明；

⑥法人代表或负责人身份证明及其必要的个人信息；

⑦借款人自有资金、其他资金来源到位或能够计划到位的证明文件；

⑧相关交易合同、协议。

如借款人为外商投资企业或股份制企业，应提交关于同意申请借款的董事会决议和借款授权书正本。

（3）根据贷款类型，借款人还需要提供的其他材料

如为保证形式，则须提交：经银行认可，有担保能力的担保人的营业执照复印件；担保人近三年的财务报表；如担保人为外商投资企业或股份制企业，应提交关于同意提供担保的董事会决议和授权书正本。

如为抵（质）押形式，则须提交：抵（质）押物清单；抵（质）押物价值评估报告；抵（质）押物权属证明文件；如抵（质）押人为外商投资企业或股份制企业，应出具同意提供抵（质）押的董事会决议和授权书。

如为流动资金贷款，则须提交：原辅材料采购合同，产品销售合同或进出口商务合同，营运计划及现金流量预测；如为出口打包贷款，应出具进口方银行开立的信用证；如为票据贴现，应出具承兑的汇票（银行承兑汇票或商业承兑汇票）；如借款用途涉及国家实施配额、许可证等方式管理的进出口业务，应出具相应批件。

如为固定资产贷款，则须提交：符合国家有关投资项目资本金制度规定的证明文件，项目可行性研究报告及有关部门对研究报告的批复，其他配套条件落实的证明文件；如为转贷款、国际商业贷款及境外借款担保项目，应提交国家计划部门关于筹资方式、外债指标的批文；政府贷款项目还须提交该项目列入双方政府商定的项目清单的证明文件。

3. 注意事项

第一，对企业提交的经审计和未审计的财务报表应区别对待，对企业财务状况的分析应以经审计的财务报表为主，其他财务资料为辅。

第二，如为新建项目，对于提供财务报表可不作严格要求，但应及时获取借款人重要的财务数据。

第三，应认真借阅借款人或担保人公司章程的具体规定，以确信该笔贷款是否必须提交董事会决议或股东（大）会决议。

第四，借款人提供复印件需加盖公章，业务人员应对借款人提供的复印件与相应的文件正本进行核对，核对无误后，业务人员在复印件上签字确认。

在实务操作中，业务人员还可根据贷款项目的具体情况，要求借款人增加、补充或修改有关材料，直至完全符合贷款的要求。

2.3　贷前调查

贷前调查是贷款决策的基本组成部分，是指银行受理借款人申请后，对借款人的信用状况以及借款的合法性、安全性、盈利性等情况进行调查，核实抵（质）押物、保证人情况的过程。贷前调查是银行发放贷款前最重要的一环，也是贷款发放后能否如数按期收回的关键。

商业银行贷前调查的重点是收集整理借款人、主要股东或实际控制人以及贷款项目（如有）的相关信息，并对借款人和项目（如有）的合规风险、经营风险、财务风险等进行综合分析、评估、判断。

商业银行对客户调查和客户资料的验证应以实地调查为主，间接调查为辅，对客户提供的身份证明、授信主体资格、财务状况等资料的合法性、真实性和有效性进行认真核实，并将核实过程和结果以书面形式记载。

2.3.1　贷前调查的方法

在进行贷前调查的过程中，有大量信息可供业务人员选择。业务人员应当利用科学、实用的调查方法，通过定性与定量相结合的调查手段，分析银行可承受的风险，为贷款决策提供重要依据。

1. 现场调研

由于现场调研可获得对企业最直观的了解，因此现场调研成为贷前调查中最常用、最重要的一种方法，同时也是在一般情况下必须采用的方法。开展现场调研工作通常包括现场会谈和实地考察两个方面。

现场会谈时，应当约见尽可能多的、不同层次的成员，包括行政部门、财务部门、市场部门、生产部门及销售部门的主管，因为这些部门在企业的经营中都发挥着重要作用，通过会谈可以获取许多重要信息。会谈应侧重了解其关于企业经营战略和发展的思路、企业内部的管理情况，从而获取对借款人及其高层管理人员的感性认识。

实地考察时，业务人员应到客户的生产经营场所，观察公司的厂房、库存、用水

量、用电量、设备或生产流水线。实地考察应侧重调查公司的生产设备运转情况、实际生产能力、产品结构情况、订单、应收账款和存货周转情况、固定资产维护情况、周围环境状况等。在完成现场调研工作后，业务人员应及时完成现场工作检查报告，为下一步评估工作做好准备。

2. 非现场调查

（1）搜寻调查

搜寻调查指通过各种媒介物搜寻有价值的资料开展调查。这些媒介物包括有助于贷前调查的杂志、书籍、期刊、互联网资料、官方记录等。搜寻调查应注意信息渠道的权威性、可靠性和全面性。

（2）委托调查

委托调查可通过中介机构或银行自身网络开展调查。对于第三方中介机构提供的信息，业务人员应当结合贷前调查过程中获得的信息对其内容进行审慎核查。

（3）其他方法

业务人员可通过接触客户的关联企业、竞争对手或个人获取有价值信息，还可通过行业协会（商会），政府的职能管理部门（如市场监督管理部门、税务机关、公安部门等机构）了解客户的真实情况。业务人员应对该类信息审慎分析并注明出处。

信贷业务人员应避免过分相信借款人提供的有关信息，或者被实地考察中的假象所迷惑。在实务操作中，建议采用突击检查方式进行现场调研，同时可通过其他调查方法对考察结果加以证实。只有将现场调研的成果与其他渠道获取的信息有效地结合起来，才能为贷前调查工作提供一个坚实的基础。

2.3.2 贷前调查的内容

贷前调查的主要对象就是借款人、保证人、抵（质）押人、抵（质）押物等。业务人员在开展贷前调查工作时，应围绕这些具体对象从以下几个方面入手进行全面调查，特别是对贷款合法合规性、安全性和效益性等方面进行调查。

1. 贷款合规性调查

贷款的合规性是指银行业务人员对借款人和担保人的资格合乎法律和监管要求的行为进行调查、认定。调查应包括以下内容。

①认定借款人、担保人合法主体资格。公司业务人员应仔细核查借款人的法人资格、借款资格、营业执照的有效期和真实性、征信情况。

②认定借款人、担保人的法定代表人、授权委托人、法人的公章和签名的真实性和有效性，并依据授权委托书所载明的代理事项、权限、期限认定授权委托人是否具

有签署法律文件的资格、条件。

③对需要董事会决议同意借款和担保的，信贷业务人员应调查认定董事会同意借款、担保决议的真实性、合法性和有效性。

④对需要股东（大）会决议同意借款和担保的，信贷业务人员应调查认定股东（大）会同意借款、担保决议的真实性、合法性和有效性。

⑤对抵押物、质押物清单所列抵（质）押物品或权利的合法性、有效性进行认定。公司业务人员应审查其是否符合《商业银行押品管理指引》（银监发〔2017〕16号）及银行贷款担保管理规定，是否为重复抵（质）押的抵（质）押物。

⑥对贷款使用合法合规性进行认定。信贷业务人员应调查认定借款人有关生产经营及进出口许可证是否真实、有效，贷款使用是否属于营业执照所列经营范围，并分析借款人生产经营是否符合国家和本地区的经济政策、产业政策。

⑦对购销合同的真实性进行认定。信贷业务人员须分析借款用途的正常、合法、合规及商品交易合同的真实可靠性。

⑧对借款人的借款目的进行调查。信贷业务人员应调查借款人的借款目的，防范信贷欺诈风险。

2. 贷款安全性调查

贷款的安全性是指银行应当尽量避免各种不确定因素对其资产和贷款等方面的影响，保证银行稳健经营和发展。贷款是商业银行最主要的资产业务，银行要承担多方面的风险。因此，银行业务人员必须对借款人的风险状况和资质作出判断。调查应包括以下内容。

①对借款人、保证人及其法定代表人的品行、业绩、能力和信誉精心调查，熟知其经营管理水平、公众信誉，了解其履行协议条款的历史记录。

②考察借款人、保证人是否已建立良好的公司治理机制，主要包括是否制定清晰的发展战略、科学的决策系统、执行系统和监督系统、审慎的会计原则、严格的目标责任制及与之相适应的激励约束机制、健全的人才培养机制和健全负责的董事会。

③对借款人、保证人的财务管理状况进行调查，对其提供的财务报表的真实性进行审查，对重要数据核对总账、明细账，查看原始凭证与实物是否相符，掌握借款人和保证人的偿债指标、盈利指标和营运指标等重要财务数据。

④对借款人过去三年的经营效益情况进行调查，核实其拟实现的销售收入和利润的真实性和可行性，并进一步分析行业前景、产品销路以及竞争能力。

⑤对原到期贷款及应付利息清偿情况进行调查，认定不良贷款数额、比例并分析成因；对没有清偿的贷款本息，要督促和帮助借款人制订切实可行的还款计划。

⑥对有限责任公司和股份有限公司对外股本权益性投资和关联公司情况进行调查。

⑦对抵押物的价值评估情况作出调查。

⑧对于申请外汇贷款的客户，业务人员要调查认定借款人、保证人承受汇率、利率风险的能力，尤其要注意汇率变化对抵（质）押担保额的影响程度。

3. 贷款效益性调查

贷款的效益性是指贷款经营的盈利情况，是商业银行经营管理活动的主要动力。贷款的盈利水平是商业银行经营管理水平的综合反映，同时也受外部环境众多因素的影响。业务人员开展的调查应包括以下内容。

①结合当期资金成本、拨备等监管要求，计算该笔贷款的利差及风险调整后的收益情况。

②对借款人过去和未来给银行带来的收入、存款、贷款、结算、结售汇等综合效益情况进行调查、分析、预测。

2.3.3 贷前调查报告内容要求

1. 贷前调查报告内容一般要求

信贷业务人员要将贷前调查与信用风险分析结果形成贷前调查报告，供风险管理部门或风险评审委员会评审、批准。在贷前调查阶段就应参照各商业银行要求安排调查提纲和计划。

调查报告一般包括以下内容。

（1）借款人基本情况

主要包括借款人名称、性质、成立日期、经营年限、法人代表、组织架构、股东背景、实际控制人等基本情况；借款人经营范围、所属行业、核心主业、提供产品或服务的年生产能力；借款人的技术、管理情况；主要管理人员的品行、专业技术水平、经营管理能力评价；借款人是否涉入兼并（被兼并）、合资、分立、重大诉讼、破产等事项；借款人关联方的销售、融资情况及关联交易等情况。

（2）借款人生产经营及经济效益情况

主要包括借款人所处的行业情况、采购及销售模式、成立（特别是近三年）的成长性、盈利水平和变动趋势；产成品与原材料的价格比例关系与变动趋势；近三年销售收入、成本及利润的结构、增长率与未来变动趋势；产品市场占有份额与变动趋势；近三年原材料进口数量和金额、产成品出口量和创汇额、进出口商品盈亏及出口换汇成本分析；主要客户、供应商及分销渠道；销售模式、业务周期、产品销售季节特点。

（3）借款人财务状况

主要包括根据近三年及当期财务报表分析资产负债比率、流动资产和流动负债结构、主营业务利润率变化情况及原因、投资收益、营业外收入对利润总额的影响程度、未来变动趋势，侧重分析借款人的短期偿债能力、财务数据真实性；流动资金数额和周转速度；存货数量、净值、周转速度、变现能力、呆滞积压库存物资情况；应收账款金额、周转速度、数额较大或账龄较长的国内外应收账款情况，相互拖欠款项及处理情况；应付账款情况；对外投资情况、在建工程与固定资产的分布情况；亏损挂账、待处理流动资产损失、不合理资金占用及清收等情况。

（4）借款人资信及与银行往来情况

主要包括借款人在银行开户的情况；在银行长短期贷款余额、各种渠道的融资情况、以往借款的还款付息情况（不良贷款比率和收息率）、信用等级、授信限额及额度占用情况；借款人的或有负债情况；借款人已经提供的抵（质）押担保情况；借款人与其他银行的关系、在其他银行的开户与借款情况；中国人民银行企业征信系统反映的贷款情况、担保情况及信用记录情况；在银行日平均存款余额、结算业务量、综合收益；新增贷款后银行新增的存款、结算量及各项收益预测。

（5）资金用途

借款人的整体资金需求及融资资金的具体用途。主要包括该笔贷款的金额、期限、用途、提款计划；该笔贷款所涉及的经营周期，结合借款人的用途、实际需求、经营周期、交易对手资金占用、现金流量情况分析贷款金额和期限的合理性和必要性。

（6）还款能力

主要包括还款来源；分析、说明借款人是否有还贷资金缺口，主要包括借款人依靠自身生产经营产生的现金流、综合收益及其他合法收入等对归还银行贷款的可靠性评价。如为项目融资额，还款计划应综合考虑项目预期现金流和投资回收期等情况，合理确定还款方式，实行分期偿还，做到半年一次还本付息，鼓励有条件的可按季度进行偿还。

（7）担保情况

主要包括保证人基本状况；保证人担保能力评价：资信水平、信用等级、评级机构、其他对外保证金额、抵押或质押情况；根据近三年的资产、负债、所有者权益、资产负债率、销售收入、净利润、创汇等指标分析其资本信用与财务状况；抵（质）押的合法性；抵（质）押物名称、所在地、数量、质量和所有权/使用权人；抵（质）押物价值评价；抵（质）押率测算；抵（质）押物的变现能力评价；抵押物是否已办理保险手续，保险权益是否已转让银行或是否已出具把保险权益转让给银行的承诺函。

（8）银行业金融机构收益预测

主要包括利息收入、年结算量及结算收入、日均存款额、其他收入和收益等内容。

（9）风险评估意见

在对上述情况进行逐项分析并分别得出分项结论的基础上，对各分项论证结果进行全面的归纳总结，形成总体的风险评估意见。

（10）结论性意见

主要包括是否提供贷款；贷款的金额、期限、用途、利率、还款计划、担保方式、提款条件、信贷资金支付条款，以及尚须进一步落实的问题。

2. 固定资产贷款贷前调查报告内容的特殊要求

固定资产贷款贷前调查报告内容除须满足贷前调查报告内容一般要求外，还须包括有关用款项目的以下内容。

（1）项目合法性要件取得情况

主要包括可行性研究报告批复、立项批复、土地利用合法性文件、规划批复、环评批复等合法性要件的取得时间、批文文号、批复内容与项目是否一致；项目总投资、投资构成及来源；产品名称、规模；经济效益和社会效益评价等内容。

（2）投资估算与资金筹措安排情况

主要包括银行对项目总投资、投资构成及来源的评估结果；项目资本金的来源和落实情况，资本金是否符合规定的比例；申请固定资产贷款金额、币别、用途、期限、利率；申请其他银行固定资产贷款金额、币别、用途、期限、利率；流动资金落实情况；投资进度；银行贷款的用款计划等内容。

（3）项目建设必要性及技术情况

主要包括是否符合国家产业政策、投资政策、行业规划和社会经济发展需要，以及行业分析、市场情况、市场供求情况、价格走势和产品竞争能力、项目的工艺技术、装备的先进性和适用性、项目引进设备情况、非引进项目使用国内设备情况、商务合同等内容。

（4）项目配套条件落实情况

主要包括厂址选择和土地征用的落实情况；资源条件和原材料、辅助材料、燃料供应的落实情况；配套水、电、气条件的落实情况；运输条件的落实情况；环保指标是否达到有关部门的要求，环境影响报告书是否已经由相关部门批准。

（5）项目效益情况

主要包括相关财务指标、财务现金流量和各年累计盈余资金是否出现负值、盈亏平衡点分析、敏感性分析等内容。

（6）项目风险分析

主要包括项目中存在的建设期风险和经营期风险等内容。

3. 流动资金贷款贷前调查报告内容的特殊要求

流动资金贷款贷前调查报告除须满足贷前调查报告内容一般要求外，还须包括借款人流动资金需求分析与测算的内容：主要包括分析借款人经营规模及运作模式、季节性、技术性及结算方式等因素对借款人流动资金需求量的影响。流动资金贷款需求量测算是以企业产销规模为参照指标，并借助一定的计量方法，测算出企业一定时期内与产销相匹配的流动资金贷款需求规模，然后按照经济运行状况、行业发展规律和借款人的有效信贷需求及未来发展前景等情况，在合理预测的基础上，对定量估算结果进行必要调整，进而确定实际流动资金贷款需求量。

第3章 借款需求分析

 **本章概要**

借款需求与还款能力和风险评估紧密相连，是决定贷款金额、期限、品种等要素的重要因素，因此，银行为了作出合理的贷款决策，通常需要采用一定的分析方法对借款公司的借款需求进行分析，从而判断公司借款需求的原因及合理性。

本章包括四节内容：第一节是概述，主要介绍借款需求的含义、借款需求分析的意义以及借款需求的影响因素；第二节是借款需求分析的内容，包括销售变化引起的需求、资产变化引起的需求、负债和分红变化引起的需求以及其他变化引起的需求；第三节主要分析借款需求与负债结构之间的关系；第四节主要介绍借款需求的一般测算。

3.1 概述

3.1.1 借款需求的含义

借款需求是指公司由于各种原因造成了资金的短缺，即公司对资金的需求超过了公司的现金储备，从而需要借款。

借款需求与借款目的是两个紧密联系，但又相互区别的概念。借款需求指的是公司为什么会出现资金短缺并需要借款。借款需求的原因可能是由于长期性资本支出以及季节性存货和应收账款增加等导致的现金短缺。因此，公司的借款需求可能是多方面的。而借款目的主要是指借款用途，一般来说，长期贷款用于固定资产等非流动资产，短期贷款用于流动资产。

3.1.2 借款需求分析的意义

借款需求与还款能力和风险评估紧密相连，是决定贷款金额、期限、品种等要素的重要因素。通过了解借款企业在资金运作过程中导致资金短缺的关键因素和事件，银行能够更有效地评估风险，更合理地确定贷款期限，并帮助企业提供融资结构方面的建议。

银行为了作出合理的贷款决策，通常需要对借款企业的借款需求进行分析。银行在对客户进行借款需求分析时，要关注企业的借款需求原因，即所借款项的用途，同时还要关注企业的还款来源以及可靠程度。实际上，在一个结构合理的贷款中，企业的还款来源与其借款原因应当是相匹配的，而这可以通过借款需求分析来实现。

在有些情况下，借款企业未真正了解自己借款需求的本质原因，因此也就无法提供详细的贷款使用计划。在这种情况下，银行无法了解公司的真实借款需求原因以及借款需求是短期的还是长期的，因此，银行无法确定合理的贷款结构。营运资金贷款就是一个典型的例子，借款企业通常把所有的短期资金不足都看作营运资金需求。然而，导致企业资金不足的原因除了表面上的流动性不足外，还可能会有更本质的原因。银行只有通过借款需求分析，才能把握公司借款需求的本质，从而作出合理的贷款决策；否则，可能由于期限不匹配等原因导致公司无法按时还款，从而增加银行的贷款风险。

即使借款企业有明确的借款需求原因，比如存货融资、设备融资，借款需求分析仍然是非常必要的。原因在于，虽然许多企业都通过先进的风险管理技术来控制企业面临的业务和行业风险，以使企业具有较高的盈利能力和市场竞争力，但是它们可能缺少必要的财务分析技术来确定资本运作的最佳财务结构，而银行可以通过借款需求的分析为公司提供融资方面的合理建议，这不但有利于公司的稳健经营，也有利于银行降低贷款风险。

通常情况下，银行会接到企业短期季节性融资的申请，这个借款需求原因非常明确。在这种情况下，银行可能会忽略借款需求的分析，因为借款需求比较明确，而且企业确实经常会出现季节性资金不足，它们通过向银行借款来解决暂时性的资金周转问题，并能在下一个季度顺利归还贷款。但是通过借款需求分析可能会发现，企业比以往季节性融资时所持有的现金更少，原因可能是企业刚刚购买了新的先进设备。因此，该企业除了短期季节性融资需求外，还存在长期的设备融资需求，但公司管理者通常只能认识到他们需要的是季节性融资。在这种情况下，如果银行仅用短期贷款来满足公司的资金需求，公司很可能继续存在资金短缺问题，新设备不可能在一个经营周期或一年内转化为现金，企业也就没有足够的现金来偿还短期贷款，结果不得不进行贷款重构。企业资金真正短缺的部分主要是用于购买新设备的那部分，这一部分应当重构为长期贷款。由此可见，银行应当使用短期贷款和长期贷款相结合的方式来满足该公司贷款的不同需求。综上可知，银行在受理贷款中借款需求分析有利于银行进行全面的风险分析。

3.1.3　借款需求的影响因素

无论是现金流量表、资产负债表还是利润表，都可以用来作为公司借款需求分析

的基础，通过这些财务报表的分析，银行可以了解公司借款的原因。现金流量表是在资产负债表和利润表基础上所构建的，现金流量表将现金的使用和需求分为资产的增加、债务的减少和与现金使用相关联的因素三类。其中，与现金使用相关联的因素又包括营业支出、投资支出和融资支出。

同时，在进行借款需求分析时还应结合资产负债表和利润表。资产负债表和利润表的基本构成相对更容易用来分析企业的借款需求。当现金需求量上升且超过了企业当时所持有的现金量，则可以看作是企业的潜在借款需求。现金的使用表明了公司的现金消耗，解释了公司缺少足够现金而产生融资需求的原因。总体来看，借款需求的主要影响因素包括季节性销售增长、长期销售增长、资产运营效率下降、固定资产重置及扩张、长期投资、商业信用的减少及改变、债务重构、利润率下降、红利支付、一次性或非预期支出等。

从资产负债表看，季节性销售增长、长期销售增长、流动资产周转率下降可能导致流动资产增加；商业信用的减少及改变、债务重构可能导致流动负债结构变化；固定资产重置及扩张、长期投资可能导致长期资产的增加；红利支付可能导致资本净值的减少。从利润表来看，一次性或非预期的支出、利润率的下降都可能对企业的收入支出产生影响，进而影响企业的借款需求。

3.2 借款需求分析的内容

3.2.1 销售变化引起的需求

1. 季节性销售增长

许多企业经营具有季节性特点，销售会在特定时期出现季节性增长。例如，假期销售旺季来临之前，玩具制造商和相关出口企业将达到销售高峰；建筑材料供应商会在春、夏季达到销售高峰，此时建筑公司通常会为下一阶段的建筑工程购买存货。

具有季节性销售特点的公司将经历存货和应收账款等资产的季节性增长，存货增长通常会出现在销售旺季期间或之前，而应收账款增加则主要是由销售增长引起的。在季节性增长之后，这些资产会随着销售旺季的结束而减少，同时销售量也逐渐降低，公司经营将进入低谷时期。

因为商业信用的存在，购买存货可以延迟付款，在资产负债表上表现为应付账款；公司日常经营活动将产生应计费用，金额相对不是很大。一般而言，销售收入和资产的季节性波动会导致应付账款与应计费用两类负债的季节性波动。

存货和应收账款等资产的季节性增加需要现金去满足其增长的需要。以下是季节性资产增加的三个主要融资渠道：

一是季节性商业负债增加：应付账款和应计费用；

二是内部融资，来自公司内部的现金和有价证券；

三是银行贷款。

通常情况下，季节性商业负债增加并不能完全满足季节性资产增长所产生的资金需求。在销售高峰期，应收账款和存货增长的幅度往往要高于应付账款和应计费用增长的幅度。当季节性资产数量超过季节性商业负债时，超出的部分需要通过公司内部融资或者银行贷款来补充。公司一般会尽可能用内部资金来满足营运资本投资，如果内部融资无法满足全部融资需求，公司就会向银行申请短期贷款。银行贷款的还款来源主要是季节性资产减少所释放出的现金。

总之，通过对现金流的预测以及月度或季度的营运资本投资、销售和现金水平等的分析，银行可以获得如下信息：

①决定季节性销售模式是否产生季节性借款需求，即公司是否具有季节性销售模式，如果有的话，季节性销售模式是否使公司产生季节性借款需求；

②评估营运资本投资需求的时间和金额；

③决定合适的季节性贷款结构及偿还时间表。

公司现金需求与融资的关系如图 3 - 1 所示。

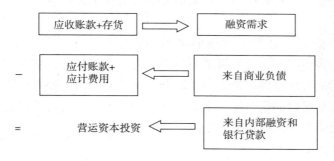

图 3 - 1　公司现金需求与融资的关系

2. 长期销售收入增长

在没有资产的增加，特别是没有应收账款、存货以及固定资产增长的情况下，销售收入很难实现长期稳定的增长。如果资产没有增加，那么只有资产效率持续上升，销售收入才有可能持续、稳定增长。但是通常来讲，资产效率很难实现长期持续的增长，因此，资产的增加对于销售收入的增长就显得非常重要。

（1）资产增长的模式

核心流动资产指的是在资产负债表上始终存在的那一部分流动资产。这部分资产应当由长期融资来实现。当一个公司的季节性销售收入和长期性销售收入同时增长

时，流动资产的增长体现为核心流动资产和季节性资产的共同增长（见图3-2）。

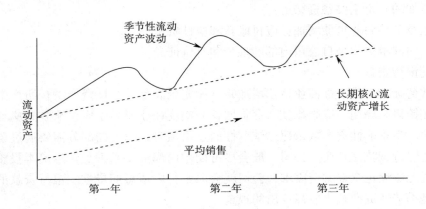

图3-2 公司流动资产的变动趋势

公司可以通过多种渠道获得资金满足运营资本投资需求，其中留存收益是支撑销售长期增长的重要资金来源。即使长期销售增长保持稳定不变，企业固定资产增长也应该遵循阶梯式发展模式。这部分用于支持长期销售增长的资本性支出（主要包括内部留存收益和外部长期融资），其融资也必须通过长期融资实现。即使是利润率很高的公司，仅靠内部融资也很难满足持续、快速的销售收入增长需求。这时公司往往就会向银行申请贷款。银行判断公司长期销售收入增长是否产生借款需求的方法一般有以下几种：

①快速简单的方法是判断持续的销售增长率是否足够高，比如年增长率超过10%。然而在很多情况下，这种粗略的估计方法并不能准确地判断实际情况。

②更为准确的方法是确定是否存在以下三种情况：销售收入保持稳定、快速的增长；经营现金流不足以满足营运资本投资和资本支出的增长；资产效率相对稳定，表明资产增长是由销售收入增加而不是效率的下降引起的。

（2）可持续增长率的计算

可持续增长率是公司在没有增加财务杠杆的情况下可以实现的长期销售增长率。

可持续增长率的假设条件如下：

①公司的资产使用效率将维持当前水平；

②公司的销售净利率将维持当前水平，并且可以涵盖负债的利息；

③公司保持持续不变的红利发放政策；

④公司的财务杠杆不变；

⑤公司未增发股票，增加负债是其唯一的外部融资来源。

以上这些变量变动越小，即保持得越稳定，可持续增长率的指导意义就越大，但现实中这些变量不可能一成不变，因此，可持续增长率的使用价值受到了限制。然而，只要变量的变化不是非常剧烈，还是可以通过可持续增长率来判断公司的大致发展趋势的。

内部融资的资金来源是净资本、留存收益和增发股票。一般情况下，企业不能任意发行股票，因此，在估计可持续增长率时通常假设内部融资的资金来源主要是留存收益。

如果一个公司能够通过内部融资维持高速的销售增长，这意味着公司的利润水平要足够高，并且留存收益足以满足销售增长的资金需要。一个公司的可持续增长率取决于以下四个变量：

①利润率：利润率越高，销售增长越快；

②留存利润：用于分红的利润越少，销售增长越快；

③资产使用效率：效率越高，销售增长越快；

④财务杠杆：财务杠杆越高，销售增长越快。

可持续增长率的计算方法很多，这里给出一种简单的表达形式：

$$SGR = \frac{ROE \times RR}{1 - ROE \times RR} \tag{3-1}$$

式中，SGR 为可持续增长率；ROE 为资本回报率，即净利润与所有者权益的比率；RR 为留存比率，$RR = 1 -$ 红利支付率。

在财务分析中，ROE 可以分解为利润率、资产效率和财务杠杆。因此，在前面提到的影响可持续增长率的四个因素中，利润率、资产效率、财务杠杆三个因素通过资本回报率反映在公式（3-1）中，而剩余利润通过留存比率反映在公式（3-1）中。可见，公式（3-1）包含了前面提到的影响可持续增长率的四个主要因素。

【例 3-1】假设一家公司的财务信息如表 3-1 所示。

表 3-1　　　　　　　　　　　　财务信息　　　　　　　　　　　　单位：万元

总资产	10839	销售额	14981
总负债	5973	净利润	786
所有者权益	4866	股息分红	304

根据以上信息可得：

$$ROE = 净利润／所有者权益 = 786/4866 = 0.16$$

$$红利支付率 = 股息分红／净利润 = 304/786 = 0.39$$

$$RR = 1 - 红利支付率 = 1 - 0.39 = 0.61$$

$$SGR = \frac{ROE \times RR}{1 - ROE \times RR} = \frac{0.16 \times 0.61}{1 - 0.16 \times 0.61} = 0.11$$

由此可知，该公司在不增加财务杠杆的情况下，可以达到 11% 的年销售增长率。

（3）可持续增长率的作用

通过对可持续增长率的分析，可以获得以下重要信息，这些信息与可持续增长率的四个影响因素有关：

①在不增加财务杠杆的情况下，利润率、资产使用效率、红利支付率均保持不变，公司的销售增长速度如何？

②在红利支付率、资产使用效率和财务杠杆保持不变，利润率可变的情况下，公司的销售增长情况如何？

③如果公司的资产使用效率改变了，要保持公司目前的财务杠杆、利润率和红利分配政策，销售增长情况将如何变化？

④在资产效率和利润率不变的情况下，公司通过外部融资增加财务杠杆，销售增长情况将如何？

⑤如果公司提高了红利支付率，这将对公司的内部融资能力产生什么样的影响？

如果公司的运营情况基本稳定，以上问题可以通过替代可持续增长率的四个影响因素或引入新的假设来衡量。为了分解并解释每个变量的变化影响，公式（3-1）中 *ROE* 可以分解为以下三个组成因子：

①净利润率，即净利润与销售收入的比率；

②总资产周转率，即销售收入与总资产的比率；

③杠杆率，即总资产与所有者权益的比率或 1 + 负债/所有者权益。

由此，可以得到以下表达式：

$$ROE = 净利润率 \times 总资产周转率 \times 财务杠杆率$$

$$= \frac{净利润}{销售收入} \times \frac{销售收入}{总资产} \times \frac{总资产}{所有者权益} \qquad (3-2)$$

$$SGR = \frac{\dfrac{净利润}{销售收入} \times \dfrac{销售收入}{总资产} \times \dfrac{总资产}{所有者权益} \times RR}{1 - \left(\dfrac{净利润}{销售收入} \times \dfrac{销售收入}{总资产} \times \dfrac{总资产}{所有者权益} \times RR\right)} \qquad (3-3)$$

【例 3-2】（接例 3-1）

$$SGR = \frac{\dfrac{786}{14981} \times \dfrac{14981}{10839} \times \dfrac{10839}{4866} \times 0.61}{1 - \left(\dfrac{786}{14981} \times \dfrac{14981}{10839} \times \dfrac{10839}{4866} \times 0.61\right)} = 0.11$$

银行接到一笔新的贷款业务时，可持续增长率是需要重点关注的。当资产净值无法维持公司的增长时，如公司股东不增资，公司必然会寻求增加负债，加大财务杠杆。

3.2.2 资产变化引起的需求

1. 资产效率的下降

如果公司的现金需求超过了现金供给，那么资产效率下降和商业信用减少可能成为公司贷款的原因。通常，应收账款、存货的增加，以及应付账款的减少将形成企业的借款需求。

通过现金流分析方法，银行可以判断公司在上述方面的变化是否会引起现金需求。下面通过一个实例来解释如何将现金流分析方法运用到公司的借款需求分析中。

应收账款周转天数延长对现金回收期会产生很大影响。从表 3 - 2 中可以看到，第三年应收账款的周转天数比第二年延长了近 10 天，这就意味着在这 10 天中这部分现金仍然由公司的客户持有，而不是由公司持有，因此，公司就必须从其他渠道获得现金以满足运营中对这部分现金的需求。

表 3 - 2　　　　　　　　　现金流分析在借款需求分析中的应用

项目	第一年	第二年	第三年
销售收入（万元）	1800	2000	2150
商品销售成本（万元）	1050	1250	1400
平均应收账款（万元）	150	185	255
平均存货（万元）	260	415	345
平均应付账款（万元）	105	155	160
应收账款周转天数（天）	30.4	33.8	43.3
存货周转天数（天）	90.4	121.2	89.9
应付账款周转天数（天）	36.5	45.3	41.7
经营周期（天）	121	155	133
资金周转周期（天）	84	110	92

注：1. 为了减小进一步计算中的舍入误差，周转天数精确到小数点后一位；
　　2. 一年按照 365 天计算。

为了估计应收账款周转天数延长后的现金需求量，应当将周转天数的改变量与其他财务信息结合起来考虑：

第三年应收账款周转天数：$\frac{255}{2150} \times 365 = 43.3$（天）

第二年到第三年应收账款周转天数的增加：$43.3 - 33.8 = 9.5$（天）

利用应收账款周转天数的改变量（9.5 天）把应收账款看作变量，即求解下式，可得

$$\frac{x}{2150} \times 365 = 9.5, 解得 x = 56（万元）$$

可见，由于应收账款周转天数的延长，应收账款额大约增加了 56 万元，增加的部分就需要通过其他融资渠道来补充才能保证企业在第三年的正常运转。而且，从第二年到第三年应收账款的实际增长量是 70 万元，其中应收账款回收期延长造成的增

长量56万元，另外还有约14万元是由于销售增长引起的。具体可通过如下步骤获得：

从第二年到第三年，销售收入从2000万元增加到了2150万元，增长了7.5%；这一时期，期初的应收账款额为185万元；假定应收账款和销售收入同比例增长，则由于销售收入增加导致的应收账款增加额为$185 \times 7.5\% = 13.9$（万元）。可见，单独由销售收入增加引起的应收账款增加额为13.9万元。

综上所述，单独由销售收入增加引起的应收账款增加额（13.9万元）加上由于应收账款回收期延长增加的56万元，应收账款总共增加了69.9万元。

类似地，可以分析存货周转天数和应付账款周转天数变化对现金需求的影响。

此外，表3-2中最后两行给出了经营周期和资金周转周期的长度，对于这两个方面，特别是资金周转周期的延长引起的借款需求与应收账款周转天数、存货周转天数和应付账款周转天数有关。第二年资金周转周期的延长表明借款需求可能与其中的一个或几个因素有关。

2. 固定资产的重置和扩张

（1）固定资产的重置

固定资产重置的原因主要是设备自然老化和技术更新。与公司管理层进行必要的沟通，有助于了解固定资产重置的需求和计划。

借款公司在向银行申请贷款时，通常会提出明确的融资需求，同时银行也能通过评估以下几方面来达到预测需求的目的：

①公司的经营周期，资本投资周期，设备的使用年限和目前状况；

②影响固定资产重置的技术变化率。

如果一个公司在运营中需要大量的固定资产，并且固定资产已近乎完全折旧，这就可能需要重置一些固定资产，可以使用"固定资产使用率"这一指标来评估重置固定资产的潜在需求：

$$固定资产使用率 = \frac{累计折旧}{总折旧固定资产} \times 100\%$$

其中，在"总折旧固定资产"中要排除不需要折旧的固定资产。比如，在会计上，土地是不折旧的，因此，土地也无须重置。

"固定资产使用率"粗略地反映了固定资产的折旧程度，但也存在以下不足之处：

①该比率中的固定资产价值代表了一个公司的整个固定资产基础。而固定资产基础可能相对较新，但个别资产可能仍需要重置。

②折旧并不意味着用光，因为折旧仅仅是一种会计学上的概念，它使随时间消耗的资产成本与预期生产的产品和服务相匹配。就公司而言，使用完全折旧但未报废的机械设备是很正常的。

③为了提高生产力，公司可能在设备完全折旧之前就重置资产。

④固定资产使用价值会因折旧会计政策的变化和经营租赁的使用而被错误理解。

尽管存在上述不足之处，这个比率对理解公司资本支出的管理计划还是非常有意义的。如果一个公司的固定资产使用率大于 60% 或 70%，这就意味着投资和借款需求很快将会上升，具体由行业技术变化比率决定。

结合固定资产使用率，银行可以对剩余的固定资产寿命作出一个粗略的估计，进一步推测未来固定资产的重置时机。"固定资产剩余寿命"可以用来衡量公司全部固定资产的平均剩余寿命：

$$固定资产剩余寿命 = \frac{净折旧固定资产}{折旧支出}$$

银行必须经常与公司管理层核实结果，管理层提供的信息要与固定资产使用率和固定资产使用年限相一致。

（2）固定资产扩张

正如本章关于"长期销售收入增长"部分所讲，销售收入的增长最终必须得到固定资产增长的支持。与销售收入线性增长模式不同，固定资产增长模式通常呈阶梯形发展，每隔几年才需要一次较大的资本支出。因此，影响固定资产使用率和剩余寿命的因素，同样会对固定资产扩张产生影响。

与固定资产扩张相关的借款需求，其关键信息主要来源于公司管理层。管理层可以推迟固定资产扩张的时间，直到固定资产生产能力受限，或者利好机会出现以及融资成本降低时再进行投资。银行必须与公司管理层进行详细的讨论，了解公司的资本投资计划，进而评估固定资产扩张是否可以成为合理的借款原因。

通过分析销售和净固定资产的发展趋势，银行可以初步了解公司的未来发展计划和设备扩张需求之间的关系，这时销售收入/净固定资产比率是一个相当有用的指标。通常来讲，如果该比率较高或不断增长，则说明固定资产的使用效率较高。然而，超过一定比率以后，生产能力和销售增长就变得相当困难了，此时销售增长所要求的固定资产扩张便可以成为企业借款的合理原因。如果银行能够获得公司的行业信息，然后将公司销售收入与净固定资产比率同相关行业数据进行比较，也能获得很多有价值的信息。

除了研究销售收入与净固定资产比率的趋势之外，银行还可以通过评价公司的可持续增长率获得有用信息，如果公司管理层能够提供固定资产使用效率的有用信息，这将有助于银行了解公司的固定资产扩张需求和对外融资需求。

3. 股权投资

最常见的长期投资资金需求是收购子公司的股份或者对其他公司的相似投资。长期投资属于一种战略投资，其风险较大，因此，最恰当的融资方式是股权性融资。在发达国家，银行会有选择性地为公司并购或股权收购等提供债务融资，其选择的主要标准是收购的股权能够提供控制权收益，从而形成借款公司部分主营业务。

并购融资在 20 世纪 80 年代的美国非常普遍，通常是与杠杆收购相关的高杠杆交易，但最后由于种种原因，这些贷款大多出现了问题，甚至违约。如果相关法律制度不健全，放贷后银行对交易控制权较小，自身利益保护不足，则要谨慎发放用于股权收购和公司并购的贷款。因为一旦借款公司借款后没有将资金投资在事先约定的项目上，而是用于购买其他公司的股权，对银行来说将产生很大的风险。所以，银行在受理公司的贷款申请后，应当调查公司是否有这样的投资计划或战略安排。如果银行向一个处于并购过程中的公司提供贷款，就一定要特别关注借款公司是否会将银行借款用于并购活动。针对这一情况，比较好的判断方法就是银行通过与公司管理层的沟通来判断并购是否才是公司的真正借款原因。此外，银行还可以从行业内部、金融部门和政府部门等渠道获得相关信息。

3.2.3　负债和分红变化引起的需求

1. 商业信用的减少和改变

应付账款被认为是公司的无成本融资来源，因为公司在应付账款到期之前可以占用这部分资金购买商品和服务等。因此，当公司出现现金短缺时，通常会向供应商请求延期支付货款。但如果公司经常无法按时支付货款，商业信用就会大幅减少，供货商就会要求公司交货付款。实际上，如果应付账款还款期限缩短了，那么公司以应付账款获得的资金占用量减少，这就可能造成公司的现金短缺，从而形成借款需求。

2. 债务重构

基于期限等考虑，公司经常会用一种债务替代另一种债务，典型的例子就是向银行举债以替代商业信用。为了了解业务需求的真正原因，银行通常需要与公司管理层进行相关讨论。公司资金短缺可能是由于其他客户尚未付款，或者存货尚未售出。

银行需要分析公司的财务匹配状况。如果销售收入增长足够快，且核心流动资产的增长主要是通过短期融资而不是长期融资实现的，那么，这时就需要将短期债务重构为长期债务。

在某些情况下，公司可能仅仅想用一个债权人取代另一个债权人，原因可能如下：

①对现在的银行不满意；
②想要降低目前的融资利率；
③想与更多的银行建立合作关系，增加公司的融资渠道；
④为了规避债务协议的种种限制，想要归还现有的借款。

在这种情况下，银行要通过与公司管理层的详细交谈了解债务重构的原因是否真实，并进一步判断是否适合发放贷款。

3. 红利发放

红利和利息均为公司的融资成本。大多数公司必须支付红利来保证其在证券市场的地位，因为红利的发放会影响投资者的态度，例如，投资者不喜欢削减红利，他们将削减红利与公司的财务困难联系在一起。另外，公司在制定红利发放政策时，必须确定并达到所有者的期望目标。否则，投资者可能出售其股份，使股价下跌。

公司的利润收入在红利支付与其他方面使用（比如资本支出、营运资本增长）之间存在着矛盾，对公开上市的公司来说，将大量现金用于其他目的后，由于缺少足够的现金，可能会通过借款来发放红利。

银行可以通过以下几个方面来衡量公司发放红利是否为合理的借款需求：

①公司为了维持在资本市场的地位或者满足股东的最低期望，通常会定期发放股利。在公司申请借款时，银行要判断红利发放的必要性，如果公司的股息发放压力并不是很大，那么红利就不能成为合理的借款需求原因。

②通过经营现金流量分析来判断公司的经营净现金流是否为正，偿还债务、资本支出和预期红利发放是否存在资金缺口。判断借款资金需求的合理性。

③对于定期支付红利的公司来说，银行要判断其红利支付率和发展趋势。如果公司持续盈利及获取现金能力以及未来的发展已经无法满足现在的红利支付水平，那么红利发放就不能成为合理的借款需求原因。

仅仅根据公司的单一借款原因来判断其借款需求是不合适的，还要结合现金流分析来判断公司是否还有其他的借款原因，并确定借款公司现金短缺的具体原因。

3.2.4 其他变化引起的需求

1. 利润率下降

公司如果连续几年利润较低或几乎没有利润，就需要依靠银行借款来应付各种额外支出。因为低利润经营的公司很难获得现金净收入，也就不可能积累足够的资金用于季节性支出和非预期性支出，所以，低利润就有可能引起借款需求。

银行可以通过分析公司的利润表和经营现金流量表来评估公司盈利能力下降所产生的影响。

通过表3-3，可以说明利润表在借款需求分析中的具体应用。共同比利润表将收益和支出量化为销售百分比的形式，使得相互之间的关系更清晰，详见表3-3。

表 3 – 3 利润表在借款需求分析中的应用

项目	第一年（万元）	第二年（万元）	增长率（%）	第二年同比 第一年的数值（%）	备注
销售收入	120	150	25.0	150	
销售成本	65	85	30.8	81	= 150 × 54.2%
毛利润	55	65	18.2	69	
经营费用	40	60	50.0	50	= 150 × 33.3%
经营利润	15	5	– 66.7	19	
销售收入	100.0	100.0		100.0	
销售成本	54.2	56.7	2.5	54.2	
毛利润	45.8	43.3	– 2.5	45.8	
经营费用	33.3	40.0	6.7	33.3	
经营利润	12.5	3.3	– 9.2	12.5	

从表 3 – 3 可以看到，在第二年，销售收入增加了 25%，而销售成本和经营费用分别增加了 30.8% 和 50%，可见，原材料支出和经营费用支出增长速度都要快于销售收入。从共同比利润表也可以看出，从第一年到第二年，销售成本从 54.2% 增加到了 56.7%，经营费用从 33.3% 增加到了 40%。

经营成本的上升对现金流的影响：

①如果第二年的销售成本比率保持第一年销售成本比率的 54.2%，那么销售成本应当是 150 × 0.542 = 81（万元），但增加的销售成本比率使得实际销售成本达到了 85 万元。

因此，销售成本比率增加消耗了 4 万元的现金。

②如果第二年的经营费用比率保持第一年经营费用比率的 33.3%，那么经营费用应当为 150 × 0.333 = 50（万元），但增加的经营费用比率使得实际经营费用达到了 60 万元。因此，经营费用比率增加消耗掉 10 万元的现金。两种成本费用比率增加使得现金流减少 14 万元。

第二年实际的经营利润为 5 万元，但如果第二年的成本费用支出比率与第一年相比保持不变，则第二年的经营利润应该是 5 + 14 = 19（万元）。

在实际借款需求分析中，公司的盈利趋势也是非常重要的，因为经济具有波动性，单独一年的经营利润不能全面衡量盈利变化对现金流状况和借款需求的长期影响。此外，在分析公司的借款需求中，行业风险和业务风险分析等也是非常重要的。

2. 非预期性支出

公司可能会遇到意外的非预期性支出，比如保险之外的损失、与公司重组和员工解雇相关的费用、法律诉讼费等，一旦这些费用超过了公司的现金储备，就会导致公司的借款需求。为此，公司在申请贷款的过程中，其管理层需要向银行说明公司出现了意外的非预期性支出，并解释其具体情况。

在这种情况下，银行要结合其他借款需求的分析方法来判断公司的借款需求状况，要弄清楚公司为什么会没有足够的现金应付目前的问题，如果决定受理该笔借款，还要根据公司未来的现金收入来确定还款计划。

3.3　借款需求与负债结构

这一节主要阐述一个基本的信贷准则：短期资金需求要通过短期融资来实现，长期资金需求要通过长期融资来实现。但实际中，一些与流动资产和营运资金有关的融资需求也可能与长期融资需求相关。

1. 季节性销售模式

季节性融资一般是短期的。在季节性资金需求增长期间，这时往往需要通过外部融资来弥补公司资金的短缺。银行对公司的季节性融资通常在一年以内，而还款期安排在季节性销售低谷之前或之中，此时，公司的流动资金需求下降，能够收回大量现金。期限匹配的目的就是保证银行发放的短期贷款只用于公司的短期需求，从而确保银行能够按时收回所发放的贷款。

2. 销售增长旺盛时期

没有流动资产和固定资产的支持，稳定、长期的销售增长是不可能实现的。公司大量的核心流动资产和固定资产投资需求超出净经营现金流，必然需要额外的融资。由于对核心资产的大量投资，经营现金流在短期内是不足以完全偿还外部融资的。因此，对于这部分融资需求，表面上看是一种短期融资需求，实际上则是一种长期资金占用。

3. 资产使用效率下降

应收账款和存货周转率的下降可能成为长期融资和短期融资需求的借款原因（见表 3 - 4）。

表3-4 应收账款和存货周转率下降引起的借款需求 单位：天

年	1	2	3	4	5
应收账款周转天数	60	90	120	120	120
对现金流的影响	—	减少	减少	0	0
存货周转天数	150	180	150	150	150
对现金流的影响	—	减少	增加	0	0

对于表3-4所反映的信息，银行应当首先判断其是短期的还是长期的，短期的应收账款和存货周转率下降所引起的现金需求（即潜在的借款原因）也是短期的。比如，表3-4中第二年的存货周转率下降了，但是从第三年开始又恢复了以前的平稳状况，在这种情况下，如果第二年的现金需求超过了公司的现金储备，就会引发借款需求，这种借款需求就是短期的。因为当存货周转率恢复到前期水平后，公司在短期内就能积累足够的现金来偿还贷款。

相反，长期的应收账款和存货周转率下降所引起的现金需求是长期的。比如，在表3-4中，应收账款周转率在第二年和第三年下降了，并且在此后的一段时期内保持了这样的低周转率状态。原因可能是公司的管理层为了吸引更多的客户而允许客户延期付款，或者是同业竞争的需要。对于这种长期性的周转率下降，公司在短期内无法积累足够的现金，因此借款需求也是长期的。长期性的应收账款和存货周转率下降，反映了公司的核心流动资产的增加，这需要通过营运资本投资来实现。

固定资产生产效率的下降需要公司管理层判断厂房和设备是否依然具有较高的生产能力，即考虑是否有必要重置这部分固定资产。如果管理层为了提高生产率而决定重置或改进部分固定资产，那么就需要从公司的内部和外部进行融资，并且由于这种支出属于资本性支出，因此是长期融资。

可见，公司流动资产周转效率的下降，即应收账款和存货周转率的下降可能导致长期融资需求，也可能导致短期融资需求，银行在发放贷款时必须有效识别借款需求的本质，从而保证贷款期限与公司借款需求相互匹配。

4. 固定资产重置或扩张

对于厂房和设备等固定资产重置的支出，其融资需求是长期的，银行在作出贷款决策时应当根据公司的借款需求和未来的现金偿付能力决定贷款的金额和期限。

5. 长期投资

用于长期投资的融资应当是长期的。除了维持公司正常运转的生产设备外，其他投资需求及影响可能具有更大的不确定性，银行应当谨慎受理，以免加大信用风险暴露。

6. 商业信用的减少和改变

商业信用的减少意味着公司需要额外的现金及时支付给供货商。如果现金需求超过了公司的现金储备，那么商业信用的减少就可能会引起借款需求。类似于应收账款周转率和存货周转率的变化，分析人员应当判断这种变化是长期的还是短期的。

对于无法按时支付应付账款的公司，供货商会削减供货或停止供货，公司的经营风险加大，银行应关注借款人按期偿付应付账款情况。

对于发展迅速的公司来说，为了满足资产增长的现金需求，公司可能会延迟支付对供货商的应付账款。如果供货商仍然要求按原来的付款周期付款的话，公司就需要通过借款来达到供货商的还款周期要求。

7. 债务重构

银行除了评价公司的信誉状况和重构的必要性，还应当判断所要重构的债务是长期的还是短期的。主要的相关因素包括：借款公司的融资结构状况；借款公司的偿债能力。公司用长期融资来取代短期融资进行债务重构，一般是为了平衡融资结构，其原因可能是由于快速发展，公司需要将原来的部分短期融资转化为长期融资，以达到更合理的融资结构。

8. 盈利能力不足

在较长时间里，如果公司的盈利能力很弱甚至为负，那么公司就无法维持额外的经营支出，因此，盈利能力不足会导致直接借款需求。这种情况反映了公司管理层经营能力的不足，不能够充分利用现有资源创造价值。因此，在这种情况下，银行不应受理公司的贷款申请。

如果公司的盈利能力不足只是借款需求的间接原因，即公司的目前盈利能够满足日常的经营支出，但没有足够的现金用于营运资本和厂房设备的投资，银行受理此种贷款申请时也要非常谨慎。其原因是，在缺少内部融资渠道（比如股东出资）的情况下，盈利能力不足会引起其他借款需求；此外，盈利能力不足也可能会增加公司的财务杠杆，从而加大债权人的风险暴露。

9. 额外的或非预期性支出

非预期性支出导致的借款需求可能是长期的，也可能是短期的。银行要分析公司为什么会没有足够的现金储备来满足这部分支出。银行在受理该类贷款时，应当根据公司未来的现金积累能力和偿债能力决定贷款的期限。

从以上分析中可以发现，一些借款需求从表面上看可能是短期融资，但实际上可能是长期融资。如果银行在发放贷款时不能够有效识别借款需求的本质，就可能出现贷款到期后借款公司无法归还贷款的情况，从而加大银行的风险。由此可见，银行在受理借款申请时，应进行有效的借款需求分析，判断借款原因和实质，从而在长期贷款和短期贷款之间作出合理安排。

3.4 借款需求的一般测算

3.4.1 固定资产融资需求的测算

固定资产贷款需求量应基于固定资产项目总投资与自有资金的差额确定，该部分差额一般通过借入资金进行满足。测算需考虑的要素包括固定资产投资、项目资本金、铺底流动资金、基本预备费和涨价预备费、建设期借款利息等。

1. 项目总投资

按照我国现行规定，建设项目总投资包括三部分：固定资产投资、铺底流动资金、建设期借款利息，反映了建设项目的固定资产投资规模。

（1）固定资产投资

固定资产投资是以货币形式表现的计划期内建筑、设备购置及安装或更新生产性和非生产性固定资产的总量。主要包括三部分：工程费用、其他费用、预备费用。

工程费用，按照用途划分，可分为设备购置费、建筑工程费、安装工程费。

其他费用，主要指应进入固定资产投资，但又不宜进入固定资产的一些费用，包括递延资产和无形资产两大类。

预备费用，包括基本预备费和涨价预备费。其中，基本预备费是指为弥补项目规划中不可预见、漏项及施工期可能由于灾祸而延误所必须预留的费用；涨价预备费是指建设期由于物价变动、汇率改变、税费调整所必须预先留置的费用。基本预备费一般按固定资产投资中工程费用和其他费用之和的 10% 测算；计算涨价预备费的物价指数一般按 10% 掌握，对设备价格基本确定的项目，该比例可适当降低。

（2）铺底流动资金

一般采用扩大指标法估算，即参照同等规模的同类企业销售收入或经营成本的流动资金占用水平确定。也可采用分类详细估算法测算。

（3）利息的计算

当年借款按年中支用考虑，计算半年利息；当年还款按年末偿还考虑，计算全年利息。

2. 自有资金

自有资金是指投资者缴付的出资额，包括资本金和资本溢价，是项目法人能够自主支配、企业长期使用、无须偿还的资金。

（1）资本金

计算资本金基数的总投资是指项目的固定资产投资与铺底流动资金之和。固定资产投资项目资本金比例依照《国务院关于调整和完善固定资产投资项目资本金制度的通知》（国发〔2015〕51 号）和《国务院关于加强固定资产投资项目资本金管理的通知》（国发〔2019〕26 号）规定。

各行业固定资产投资项目的最低资本金比例如下：

①城市和交通基础设施项目：城市轨道交通项目为 20%，港口、沿海及内河航运项目为 20%，机场项目为 25%，铁路、公路项目为 20%；公路（含政府收费公路）、铁路、城建、物流、生态环保、社会民生等领域的补短板基础设施项目，在投资回报机制明确、收益可靠、风险可控的前提下，可以适当降低项目最低资本金比例，但下调不得超过 5 个百分点。

②房地产开发项目：保障性住房和普通商品住房项目为 20%，其他项目为 25%。

③产能过剩行业项目：钢铁、电解铝项目为 40%，水泥项目为 35%，煤炭、电石、铁合金、烧碱、焦炭、黄磷、多晶硅项目为 30%。

④其他工业项目：玉米深加工项目为 20%，化肥（钾肥除外）项目为 25%。

⑤电力等其他项目为 20%。

（2）资本溢价

资本溢价是指在资金筹集过程中，投资者缴付的出资额超出项目资本金的差额部分，如汇兑率折算差额等。

3.4.2　流动资金融资需求的测算

流动资金贷款需求量应基于借款人日常生产经营所需营运资金与现有流动资金的差额（即流动资金缺口）确定。一般来讲，影响流动资金需求的关键因素为存货（原材料、半成品、产成品）、现金、应收账款和应付账款。同时，还会受到借款人所属行业、经营规模、发展阶段、谈判地位等重要因素的影响。银行业金融机构根据借款人当期财务报告和业务发展预测，按以下方法测算其流动资金贷款需求量。

1. 估算借款人营运资金量

借款人营运资金量影响因素主要包括现金、存货、应收账款、应付账款、预收账款、预付账款等。在调查基础上，预测各项资金周转时间变化，合理估算借款人营运资金量。在实际测算中，借款人营运资金需求可参考如下公式：

$$营运资金量 = 上年度销售收入 \times (1 - 上年度销售利润率)$$
$$\times (1 + 预计销售收入年增长率) / 营运资金周转次数$$

其中：

$$营运资金周转次数 = 360/（存货周转天数 + 应收账款周转天数$$
$$- 应付账款周转天数 + 预付账款周转天数$$
$$- 预收账款周转天数）$$
$$周转天数 = 360/周转次数$$
$$应收账款周转次数 = 销售收入／平均应收账款余额$$
$$预收账款周转次数 = 销售收入／平均预收账款余额$$
$$存货周转次数 = 销售成本／平均存货余额$$
$$预付账款周转次数 = 销售成本／平均预付账款余额$$
$$应付账款周转次数 = 销售成本／平均应付账款余额$$

2. 估算新增流动资金贷款额度

将估算出的借款人营运资金需求量扣除借款人自有资金、现有流动资金贷款以及其他融资，即可估算出新增流动资金贷款额度。

$$新增流动资金贷款额度 = 营运资金量 - 借款人自有资金$$
$$- 现有流动资金贷款 - 其他渠道提供的营运资金$$

3. 需要考虑的其他因素

各银行业金融机构应根据实际情况和未来发展情况（如借款人所属行业、规模、发展阶段、谈判地位等）分别合理预测借款人应收账款、存货和应付账款的周转天数，并可考虑一定的保险系数。

对集团关联客户，可采用合并报表估算流动资金贷款额度，原则上纳入合并报表范围内的成员企业流动资金贷款总和不能超过估算值。

对小企业融资、订单融资、预付租金或者临时大额债项融资等情况，可在交易真实性的基础上，确保有效控制用途和回款情况下，根据实际交易需求确定流动资金额度。

对季节性生产借款人，可按每年的连续生产时段作为计算周期估算流动资金需求，贷款期限应根据回款周期合理确定。

第4章 贷款环境风险分析

 **本章概要**

每个借款企业都处于某一特定环境中，特定行业、特定地域、特定宏观经济环境等。从贷款环境分析中可以捕捉到相应环境的系统性风险，在类似环境下的借款企业可能需要共同面对某些类似的风险。银行信贷人员需要对借款企业所处的环境进行全面分析，对借款企业所面临的外部系统性风险进行评估，从而在授信过程中规避风险。

本章包括三节内容：第一节国别风险分析，主要包括国别风险的概念、国别风险主要类型、国别风险评级与内部评级、国别风险限额与准备金等；第二节区域风险分析，包括区域风险的概念、外部因素分析、内部因素分析；第三节行业风险分析，主要介绍行业风险的概念、行业风险分析、行业信贷政策管理等方面的内容。

4.1 国别风险分析

4.1.1 国别风险的概念

国别风险是指由于某一国家或地区经济、政治、社会变化及事件，导致该国家或地区借款人或债务人没有能力或者拒绝偿付银行业金融机构债务，或使银行业金融机构在该国家或地区的商业存在遭受损失，或使银行业金融机构遭受其他损失的风险。

国别风险可能由一国或地区经济状况恶化、政治和社会动荡、资产被国有化或被征用、政府拒付对外债务、外汇管制或货币贬值等情况引发。

4.1.2 国别风险主要类型

根据《银行业金融机构国别风险管理指引》（银监发〔2010〕45 号）的规定，国

别风险主要类型如下。

1. 转移风险

转移风险指借款人或债务人由于本国外汇储备不足或外汇管制等原因，无法获得所需外汇偿还其境外债务的风险。

2. 主权风险

主权风险指外国政府没有能力或者拒绝偿付其直接或间接外币债务的可能性。

3. 传染风险

传染风险指某一国家的不利状况导致该地区其他国家评级下降或信贷紧缩的风险，尽管这些国家并未发生这些不利状况，自身信用状况也未出现恶化。

4. 货币风险

货币风险指由于汇率不利变动或货币贬值，导致债务人持有的本国货币或现金流不足以支付其外币债务的风险。

5. 宏观经济风险

宏观经济风险指债务人因本国政府采取保持本国货币币值的措施而承受高利率的风险。

6. 政治风险

政治风险指债务人因所在国发生政治冲突、政权更替、战争等情形，或者债务人资产被国有化或被征用等情形而承受的风险。

7. 间接国别风险

间接国别风险指某一国家经济、政治或社会状况恶化，威胁到在该国有重大商业关系或利益的本国借款人的还款能力的风险。间接国别风险无须纳入正式的国别风险管理程序中，但银行业金融机构在评估本地借款人的信用状况时，应适当考虑国别风险因素。

4.1.3 国别风险评估与评级

《银行业金融机构国别风险管理指引》要求，银行应当建立与国别风险暴露规模和复杂程度相适应的国别风险评估体系，对已经开展和计划开展业务的国家或地区逐一进行风险评估。国别风险包括以下评估因素。

1. 政治外交环境

具体包括：政治稳定性、政治力量平衡性、政体成熟程度、地缘政治与外交关系状况等。

2. 经济金融环境

具体包括：宏观经济运行情况（如经济增长水平、模式和可持续性，通货膨胀水平，就业情况，支柱产业状况）；国际收支平衡状况（如经常账户状况和稳定性、国外资本流入情况、外汇储备规模）；金融指标表现（如货币供应量、利率、汇率）；外债结构、规模和偿债能力；政府财政状况；经济受其他国家或地区问题影响的程度；是否为国际金融中心，主要市场功能、金融市场基础设施完备程度和监管能力。

3. 制度运营环境

具体包括：金融体系（如金融系统发达程度，金融系统杠杆率和资金来源稳定性，金融发展与实体经济匹配性，银行体系增长情况及私人部门信贷增长情况）；法律体系；投资政策；遵守国际法律、商业、会计和金融监管等标准情况，以及信息透明度；政府纠正经济及预算问题的意愿和能力。

4. 社会安全环境

具体包括：社会文明程度和文化传统；宗教民族矛盾；恐怖主义活动；其他社会问题，包括但不限于犯罪和治安状况、自然条件和自然灾害、疾病瘟疫等。

按照《银行业金融机构国别风险管理指引》的要求，商业银行建立国别风险评级体系，以反映国别风险评估结果。国别风险评级至少应划分为低、较低、中、较高、高五个等级，对应的主要分类特征为：不存在风险事件或不受影响；有不利因素；可能会造成一定损失；肯定要造成较大损失；无法回收或收回极少。风险暴露较大的银行可以考虑建立更为复杂的评级体系；国别风险暴露较低的银行，可以主要利用外部资源开展国别风险评估和评级，但最终应当作出独立判断。银行国别风险评级要与贷款分类体系形成一定的对应关系，在设立国别风险限额和确定国别风险准备金计提水平时要充分考虑风险评级结果。

4.1.4　国别风险限额与准备金

按照《银行业金融机构国别风险管理指引》的要求，银行应当对国别风险实行限额管理，在综合考虑跨境业务发展战略、国别风险评级和自身风险偏好等因素的基础

上，按国别合理设定覆盖表内外项目的国别风险限额。有重大国别风险暴露的，银行业金融机构应当考虑在总限额下按业务类型、交易对手类型、国别风险类型和期限等设定分类限额。国别风险限额的设定方法通常是基于国别风险评级，按照银行可供贷放的资金或银行资本金一定比例确定。在国别风险总量控制基础上，对评级高的国家给予较高的额度，对评级低的国家给予较低的额度。

此外，按照《银行业金融机构国别风险管理指引》的要求，银行还应当按国别风险分类情况，在考虑风险转移和风险缓释因素后，参照以下标准对具有国别风险的资产计提国别风险准备金：低国别风险不低于0.5%；较低国别风险不低于1%；中等国别风险不低于15%；较高国别风险不低于25%；高国别风险不低于50%。国别风险准备金应当作为资产减值准备的组成部分。

4.2 区域风险分析

4.2.1 区域风险的概念

区域风险是指受特定区域的自然、社会、经济、文化和银行管理水平等因素影响，而使信贷资产遭受损失的可能性。这既包括银行外部因素引发的区域风险，也包括银行内部因素导致的区域风险。区域风险分析是银行制定差异化授信政策、实施资源投放的重要基础。

4.2.2 外部因素分析

我国是一个发展中大国，区域经济发展很不平衡，各地区在经济、科技、教育、观念等方面都存在着较大的差别，体现出的区域风险因素有很多，银行信贷人员通常可以从以下几个方面对区域风险作出评价。

1. 区域经济发展水平

经济是金融风险的源泉，一个地区经济发展水平决定了该地区金融生态环境的基本面。地方经济出现问题，必定会影响当地金融业健康发展。通常评价区域经济发展水平指标如下。

①地区生产总值（或地区人均生产总值水平）。该指标能够反映区域总体经济水平和实力。

②地区生产总值增长率。该指标反映区域经济发展的态势和前景。

③地方财政收入（或可支配财力）。该指标反映地方政府财政实力和财政支出的能力。

④固定资产投资总量。固定资产投资是拉动国民经济增长的重要引擎，该指标能够反映区域经济活跃程度和未来增长的前景。

⑤实际利用外资总额。该指标能够反映一个地区对外开放程度、投资环境和投资吸引力情况。

⑥进出口贸易总量。该指标能够反映一个地区经济的外向型程度和在国际化分工中的竞争实力。

⑦人均社会零售商品总额。该指标能够反映一个地区居民购买力和物质文化生活水平。

⑧第三产业经济增加值占比。该指标能够反映一个地区经济结构转型和优化的程度，一般来说，该指标越高，说明地区服务业对经济贡献程度越大，经济增长质量越好。

2. 区域金融发展水平

区域金融发展水平直接决定商业银行经营环境，影响银行业务发展规模、质量和结构。评价区域金融发展水平的主要指标如下。

①地区存（贷）款总量及增长率。该指标能够反映一个地区金融总量及变化趋势。

②地区社会融资规模。该指标反映的是一定时期和一定区域内实体经济从金融体系获得的资金总额，是增量概念。反映了一个地区非金融企业通过直接和间接渠道获得的融资总规模。

③地区存贷比水平。该指标能够反映一个地区储蓄转换投资的效率情况。

④地区直接融资占比。该指标能够反映一个地区的金融市场发育程度。

3. 地方政府债务水平

地方政府债务水平影响地方金融稳定，也影响银行信贷资金安全。衡量地方政府债务水平指标主要如下。

①地方政府负债率。该指标指的是地方政府债务余额与地区生产总值之比，国际通行警戒标准为60%。

②地方政府债务率。该指标是指地方政府债务余额与综合财力之比，国际货币基金组织建议警戒标准为90%～150%。

4. 区域社会信用水平

区域社会信用水平在很大程度上影响商业银行信贷经营的资产质量和经济效益。

主要评价指标如下。

①区域不良贷款率及其变化。该指标能够反映一个地区整体信用水平及变化趋势。

②银行诉讼债权回收率。该指标能够反映一个地区金融执法效率。

③其他指标，包括区域企业的欠税情况、政府性债务拖欠情况、商务合同违约情况、企业逃废债情况。

4.2.3 内部因素分析

银行自身的内控风险管理水平对于信贷经营质量有重要影响。商业银行通常会从以下三个方面指标来考核和评价不同分支机构的信贷经营行为，了解银行内部区域风险情况。

1. 信贷资产质量（安全性）

区域信贷资产质量是对区域信贷风险状况的直接反映，它是衡量内部风险最重要的指标。信贷资产质量好，则表明该区域信贷风险低。评价信贷资产质量主要有以下指标：

①不良贷款率。该指标从静态上反映了目标区域信贷资产整体质量。

②相对不良率。该指标反映目标区域信贷资产质量水平在银行系统中所处的相对位置。指标越高，区域风险越高。该指标大于1时，说明目标区域信贷风险高于银行一般水平。

③不良率变幅。该指标反映目标区域信贷资产质量和区域风险变化的趋势。指标为负，说明资产质量上升，区域风险下降；指标为正，说明资产质量下降，区域风险上升。

④信贷余额扩张系数。该指标反映目标区域信贷规模变动对区域风险的影响。指标小于0时，目标区域信贷增长相对较慢，负数较大意味着信贷处于萎缩状态；指标过大则说明区域信贷增长速度过快。扩张系数过大或过小都可能导致风险上升。该指标通常考察因区域信贷投放速度过快而产生扩张性风险。

⑤不良贷款生成率。该指标通过当年新生成不良贷款与年初贷款余额比值，反映目标区域信贷资产质量变化趋势。该指标越高，目标区域信贷资产质量恶化速度就越快，潜在风险越高。

⑥不良贷款剪刀差。该指标通过逾期90天以上贷款与不良贷款比值，反映目标区域贷款质量分类准确性和不良贷款真实水平情况，该指标越大，反映目标区域潜在风险越高。

⑦到期贷款现金回收率。该指标反映目标区域信贷资产不通过借新还旧、展期等方式正常回收情况。

⑧利息实收率。该指标反映目标区域信贷资产的收益实现情况。

2. 盈利性

信贷资产的利差边际和盈利能力是抵御风险的重要保证，目标区域信贷资产盈利性越好，抵御区域风险能力相对就越强。商业银行通常用以下指标来衡量目标区域的盈利性。

①净息差。该指标通过净利息收入与生息资产比值，反映目标区域信贷资产盈利能力。该指标越高，说明目标区域信贷资产收益能力越强。

②经济资本回报率（又称经风险调整后资本收益率 RAROC）。RAROC 是指信贷资产扣除资金成本、运营成本、风险成本（预期损失）、税收成本后的净收入相对经济资本（经济资本描述的是在一定的置信度水平上，银行经营某项资产，为了弥补该项资产为银行带来的非预计损失所需要的资本）的收益率水平。该指标越高，说明目标区域信贷资产实际盈利能力越好、机构风险定价能力越强。

③经济增加值（EVA）。该指标反映的是信贷资产扣除资金成本、运营成本、风险成本（预期损失）、税收成本及资本成本后的绝对收益。EVA > 0，说明信贷资产为银行股东创造价值；EVA < 0，说明信贷资产不仅没有为目标机构创造价值，相反还实际损害了银行股东利益。

3. 流动性

流动性风险是银行需要重点防范的风险。为引导分行在发放贷款的同时做好吸储工作、保障全行流动性处于安全水平，银行通常会根据全行不同时期流动性风险严重程度以及各区域机构资源禀赋差异，设定有一定弹性的考核指标，在发挥机构各自比较优势的同时，确保全行流动性整体保持较好的平衡。分支机构流动性考核指标通常包括：

①存量存贷比率（又称存贷比或贷存比），是指目标机构全部贷款余额与存款余额比例，该指标反映机构整体流动性水平。一家机构存贷比水平，应保持适中水平，指标值过高，会增加流动性风险；指标值过低，亦会影响机构收益水平。

②增量存贷比率，是指目标机构新增贷款与新增存款余额比，该指标反映一家机构存贷比动态趋势。增量存贷比率高于存量存贷比率，机构流动性将进一步降低或恶化。

4.3　行业风险分析

4.3.1　行业风险的概念

行业风险是指由于一些不确定因素的存在，导致对某行业生产、经营、投资或授

信后偏离预期结果而造成损失的可能性。行业风险管理是银行在全面评估行业的周期性风险、成长性风险、产业关联度风险、市场集中度风险、行业壁垒风险、宏观政策风险等各个方面风险因素的基础上，确定授信资产的行业布局和调整战略，制定具体行业授信政策、实施风险管理的过程。

4.3.2 行业风险分析

行业风险分析的目的是识别同一行业中所有企业所面临的共同风险，评估这些风险因素未来可能会给银行信贷所带来的不利影响。行业风险分析同样包括外部因素和内部因素两个方面。

1. 外部因素分析

影响行业风险的外部因素，通常包含行业成熟度、行业内竞争程度、替代品潜在威胁、成本结构、经济周期（行业周期）、行业进入壁垒、行业政策法规等方面。

（1）行业成熟度

大多数行业的发展都会经历好几个阶段。只有理解行业的每个发展阶段的特点，分析人员才能较好地分析出借款人面临的挑战和银行面临的借贷风险。

一般来说，国际上比较通用的行业成熟度模型主要有三阶段模型和四阶段模型。本节将会采用四阶段模型，使用这个模型可以帮助银行信贷分析人员发现并理解风险，并最终应用到信贷决策中。

①行业发展各阶段的特点。行业发展的四个阶段为启动阶段或初级阶段、成长阶段、成熟阶段、衰退阶段。每个阶段都有各自显著的特点，下面将从行业的销售、利润和现金流来分析每个阶段的特点。

第一阶段：启动阶段。

处在启动阶段的行业一般是指刚刚形成的行业，或者是由于科学技术、消费者需求、产品成本或者其他方面的变化而使一些产品或者服务成为潜在的商业机会。处于启动阶段的行业发展迅速，年增长率可以达到100%以上。但是，这些行业时刻处于变化之中，未来的状况非常难预测。大多数行业仍然在为新的产品或者服务项目寻找潜在的消费需求，设计产品，改善技术缺陷和克服技术难题，评估公司所有者的风险投资额度，确定投资额和产品投产需要的时间。当新的产品或者服务项目刚刚被推出的时候，销售量一般都很小，与之相对应的却是高昂的价格。这个阶段的企业通常需要大量的资金投入来维持产品的发展和推广使市场接受。另外，因为行业相对较新，企业管理者一般都缺乏行业经验。以上种种原因表明，企业将来获得成功的概率很难估算，所以这一阶段的资金应当主要来自企业所有者或者风险投资者，而不应该是来自商业银行。启动阶段行业的销售、利润和现金流有以下特点：

- 销售：由于价格比较高，销售量很小。
- 利润：因为销售量低而成本相对很高，利润为负值。
- 现金流：低销售，高投资和快速的资本成长需求造成现金流也为负值。

第二阶段：成长阶段。

处在成长阶段的行业通常年增长率会超过 20% 。这个阶段的行业特点是：产品已经形成一定的市场需求；相应的产品设计和技术问题已经得到有效的解决，并广泛被市场接受；已经可以运用经济规模学原理来大规模生产；由于竞争的增加和生产效率的提高，产品价格出现下降；产品和服务有较强的竞争力；产能需求确定并且已经投入了大量的投资来提高产能。行业在这个时候已经基本建立起来，而从事这些行业的企业和它们的商标也完全被大众所接受。成长阶段行业的销售、利润和现金流有以下特点：

- 销售：产品价格下降的同时产品质量却得到了明显提高，销售大幅增长。
- 利润：由于销售大幅提高、规模经济的效应和生产效率的提升，利润转变成正值。
- 现金流：销售快速增长，现金需求增加，所以这一阶段的现金流仍然为负。

在成长阶段的末期，行业中也许会出现一个短暂的"行业动荡期"。出现这种情况的原因是，很多企业可能无法拥有足够的市场占有率或产品不被接受，也有可能是因为没有实现规模经济及提高生产效率，从而无法获得足够的利润。这些企业将会逐渐退出市场，或者选择进入其他行业。这一时期，很多企业可能为了生存而发动"价格战争"，采取大幅度打折的策略，否则它们将面临淘汰。对于固定资产很高或者其他方面需要高投资的行业来说，出现"价格战争"的现象更为普遍。

第三阶段：成熟阶段。

处在成熟阶段的行业增长较为稳定，根据宏观经济增长速度的不同，一般年增长率为 5% ~10% 。一个行业的成熟期有可能持续几年甚至几十年。然后它会慢慢衰退，也有可能由于科学技术、消费者需求、产品成本等出现较大改变而重新复苏。成熟期的产品和服务已经非常标准化，行业中的价格竞争非常激烈，新产品的出现速度也非常缓慢。这一时期，多数产品需要面对来自其他行业中替代品的竞争压力，这一行业中的很多企业可能会转移到其他行业。在这一阶段，做好成本控制成为很多企业成功的关键。成熟阶段行业的销售、利润和现金流有以下特点：

- 销售：产品价格继续下跌，销售额增长速度开始放缓。产品更多地倾向于特定的细分市场，产品推广成为影响销售的最主要因素。
- 利润：由于销售的持续上升加上成本控制，这一阶段利润达到最大化。
- 现金流：资产增长放缓，营业利润创造连续而稳定的现金增值，现金流变为正值。

第四阶段：衰退阶段。

处在衰退阶段的行业的共同点是销售额在很长时间内都是处于下降阶段。但是，衰退行业并不意味着这一行业是失败的：尽管销售额已经开始下降，但是仍然处于较高的水平，并且利润和现金流都还为正值。除此之外，销售额的下降或许会刺激新产品的发明及创新，并最终带动行业的复苏。处在这一阶段的企业利润会在较长时间内维持正值，但是很多企业可能会选择在这时退出市场。它们通常会首先停止任何投入，然后最大化地出售资产并退出这一行业。值得一提的是，一旦大量的企业选择退出，行业竞争力也会同时减少，剩余企业的销售额和利润将会增加。但是，最终长期的销售下降将会使利润和现金流减小到非常低的水平甚至负值，这一特定行业便会完全失去来自投资者或者银行的吸引力。衰退阶段行业的销售、利润和现金流有以下特点：

- 销售：通常以较为平稳的速度下降，但在一些特殊行业中有可能出现快速下降。
- 利润：慢慢地由正变为负。
- 现金流：先是正值，然后慢慢减小，现金流维持在正值的时间跨度一般长于利润的时间跨度。

在行业成熟度中划分的四个不同阶段，银行都有贷款机会。但是不同阶段的借款条件和风险程度区别很大，行业的启动阶段就很难找到比较安全的贷款机会。

②行业发展各阶段的风险分析

第一，处在启动阶段的行业代表着最高的风险，原因主要有三点：首先，由于是新兴行业，几乎没有关于此行业的信息，也就很难分析其所面临的风险；其次，行业面临很快而且难以预见的各种变化，使企业还款具有很大的不确定性；最后，本行业的快速增长和投资需求将导致大量的现金需求，从而使一些企业可能在数年中都会拥有较弱的偿付能力。

不过由于这一阶段的特性，企业一旦最终成功将会获得较高收益。倾向于投资股权的风险投资商和其他投资者便成为这些企业的主要投资来源，他们希望最终能从企业的成功中获得较高的收益。而银行要承担与风险投资者相同的风险，最终却仅仅能获得来自贷款利率的低收益，所以这一阶段对银行来说没有任何吸引力。

第二，成长阶段的企业代表中等程度的风险，但是这一阶段也同时拥有所有阶段中最大的机会，因为现金和资本需求非常大。由于行业发展和变化仍然非常迅速，将会导致持续不断的不确定风险，很多企业在这一阶段将会失败，或者无法承受竞争压力而选择退出。这些原因说明发展阶段的企业信贷风险依然较大。要想确定潜在借款人是否有能力在这一阶段获得成功，细致的信贷分析是必不可少的。连续不断的销售增长和产品开发将会导致负的并且不稳定的经营现金流，从而引发了偿付风险。

成长阶段的企业如果发展过于迅速，对现金的需求较大，而且在增长速度放缓到相对平稳的水平之前并不一定会有能力偿还任何营运资本贷款和固定资产贷款。

第三，成熟期的行业代表着最低的风险，因为这一阶段销售的波动性及不确定性都是最小，而现金流为最大，利润相对来说非常稳定，并且已经有足够多的有效信息来分析行业风险。产品实现标准化并且被大众所接受。扰乱整个行业运作的未知因素并不常见，所以除了碰到一些特殊情况（比如无法预知的灾难），这一行业的成功率相对较高。

第四，处在衰退期的行业代表相对较高的风险。衰退行业仍然在创造利润和现金流，短期贷款对银行来说更容易把握也更安全。与处于成长阶段的企业分析相类似，潜在借款人能否继续获得成功是信贷分析的关键。

（2）行业内竞争程度

同一行业中的企业竞争程度在不同的行业中区别很大。处于竞争相对较弱的行业的企业短期内受到的威胁就较小，反之则相反。如果竞争激烈，企业就必须不停地寻找新的行业优势才能生存下去。竞争越激烈，企业面临的不确定性越大，企业的经营风险就越大，借款银行所要承担的信用风险就越大。竞争程度的大小受很多因素影响，其中最主要和最普遍的因素包括：

①行业分散和行业集中。行业分散是指一个行业中拥有大量数目的竞争企业，这种行业的竞争较激烈。而行业集中是指某一行业仅仅被数量很少的企业所控制，这种行业的竞争程度较低。

②高经营杠杆增加竞争，因为企业必须达到较高的销售额度才能抵消较高的固定成本，另外一个原因是在销售下降的时候，企业的盈利能力会迅速下滑。

③产品差异越小，竞争程度越大。

④市场成长越缓慢，竞争程度越大。

⑤退出市场的成本越高，竞争程度越大。例如在固定资产较多，并且很难用于生产其他产品的资本密集型行业，企业通常不会轻易选择退出市场。

⑥竞争程度一般在动荡期会增加，在行业发展阶段的后期，大量的企业开始进入此行业以图分享利润，市场达到饱和并开始出现生产能力过剩，价格战争开始爆发，竞争趋向白热化。

⑦在经济周期达到谷底时，企业之间的竞争程度达到最大。在营运杠杆较高的行业，这一情况更为严重。

（3）替代品潜在威胁

替代品的潜在威胁对行业的销售和利润的影响也在波特五力模型分析法中有所反映。替代品指的是来自其他行业或者海外市场的产品。这些产品或者服务对需求和价格的影响越强，风险就越高。

当新兴技术创造出替代品后，来自其他行业中的替代品的竞争不仅仅会影响价格，还会影响消费者偏好。当消费者购买来自另一行业的替代产品或者服务的"品牌转换成本"越低，替代品对这个行业未来利润的威胁就越大，行业风险也就越大。比

如，玻璃瓶的价格受到金属行业和塑料行业的很大冲击。

（4）成本结构

成本结构指的是某一行业内企业的固定成本和可变成本之间的比例。同一行业中的企业资产周转周期非常相似，所以它们的财务报表结构和成本结构也较为相似。成本结构可以影响行业和运营风险、利润和行业中企业的竞争性质。成本结构主要由以下几项组成：

①固定成本。固定成本通常不随销售量的变化而变化，它一般包括固定资产的折旧、企业日常开支（水、电等）、利息、租赁费用、管理人员工资等花费。

②变动成本。变动成本随着生产和销售水平的变化而变化，它一般包括原材料、生产过程中的费用、广告及推广的费用、销售费用、人工成本（生产过程产生的）等。由于销售量的增加，企业必定会提高商品产量，它们就需要购买更多的原材料，使用更多用于生产的水和电，还必须雇用更多的工人。

③经营杠杆。如果一个行业固定成本占总成本的较大比例，我们就说这个行业的经营杠杆较高。在高经营杠杆行业中的企业在产销量越高的情况下获得的利润越高。经营杠杆较高的行业，产品平均成本随着产销量的增加迅速下降。企业成本会随着生产销售的增加被分配到每一个产品中去，这一现象也被称作"规模经济效益"。对于高经营杠杆的成熟行业来说，维持市场占有率是保证盈利能力的关键因素。低经营杠杆行业的变动成本占较高比例，在经济恶化或者销售量降低的情况下，这些行业可以较快和较容易地减少变动成本，以保证盈利水平。但是，在经济增长、销售上升时，低经营杠杆行业的增长速度要比高杠杆行业的增长速度缓慢得多。

经营杠杆是营业利润相对于销售量变化敏感度的指示剂。经营杠杆越大，销售量对营业利润的影响就越大。假设某一行业几乎所有的成本都是固定成本，经营杠杆相对也会较高。在达到收支平衡点后，销售每增加一个单位，营业利润就会增加几乎相同的单位，因为不管生产量有多大，成本都几乎没有变化。另外，如果某一行业的成本几乎全部是变动成本，在产量和销售上升时，营业利润并不会出现较大的涨幅，因为成本也会随之增加。

在通常情况下，高经营杠杆代表着高风险。这些行业需要获得更高的销售量来维持利润，而且利润相对于销售非常敏感。所以，保证较高的销售量和维持市场占有率便成了经营杠杆较高的行业成功的关键。但是对于某些经营杠杆较高的行业，如果它们提供的产品或者服务对社会安定或政治经济的稳定起到较大的作用，政府也许会使其成为垄断行业，以便能保证生产能力、保持一定程度的利润水平和获得进一步投资。在固定成本较高的行业中，经营杠杆及其产生的信用风险也较高；经营杠杆及其产生的信用风险在产销过程中通常会逐渐上升，由制造到批发再到零售。

④盈亏平衡点。盈亏平衡点是某一企业销售收入与成本费用相等的那一点。当销售收入在盈亏平衡点以下时，企业将要承受损失；在盈亏平衡点以上时，企业创造利

润。盈亏平衡点与经营杠杆有着直接的联系：高经营杠杆行业中的企业需要达到较高水平的销售收入来抵消较高的固定成本，这些企业的盈亏平衡点普遍也较高。如果盈亏平衡点较高，很小的销售下滑便有可能会导致较大的利润下滑。反过来说，盈亏平衡点越低，影响盈利水平的风险越小。

（5）经济周期

经济周期，也称商业周期，是指市场经济体制下经济增长速度或者其他经济活动自然的上升和下降。经济周期会影响盈利能力和整个经济或行业的现金流，所以经济周期是信贷分析的关键要素。

经济周期通常包括四个或五个阶段，经济学家虽然对此始终有争议，但是以下五个阶段是经济周期普遍包括的。

①顶峰，经济活动和产出的最高点，然而顶峰也是经济由盛转衰的转折点，此后经济就将进入下降阶段。

②衰退，经济活动和产出放缓甚至变为负值。

③谷底，经济活动的最低点。

④复苏，经济活动重新开始增长。

⑤扩张，经济活动和产量超过之前的顶峰。

时间跨度和幅度是经济周期最重要的参数。每个经济周期的时间跨度和幅度是无法预测的，这种不确定因素对销售和供应链受经济周期影响比较大的行业来说带来了很大的风险。

在从经济周期的角度分析行业风险时，不仅仅要考虑到经济周期的阶段，而且还要考虑到经济周期对行业的整体影响。受经济周期影响比较大的行业可以很明显地反映出经济周期的状况：经济扩张阶段，行业增长也较为强劲，市场需求旺盛，订货饱满，商品畅销，工业产出上升，资金周转灵便。企业的产、供、销和人、财、物都得到比较好的安排。企业处于较为宽松有利的外部环境中。经济衰退阶段，市场需求疲软，订货不足，商品滞销，工业产出下降，资金周转不畅。这时企业处于较为恶劣的外部环境中。在较为严重的经济衰退或者经济萧条阶段，相对较弱的企业会最终破产而退出市场。"反经济周期性行业"在经济衰退阶段的业务反倒会好过扩张阶段，只有很少的行业属于"反经济周期行业"。

除了周期性行业和反周期性行业之外，还有一些行业属于非周期性行业。这些行业通常不受或者受到经济周期的影响很小。非周期性行业通常生产出的产品和服务为必需品，比如药品。但并不是所有生产必需品的行业都是非周期性，它们中的大多数还是会不同程度地受到经济周期的影响。

商业银行在分析经济周期对行业风险的影响时，首先应当做到的是判断此行业是周期性、反周期性还是非周期性，然后需要判断周期对销售、利润和现金流的影响程度。经济周期对行业销售、利润和现金流的影响越大，信用风险就越大。风险度最高

的行业是对经济周期敏感度最高，经济萧条或者长期的衰退会造成大量企业破产的行业；风险度低的行业通常受到经济周期的影响很小。

周期性行业的现金流在衰退阶段会不可避免地出现下滑，从而增加了信贷风险。需要注意的是，在经济增长停滞甚至出现负增长的时候，信贷人员才开始重视信贷风险，通常难以挽回信贷损失。经济周期中破坏最大的时候往往是经济增长刚刚开始下滑的时候，这离最终的经济停滞甚至经济下滑还有很长一段时间。在经济周期经过顶峰后，突如其来的销售增长下滑将会导致企业存货上升和价格下降。这时企业需要降低多余的存货来增加现金流入，这样企业利润有可能会快速下滑。即使在经济周期中，经济衰退的幅度较小，而不会出现经济萧条，企业的信用度也会大幅下滑，而这开始于经济周期的顶峰。

在周期性行业中，商业银行和借贷者在经济周期的不同阶段一般都会遵循一定的规律，在经济周期中的最高点会出现更多的不良贷款。首先，企业、行业和整个经济体系表现良好，银行开始降低信贷标准。其次，信贷业务人员在做评估时，使用的财务信息一般反映的都是企业经营最好的时期（因为企业刚刚经历经济周期的扩张阶段），这些信息无法反映出经济衰退期企业的业绩。

信贷业务人员必须了解行业周期性才可以合理地规划出短期贷款和长期贷款。这里面主要注意两点：其一，识别现行经济处于经济周期中的阶段，并预测今后几年的经济趋势；其二，对行业销售额、利润和现金流量进行量化分析。

最后需要注意的是，随着经济全球化的加速，拥有跨境业务的贷款企业不仅仅会受到本国经济周期的影响，而且会受到全球经济周期的影响。在这种情况下，信贷分析人员在分析行业周期风险时，应当将国际经济周期也考虑在内。

（6）行业进入壁垒

在任何行业中，企业都会为了保护自己的利润而阻止潜在的竞争者进入它们所参与的市场。进入壁垒是指行业内既存企业对于潜在企业和刚刚进入这个行业的新企业所具有的某种优势。换言之，是指想进入或者刚刚进入这个行业的企业与既存企业竞争时可能遇到的种种不利因素。进入壁垒具有保护行业内现有企业的作用，也是潜在竞争者进入市场时必须首先克服的困难。"进入壁垒"是波特五力模型中的一个，它的存在降低了竞争者进入市场的频率，因为进入壁垒可以理解为打算进入某一行业的企业所必须承担的一种额外生产成本。进入壁垒的高低，既反映了市场内已有企业优势的大小，也反映了新企业所遇障碍的大小。进入壁垒的高低是影响该行业市场垄断和竞争关系的一个重要因素，在进入壁垒较高的行业，企业面临的竞争风险较小，它们维持现有高利润的机会就越大。

一些行业因为可以获得较高的利润而成为吸引企业进入的主要原因，但是如专利权和版权、政府方面的政策方针和管制、在初始阶段对投资要求较高、对市场占有率要求较高等几个条件可能会成为新企业发展的障碍。

虽然进入壁垒高低是评估行业风险的主要因素，但是进入壁垒的性质和可持续性也不应当被忽略。例如，必要资本量是长期性的进入壁垒；而专利权和版权有可能仅仅是临时的，技术革新有可能减小甚至完全消除专利权和版权所带来的壁垒。

（7）行业政策法规

政策法规主要包括防污控制、水质、产品标准、保护性关税或者是价格控制等。不论是国家性的还是地区性的政策法规都随时可能发生变化，这就在商业环境中制造了很大的不确定性和行业风险。贷款企业受政策法规的影响程度决定了风险水平，企业受政策法规的影响越大，风险越大。

2. 内部因素分析

银行内部相关行业资产质量情况，是行业风险最直接的表现。统计指标包括但不限于以下内容：行业不良率（及逾期率）、行业不良贷款变化率、行业不良贷款生成率、行业风险资产比例（关注类与不良合计/资产总额）、行业到期贷款现金回收率、行业不良贷款剪刀差等。

4.3.3　行业信贷政策管理

行业信贷政策是银行根据国家产业行业政策要求，在行业分析的基础上，对部分行业制定的有针对性的信贷政策用于指导行业信贷客户准入、信贷投放、贷款管理等相关工作，以做到结构调整有方向、审查审批有标准、授信额度有管控、授权管理有依据。行业信贷政策通常包括行业分类管理、行业限额管理和客户名单制管理等组成部分。

1. 行业分类管理

行业分类管理是银行根据国家宏观调控和产业行业政策导向、行业发展趋势、贷款集中度、贷款质量等，把信贷介入行业划分为不同类别（例如，积极介入、适度介入、审慎介入和控制压缩等），并将不同类别对应不同的行业整体贷款增长目标、贷款定价策略、产品策略等进行管理。

不同银行对行业分类有自己的标准。通常，银行积极介入类行业，一般为国家重点投资领域、发展前景好、业务机会大的行业，在政策引导上应确保这类行业贷款增速应高于全行贷款平均增速；适度介入类行业，一般是符合国家产业政策、当前发展势头良好但存在潜在风险的行业，行业贷款增速一般不应高于全行贷款平均增速；审慎介入类行业，一般为受宏观经济政策不利影响、存在较大市场风险、行业利润率偏低、银行资产质量一般的行业，对这类行业贷款增幅原则上要进行相应控制；控制压缩类行业，一般属于产能过剩严重、国家政策限制、银行资产质量较差的行业，除银

行认定的行业重点客户和享受区域性差别化信贷政策的客户外，行业贷款余额一般应有所下降。

2. 行业限额管理

行业风险限额管理是行业信贷政策的重要管理工具。行业风险限额管理的目的是确保银行信贷投放体现本行信贷业务发展战略、适应国民经济运行及行业景气周期，避免行业过度集中而产生系统性风险，实现行业信贷组合优化和收益最大化。

行业限额设定，不同银行有不同方法。一般银行在设定行业风险限额时，通常会同时从风险和收益角度综合考虑，一方面既要达到控制总量性和系统性行业信贷风险目标，另一方面也要有利于信贷市场开拓和实现资产经营效益的最大化。具体因素包括：经济周期规律与行业周期波动、行业发展前景和预期市场目标、银行现有信贷存量及结构、行业违约率与违约损失率、行业收益率与风险调整后收益率、行业风险相关性和收益相关性。

行业限额设定，通常是银行经济资本在行业层面进行组合分配的过程。银行根据自身业务发展战略、风险偏好和资本充足性目标，确定年度可分配经济资本总量，然后通过相关计量模型把经济资本配置到各行业，实现行业贷款组合的经济资本回报率最大化。通常情况下，行业贷款 RAROC 越大则该行业在下一年度贷款增长率也越大，行业贷款 RAROC 越小则该行业在下一年度贷款增长率也越小。在相关计量模型确定的行业限额分配基础上，银行通常还会基于自身前瞻性业务发展战略和国家宏观政策导向，对于行业风险限额进行调整。例如，对于行内积极引导行业，通常会给予更高的限额配置；对于行内贷款集中度过高或"两高一剩"、房地产等国家政策性敏感行业，通常会作出增量限制。

行业风险限额设定，通常还会与压力测试工作密切联系。银行根据行业在压力情景下的表现，及时对行业风险限额进行调整。对于敏感性测试不过关、压力情景下风险突出的行业，银行进行更加审慎的限额管控。

商业银行行业风险限额管理通常会采取刚性控制和弹性调整相结合的方式，将行业风险限额分为指令性限额和指导性限额两种类型。指令性限额实行刚性的额度管控，相关信贷业务要在限额控制目标内，原则上不得突破限额办理；指导性限额实行弹性的额度引导，总行对限额使用情况进行监测评价，引导相关条线和分行依据限额提示把握信贷投放节奏，调整行业信贷结构，通过提高定价或贷款条件，实行柔性控制。

3. 客户名单制管理

俗话说，"坏的行业也有好的客户"，并非所有审慎介入或控制压缩行业内客户，都不可以成为银行信贷对象。行业信贷政策还须结合具体客户情况进行名单制管理，才能成为授信准入、信贷审批的指导。客户名单制管理，通常是指一家银行根据自身行业信贷政策，制定行业内信贷客户分类标准，确定客户名单，实施客户分类，并对不同类别客户实施差异化管理的过程。客户名单制管理的重点对象，通常是监管有明确导向（如"两高一剩"、房地产、政府融资平台等敏感性行业）或行内重点管理领域的法人客户。

　　商业银行通常会基于客户风险、客户贡献和潜在价值，将客户名单按照一定标准，划分为不同类别（如支持、维持、压缩、退出等不同类型客户名单）。针对不同类别客户名单，实施差异化信贷政策。支持类客户是信贷营销和信贷投向的重点，要优先保证其信贷资源配置，并在筛选行业重点客户、优化流程、灵活定价、差异化授权等方面予以重点考虑。对维持类客户，原则上采取维持存量授信策略，在控制好融资总量的同时，要大力调整信贷业务品种、担保结构、期限结构，确保信贷资产的安全性和流动性，提高贷款收益水平。对压缩类客户，要压缩授信额度，明确压缩目标与计划，逐步降低或控制融资总量。对退出类客户，制定退出额度计划与进度，抓紧清收，在坚持总量控制的原则下鼓励以低信用风险业务品种置换高风险业务品种。维持类、压缩类和退出类客户在办理信贷业务时，通常会提高利（费）率浮动幅度。

　　客户名单通常实施动态管理。银行通常会根据国家宏观经济运行与政策、行业走势与政策、企业经营状况、银企关系等变化，适时调整行业客户分类标准和名单。

第5章 客户分析与信用评级

 **本章概要**

以客户为导向是现代银行经营价值革命的结果，也是银行在激烈竞争中生存的法宝。客户分析是识别、计量、监测和控制信用风险的关键步骤。如何从众多的信贷申请客户中选择优质客户、如何对客户品质和还款能力进行评价是银行信贷业务人员所面临的重要课题。信用评级是对信用风险大小进行度量和分级，是信用风险的分析工具和技术平台，在银行风险管理中处于核心地位。商业银行评级系统所提供的违约概率、违约损失率、预期损失以及非预期损失等关键指标在授信审批、贷款定价、限额管理等信贷管理流程中发挥着重要的决策支持作用。

本章包括五节内容：第一节是客户品质分析，主要分析客户品质和客户经营管理状况；第二节是客户财务分析，主要介绍资产负债表分析、利润表分析、现金流量表分析及财务报表综合分析；第三节是客户信用评级，主要介绍客户信用评级的概念、对象、因素、方法、主标尺和流程；第四节是债项评级，主要阐述债项评级的概念、因素、方法、工作程序；第五节是评级结果的应用。

5.1 客户品质分析

5.1.1 客户品质的基础分析

1. 客户历史分析

了解客户发展历史可以避免信贷业务人员被眼前景象所迷惑，从而能够从整体上对客户目前状况及未来发展进行分析和判断。在对客户进行历史分析时，主要关注以下内容：

（1）成立动机

任何客户的设立都有一个经营上的动机，例如，拥有某种可利用的资源。从客户的成立动机出发，信贷业务人员可以初步判断其发展道路和下一步计划，进而分析其融资动机和发展方向。客户的组建往往基于以下六个方面的动机：

①基于人力资源。创始人具有某个行业的从业经验，原受雇于某个客户，又另立门户而成立新公司。

②基于技术资源。创始人或合伙人拥有某项专有技术，拥有技术的一方投资合伙或以技术投资入股而成立新公司。

③基于客户资源。创始人拥有某个行业的下游客户资源，独自或邀人入伙而成立新公司。

④基于行业利润率或发展前景。创始人并没有可利用的某项独特资源，而是看到某个行业利润诱人或具有广阔发展前景，便成立新公司。

⑤基于产品分工。原客户同时生产几种产品，其中某种产品做大做强后，便成立新公司专门从事此种产品的生产。

⑥基于产销分工。原客户产品的经销已形成较完善的网络后便成立新公司专门从事产品的销售和售后服务。

（2）经营范围

信贷人员对于客户经营范围及变化需要重点关注以下内容：

①要注意目前客户所经营的业务是否超出了注册登记的范围，经营特种业务是否取得经营许可证，对于超范围经营的客户应当给予足够的警觉。

②要注意客户经营范围特别是主营业务的演变，对于频繁改变经营业务的客户应当警觉。客户主营业务的演变有以下几种情形：

一是行业转换型，如由原来侧重贸易转向实业，或由原来侧重实业转向贸易等；二是产品转换型，如由原来侧重生产某种产品转向生产另一种产品；三是技术转换型，如由原来技术含量较低的行业或产品转向技术含量较高的行业或产品；四是股权变更型，如由于股权变更，新股东注入新的资产和业务，原客户的主营业务随之改变；五是业务停顿型，如原客户经营业务不善，因拥有物业便放弃具体经营而改为出租物业等。

③要注意客户经营的诸多业务之间是否存在关联性，即所经营的行业之间、项目之间或产品之间是否存在产业链、产销关系或技术上的关联。同时，也应关注客户的主营业务是否突出。对于所经营的行业分散、主营业务不突出的客户应警觉。

（3）名称变更

客户的名称往往使用时间越久知名度越高，一般不会轻易变更。客户名称也可以从一个侧面看出客户的发展过程。信贷人员对于客户在其发展过程中改变名称，一定要究其原因，尤其是对于频繁改变名称的客户，更要引起警觉。

（4）以往重组情况

客户重组包括重整、改组和合并三种基本方式，客户在发展过程中进行重组是一

种常见的现象，有正常原因也有非正常原因，需要认真对待并切实调查清楚。

当客户发生重组情形时，客户或多或少会发生以下情况：股东更替、股东债权人权利变更和调整、公司章程变更、经理人员更换、经营方向改变、管理方法改变、财产处置及债务清偿安排、资产估价标准确定等。

2. 法人治理结构分析

信贷人员对客户法人治理结构的评价要着重关注控股股东行为的规范，董事会组成结构、运作方式和决策规则，以及对内部控制人的激励约束等几方面因素。客户法人治理结构评价的内容如表 5 – 1 所示。

表 5 – 1　　　　　　　　客户法人治理结构评价要素构成

评价内容	关键要素
控股股东行为	控股股东和客户之间是否存在关联交易，控股股东及其关联方是否占有客户资金，客户是否为控股股东及其关联方提供连环担保
	股东之间是相互独立还是利益关系人，或者最终的所有者是否为同一人
激励约束机制	董事长和总经理是如何产生的，董事长、总经理和监事之间是否兼任，是否兼任子公司或关联公司的关键职位
	董事长和总经理的薪酬结构和形式
	决策的程序和方式，董事长、总经理和监事之间是如何相互制衡的
董事会结构和运作过程	董事会的结构，独立董事是如何产生的，是否具有独立性和必备的专业知识
	董事会是否随时有权质询决策执行情况及采取的形式
	董事会的业绩评价制度和方式

客户法人治理结构的不完善，有可能给其正常的生产经营带来难以预期的负面影响，信贷人员对此应给予关注。下面对三类客户的法人治理关注点进行介绍。

（1）上市客户

①股权结构不合理。主要包括流通股的比重低、非流通股过于集中。由于股权结构的不合理，大股东利用其在董事会上的表决优势，肆意操控上市公司的经营和管理活动，通过大量的异常关联交易侵害中小股东和债权人的利益。但是，若公司股权过于分散，第一大股东持股比例过低，容易面临恶意收购，给公司经营带来波动。

②内部控制。客户决策和客户运作以内部人和关键人为中心，内部人能够轻易地控制和操纵客户股东大会、董事会和监事会，极易出现偏离客户最佳利益和侵害债权人利益的行为。

③信息披露的实际质量难以保证。对于上市公司，应关注信息披露是否清楚、完整和达到高标准，信息披露的时间安排、程序和获得渠道是否符合规定。有些上市公司信息披露的形式大于内容，甚至有时在形式上亦未能达到要求。其主要原因在于：一是缺乏对信息披露主体的有效法律约束机制；二是行政干预和资本市场缺乏足够的

竞争；三是客户内部缺乏有效的信息披露实施机制。

（2）国有独资客户

①所有者缺位。目前，很多依据《公司法》成立的企业由原来的国有企业脱胎而来，仍保留计划经济的烙印，存在着事实上的所有者"缺位"问题。

②行政干预。国家既是出资人，又通过若干政府部门分别实施行使行政管理职能，政府两种角色容易造成混乱。行政手段超越出资者职能直接干预客户经营决策，导致客户经营目标多元化。

（3）民营客户

民营客户的管理决策机制更多地表现为一人决策或者家族决策，其形式上的机构没有决定性的影响，决策者个人或者家族的行为与意识代表了客户管理层的素质。管理者同时是所有者，一旦客户负责人发生变故，容易出现群龙无首、后继无人或亲属间争夺继承权和遗产的状况，因此而致使客户崩溃解体，此类案例并不罕见。

3. 股东背景

股东背景特别是控股股东的背景在很大程度上决定着客户的经济性质、经营方向、管理方式及社会形象等。客户的股东背景有以下情况需要引起关注：

①家庭背景。客户股东或控股股东为同一家族成员，这类客户通常风险意识较强，经营上精打细算，但也存在企业经营一言堂现象严重，发展好坏过于依赖核心管理人等问题。

②外资背景。这类客户通常管理较多资金，技术力量较强，但可能通过关联交易转移利润。

③政府背景。客户由政府投资设立或与政府某个职能部门有着业务上的关联，这类客户通常具有政策资源上的优势，行业竞争性强，但可能存在管理效率不高等问题。

④上市背景。客户为上市公司、上市公司全资子公司、控股子公司或参股子公司，这类客户通常管理较规范，并有集团经营优势，但关联方关系复杂，关联交易较多。

4. 高管人员的素质

高级管理层尤其是主要负责人的素质和行业管理经验是信贷人员考察高管人员的重点。如果高级管理人员只是掌握片面的技能，如只有财务管理的专长，而没有技术、营销、管理方面的综合能力，或管理人员没有处理行业风险的经验，缺乏控制企业风险的实际操作能力，通常都会很难把握公司未来的发展方向。对公司高管人员素质的评价主要包括以下几个方面的内容：

①教育背景。学历教育是一个人受国民教育程度的社会指标，一般来说，高学历

表明受过良好的教育，具有系统的专业素养。

②商业经验。商业经验对于高管人员的眼界、判断具有非常重要的作用，一般来说，经商时间越长，阅历越丰富，越能形成科学、正确的判断，越能做好企业管理工作。

③修养品德。在内部管理和客户交往中，高管人员的修养品德不仅代表个人素质，更代表企业形象，并会通过其实际工作对企业产生重大影响。

④经营作风。高管人员的经营作风（如稳健型或是激进型）直接影响企业发展战略和经营风格，在经营上会产生截然不同的结果。

⑤进取精神。高管人员的进取精神如何，是勇于创新、锐意进取还是墨守成规、患得患失，对企业的发展前景至关重要。

5. 信誉状况

在分析影响借款人还款能力时，还应分析借款人信誉这一重要的非财务因素。

借款人的不良记录可通过"中国人民银行企业征信系统"查阅，查看客户过去有无拖欠银行贷款等事项。

客户的对外资信还可以根据借款人在经营中有无偷税漏税，有无采用虚假报表、隐瞒事实等不正当手段骗取银行贷款，以及有无在购销过程中使用欺骗手段骗取顾客的信任等方面反映出来。

除客户的高管层外，信贷人员还应分析客户的股东（尤其是大股东），了解客户主要股东是谁，股东基本素质如何，以及其财产情况、持股情况等。这对于掌握客户经营方针、预测客户发展前景、评估客户承受亏损及偿债的意愿和能力都具有重要的作用。

5.1.2 客户经营管理状况分析

信贷人员可以从客户的生产流程入手，通过供、产、销三个方面分析客户的经营状况，也可以通过客户竞争战略、产品竞争力及经营业绩指标进行分析。

1. 供应阶段分析

供应阶段的核心是进货，信贷人员应重点分析以下几个方面。

（1）货品质量

原材料等物品质量是客户产品质量的重要基础，而产品质量是客户的生命线。客户采购物品的质量主要取决于上游厂商的资质，知名供应商对货品质量有一定保障。

（2）货品价格

原材料等物品的价格是客户的主要生产成本，进货价格的高低直接关系到客户产品价格的高低，把好进货价格关是控制客户产品成本的第一道关口。进货价格除了市场供求关系外，主要取决于进货渠道、进货批量、规格标准、运输费用、客户关系等因素。

（3）供货稳定性

客户上游供货稳定性直接影响其生产经营。若客户过于依赖单一供应商，当与供应商出现纠纷或供应商因不可抗力停产等事件发生时，客户将面临因临时另选供应商而导致的货品质量下降、货品价格提高等问题，甚至可能因找不到替代供应商而导致企业停产。

（4）进货渠道

进货渠道对货品的质量和价格都起着决定性影响。信贷人员分析客户的渠道可以从以下四个方面来考虑：

①有无中间环节。直接从厂商进货还是从贸易商进货，是二手进货还是三手进货。

②供货地区的远近。是国内供货还是国外供货，是本埠供货还是外埠供货。

③运输方式的选择。是陆路运输还是水路运输，是公路运输还是铁路运输。

④进货资质的取得。是取得一级代理权还是二级代理权。

（5）付款条件

付款条件主要取决于市场供求和商业信用两个因素。如果货品供不应求或者买方资信不高，供货商大多要求预付货款或现货交易；反之，供货商则可接受银行承兑汇票甚至商业承兑汇票。因此，付款条件不仅影响客户的财务费用和资金周转，而且关系到买卖双方的交易地位。

2. 生产阶段分析

生产阶段的核心是技术，这包括生产什么、怎样生产、以什么条件生产，信贷人员应重点调查以下几个方面内容。

（1）技术水平

客户技术水平是其核心竞争力的主要内容。产品的升级需要技术来支持，产品的质量需要技术来提升，产品的差异性也需要技术来保障。信贷人员可以从研发能力、内外研发机构协作能力、科研成果三个方面分析客户的技术水平。

（2）设备状况

客户的生产设备是生产技术的载体，设备的性能不仅在很大程度上决定生产的技术水平、产品的质量水平，而且决定劳动生产率状况。设备状况分析主要包括设备的用途、性能、使用和管理等方面内容。

（3）环保情况

随着社会环保意识的增强和环保法律体系的完善，环保问题将直接影响银行客户（主要是工业客户）的生存与发展。信贷人员分析客户的环保情况，一是要了解客户的生产工艺及原材料消耗的情况，特别要关注那些生产工艺落后、能耗高，以及废

水、废渣和废气排放严重的企业。二是要了解国家有关环保的法律法规（包括环境影响评价报告制度、排污收费制度、限期治理制度和经济刺激制度等）。详细分析客户生产对环境的影响以及是否违反国家相关法律、法规，防范客户的环保合规风险。

3. 销售阶段分析

销售阶段的核心是市场，这包括销售给谁、怎样销售、以什么条件销售等内容。信贷人员应重点调查以下几个方面。

（1）目标客户

没有客户就没有市场，没有市场就没有企业的生存和发展。目标客户的选择实际上是一个市场定位问题，而市场定位又是一个市场细分的问题。因此，选择目标客户就要细分市场，瞄准目标客户群。

（2）销售渠道

销售渠道是连接厂商与终端客户的桥梁和纽带。销售渠道有两种：一是直接销售，即厂商将产品直接销售给终端客户，其好处是贴近市场，应收账款少，缺点是需要铺设销售网络，资金投入较大；二是间接销售，即厂商将产品通过中间渠道销售给终端客户，其好处是无须自找客源，资金投入少，缺点是应收账款较多。

（3）收款条件

收款条件主要取决于市场供求和厂商品牌两个因素。

收款条件主要包括三种：预收货款、现货交易和赊账销售。显然，赊账销售对厂商不利的方面主要是占压了资金，存在收账风险，但有利的方面是可以扩大销量。

4. 竞争战略分析

客户基于对行业和自身情况的分析，采取相应竞争战略以赢得市场竞争。竞争战略正确，企业便能顺应行业发展趋势，发挥自身特长，赢得市场先机，实现快速发展，反之企业经营则可能导致失败。因此，信贷人员需要对借款人竞争战略有清晰认识，并通过对借款人的持续追踪分析战略执行情况及执行效果，判断借款人发展前景。

（1）波特五力模型

迈克尔·波特教授认为可以用五个方面来描述行业竞争态势：行业竞争状况、供应商议价能力、客户议价能力、替代产品或服务的威胁、潜在竞争者进入的威胁。上述五种力量决定了行业竞争程度和吸引力，企业应该综合评价以上各个方面，分析行业潜力，并由此制定竞争战略。

（2）竞争战略

根据迈克尔·波特的理论，竞争战略可分为三种：成本领先战略、差异化战略和集中化战略。成本领先战略是指企业通过降低成本提供较低价格的产品或服务，扩大市场占有率，赢得市场竞争优势。差异化战略是指企业通过技术、设计、创新等手段提供领先竞争对手或独具特色的产品或服务，以此吸引消费者，抢占市场份额，提高业务利润率。集中化战略是指企业主攻某一细分市场，建立并巩固优势。

5. 产品竞争力和经营业绩分析

（1）产品竞争力分析

一个企业的竞争力主要表现为其产品的竞争力。竞争力强的产品会获得市场和购买者较多的认同，容易在市场竞争中战胜对手，顺利实现销售，并取得较好盈利，企业就能获得良好的融资环境，实现快速发展。企业产品的竞争力取决于产品品牌等多种因素，但主要还是取决于产品自身的性价比，那些性能先进、质量稳定、销价合理的产品往往在市场上具有较强的竞争力，为企业赢得市场和利润。当企业的产品定价不再具有竞争力或质量出现不稳定状况时，其经营也会随之出现问题。

一个企业要保持其产品的竞争力，必须不断进行产品创新。产品的设计和开发是企业经营的起点，当市场发生变化或竞争对手引进新产品时，如果客户缺乏迅速回应的能力，则可能导致经营的被动，这就是为什么创新过程比良好的日常经营表现更为重要的原因。对于技术含量高、设计和开发周期较长的公司（如药品公司、软件开发公司等），能否合理、有效和及时地进行产品创新更为重要，因为这些公司面临市场竞争比较激烈，而产品创新是竞争胜出的决定性因素。新产品、专利产品在销售中所占比例、开发下一代新产品所需时间、能否在竞争对手之前推出新产品等是企业产品创新能力的重要指标。

（2）经营业绩分析

经营业绩指标通常指与行业比较的销售增长率，高于行业平均的增长率说明客户经营业绩较好，反之则说明客户经营业绩较差。

市场占有率指标通常指客户产品的市场份额，所占市场份额较大说明客户在行业中的地位较高，其价格策略的调整对行业整体销售状况能产生影响；反之，则说明客户在行业中的地位较低，其价格策略的调整对行业整体销售状况不能产生影响。

主营业务指标通常指主营业务收入占销售收入总额的比重，比重较大说明客户主营业务突出，经营方向明确；反之，则说明客户主营业务不够突出，经营方向不够明确。

5.2　客户财务分析

5.2.1　概述

1. 客户财务分析的含义

财务分析以客户财务报表为主要依据，运用一定的分析方法，研究评价客户的财

务过程和结果，分析客户的财务状况、盈利能力、资金使用效率和偿债能力，并由此预测客户的发展变化趋势，从而为贷款决策提供依据。

2. 客户财务分析的内容

商业银行向借款人借出资金的主要目的，就是期望借款人能够按照约定的期限归还贷款并支付利息，否则，商业银行不仅不能从这种资金借贷关系中获得收益，反而会遭受损失。所以，商业银行对借款人最关心的就是其现在和未来的偿债能力。

借款人的偿债能力和其盈利能力、营运能力、资本结构和净现金流量等因素密切相关，为了准确分析评价借款人的偿债能力，对贷款决策进行的财务分析应侧重对借款人上述能力的分析。

盈利能力的分析就是通过一定的方法，判断借款人获取利润的能力。商业银行之所以重视借款人盈利水平高低以及盈利的稳定性和持久性，是因为盈利是借款人偿还债务的重要资金来源。一般而言，借款人盈利能力越强，还本付息的资金来源越有保障，债权的风险越小。除了关注借款人盈利水平外，还须对借款人的盈利能力进行拆解分析——盈利的主要来源是较高的净利率、资产周转率还是由于较高杠杆率？如果借款人高盈利的主要原因是高杠杆经营，那么其盈利能力的持久性便难以保证，盈利对其偿债能力的支持力度也就大打折扣。因此，对借款人盈利水平、盈利持久性的分析和判断是贷款决策中财务分析的一项重要内容。

营运能力是指通过借款人经营中各项资产周转速度所反映出来的借款人资产运用效率，它不仅能反映借款人的资产管理水平和资产配置组合能力，而且也影响着借款人的偿债能力和盈利能力。从一方面看，借款人资产周转速度越快，就表明其经营能力越强；从另一方面看，资产运用效率越高，资产周转速度就越快，借款人所取得的收入和盈利就越多，盈利能力就越强，那么借款人就会有足够的资金还本付息，因而其偿债能力就越强。因此，营运能力的大小对借款人偿债能力和盈利能力的提高有着重要影响。

资金结构是指借款人全部资金来源中负债和所有者权益所占的比重和相互间的比例关系。通过分析借款人的资金结构，可以准确计算负债在资金来源中所占的比重，进而判断出借款人偿债能力的强弱。借款人资金来源结构合理，借款人的经济基础就牢固，就有较强的偿债能力，尤其是长期偿债能力。因此，资金结构分析也应是贷款决策中财务分析的一个重要方面。

在贷款决策中，为形成对借款人以上方面的整体评价，综合反映借款人的财务状况，除了直接利用财务报表中的科目外，更多的是利用报表科目计算相应的财务指标。这些指标分为以下三类。

（1）盈利能力指标

这类指标通过计算利润与销售收入、总资产等科目的比例来衡量管理部门的效率，进而评价管理部门控制成本获取收益的能力。盈利能力指标主要包括销售利润率、营业利润率、净利润率、成本费用利润率、资产收益率、净资产收益率等。

（2）营运能力指标

这类指标通过计算资产的周转速度来反映管理部门控制和运用资产的能力，进而估算经营过程中所需的资金量。营运能力指标包括周转率和周转天数两类，两者之间存在一定关系，可相互转换。具体指标主要包括总资产周转率、固定资产周转率、应收账款周转率、存货周转率，以及相对应的总资产周转天数、固定资产周转天数、应收账款周转天数、存货周转天数等。

（3）偿债能力指标

偿债能力可分为长期偿债能力和短期偿债能力，偿债能力指标是判断企业负债的安全性和负债偿还能力的比率，偿债能力的大小在很大程度上反映了企业经营的风险程度。偿债能力指标主要包括资产负债率、负债与所有者权益比率、负债与有形净资产比率、利息保障倍数、流动比率和速动比率等。

3. 财务报表分析的资料

银行在进行财务报表分析时要注意搜集丰富的财务报表资料，以便于正确地作出贷款决策。具体包括以下内容。

（1）会计报表

借款人在会计期间编制的各类会计报表，如资产负债表、利润表、现金流量表及其有关附表。

（2）会计报表附注和财务状况说明书

借款人在编制会计报表的同时，为便于正确理解和分析财务报表，还要编制会计报表附注和财务状况说明书。财务报表附注主要说明借款人所采用的会计处理方法；会计处理方法的变更情况、变更原因以及对财务状况和经营成果的影响。财务状况说明书主要说明借款人的生产经营情况、利润实现和分配状况、资金增减和周转情况及其他对财务状况发生重大影响的事项。

（3）注册会计师查账验证报告

注册会计师验证后的报表可信度较未审计的报表高，因为注册会计师的意见是依据国家有关法规和一般公认会计准则，并采取必要的验证程序后提出的，具有较强的独立性和权威性。但即使注册会计师对财务报告出具了无保留意见，也只是在执行相应审计程序基础上对财务报表不存在重大错报提供的合理保证，并不能保证财务报告没有错误或遗漏。

（4）其他资料

除上述资料外，其他有关部门的资料，如证券交易所、行业协会、投资咨询机构提供的相关资料均可成为财务报表分析的补充资料，此外，深入借款人公司进行实地

考察也可获得许多有价值的信息。总之，信贷人员必须全面搜集和研究财务报表内外信息，才有可能真正了解借款人的财务状况和经营状况。

4. 财务分析的方法

总体来看，财务分析方法可分为比较分析法和因素分析法。

（1）比较分析法

对企业财务状况的分析从来就不是孤立的，为了对企业财务状况和业绩水平作出科学合理的评价，可以将企业当期财务指标与可比企业、行业平均或本企业往期指标进行比较，找出差异及其产生原因，这种分析方法就是比较分析法。

比较分析包括横向比较分析和纵向比较分析，如果比较对象是可比企业或所在行业同期财务指标，即是横向比较分析，这种分析方法可以揭示企业相比同业的财务指标差异，通过进一步分析差异原因，可以对企业财务状况及业绩水平作出合理判断；如果比较对象是本企业往期财务指标，即是纵向比较分析或趋势分析，这种分析方法可以揭示客户财务状况的变化趋势，找出其变化原因，判断这种变化趋势对客户发展的影响，以预测客户未来的发展前景。

此外，还可以根据用于比较的财务指标的不同，将比较分析法分为以下三类：

①总量比较

总量比较是直接比较财务报表中的某一科目，用于比较分析不同客户或同一客户不同时期的财务状况。这种方法比较简单、直接，但比较的意义相对而言较为有限。

②结构比较

结构比较是以财务报表中的某一总体指标为基础，计算其中各构成项目占总体指标的百分比，然后比较不同客户的比率差异或同一客户不同时期各项目所占百分比的增减变动趋势。结构分析法除用于单个客户有关指标的分析外，还可将不同客户间不能直接比较的各项目的绝对数转化为可以比较的相对数，从而用于不同客户之间或同行业平均水平之间的财务状况的比较分析，以对客户的财务经营状况及在同行业的地位作出评价。

③比率比较

比率比较通过计算同一张财务报表的不同项目之间、不同类别科目的比率，或计算两张不同财务报表如资产负债表和利润表中有关科目的比率，然后比较不同客户的比率差异或同一客户不同时期比率增减变动趋势，以评价客户财务状况和经营状况的好坏。比率分析法是最常用的一种方法。

（2）因素分析法

因素分析法是将所要分析的某项财务指标分解为若干项驱动因素，通过各因素实际值对计划值或上期值的依次替代，定量确定各驱动因素对该指标影响程度的方法。

因素分析法包括以下步骤：确定所要分析的财务指标，计算该指标实际值与计划值（或上期值）的差额；将该指标分解为若干驱动因素，并建立财务指标与驱动因素之间的数学关系；确定驱动因素的顺序，按顺序依次将驱动因素的计划值（或上期值）替换成实际值，并根据上述数学关系计算财务指标数值；某一驱动因素替换前后计算所得的财务指标之差即为该因素的影响程度。

通过因素分析法，可以定量测算不同驱动因素对财务指标的影响程度，为理解财务指标变化的原因提供有力支持。

5. 财务分析的信贷应用

财务报告的使用者包括投资者、管理层、债权人等，使用者角度不同，目的不同，财务分析的侧重点也不同。投资者侧重分析企业盈利性和成长性，进而评估企业的投资价值；管理层更为关注企业的收入、成本、利润及现金流情况，从而发现经营管理中存在的问题；债权人主要评估企业的偿债能力，进而作出相应决策。在信贷实务中，银行从业人员应以债权人的视角，综合利用财务报告等资料，结合借款人的经营和管理状况，揭示财务报表数字背后的原因。运用一定的分析方法，评估企业到期还本付息的能力。

借款人偿债能力与诸多因素有关。比如，借款人债务负担越重，盈利能力越差，现金转换水平越弱，借款人信用风险越高，按时足额还本付息的可能性越低。能否在贷前、贷中及贷后科学判断、持续评估企业偿债能力，是决定银行信贷类业务成败的重要因素，也是客户经理、风控人员及管理者的核心能力之一。在这方面，财务分析提供了有力武器。

首先，财务报告提供了相对客观、量化的资料。虽然财务报告存在一系列问题，比如存在报表造假的可能，会计估计容易受到企业操纵，不同会计政策会导致截然不同的结果等，但财务报告尤其是经审计的财务报告仍是相对客观的资料，能够在主观判断和感性认识之外进行更为客观、量化的分析，得出更具说服力、更为理性的结论。

其次，企业信贷风险与财务报告情况密切相关。企业财务报表包括资产负债表、利润表、现金流量表，三张报表分别从不同方面对企业情况进行描绘，共同组成了企业的整体画像。有人形象地把三张报表称作企业的"底子""面子"和"日子"：资产负债表是企业的"底子"，刻画了企业有多少家底可以用于经营；利润表是企业的"面子"，刻画了企业的经营成果；现金流量表是企业的"日子"，刻画了企业现金来源和去向。以上三张报表都与企业的还款能力息息相关：资产负债表可用于分析企业的债务负担情况，企业债务负担轻重及债务结构直接影响其还款能力；利润表可用于分析企业的收入和盈利情况，长期来看这是企业借款的还款来源；现金流量表更是与企业还款能力密切相关，很多时候企业无法还贷并非由于企业亏损而是因为资金链断裂。

可见，财务分析在信贷应用中具有非常重要的地位。作为银行从业人员，要想做

好信贷业务，控制信贷风险，就要学牢、学透、学活财务知识及分析方法。正如上文所述，企业偿债风险与三张报表均有关系，因此，在后续章节中，将依次介绍三张报表的基本知识并进行单张报表的科目分析，再综合三张报表进行企业偿债、盈利、营运能力分析及杜邦分析，从各个维度综合分析企业情况，为作出信贷决策打下坚实基础。

6. 财务分析需要注意的问题

财务分析是企业分析工作的重要组成部分，银行在核定授信、业务叙做、贷后管理等全流程中都需要通过科学的财务分析，评价客户的经营情况、盈利能力、运营效率，评估客户的发展前景，作出合理决策。

但需要注意的是，财务分析有自身的局限性。财务分析是以财务报表为主要依据对客户进行的分析，而财务报表只是对企业的会计描述，信息并不全面，因此财务分析的结论需要经营分析等进行补充。此外，不同客户或同一客户不同时期的会计政策可能不同，从而给财务分析带来困难。

基于以上原因，进行财务分析时须注意不能将分析变成数字游戏。为了进行量化、客观的评价，要会利用财务指标进行比较分析或因素分析，但上述分析不能脱离企业的经营实际自说自话。比如，应收账款周转率是衡量应收账款周转速度的指标，若某企业因坏账准备较多导致应收账款金额较小，虽然应收账款周转率因此较高，但并不能说明企业应收账款周转速度快，运营效率高。因此，财务分析不能仅以指标高低论优劣，而是应以财务情况为起点，进一步追踪到经营层面探究原因，从而对企业情况得出科学评价。从这个角度讲，财务分析不应是孤立的，而是需要以对行业、客户较为深入的理解为基础。

5.2.2　资产负债表分析

1. 资产负债表的构成

资产负债表是反映借款人在某一特定日期财务状况的财务报表。资产、负债和所有者权益是资产负债表的基本内容。

（1）资产的组成

资产是借款人拥有或可控制的能以货币计量的经济资源。在资产负债表中，资产按其流动性分为流动资产和非流动资产。

①流动资产。流动资产是指一年内或在一个营业周期内变现或者耗用的资产。它包括货币资金、交易性金融资产、应收票据、应收账款、预付账款、存货、其他应收款等项目。

②非流动资产。借款人在一年内不能变现的那部分资产称为非流动资产，包括长

期股权投资、固定资产、无形资产、商誉、长期待摊费用、递延所得税资产和其他非流动性资产等。

（2）负债的组成

负债是指借款人承担的能以货币计量，需要以资产或劳务偿付的债务，可分为流动负债和长期负债。

①流动负债。流动负债是借款人在生产经营过程中应付给他人的资金，是借款人承担的应在一年或在一个营业周期内偿还的债务，包括短期借款、应付票据、应付账款、预收账款、应付工资、应交税费、应付利润、其他应付款等。

②长期负债。长期负债包括长期借款、应付债券、长期应付款等。长期负债指借款人为增添设备、购置房地产等扩大经营规模的活动通过举债或发行债券而筹集的资金。

（3）所有者权益的组成

所有者权益代表投资者对净资产的所有权。净资产是借款人全部资产减去全部负债的净额。它由两部分组成：一部分是投资者投入的资本金；另一部分是在生产经营过程中形成的资本公积金、盈余公积金和未分配利润。资本金是投资者实际投入生产经营活动供长期使用的资金。资本公积金包括股本溢价、法定财产重估和接受捐赠的资产价值等。盈余公积金是按照有关规定从利润中提取的各种公积金，具体包括法定盈余公积金和任意盈余公积金。未分配利润是借款人留于以后年度分配的利润或待分配利润。

2. 资产结构分析

资产结构是指各项资产占总资产的比重。资产结构分析是指通过计算各项资产占总资产的比重，来分析判断借款人资产分配的合理性。由于借款人行业和资产转换周期的长短不同，所以其资产结构也不同。例如，制造业的固定资产和存货比重就大于零售业的固定资产和存货比重。因此，在分析资产负债表时，一定要注意借款人的资产结构是否合理，是否与同行业的比例大致相同。如借款人的资产结构与同行业的平均水平存在较大的差异，就应该进一步分析差异产生的原因。资产结构的行业比率参考指标如表 5-2 所示。

表 5-2　　　　　　　　　资产结构参考指标　　　　　　　　单位：%

项目	生产、销售行业			服务行业	
	制造业	批发业	零售业	资本密集型	劳动密集型
现金	5 ~ 8	5 ~ 8	5 ~ 8	5 ~ 8	5 ~ 20
应收账款	20 ~ 25	25 ~ 35	0 ~ 10	0 ~ 20	20 ~ 60
存货	25 ~ 35	35 ~ 50	50 ~ 60	0 ~ 10	1 ~ 10
固定资产	30 ~ 40	10 ~ 20	10 ~ 20	50 ~ 70	10 ~ 30
其他	5 ~ 10	5 ~ 10	5 ~ 10	5 ~ 10	5 ~ 10
总资产	100	100	100	100	100

3. 资金结构分析

借款人的全部资金来源于两个方面：一是借入资金，包括流动负债和长期负债；二是自有资金，即所有者权益。资金结构是指借款人的全部资金中负债和所有者权益所占的比重及相互关系。借款人资金来源结构状况直接影响其偿债能力。资金结构合理，借款人的经济基础就牢固，就能承担较大的风险，就有较强的偿债能力，尤其是长期偿债能力。反之，如果资金结构不合理，借款人的经济基础就较薄弱，抵御风险的能力就较差，其偿债能力也就会低下。因此，资金结构分析应是贷款决策中财务分析的一项重要内容。

借款人的资金结构应与资产转换周期相适应。如借款人属季节性生产企业或贸易企业，由于其资产转换周期变化较大，所以在经营活动繁忙时期就会对短期资金有很大的需求；如借款人属稳定的生产制造企业，那么其资产转换周期较长而稳定，因而其融资需求更多的是稳定的长期资金。借款人合理的资金结构指资金不仅要从总额上可以满足经营活动的需要，适应资产转换周期，并且资金的搭配即短期负债、长期负债及所有者权益三者的比例也要适当，这样才能以最小的资金成本取得最大的收益。

客户的长期资金在客户的资金构成中占有十分重要的地位。客户的长期资金是由所有者权益和长期负债构成的。客户在筹资决策中，必须按照《公司法》等法律法规筹集一定的权益资本，但是否要筹集长期债务及筹集多少长期债务，应根据企业需要采用不同的策略，做到负债适度，保持最佳长期债务和权益资本的结构。当企业总资产利润率高于长期债务成本时，加大长期债务可使企业获得财务杠杆收益，从而提高企业权益资本收益率。当总资产利润率低于长期债务成本时，降低长期债务的比重可使企业减少财务杠杆损失，从而维护所有者利益。从理论上看，最佳资金结构是指企业权益资本净利润率最高，企业价值最大而综合成本最低时的资金结构。但实际上由于筹资活动本身和外部环境的复杂性，很难十分准确地确定这个最佳点。通常做法是，企业对拟定的筹资总额可以提出多种筹资方案，分别计算出各种方案的综合成本并从中选择出综合成本最低的方案，以此作为最佳资金结构方案。

分析资金结构是否合理要重点关注以下内容。

（1）整体杠杆水平

如前所述，借款人的资金来源包括借入资金和自有资金，一般来说借入资金比例越大，自有资金比例越小，借款人的偿债能力就越差。经营风险从广义上是指企业控制和管理的全部资产的不确定性。例如借款人不能全部收回其应收账款或固定资产提前报废，这都会给借款人的资产带来损失，从而增加经营风险。如果借款人的所有者权益在整个资金来源中所占比重过小，不能完全弥补其资产损失，那么债权人所投入的资金就会受到损害。由此可见，借款人的资金来源中，所有者权益的数额至少应能弥补其资产变现时可能发生的损失。

（2）期限错配程度

从资产负债表的合理结构来看，长期资产应由长期资金和所有者权益支持，短期资产则由短期资金支持。对短期资产不全由短期资金支持，长期资产也不全由长期资金支持的情况，如果处理不善，就会出现问题。例如借款人长期负债与所有者权益之和小于其长期资金需求，即以部分短期负债支持了部分长期资产，那么一旦面临短期债务偿还压力，势必会影响正常的经营活动，进而影响其偿债能力。

（3）异常资金结构

若借款人资金结构与同行业平均水平相差很大，或借款人资金结构出现了较大变化，则须分析具体原因，判断异常资金结构是否存在实质风险。

表 5 - 3 所示的是一组不同行业的资金结构比例参考指标。

表 5 - 3　　　　　　　　　负债与所有者权益结构参考指标　　　　　　　　　单位：%

项目	生产、销售行业			服务行业	
	制造业	批发业	零售业	资本密集型	劳动密集型
流动负债	30 ~ 40	40 ~ 55	50 ~ 60	20 ~ 30	40 ~ 50
长期负债	15 ~ 25	15 ~ 20	10 ~ 20	20 ~ 30	0 ~ 10
所有者权益	30 ~ 50	30 ~ 40	25 ~ 35	35 ~ 50	35 ~ 50
总资产	100	100	100	100	100

5.2.3　利润表分析

利润表又称损益表，它是通过列示借款人在一定时期内取得的收入，所发生的费用支出和所获得的利润来反映借款人一定时期内经营成果的报表。通过利润表可以考核借款人经营计划的完成情况，可以预测借款人收入的发展变化趋势，进而预测借款人未来的盈利能力。

利润表分析通常采用结构分析法。结构分析，是以财务报表中的某一总体指标为100%，计算其各组成部分占总体指标的百分比，然后比较若干连续时期的各项构成指标的增减变动趋势。在利润表结构分析中就是以产品销售收入净额为100%，计算产品销售成本、产品销售费用、产品销售利润等指标各占产品销售收入的百分比，计算出各指标所占百分比的增减变动，分析其对借款人利润总额的影响。

结构分析法除了用于单个客户利润表相关项目的分析外，还经常用于同行业平均水平比较分析。不同企业由于其生产经营规模大小、企业建立时间长短等因素的不同，销售收入、营业利润、净利润等数额也会相差很大，不宜直接相互比较。在这种情况下，利用结构分析法将不能比较的绝对数转化为可以比较的相对数，就可对不同企业之间的盈利能力作出评价。

事实上，借款人在正常生产经营期间，利润表各项目之间都应有正常的、合理的比例关系和结构。银行在利润表分析中应对内在结构的异常变化给予高度重视，并正

确判断这种变化对借款人财务状况的影响。

除结构分析外，还可以利用利润表结合资产负债表、现金流量表进行交叉分析。

5.2.4　现金流量表分析

作为贷款银行，对客户进行财务分析的最重要目的在于了解客户的还款能力。一般来说，盈利客户比亏损客户偿还银行贷款的可能性大。但是，一家盈利客户可能因为不能偿还到期贷款而面临清算，而一家亏损客户却因能偿还到期贷款继续维持经营。其道理在于利润是偿还贷款的来源，但不能直接用来偿还贷款，偿还贷款使用的是现金。如果账面有利润，但实际并没有得到现金，那么就没有还款来源；相反，虽然账面亏损，但实际上得到了现金，那么就有还款来源。

客户在生产经营过程中，既发生现金流入，同时又会发生现金流出，其净现金流量为正值或是负值，金额为多少，将决定其是否有现金还款。所以，贷款银行最直接关心的应该是借款人的现金流量。

1. 现金及现金流量的概念

（1）现金及现金等价物的概念

日常生活中所说的现金指手头持有的能立即支付的货币；会计核算中的现金指会计主体的库存现金；现金流量中的现金则被广义化，既包括现金，又包括现金等价物，这是由分析现金流量的意义决定的，是会计核算中实质重于形式的体现。为此，现金流量中的现金包括两部分：现金，即企业库存现金以及可以随时用于支付的存款；现金等价物，即企业持有的期限短、流动性强、易于转换为已知金额现金、价值变动风险很小的投资。另外，现金流量表中的现金必须不受限制，可以自由使用。比如，已办理质押的活期存款不能用于还款，因此应该从现金中剔除。

（2）现金流量的概念

流量是相对于存量的一个概念。存量是某一时点的数据，如会计中的余额；流量是一定期间内所发生的数据，如会计中的发生额。

现金流量包括现金流入量、现金流出量和现金净流量；现金净流量为现金流入量和现金流出量之差。

现金流量不讨论现金及现金等价物之间的变动（比如，用多余现金购买债券），因为这不影响现金及现金等价物的存量，不影响客户的偿债能力，属于现金管理。

2. 现金流量表分析

（1）现金流量表的构成

现金流量表，是反映企业在一定会计期间现金和现金等价物流入和流出的报表。

根据企业活动性质的不同，可以将其分为三类：经营活动、投资活动和筹资活动，经营活动包括采购原材料、销售产成品等，投资活动包括固定资产投资、股权投资等，筹资活动包括发行股票、债券等。三种活动均能带来现金流入或流出，企业现金净流量是三者整体运动的结果。由此得出如下计算公式：

$$现金净流量 = \frac{经营活动的}{现金净流量} + \frac{投资活动的}{现金净流量} + \frac{筹资活动的}{现金净流量}$$

①经营活动的现金流量

经营活动，是指企业投资活动和筹资活动以外的所有交易和事项。根据《企业会计准则第 31 号——现金流量表》的规定，经营活动产生的现金流量至少应当单独列示反映下列信息的项目：销售商品、提供劳务收到的现金；收到的税费返还；收到其他与经营活动有关的现金；购买商品、接受劳务支付的现金；支付给职工以及为职工支付的现金；支付的各项税费；支付其他与经营活动有关的现金。

一般来说，销货现金收入、利息与股息的现金收入、增值税销项税款和出口退税、其他业务现金收入能够带来现金流入；购货现金支出、营业费用现金支出、支付利息、缴纳所得税和其他业务现金支出会带来现金的流出。

②投资活动的现金流量

投资活动，是指企业长期资产的购建和不包括在现金等价物范围的投资及其处置活动。根据《企业会计准则第 31 号——现金流量表》的规定，投资活动产生的现金流量至少应当单独列示反映下列信息的项目：收回投资收到的现金；取得投资收益收到的现金；处置固定资产、无形资产和其他长期资产收回的现金净额；处置子公司及其他营业单位收到的现金净额；收到其他与投资活动有关的现金；购建固定资产、无形资产和其他长期资产支付的现金；投资支付的现金；取得子公司及其他营业单位支付的现金净额；支付其他与投资活动有关的现金。

一般来说，出售证券（不包括现金等价物）、出售固定资产、收回对外投资本金能够带来现金流入；而购买有价证券、购置固定资产会带来现金的流出。

③筹资活动的现金流量

筹资活动，是指导致企业资本及债务规模和构成发生变化的活动。根据《企业会计准则第 31 号——现金流量表》的规定，筹资活动产生的现金流量至少应当单独列示反映下列信息的项目：吸收投资收到的现金；取得借款收到的现金；收到其他与筹资活动有关的现金；偿还债务支付的现金；分配股利、利润或偿付利息支付的现金；支付其他与筹资活动有关的现金。

一般来说，取得短期与长期贷款、发行股票或债券能够带来现金流入；而偿还借款本金、分配现金股利会带来现金的流出。

（2）现金流量的计算方法

①经营活动的现金流量

经营活动现金流量的计算方法有直接法和间接法。

其一，直接法。直接法又称为"自上而下"法，是指通过现金收入和现金支出的主要类别列示经营活动的现金流量。直接法根据下列项目对利润表中的营业收入、营业成本以及其他项目进行调整：当期存货及经营性应收和应付项目的变动；固定资产折旧、无形资产摊销、计提资产减值准备等其他非现金项目；属于投资活动或筹资活动现金流量的其他非现金项目。

直接法从营业收入出发，将利润表中的项目与资产负债表有关项目逐一对应，逐项调整为以现金为基础的项目。

销售所得现金。当期应收账款增加，销售所得现金就会小于销售收入。如果当期应收账款减少，即收回上一期的应收账款大于本期产生的应收账款，销售所得现金就会大于销售收入。因此，要减去应收账款增长额，或者加上应收账款下降额，即

$$销售所得现金 = 销售收入 - \Delta 应收账款$$

购货所付现金。销售成本中有赊购即未支付现金的部分，同时本期购进的存货中有未销售部分但是已支付了现金，因此要减去前一部分，加上后一部分，即

$$购货所付现金 = 销售成本 - \Delta 应付账款 + \Delta 存货$$

管理费用现金支出。管理费用中，提取折旧、摊销并没有引起现金支出，应付费用减少、预付费用增加却支出了现金。所以，在计算管理费用现金支出时，要进行调整，即

$$经营费用现金支出 = 经营费用 - 折旧 - 摊销 - \Delta 应付费用 + \Delta 预付费用$$

缴纳所得税。企业利润表中的所得税与实际缴纳的所得税并不一致，递延所得税资产、递延所得税负债的变动以及退税等因素均会影响实际缴纳的所得税。

运用直接法计算经营活动的现金流量如表5-4所示。

表5-4　　　　　　　直接法计算经营活动的现金流量

利润表项目调整至现金流量表项目	
销售收入净额	销售所得现金
-销售成本	-购货付出的现金
+其他业务利润	+其他业务现金收入
-管理费用	-管理费用现金支出
=营业利润	=营业现金收入
+营业外收支净额	+营业外现金收支净额
-所得税	-缴纳所得税
=净利润	=经营活动的现金净流量

其二，间接法。间接法又称为"自下而上"法，即以利润表中最末一项净利润为出发点，调整影响净利润但未影响经营活动现金流量的事项：加上没有现金流出的费用，减去没有现金流入的收入，扣除不属于经营活动的损益，调整经营性应收应付科目的变动值——减去（加上）应收（应付）科目增加值。通过以上调整，将权责发

生制下的净利润还原为收付实现制下的经营活动现金流。

运用间接法计算经营活动的现金流量如表5-5所示。

表5-5　　　　　　　　　　间接法计算经营活动的现金流量

净利润
＋折旧
摊销
计提资产减值准备
公允价值变动损失
财务费用
投资损失
Δ应付账款
Δ应付费用
Δ应付税金
Δ递延所得税负债
－Δ应收账款
Δ存货
Δ预付费用
Δ递延所得税资产

下面通过简单的案例来进一步理解直接法和间接法的应用。假设A公司2017年及2016年资产负债表如表5-6所示。

表5-6　　　　　　　　　　A公司资产负债表　　　　　　　　　　单位：万元

资产	2017	2016	负债和所有者权益	2017	2016
现金	200	150	应付账款	200	190
应收账款	180	160	应付利息	35	30
存货	320	300	应付股利	35	30
固定资产	600	580	银行借款	480	400
			负债合计	750	650
			实收资本	500	500
			未分配利润	50	40
			所有者权益合计	550	540
资产合计	1300	1190	负债和所有者权益合计	1300	1190

2017年，A公司盈利情况如下：销售收入800万元，购货成本500万元，员工薪酬150万元，折旧60万元，利息支出40万元，固定资产处置利得10万元（处置收入15万元，固定资产原价40万元，已计提折旧35万元），所得税15万元，净利润45万元。

若用直接法计算经营活动现金流，根据表5-4，从营业收入开始将利润表项目调整为现金流量表项目：

$$销售收入现金流入 = 销售收入 - \Delta \, 应收账款 = 800 - 20 = 780(万元)$$
$$购货现金支出 = -购货成本 + \Delta \, 应付账款 - \Delta \, 存货$$
$$= -500 + 10 - 20 = -510(万元)$$
$$其余支出 = -员工薪酬 - 所得税 = -150 - 15 = -165(万元)$$
$$经营活动现金流 = 780 - 510 - 165 = 105(万元)$$

若用间接法计算经营活动现金流，根据表 5-5，从净利润开始将利润表项目调整为现金流量表项目：

$$经营活动现金流 = 利润 + 折旧 + 利息支出 - 固定资产处置利得 + \Delta \, 应付账款$$
$$- \Delta \, 应收账款 - \Delta \, 存货$$
$$= 45 + 60 + 40 - 10 + 10 - 20 - 20 = 105 \, (万元)$$

可见，无论是直接法还是间接法计算出的经营活动现金流量都是一样的。根据《企业会计准则第 31 号——现金流量表》的规定，企业应当采用直接法列示经营活动产生的现金流量，但应当在附注中披露将净利润调节为经营活动现金流量的信息。

②投资活动的现金流量

$$投资活动的现金流量 = 收回投资的现金 + 投资收益取得的现金$$
$$+ 处置固定资产、无形资产和其他长期资产收回的现金$$
$$+ 处置子公司及其他营业单位收到的现金$$
$$- 投资支付的现金 - 购置固定资产、$$
$$无形资产和其他长期资产支付的现金$$
$$- 取得子公司及其他营业单位支付的现金$$

③筹资活动的现金流量

$$筹资活动的现金流量 = 吸收投资收到的现金 + 取得借款收到的现金$$
$$+ 收到其他与筹资活动有关的现金 - 偿还债务支付的现金$$
$$- 分配股利、利润或偿还利息支付的现金$$
$$- 支付其他与筹资活动有关的现金$$

（3）现金流量分析的作用

企业现金及现金等价物余额、现金流量情况既是企业以往经营的结果，也反映了企业发展战略、市场地位等信息，同时还直接影响其偿债能力，银行作为债权人，为保障自身利益，必须密切关注借款人现金流量信息。

现金流量表按照收付实现制编制，有利于分析者结合权责发生制下的会计信息对企业作出综合判断，有利于判断企业盈利质量。通过对现金流量表经营活动、投资活动及筹资活动现金流的分析，银行可以对企业三类经济活动有比较细致的了解，掌握企业现金来源及用途，并进一步验证企业经营成果。

此外，按照会计准则规定，企业还应在附注中以总额披露当期取得或处置子公司及其他营业单位的有关信息，披露虽不涉及当期现金收支，但影响企业财务状况或在未来可能影响企业现金流量的重大投资和筹资活动，披露与现金和现金等价物构成等重要信息，这些信息对银行掌握企业情况、判断发展前景方面具有重要作用。

5.2.5　财务报表综合分析

1. 盈利能力分析

盈利能力简单地说就是获取利润的能力。对于银行来说，借款人的盈利能力在某种程度上比偿债能力更重要，因为借款人正常经营并产生利润是偿还债务的前提条件。盈利能力越强，客户还本付息的可能性越大，贷款的风险越小。

反映借款人盈利能力的比率主要有：销售利润率、营业利润率、税前利润率和净利润率、成本费用利润率、资产收益率、净资产收益率，这些统称为盈利比率。

（1）销售毛利率

销售毛利率是指借款人的销售毛利与产品销售收入净额的比率。其计算公式为

$$销售毛利率 = 销售毛利 / 销售收入净额 \times 100\%$$

$$销售毛利 = 销售收入净额 - 销售成本$$

销售毛利率反映每元销售收入净额所取得的销售毛利。该比率越高，说明借款人盈利水平越高。如果将借款人连续几年的销售毛利率加以比较分析，就可以对其盈利能力的变动趋势作出评价；如果将借款人与同行业可比企业的销售毛利率加以比较分析，就可以对借款人相较同业的盈利能力作出评价。

（2）销售利润率

销售利润率是指企业利润总额和产品销售收入净额的比率。其计算公式为

$$销售利润率 = 利润总额 / 销售收入净额 \times 100\%$$

$$利润总额 = 销售收入净额 - 销售成本 - 期间费用$$

实际上，销售利润率与销售毛利率是不同的两个指标，因为前者已剔除了期间费用，后者仍包含期间费用（如管理费用、财务费用等）。从两者公式可以看出，销售毛利率一般大于销售利润率。

销售利润率反映每元销售收入净额中所实现的销售利润额，用来评价借款人产品销售收入净额的盈利能力。该指标越高，表明单位净销售收入中销售成本所占的比重越低，销售利润越高。如果将借款人连续几年的销售利润率加以比较分析，就可以判断和掌握销售活动盈利能力的发展趋势；如果将借款人与同行业可比企业的销售利润率加以比较分析，就可以判断和掌握借款人相较同业的销售活动盈利能力。

（3）净利润率

净利润率是指客户净利润与销售收入净额之间的比率。其计算公式为

$$净利润率 = 净利润 / 销售收入净额 \times 100\%$$

净利润 ＝利润总额 － 所得税

净利润率反映每元销售收入净额所取得的净利润。这个比率越大，说明每元销售收入净额所取得的净利润越多。由于这个比率直接关系到客户未来偿还债务的能力和水平，因此，银行更为重视。

（4）成本费用利润率

成本费用利润率是借款人利润总额与当期成本费用总额的比率。其计算公式为

成本费用利润率 ＝ 利润总额／成本费用总额 × 100%

成本费用总额 ＝ 销售成本 ＋ 销售费用 ＋ 管理费用 ＋ 财务费用

该比率反映每元成本费用支出所能带来的利润总额。该比率越大，说明同样的成本费用能取得更多利润，或取得同样利润只需花费较少的成本费用。

银行在分析借款人盈利能力时，应将上述各个指标结合起来，并运用利润表中各个项目的结构分析，综合评价客户盈利能力的高低和变动情况，引起变动的原因及其对借款人将来的盈利能力可能造成的影响。例如，销售利润率的上升总是与产品销售成本在产品销售收入中的比重下降相联系的。而这种比重下降的原因又是由产品销售价格的上升和产品销售成本的下降两个因素造成的。销售利润率的上升一般情况下必然导致营业利润率的上升，除非营业费用、管理费用和财务费用在营业收入中所占的比重上升；营业利润率的上升一般总会引起税前利润率和净利润率的上升，除非营业外支出大幅度上升；而产品销售成本、产品销售费用、管理费用和财务费用的增减最终又通过成本费用利润率反映出来。

（5）资产收益率

资产收益率是客户净利润与资产平均总额的比率。其计算公式为

资产收益率 ＝净利润／资产平均总额 × 100%

资产平均总额 ＝（期初资产总额 ＋ 期末资产总额)/2

资产收益率是反映客户资产综合利用效果的指标，也是反映客户利用债权人和所有者权益总额所取得盈利的重要指标。资产收益率越高，说明客户资产的利用效率越高，营运能力越强，盈利能力越强。

（6）净资产收益率

净资产收益率是客户净利润与净资产平均额的比率。其计算公式为

净资产收益率 ＝净利润／净资产平均额 × 100%

净资产平均额 ＝（期初净资产 ＋ 期末净资产)/2

该比率越高，表明所有者投资的收益水平越高，营运能力越好，盈利能力越强。净资产收益率是财务分析中一个重要的财务指标，可以拆解为盈利、营运及杠杆率等指标，详见后文杜邦分析。

2. 偿债能力分析

偿债能力是指客户偿还到期债务的能力，包括长期偿债能力分析和短期偿债能力

分析。

（1）长期偿债能力分析

长期偿债能力是指客户偿还长期债务的能力，它表明客户对债务的承受能力和偿还债务的保障能力，长期偿债能力的强弱是反映客户财务状况稳定与安全程度的重要标志。

评价客户长期偿债能力，从偿还的资金来源看，则应是客户的经营利润。这是因为在借款人正常生产经营过程中，不可能依靠变卖资产还债，而应依靠实现的利润还债。因此，分析借款人偿还债务的承受能力主要是通过分析客户的盈利能力来确定客户按期偿还本金和支付利息的财务实力。如果借款人具有足够的盈利能力，这样也就不用担心今后本金和利息的偿付能力了。有关盈利能力的问题已在前面述及。下面将从考察借款人偿还债务的保障能力，即财务杠杆比率角度，分析借款人偿还长期债务的能力。所谓杠杆比率就是主要通过比较资产、负债和所有者权益的关系来评价客户负债经营的能力。它包括资产负债率、负债与所有者权益比率、负债与有形净资产比率、利息保障倍数等，这些统称为杠杆比率。

①资产负债率。资产负债率又称负债比率，是客户负债总额与资产总额的比率。它说明客户总资产中债权人提供资金所占的比重，以及客户资产对债权人权益的保障程度。对银行来讲，借款人负债比率越低越好。因为负债比率越低，说明客户投资者提供的无须还本付息的资金越多，客户的债务负担越轻，债权的保障程度就高，风险也就越小；反之，负债比率越高，说明负债在总资产中的比重越大，则表明借款人债务负担越重。这样债权人的保障程度就低，债权人的权益就存在风险。其计算公式为

$$资产负债率 = 负债总额/资产总额 \times 100\%$$

客户负债经营对客户来讲具有一定风险，负债经营规模应控制在合理水平内，负债比重应掌握在一定标准内。因此，银行应根据客户的经营状况和盈利能力，正确测算客户的负债比率，以保证其权益在经营环境恶化时得到保障。

②产权比率和权益乘数。产权比率和权益乘数是资产负债率的另外两种表现形式。其计算公式分别为

$$产权比率 = 负债总额/所有者权益$$

$$权益乘数 = 资产总额/所有者权益$$

产权比率表明每 1 元所有者权益相对于负债的金额，权益乘数表明每 1 元所有者权益相对于资产的金额，它们是两种常用的财务杠杆率。财务杠杆率表示负债的比例，与偿债能力相关，同时财务杠杆也表明净资产收益率风险的高低，与盈利能力相关。

③长期资本负债率。长期资本负债率是指非流动负债与长期资本的比例关系，用于表示长期资本对债权人权益的保障程度。其计算公式为

$$长期资本负债率 = 非流动负债／长期资本 \times 100\%$$

长期资本 = 非流动负债 + 所有者权益

该比率排除了经常变动的流动负债，比率越低，借款人的长期偿债能力越强。

④负债与有形净资产比率。负债与有形净资产比率是指负债与有形净资产的比例关系，用于表示有形净资产对债权人权益的保障程度。其计算公式为

负债与有形净资产比率 = 负债总额 / 有形净资产 × 100%

有形净资产 = 所有者权益 – 无形资产 – 递延资产

该公式审慎地考虑了企业清算时的情况，更能合理地衡量借款人清算时对债权人权益的保障程度，特别是在无形资产及递延资产数额较大时更是如此，因为这些资产的价值存在极大的不确定性。从长期偿债能力来讲，该比率越低，表明借款人的长期偿债能力越强。

⑤利息保障倍数。利息保障倍数是指借款人息税前利润与利息费用的比率，用于衡量客户偿付负债利息能力。其计算公式为

利息保障倍数 = （利润总额 + 利息费用）/ 利息费用

公式中利息费用一般包括流动负债利息费用、长期负债中进入损益的利息费用以及进入固定资产原价的利息费用、长期租赁费用等。

该比率越高，说明借款人支付利息费用的能力越强，因此，它既是借款人举债经营的前提，又是衡量借款人长期偿债能力强弱的重要标志。利息保障倍数究竟多大为宜，这要根据客户历史经验结合行业特点来判断。根据稳健性原则，应以倍数较低的年度为评价依据，但无论如何，利息保障倍数不能低于1，因为一旦低于1，意味着借款人连利息偿还都保障不了，还本可能性更低，也就更谈不上长期偿债能力的好坏。

⑥现金流量利息保障倍数。现金流量利息保障倍数是指借款人经营活动现金流量净额与利息费用的比率，从现金流角度衡量客户偿付负债利息能力。其计算公式为

现金流量利息保障倍数 = 经营活动现金流量净额 / 利息费用

与利息保障倍数一样，公式中利息费用一般包括流动负债利息费用、非流动负债中进入损益的利息费用以及进入固定资产原价的利息费用、长期租赁费用等。

该比率越高，说明借款人经营活动现金流量净额越充裕，支付利息费用的能力也越强。

⑦现金债务总额比。现金债务总额比的计算公式为

现金债务总额比 = 经营活动现金净流量 / 债务总额

需要注意的是，公式中的债务总额是期末余额而非平均额，包含流动负债和非流动负债。经营活动的现金净流量与全部债务的比率，可以反映企业用每年的经营活动现金流量偿付所有债务的能力。这个比率越高，说明企业承担债务的能力越强。

除上述指标外，还有一些因素对客户的长期偿债能力产生影响，如客户的现金流量、较长时期的经营性租赁业务、合资经营、或有负债和子公司的状况等。在分析客

户长期偿债能力时，应当将有关长期偿债能力的指标加以综合分析，并结合客户盈利能力指标以及其他一些与长期偿债能力有关的指标或资料，作出全面的分析和判断。

（2）短期偿债能力分析

短期偿债能力是指客户以流动资产偿还短期债务即流动负债的能力，它反映客户偿付日常到期债务的能力。影响短期偿债能力的因素很多，但流动资产与流动负债的关系以及资产的变现速度是其最主要的方面，因为大多数情况下，短期债务需要现金来偿还，因此，短期偿债能力应注意一定时期的流动资产变现能力的分析，而一般不太注重借款人盈利能力的分析。

反映客户短期偿债能力的比率主要有：流动比率、速动比率和现金比率，这些统称为偿债能力比率。

①流动比率。流动比率是流动资产与流动负债的比率。其计算公式为

$$流动比率 = 流动资产/流动负债$$

一般情况下，流动比率越高，反映借款人短期偿债能力越强，债权人的权益越有保证。流动比率高，不仅反映借款人拥有的营运资金高，可用于抵偿短期债务，而且表明借款人可以变现的资产数额大，债权人遭受损失的风险小。但是流动比率也不宜过高，过高不仅表明借款人流动资产占用过多，影响资产的使用效率和盈利能力，也可能表明客户的应收账款过多或是存货过多。

从理论上讲，只要流动比率高于 1，客户便具有偿还短期债务的能力。但由于有些流动资产是不能及时足额变现的，按照稳健性原则，对此比率的要求会高一些，与客户的经营周期长短有关。实际中应视客户的行业性质及具体情况而定，不可一概而论，如商业和流通领域的客户，流动性较高，而机器制造业及电力业流动性则较差。因此，根据不同行业分别研究流动比率标准更为合理。

与流动比率相关的一个概念是营运资本，营运资本是流动资产与流动负债之差，即

$$营运资本 = 流动资产 - 流动负债$$

由于流动资产产生现金的节奏与流动负债到期不一定完全匹配，且流动资产不可能全部用于偿债，因此为了保持一定的偿债能力，企业必须保证营运资本为正值，即流动资产必须大于流动负债。正值时说明该借款人是用长期资金（所有者权益、非流动负债）支持部分流动资产，负值时说明该借款人是用流动负债支持部分非流动资产。

营运资本越多越好，因为这样可以对借款人短期和非流动资产的支持越大。但是应该注意的是，营运资金多少只有在与销售额、总资产或其他变量相结合时才更有意义。

营运资本与流动比率存在如下关系：

$$流动比率 = 1/(1 - 营运资本/流动资产)$$

两者可互相换算，但由于流动比率是相对数，更适合用于比较分析，在实际中运用更多。

②速动比率。速动比率是借款人速动资产与流动负债的比率。其计算公式为

$$速动比率 = 速动资产/流动负债$$

速动资产是指易于立即变现、具有即时支付能力的流动资产。由于流动资产中存货的变现能力较慢，它通常要经过成品的销售和账款的收回两个过程才能变为现金，有些存货还可能不适销，根本无法变现。至于预付账款和待摊费用等，它们本质上属于费用，同时又具有资产的性质，因此，只能减少借款人未来的现金付出，并不能转变为现金，所以，应将这些项目扣除。速动资产计算公式为

$$速动资产 = 流动资产 - 存货 - 预付账款 - 待摊费用$$

速动比率可用做流动比率的辅助指标，有时借款人流动比率虽然较高，但是流动资产中易于变现、具有即时支付能力的资产却很少，借款人的短期偿债能力仍然较差。因此，速动比率比流动比率能够更加准确、可靠地评价借款人资产流动性及其偿还短期债务的能力。根据经验，一般认为速动比率为1较为合适。如果速动比率低，说明借款人的短期偿债能力存在问题；速动比率过高，则又说明借款人拥有过多的速动资产，可能失去一些有利的投资或获利机会。

但这个标准并不是绝对的。在实际工作中，应根据借款人的行业性质及其他因素进行综合评价。首先，不同行业对速动比率会有不同要求，例如，零售业由于其销售收入大多为现金，一般没有应收账款，因此允许保持低于1的速动比率，相反，一些应收账款比较多的客户，速动比率应大于1。其次，影响速动比率的重要因素是应收账款的变现能力，由于应收账款不一定都能变现，实际坏账可能比计提的准备要多，所以在评价速动比率时，还应结合应收账款周转率指标分析应收账款的质量。最后，同流动比率一样，速动比率有可能是客户为筹措资金调整后的结果，因此应对客户整个会计期间和不同会计期间的速动资产情况进行分析。

③现金比率。现金比率是客户现金类资产与流动负债的比率。它是衡量借款人短期偿债能力的一项参考指标。其计算公式为

$$现金比率 = 现金类资产/流动负债$$

速动资产中的应收账款可能会出现坏账，若坏账准备计提不足，则应收账款无法转变为账面价值足额的现金，对负债偿还的保障不够。而现金类资产是速动资产扣除应收账款后的余额，包括货币资金和易于变现的有价证券，它最能反映客户直接偿付流动负债的能力。

现金比率越高，表明客户直接支付能力越强。但一般情况下，客户不可能也没必要保留过多的现金类资产，因为这样会丧失许多获利机会和投资机会。在分析客户短期偿债能力时，可将流动比率、速动比率和现金比率三个指标结合起来观察，特别是还可将营运资金指标结合起来进行全面分析，一般能够得到评价借款人短期偿债能力

的更佳效果，因为营运资金是借款人偿债资金保证的绝对量，而流动比率、速动比率和现金比率是相对数。

④现金流量比率。现金流量比率的计算公式为

现金流量比率 = 经营活动现金流量净额/流动负债

需要注意的是，公式中的流动负债是期末余额而非平均额。经营活动的现金净流量与流动负债的比率，可以反映企业用每年的经营活动现金流量偿付流动负债的能力。这个比率越高，说明企业承担短期债务的能力越强。

除上述指标外，还有报表之外的其他一些因素，如借款人的或有负债一旦成为真正的负债，将加重客户的债务负担，影响其短期偿债能力；借款人闲置不用的资产、已经开发出来将要转让的无形资产等，会增强其短期偿债能力；借款人融资能力对企业短期偿债能力具有很大影响，若借款人企业信誉好，银行授信额度充足，具有发行债券或资产证券化的经验，则会增强其短期偿债能力。因此，为了准确地分析客户的短期偿债能力，除利用财务报表资料外，还应尽可能地收集其他有关方面的资料，以便作出正确的评价。

3. 营运能力分析

营运能力是指通过借款人资产周转速度的有关指标反映出来的资产利用的效率，它表明客户管理人员经营、管理和运用资产的能力。客户偿还债务和盈利能力的大小，在很大程度上都取决于管理人员对资产的有效运用程度。资产利用效率高，则各项资产周转速度就快，资产变现的速度就快，这样借款人就会有现金用来偿付流动负债，因而其短期偿债能力就强。资产利用效率高，则各项资产周转速度就快，就能取得更多的收入和利润，盈利能力就强，就会有足够的资金还本付息，那么其长期偿债能力就强。营运能力对客户盈利能力的持续增长和偿债能力的不断提高有着决定性的影响。

营运能力分析比率通常为利润表的流量指标（如销售收入、销货成本等）与资产负债表中的存量指标（如总资产、存货等）之比，其结果也可用周转次数进行表示，常用的比率主要有：总资产周转率、流动资产周转率、固定资产周转率、应收账款周转率、存货周转率等，这些统称为效率比率。同时，还可以将周转率指标转换成周转天数指标。

（1）总资产周转率

总资产周转率是指客户销售收入净额与资产平均总额的比率。其计算公式为

总资产周转率 = 销售收入净额 / 资产平均总额

资产平均总额 =（期初余额 + 期末余额）/2

总资产周转率可以用来分析客户全部资产的使用效率。该比值越高，说明客户利用其全部资产进行经营的效率越高，客户的盈利能力越强。

除总资产周转率外，还可以用总资产周转天数来衡量客户的总资产运营效率。其计算公式为

$$总资产周转天数 = 计算期天数/总资产周转率$$

周转天数越低，说明客户总资产周转速度越快，经营效率越高，盈利能力越强。

（2）流动资产周转率

流动资产周转率是指客户一定时期的主营业务收入与流动资产平均余额的比率，即企业流动资产在一定时期内（通常为一年）周转的次数。流动资产周转率是反映企业流动资产运用效率的指标。其计算公式为

$$流动资产周转率 = 主营业务收入净额／流动资产平均净值$$
$$流动资产平均净值 =（期初流动资产 + 期末流动资产）/2$$

除流动资产周转率外，还可以用流动资产周转天数来衡量客户的流动资产运营效率。其计算公式为

$$流动资产周转天数 = 计算期天数/流动资产周转率$$

流动资产周转率指标不仅反映流动资产运用效率，同时也影响着企业的盈利水平。企业流动资产周转率越快，周转次数越多，周转天数越短，表明企业以相同的流动资产占用实现的主营业务收入越多，说明企业流动资产的运用效率越高，进而使企业的偿债能力和盈利能力均得以增强。反之，则表明企业利用流动资产进行经营活动的能力差，效率较低。

（3）固定资产周转率

固定资产周转率是指客户销售收入净额与固定资产平均净值的比率，它是反映客户固定资产使用效率的指标。其计算公式为

$$固定资产周转率 = 销售收入净额／固定资产平均净值$$
$$固定资产平均净值 =（年初固定资产净值 + 年末固定资产净值)/2$$

固定资产周转率高，表明客户固定资产利用较为充分，同时也表明客户固定资产投资得当，固定资产结构合理，能够发挥效率。

除固定资产周转率外，还可以用固定资产周转天数来衡量客户的固定资产运营效率。其计算公式为

$$固定资产周转天数 = 计算期天数/固定资产周转率$$

周转天数越低，说明客户固定资产周转速度越快，经营效率越高，盈利能力越强。

在实际分析中，需要考虑以下几个问题，以便真实反映固定资产的运用效率。

①固定资产的净值随折旧时间推移而减少，随着固定资产的更新改造而增加，这些都会影响固定资产周转率。

②在不同企业间进行比较时，还要考虑由于采用不同折旧方法对固定资产净值的影响。

③不同行业间做比较时，应考虑由于行业性质的不同造成的固定资产状况的不同。例如制造业、批发业和零售业，在销售收入净额相近的情况下，其固定资产净值会相差很大，因而其固定资产周转率也会相差很大。

（4）营运资本周转率

营运资本周转率是指客户一定时期的销售收入净额与营运资本平均余额的比率，即企业营运资本在一定时期内（通常为一年）周转的次数。营运资本周转率是反映企业营运资本运用效率的指标。其计算公式为

$$营运资本周转率 = 销售收入净额 / 营运资本平均余额$$
$$营运资本平均余额 = （期初营运资本 + 期末营运资本）/2$$

除营运资本周转率外，还可以用营运资本周转天数来衡量客户的营运资本运营效率。其计算公式为

$$营运资本周转天数 = 计算期天数 / 营运资本周转率$$

企业营运资本周转率越快，周转天数越短，表明企业以相同的营运资本实现的销售净业务收入越多，说明企业营运资本的运用效率越高，进而使企业的偿债能力和盈利能力均得以增强。反之，则表明企业利用营运资本进行经营的效率较低。

（5）应收账款周转率

应收账款周转率是反映应收账款周转速度的指标，它是一定时期内赊销收入净额与应收账款平均余额的比率，表明一定时期内应收账款周转的次数。其计算公式为

$$应收账款周转率 = 赊销收入净额 / 应收账款平均余额$$
$$赊销收入净额 = 销售收入 - 现销收入 - 销售退回 - 销售折让 - 销售折扣$$
$$应收账款平均余额 = （期初应收账款余额 + 期末应收账款余额）/2$$

应收账款周转率一般以年为计算基础，如果季节性生产和销售的企业，每月、季销售收入和应收账款变化很大，也可按月、按季计算。一般而言，一定时期内应收账款周转次数越多，说明企业收回赊销账款的能力越强，应收账款的变现能力和流动性越强，管理工作的效率越高。

除上述用应收账款的周转次数来反映应收账款的周转情况外，还可以通过计算应收账款周转天数，即应收账款账龄来反映应收账款的周转情况。应收账款周转天数表示企业应收账款周转一次平均所需的天数。其计算公式为

$$应收账款周转天数 = 计算期天数 / 应收账款周转次数$$
$$= 应收账款平均余额 × 计算期天数 / 赊销收入净额$$

应收账款周转天数越短，说明客户应收账款的变现速度越快，流动性越好。

上述应收账款周转速度指标，不仅反映出客户营运能力的强弱，而且也反映出客户短期偿债能力的好坏。

计算应收账款周转率时应注意以下几个问题：

①在与其他企业比较时，由于公开财务信息资料中很少表明赊账净额，所以在计

算应收账款周转率时可采用销售收入净额。但进行比较分析时，应关注不同企业或同一企业不同时期销售赊销比例是否大体一致，如果一致则可直接比较，否则就要进行相应调整。

②应收账款数额应包括资产负债表中的"应收账款"与"应收票据"等全部数额；但如果应收票据已向银行办理了贴现手续，这些应收票据就不应包括在应收账款平均余额之内。

③应收账款余额应是扣除坏账准备后的净额。因此需要注意的是，若客户应收账款坏账率高，坏账准备计提较多，从而导致应收账款余额较低，进而应收账款周转率会因此变高。但这并不能说明客户运营效率高，反而应该警惕其经营风险。因此，财务指标只是进行财务分析的工具，并不能生搬硬套结论，而是应该还原至企业经营层面进行分析。

（6）存货周转率

存货周转率是一定时期内借款人销货成本与平均存货余额的比率，它是反映客户销售能力和存货周转速度的指标，也是衡量客户生产经营环节中存货营运效率的综合性指标。其计算公式为

$$存货周转率 = 销货成本／平均存货余额$$
$$平均存货余额 = （期初存货余额 + 期末存货余额）／2$$

存货是流动资产中最重要的组成部分，常常达到流动资产总额的一半以上。因此，存货质量好坏、周转快慢，对客户资产周转循环长短具有重要影响。存货周转速度不仅反映了流动资产变现能力的好坏，经营效率的高低，同时也表明客户的营运能力和盈利能力的强弱。存货周转率越高，说明客户存货从资金投入到销售收回的时间越短。在营业利润率相同的情况下，存货周转率高，获取的利润就越多；相反，存货周转率慢，反映客户的存货可能过多或不适应生产、销货需要，而过多的存货将影响资金的及时回笼。

存货也可用存货周转天数表示，其计算公式为

$$存货周转天数 = 计算期天数／存货周转率$$
$$= 存货平均余额 × 计算期天数／销货成本$$

一般而言，存货周转天数增多，或是说明客户存货采购过量，或是呆滞积压存货比重较大，或是存货采购价格上涨；而存货周转天数减少，说明客户可能耗用量或销量增加。但是过快的、不正常的存货周转率，也可说明客户没有足够的存货可供耗用或销售，或是采购次数过于频繁，批量太小等。

存货周转率通常按年计算，如果客户属季节性生产企业，每季度存货余额波动较大，平均存货余额应用每月或每季的存货余额平均计算。采用不同的存货计价方法，对存货的周转率有较大影响，因此，将不同时期存货周转率进行对比时，要注意存货计价方法的变更所带来的影响，并作相应调整。

（7）现金循环周期

现金循环周期是企业从付出现金购买原材料到最终销售收回应收账款的时间，其计算公式为

现金循环周期 = 存货周转天数 + 应收账款周转天数 − 应付账款周转天数

应付账款周转天数 = 计算期天数 /（主营业务成本净额 / 平均应付账款）

现金循环周期是对若干周转指标的综合，反映了企业从付出现金到收回现金的时间，综合体现了企业运营能力。现金循环周期越短，表明企业经营效率越高，现金转换速度越快，对企业盈利能力及偿债能力均有促进作用。

4. 杜邦分析

杜邦分析是美国杜邦公司首先采用的分析方法，因此得名。杜邦分析通过将净资产收益率换算为净利率、杠杆率和资产周转率的乘积，便于定量分析净资产收益率产生差异的原因。

净资产收益率是杜邦分析的起点和中心，如前所述，其计算公式为

净资产收益率 = 净利润 / 所有者权益平均值

可以进行如下变换：

净资产收益率 = 净利润 / 所有者权益平均值

= （净利润 / 销售收入净额）×（销售收入净额 / 所有者权益平均值）

= （净利润 / 销售收入净额）×（销售收入净额 / 资产平均总额）

×（资产平均总额 / 所有者权益平均值）

= 净利率 × 资产周转率 × 杠杆率

由此，将净资产收益率拆解为三项指标，以进行更为详细的分析：如果一家企业净资产收益率比同行业企业低，可以通过杜邦分析找出具体原因——是净利率、资产周转率、杠杆率中哪一项指标导致的，从而对企业财务状况得出更为清晰的判断。

另外可以看出，净资产收益率是一个较为综合的指标，不仅涉及企业盈利能力，还涉及企业营运能力和杠杆水平，而以上几点对于企业偿债能力强弱都是至关重要的。

5.3　客户信用评级

5.3.1　客户评级的基本概念

信用评级一般分为外部评级和内部评级。外部评级通常是指公开市场专业评级机

构（如穆迪、标普、惠誉、中诚信、中债资信等）对发行证券的客户主体或融资工具进行的资信评价。评级所依据的信息，主要是公开市场所披露的财务信息和经营数据，如银行间和交易所市场所披露的各类债券发行人主体评级和债券评级。

内部评级是指商业银行依据内部收集的信息和自身的评价标准，对本行客户及其所开展业务风险进行的评价。内部评级包括银行针对已授信或拟授信对象的客户评级，也包括银行针对所开展具体业务特定交易结构的债项评级。

客户评级是商业银行对客户偿债能力和偿债意愿的综合计量和科学评价，反映的是客户违约风险的大小。各家银行通常会用一定的符号来描述其客户评级结果。比较常用的是用字母加上数字或者"＋"或者"－"来组合，如 AAA、AA1、AA2、A1、A2、A3、BBB1、BBB2、BB，又如 AAA、AA＋、A＋、BB－ 等。每一个等级级别，都被各自的银行赋予一定的含义，以便客户经理以及各级银行管理者们对客户风险特征有比较形象且一致的认识。例如，AAA 级，通常含义指客户属于战略级优先级客户，企业集团规模占领先地位、技术、产品质量一流，在行业内具有非常重要的影响力，企业管理规范，公司治理机制健全，财务管理规范，财务状况非常健康，债务偿还能力极强，企业研发能力非常领先，行业属于国家重点产业对象等，企业基本不受外在市场的影响，风险极低。

一般来说，级别越高的等级，表示这一等级的客户信用风险越低，而级别越低的，表示这一等级的客户信用风险越高。不同信用等级违约风险大小，并不是线性的关系，一般是呈现指数性质的关系。从客户群体分布来看，一般一家银行非常低风险的客户群是相对少的，非常高风险的客户群也是比较少的，中间的客户群分布相对较多，因此评级对这类客户群体的风险区分能力的准确性、稳定性的计量和评价，在很大程度上决定了银行内部评级体系的质量高低，从而影响银行客户资产组合管理水平的优劣。

不同银行内部评级符号以及每一等级符号所代表的信用风险特征通常不具有直接对比性。各家银行内部评级等级数目、符号和各等级含义的构建，要符合银行自身客户群体的实际、符合银行内部风险管理的战略和实际运行的需要。

5.3.2 《巴塞尔新资本协议》下的客户信用评级

商业银行一般都有自己的信用评级体系。在《巴塞尔新资本协议》推行之前，商业银行评级方法尤其是定性评价方面通常随意性较大，评级结果的稳定性也不够好，内部评级的数据治理、模型开发和验证、流程管理等方面不够科学规范，这种条件下的内部评级，通常无法获得监管认可用来进行监管资本的计量。因此，《巴塞尔新资本协议》在信用风险方面提出了一整套的更加规范化的银行内部信用评级体系的标准和规则，这些基本的标准和规则经过反复的总结和提炼，逐步成为衡量世界各国商业银行内部信用评级体系质量高低的重要标准。

《巴塞尔新资本协议》要求银行必须建立一套完整的客户信用评级体系。这套科学的信用评级体系至少具有三大效能：一是能够有效区分违约客户，即不同信用等级的客户违约风险随信用等级的下降而呈加速上升的趋势，且评级结果之间不能出现零乱的反序，尤其是在客户比较集中的区域；二是能够准确量化客户违约风险，即能够估计各信用等级的违约概率，并将估计的违约概率与实际违约频率之间的误差控制在允许的范围内；三是整个信用评级体系的结果要具有稳定性。以上三个特征必须能够通过客观独立的审计和验证。

在《巴塞尔新资本协议》下，银行内部评级下每个债务人评级结果都需要对应一个违约概率。违约概率（Probability of Default，PD）是指在未来一段时间内债务人发生违约的可能性。

《巴塞尔新资本协议》中规定，若出现以下一种情况或同时出现以下两种情况，债务人将被视为违约：第一，银行认定，除非采取追索措施，如变现抵押品（如果存在的话），借款人可能无法全额偿还对银行集团的债务。第二，债务人对于银行的实质性信贷债务逾期 90 天以上。若客户违反了规定的透支限额或者新核定的限额小于目前的余额，各项透支将被视为逾期。

5.3.3 客户评级对象的分类

按照《巴塞尔新资本协议》信用风险内部评级法的要求，银行应将其银行账户下的资产划分为六种不同的风险暴露：主权风险暴露、金融机构风险暴露、公司风险暴露、零售风险暴露、股权风险暴露和其他风险暴露。其中：公司风险暴露是指商业银行对公司、合伙制企业和独资企业及其他非自然人的债权。根据债务人类型及其风险特征，公司风险暴露又分为中小企业风险暴露、专业贷款和一般公司风险暴露。

在设计客户评级模型及其应用对象时，商业银行通常会根据客户不同的风险特征，将风险暴露细分不同敞口类型，设计不同的评级模型，甚至走不同的评级流程。具体敞口划分，不同银行有不同的方法，既可以根据银行客户群体特征来划分，也可以根据特定的战略需要来进行设计。例如，公司客户可按规模分为大型企业、中型企业和小微企业，细分不同模型，也可按不同行业属性（如制造类企业、建筑类企业、批发零售类企业、交通运输类企业，商业类企业、外贸服务类企业等）细分模型。

5.3.4 客户评级因素及方法

1. 评级因素

评级因素，一般也称为评级指标，指的是用于对企业信用能力以及信用意愿作出

风险预测的指标。一般来说，评级指标分为定性和定量两大类。

定性指标，指的是一些比较难以量化的指标，但这并不意味着定性指标是纯粹依据个人主观判断。定性指标同样也要基于事实依据来评价，必须具备应有的客观性。客户评级定性指标，除包括借款人的行业特征、市场地位、股东结构、公司治理、经营能力、管理水平、人力资源、生产设备、技术水平、研发投资、绿色环保、品牌商誉、关联交易、信息透明度、融资能力、政府支持等常规内容之外，通常还会涉及银企往来、企业征信、实质控制人征信、工商登记、司法诉讼、税务处罚、媒体新闻等方面信息评价。这些定性的指标，经过实践检验，在评级模型中发挥作用。

定量指标，一般又分为财务类的定量分析指标和非财务类的定量分析指标。财务类的分析指标一般是围绕经过审计的或者能经得起检验的财务报表数据进行，包括资产负债表、利润表和现金流量表。这些指标通常描述企业一定的构面特征，例如，描述企业规模实力类指标（如总资产、营业收入、净利润等）、描述企业资产与负债结构类指标（如资产负债率、资本与付息债务比率、权益比率等）、描述企业流动性与偿债能力类指标（如现金比率、速动比率、现金债务总额比、利息保障倍数等）、描述企业盈利与经营效率类指标（如 EBITDA 与营业收入比、ROE、ROA、应收账款周转率、存货周转率、总资产周转率等）、描述企业经营趋势与成长性类指标（如营业收入增长率、应收账款周转率变化、折旧与资本支出比率等）、检核企业财务异常类指标（如其他应收款占比、经营现金流与营业收入比等）。每一类构面下，包含若干指标因素。这些指标因素选择，是整个评级体系的设计和模型开发非常重要的基础。

除了财务定量分析指标之外，事实上，一些非财务类的定量指标越来越发挥重要的作用，尤其是对广大小微企业的风险识别来说更是如此。例如，一些银行把三表（水表、电表、税表），以及银行流水、代发工资、缴税、货物运物流、海关等数据纳入指标构建范围。这些信息对于小规模制造类企业实际经营状况的反映，有时甚至比财务类指标更有效。

2. 客户信用评级方法

商业银行客户信用评级主要包括专家分析法和统计分析法。

（1）专家分析法

专家分析法是商业银行在长期经营信贷业务、承担信用风险过程中逐步发展并完善起来的传统信用分析法。专家系统是依赖高级信贷人员和信贷专家自身的专业知识、技能和丰富经验，运用各种专业性分析工具，在分析评价各种关键要素的基础上依据主观判断来综合评定信用风险的分析系统。

目前所使用的定性分析法，虽然有各种各样的架构设计，但其选择的关键要素基本相似，以 5Cs 系统为例，主要包括以下几个方面。

①品德（Character），是对借款人声誉的衡量。主要指企业负责人的品德、经营

管理水平、资金运用状况、经营稳健性以及偿还愿望等，信用记录对其品德的判断具有重要意义。

②资本（Capital），是指借款人的财务杠杆状况及资本金情况。资本金是经济实力的重要标志，也是企业承担信用风险的最终资源。财务杠杆高就意味着资本金较少，债务负担和违约概率也较高。

③还款能力（Capacity）。主要从两方面进行分析：一方面是借款人未来现金流量的变动趋势及波动性；另一方面是借款人的管理水平，银行不仅要对借款人的公司治理机制、日常经营策略、管理的整合度和深度进行分析评价，还要对其各部门主要管理人员进行分析评价。

④抵押（Collateral）。借款人应提供一定的、合适的抵押品以减少或避免商业银行贷款损失，特别是在中长期贷款中，如果没有担保品作为抵押，商业银行通常不予放款。商业银行对抵押品的要求权级别越高，抵押品的市场价值越大，变现能力越强，则贷款的风险越低。

⑤经营环境（Condition）。主要包括商业周期所处阶段、借款人所在行业状况、利率水平等因素。商业周期是决定信用风险水平的重要因素，尤其是在周期敏感性的产业；借款人处于行业周期的不同阶段以及行业的竞争激烈程度，对借款人的偿债能力也具有重大影响；利率水平也是影响信用风险水平的重要环境因素。

专家分析法的突出特点在于将信贷专家的经验和判断作为信用分析和决策的主要基础，这种主观性很强的方法/体系带来的一个突出问题是对信用风险的评估缺乏一致性。例如，对于同一笔信贷业务主要受到哪些风险因素的影响以及这些风险因素的重要程度有什么差异，不同的信贷人员由于其经验、习惯和偏好的差异，可能出现不同的风险评估结果和授信决策建议。这一局限性对于大型商业银行而言尤为突出，使商业银行统一的信贷政策在实际操作过程中因为专家意见不统一而失去意义。在实践中，商业银行往往通过颁布统一的信贷评估指引和操作流程，并采用众多专家组成的专家委员会的综合意见等措施，在一定程度上弥补这一局限性。此外，尽管专家分析方法在银行业的长期发展和实践中已经形成了较为成熟的分析框架，但其缺乏系统的理论支持，尤其是对于关键要素的选择、权重的确定以及综合评定等方面更显薄弱。因此，此类方法更适合于对借款人进行是和否的二维决策，难以实现对信用风险的准确计量。

（2）统计分析法

统计分析法在信用评级中越来越受到重视，目前业内通常采用逻辑回归（Logistic Regression）方法，逻辑回归是一种用于解决二分类（0 or 1）问题的数理统计方法，用于估计借款人在未来一段时期内（一般为 1 年）违约的可能性。

信用风险量化模型在金融领域的发展也引起了监管当局的高度重视。1999 年 4 月，巴塞尔委员会发布了题为《信用风险模型化：当前的实践和应用》的研究报告，

探讨了信用风险量化模型的应用对国际金融领域风险管理的影响，以及这些模型在金融监管尤其是在经济资本监管方面应用的可能性。《巴塞尔新资本协议》也明确规定，实施内部评级法的商业银行可采用模型估计违约概率。毫无疑问，信用风险量化模型的发展正在对传统的信用风险管理模式产生革命性的影响。

与传统的专家分析方法相比，基于统计分析的违约概率模型能够直接估计客户的违约概率，因此对历史数据的要求更高，需要商业银行建立一致的、明确的违约定义，并且在此基础上积累至少五年的数据。针对我国银行业的发展现状，商业银行将统计模型和传统的专家系统相结合，取长补短，有助于提高信用风险评估/计量水平。

5.3.5 客户评级主标尺

通过统计计量模型可以计算得到每个客户的违约概率，客观地度量客户的信用风险程度。所谓主标尺是指将所有客户的信用评级对应到违约率区间，即设定一个能够区分客户风险程度、便于客户差别化管理且符合监管要求的全行统一的违约概率和信用等级对应的标准尺度。一般来说，主标尺应包括信用等级符号、每一信用等级对应的违约概率下限值、违约概率上限值和违约概率中间值。

1. 主标尺的基本特征

主标尺应具备以下基本特征：

①主标尺应该以债务人真实的违约概率为标准划分。

②主标尺应该将违约概率连续且没有重叠地映射到风险等级，应该涵盖银行整体资产的信用风险。

③风险等级的划分足够精细可以分辨不同类型的风险等级，相邻等级的违约率不能变化过大，各个违约率区间跨度（差值）应该是单调且最好是按几何级数方式增加。

④客户不能过于集中在单个风险等级，每个风险等级的客户数不能超过总体客户数的一定比例。

⑤违约率映射要综合考虑银行现有的评级和客户分布。

2. 主标尺的设立要求

设立主标尺需要满足以下要求：

①满足监管当局监管指引的要求，《商业银行资本管理办法（试行）》（银监会令2012年第1号）相关规定如下：

第一，商业银行应设定足够的债务人级别和债项级别，确保对信用风险的有效区分。信用风险暴露应在不同债务人级别和债项级别之间合理分布，不能过于集中。

第二，商业银行债务人评级应最少具备 7 个非违约级别、1 个违约级别，并保证较高级别的风险小于较低级别的风险。根据资产组合的特点和风险管理需要，商业银行可以设定多于本办法规定的债务人级别，但应保持风险级别间排序的一致性和稳定性。

第三，若单个债务人级别风险暴露超过所有级别风险暴露总量的 30%，商业银行应有经验数据向银监会证明该级别违约概率区间合理并且较窄。

②满足银行内部的管理要求，如某个等级以上的客户不能少于一定比例，某个等级以下的客户不能多于一定比例。

③能够与国际公认的评级机构的级别相对应，以便同行进行比较和资产管理。

5.3.6　客户评级流程

客户评级流程的设计在整个评级体系中发挥基础的运转作用。商业银行应以行内制度将客户评级流程规范下来，客户评级流程应与其他评级应用相互融合，才可以在整体信贷管理实践中发挥作用。一般来说，信用评级流程包括如下几个步骤：

1. 评级发起

评级发起是指评级人员对客户进行一次新的评级过程。在此之前，商业银行应制定书面的评级发起政策，包括评级发起工作的岗位设置、评级发起的债务人范围、时间频率及各环节的操作流程等。商业银行的评级发起流程应足够详细并明确规定本行不同机构对同一债务人评级发起的相关授权流程。对同一债务人或保证人在商业银行内部只能有一个评级。

评级发起人员应遵循尽职原则，充分、准确地收集评级所需的各项数据，审查资料的真实性，完整无误地将数据输入信用评级系统。非零售信贷管理系统应对财务报表数据的基本勾稽关系进行校验，且应具备适当的财务报表反欺诈功能，以辅助业务人员识别客户的恶意欺诈行为。应建立有效机制确保行业类别等影响评级模型选择的关键数据的准确性，如采用 IT 系统辅助相关人员进行行业类别分类，双人复核录入，定期审查该类关键数据准确率等。

评级发起应遵循客观、独立和审慎的原则，在充分进行信用分析的基础上，遵循既定的标准和程序，保证信用评级的质量。非零售信贷管理系统应严格禁止评级发起人员进行评级结果试算，评级结果一经产生，各项评级数据不应随意修改。非零售信贷管理相关信息系统应将影响非零售客户评级、授信和债项评级的重要信息（如集团关联客户评级授信信息、他行授信信息和贷款余额等）集中展示，以确保法人客户评级中充分考虑了集团关联客户和他行授信状况的影响。

2. 评级认定

评级认定是指评级认定人员对评级发起人员评级建议进行最终审核认定的过程。商业银行应设置评级认定岗位或部门，审核评级建议，认定最终信用等级。评级认定的岗位设置应满足独立性要求，评级认定人员不能从贷款发放中直接获益，不应受相关利益部门的影响，不能由评级发起人员兼任。

非零售信贷管理信息系统应强制保留非零售客户评级的各项原始文档和凭证，并保留评级发起、认定等流程的完整日志记录，确保内部评级流程全程可追溯。相关信息系统中应有刚性控制，未经评级流程，不得开展授信等有关业务。

3. 评级推翻

评级推翻主要指评级人员对模型评级结果的推翻和评级认定人员对评级发起人员评级建议的否决。在对模型表现进行监测时，监测人员对模型评级推翻率的统计会更加关注前者。

无论是基于计量模型还是基于专家判断的内部评级体系，一般都会依据评级专家的经验来决定是否对评级进行推翻。商业银行应监控评级专家推翻内部评级体系所输出的评级结果的流程，并制定相应的指导原则。在评级推翻的流程中，商业银行应明确评级人员推翻评级结果的程序、有权推翻人和推翻程度，并明确要求评级推翻人提供评级推翻的充分依据。对基于专家判断的内部评级体系的评级结果，由于这类模型在建立时已充分考虑了专家经验，因此对这类模型评级结果的推翻应格外审慎。

商业银行应建立完善的评级推翻文档，在评级系统中详细记录评级推翻的理由、结果以及评级推翻的跟踪表现。商业银行应建立对评级推翻的定期及时监控、跟踪、分析等机制并根据评级推翻结果来分析模型的缺陷，必要时对模型进行优化。在商业银行的非零售信贷管理系统中应强制要求提供评级推翻的依据，该依据不应重复考虑评级模型中已有的因素。准确和完整的模型评级推翻文档记录对于评级模型的持续改进至关重要。

4. 评级更新

评级更新是指商业银行定期对现有客户进行重新评价的过程，也即对现有客户的再次评级发起。在评级更新过程中，商业银行应建立书面的评级更新政策，包括评级更新的条件、频率、程序和评级有效期。商业银行对公司类风险暴露的债务人和保证人评级应至少每年更新一次，对风险较高的债务人，商业银行应适当提高评级更新频率，在制度中应明确当内部评级结果低于某一特定等级时提高评级更新频率，如至少半年更新一次。

商业银行应建立获得和更新债务人财务状况、其他风险特征的重要信息的有效程序。若获得信息符合评级更新条件，商业银行应在一定期限内完成评级更新。评级有效期内需要更新评级时，评级频率应不受每年一次的限制，评级有效期自评级更新之日重新计算。

5.4　债项评级

5.4.1　债项评级的基本概念

债项评级是指商业银行根据不同债务工具的特点，如债务类别、风险缓释、偿债优先级等，对其债项层面的偿还能力进行风险计量和评价。非零售类业务的债项包括贷款、票据、债券、贸易融资、表外业务垫款、担保类、承诺类表外业务等。债项评级独立于客户评级，共同构成了商业银行的二维评级体系。在第一维度客户评级中，对于同一客户，无论是作为债务人还是保证人，无论有多少债项，在商业银行内部只能有一个客户评级。在第二维度债项评级中，商业银行应对每个客户名下的每笔债项进行独立的债项评级。客户评级的量化基于对违约概率的估计，债项评级的量化则可以是违约损失率（Loss Given Default，LGD），也可以是预期损失（Expected Loss，EL）。

违约损失率是指一旦债务人违约，预期损失占风险敞口总额的百分比。此处的损失是经济损失而非会计损失，包括折扣因素、融资成本以及在确定损失的过程中发生的直接成本或间接成本。

违约损失率的测算在《巴塞尔新资本协议》内部评级初级法和高级法中有所不同。在内部评级初级法中，违约损失率须根据监管当局规定的方法和参数进行测算，对于无担保或者抵押的债项，按照其为优先级债务和非优先级债务分别规定违约损失率；对于有抵押、担保的债项，按抵押品的数量和种类，通过计算不同抵押品的折扣比例得到对应的违约损失率。在内部评级高级法中，根据银行内部充分的风险和损失数据以及监管当局确认有效的信息来源，银行自主确定各敞口对应的违约损失率。这就要求银行能根据更广泛的风险特征来区分和量化违约损失率。使用违约损失率高级方法的银行需要向监管者证明，其有能力实现违约损失率评估的完整性和可信性。

5.4.2　债项评级的因素和方法

1. 评级因素

债项评级需要考虑的因素包括债项因素、风险缓释因素、企业因素、行业因素和宏观经济周期因素。

（1）债项因素

债项因素直接与债项合同的设计和条款相关，反映了 LGD 的债项本身相关特性，也反映了银行通过交易方式的条款安排来管理和降低信用风险的努力。

债项类型是影响 LGD 大小的重要因素，例如抵押贷款的 LGD 一般低于信用贷款，项目贷款的 LGD 一般低于流动资金贷款，而一些有着特殊还款安排的贸易融资产品的 LGD 显著低于普通贷款。

清偿优先性是指在负债企业破产清算时，债权人从企业残余价值中获得清偿时相对于其他债权人和股东的优先顺序，清偿优先性强的债项 LGD 一般低于清偿优先性靠后的债项。

（2）风险缓释因素

风险缓释是指为提高债务偿还的可能性，降低银行资金损失的风险，银行在发放债务时要求债务人提供抵押或者保证，以保障债权实现的法律行为。风险缓释的形式很多，如抵押、质押、保证等。显然，债项合同中要求借款企业提供特定的担保，可以有效降低 LGD。具体来说，债项对应的抵质押品法律地位清晰、产权控制力和变现能力越强、价值越高、品质越好，对应的 LGD 越低；债项对应的保证人信用状况越好，对应的 LGD 越低。

（3）企业因素

企业因素是指与特定的借款企业相关的因素。影响 LGD 的公司因素主要是借款企业的资产负债结构。该结构一方面反映在企业的融资杠杆率，即总资产和总负债的比率，另一方面反映在企业融资结构下清偿优先性。同时，企业规模和企业负债的大小对 LGD 也是有影响的。

（4）行业因素

企业所处的行业对 LGD 有明显的影响，统计表明，在其他因素相同的情况下，不同的行业往往有显著不同的 LGD。有研究表明，有形资产较少的行业（如服务业）的 LGD 往往比有形资产密集型行业（如公用事业部门）的 LGD 高。

（5）宏观经济周期因素

宏观经济的周期性变化是影响 LGD 的重要因素。有统计分析表明，经济萧条时期的债务回收率比经济扩张时期的回收率要低。

2. 评级方法

LGD 模型开发是债项评级的核心内容，而 LGD 模型开发一直是银行业风险计量的一项难题，主要原因是 LGD 本身具有高度的不确定性，建模所需数据的收集难度较大，对 LGD 的可能影响因素比较复杂。

LGD 模型开发的方法一般分为两类：专家经验判断方法和数据驱动的统计方法。专家经验判断方法是根据风险管理领域专业人士的经验判断，来评估和决定影响 LGD

大小的风险因素和相应的权重，从而形成评级模型的方法。数据驱动统计方法是整理分析客观性的风险数据，从中寻找影响 LGD 大小的各种因素的统计规律，从而形成评级模型的方法。前者来自专业人士的各种主观经验判断，而后者主要是分析数据背后统计规律。其中较为常用的统计方法包括历史平均值方法、回收率分布方法、统计回归分析方法、决策树方法等。

5.4.3　债项评级工作程序

与客户评级类似，债项评级工作程序也分为评级发起、评级认定、评级推翻和评级更新。其中评级发起、评级认定和评级推翻属于贷前程序，评级更新属于贷后程序。

1. 贷前债项评级

贷前债项评级工作包括调查、初评、审查和审定等工作程序。评级调查人员按照银行有关规定履行尽职调查职责，收集、整理债项评级所需的资料和信息，保证资料和信息的完整性、真实性和有效性。调查内容包括：债项基本信息；合同条款和还款安排；抵质押情况，包括抵质押品的类型、所有权和价值信息；保证信息，包括保证金额，保证类型，以及保证人的风险水平等；借款企业信息，包括行业、企业类型，资产负债情况等；其他需要调查的信息。

债项评级的初评人员需要核实债项评级所需的各种数据和信息的真实性，在审核依据的前提下，将评级所需数据和信息录入到债项评级系统中。各级债项评级审批人员在审查和审批债项合同时，同时审查和审批债项评级等级，审查和审批的重点为确认债项评级的债项基本信息、各类担保和保证、风险因素输入的真实性和准确性。

2. 贷后债项评级

贷后债项评级工作主要是评级更新，评级更新分为定期评级更新和不定期评级更新。债项等级的定期更新由债项评级系统按一定时间频率自动进行，一般按月进行。债项评级系统可以根据一些指标的变化自动调整债项评级结果，例如借款企业的重要财务数据发生了变化，抵质押品的状态和价值发生了改变，债项保证人的信用水平发生了变化等。

当影响债项评级的风险因素发生重大变化时，在债项评级系统定期评级之间，债项评级初评人员必须及时发起人工调整流程，重新评定债项等级。

5.5　评级结果的应用

评级的结果可以有多种用途，主要包括以下八点。

第一，应用于客户准入。银行的行业和产品信贷政策，通常会设定客户评级准入要求，用于进行客户筛选。例如，一些银行会要求，新增授信客户，内部评级等级不得低于某一等级（如 A 级）；某一等级以下（如 BBB－级）客户，必须要压缩授信或加强风险监控；以信用方式开展的业务，客户评级必须高于某一等级（如 AA 级）；房地产等敏感性行业客户，客户评级不得低于某一等级（如 A＋级），诸此等等。

第二，应用于授信审批及授权。内部评级结果是商业授信审批重要依据，除业务准入外，银行在审批授信金额大小时，通常也会参考内部评级情况，评级越高的客户，计算授信金额时通常会给予更高的乘数。一些银行也将客户评级和债项评级两维评级应用于审批授权，按照综合风险程度，实施差异化授权，综合风险较低的业务，可以给予更大授权或放宽至更低审批层级。

第三，应用于拨备计提。商业银行预期损失，应通过计提拨备进行抵补，内部评级所计量客户违约概率（PD）和违约损失率，是计算预期损失基础。特别是新国际会计准则（IFRS9）要求的资产减值由"已发生损失模型"向"预期损失模型"转变，更加突出了内部评级风险参数计量的重要性。

第四，应用于贷款定价。商业银行贷款定价，通常包含资金成本、营业成本、税务成本、风险成本、经济资本回报等方面构成因素，内部评级是计量风险成本（预期损失）和经济资本（非预期损失）必不可少的基础。

第五，应用于资本计量。内部评级不仅用于银行内部经济资本的计量，经过监管当局认定的银行，可以在不同程度上使用内部评级所计量的违约概率、违约损失率、违约风险暴露（EAD）等风险参数，计量监管资本。

第六，应用于绩效考核。经济资本回报率（RAROC）和经济增加值（EVA）是现代商业银行实施绩效考核的重要工具，其中的风险成本（预期损失）和资本成本（非预期损失）的计量，离不开内部评级的基础。

第七，应用于风险监测。内部评级可应用于差异化的贷后管理与监测，例如针对客户评级较差客户以及债项评级较差的业务，加强贷后检查频次。内部评级也可应用于组合层面风险监测，用于观察特定机构、业务、产品客户评级和债项评级分布情况，及时动态跟踪资产质量变迁。

第八，应用于不良资产处置与回收。我国银行业当前不良资产的处置和回收的问题之一就是缺乏可供比较和衡量资产处置效率的基准，不良资产的出售和转让也缺乏客观的定价依据。由于不良资产回收受法律和制度等国别因素影响较大，完全依赖国外回收率数据往往缺乏对现实的指导性，有效的方法就是建立我国商业银行的损失数据库和 LGD 预测模型，从而为我国不良资产回收工作提供工作目标、定价依据、业绩考核的标准。

第6章　固定资产贷款项目评估

 **本章概要**

　　固定资产贷款项目评估是银行客观地了解、评价固定资产贷款项目，提高信贷决策效率的一种有效方法。固定资产贷款项目评估是从银行角度对项目的可行性、存在的问题和发展前景进行判断，为贷款决策提供科学依据。

　　本章包括三节内容：第一节主要阐述固定资产贷款项目评估的概念、原则、内容、要求和组织以及作用等内容；第二节主要介绍项目非财务分析，包括项目背景分析、项目借款人分析、市场需求预测和竞争力分析、生产规模分析、原辅料供给分析、技术及工艺流程分析、项目建设和生产条件分析、项目环境影响分析和项目组织与人力资源分析等内容；第三节项目财务分析，主要介绍了项目投融资方案评估、财务预测、财务分析报表、盈利能力、清偿能力以及不确定性等项目财务分析方面的内容。

6.1　概述

6.1.1　基本概念

　　固定资产贷款项目评估是以项目可行性研究报告为基础，根据国家现行方针政策、财税制度以及银行信贷政策的有关规定，结合项目建设与运营的信息材料，从技术、经济等方面对项目进行科学审查与评价的一种方法。贷款项目评估是以银行的立场为出发点，以提高银行的信贷经营效益为目的，根据项目的具体情况，剔除项目可行性研究报告中可能存在的将影响评估结果的各种非客观因素，重新对项目的可行性进行分析和判断，为银行贷款决策提供依据。

　　就涉及领域而言，项目的可行性研究和贷款项目评估是相同的，它们的区别主要表现在以下几个方面：

（1）发起的主体不同

项目的可行性研究属于项目论证工作，是项目业主或发起人为了确定投资方案而进行的工作，一般由设计和咨询机构完成；贷款项目评估是贷款银行为了筛选贷款对象而展开的工作。尽管两者都可以委托中介咨询机构进行，但所代表的行为主体不同，要为不同主体的不同发展目标服务。

（2）发生的时间不同

按照项目管理的程序，项目的可行性研究在先，项目评估在后，项目评估是在项目可行性研究的基础上进行的。项目评估处于比可行性研究更高级的阶段，项目评估比可行性研究更具有权威性。

（3）研究的范围与侧重点不同

项目的可行性研究必须对项目实施后可能面临的问题进行全面的研究，并作出在技术上、财务上是否可行的结论；贷款项目评估是在审查可行性研究报告并对项目进行全面调查的基础上进行的，它可以针对发现或关心的问题，有所侧重地进行研究，不必面面俱到。

（4）进行项目评估和可行性研究的目的不同

项目可行性报告是项目业主进行投资决策、报批项目和申请贷款的必备材料，因此，项目业主进行的项目可行性研究除了判断项目的可行性外，主要是用于项目报批和贷款申请。项目的可行性研究一般是由项目业主委托有资格的机构承担。

项目评估报告是项目审批部门或贷款的决策部门进行最终决策的依据，因此项目评估是为项目审批和贷款决策服务的，评估工作一般由决策部门承担，也可由决策部门委托有资格的机构承担。《项目融资业务指引》明确规定，贷款人可以根据需要委托或者要求借款人委托具备相关资质的独立中介机构为项目提供法律、税务、保险、技术、环保和监理等方面的专业意见和服务。在风险评估阶段，应充分识别项目融资所面临的诸多风险，包括政策风险、筹资风险、完工风险、产品市场风险、超支风险等，并采取要求项目相关方通过签订总承包合同、投保商业保险、建立完工保证金、提供履约保函、签订长期供销合同等方式有效降低和分散贷款风险。

6.1.2 项目评估的原则

1. 客观公正性原则

客观公正性就是在项目评估中要尊重客观规律，不带主观随意性，讲求科学性。坚持评估的客观公正性原则，首先要求项目评估人员避免各种先入为主的观念，克服主观随意性的片面性。项目评估中的随意性和片面性，既可来自项目评估人员自身，也可来自项目评估人员外部的影响，如投资承办单位不切实际的愿望、上级决策者不实事求是的意图等。对于来自外部的愿望和意图，项目评估人员应根据实事求是的精神加以鉴别，不受其主观性和片面性的干扰，不违心地对拟建项目进行评审和估价。避免先入为主的观念，克服主观性和片面性，是坚持客观性原则的基本前提，也是项目评估公正性的必要保证。其次要求项目评估人员深入调查研究，全面系统地掌握可靠的信息资料。深入调查研究是尊重客观事实、尊重客观规律的具体体现。不进行深入的调查研究或在调查研究过程中不下真功夫，就难以认识客观事物及其客观规律，也会落入主观性和片面性的窠臼。深入调查研究，全面系统地掌握信息资料，是坚持客观性原则的基本要点，也是项目评估科学性的基本保证。

总之，只有坚持项目评估工作的客观性原则，才有可能保证项目评估的公正性和科学性。这条原则对项目评估人员的思想作风、工作作风和职业道德作风提出了最基本的要求。

2. 系统性原则

系统性原则，就是在评估中考虑任何问题，都要有系统观念，也就是将拟建投资项目当作一个开放的系统看待。

任何一个投资项目，不论大小，都是一个系统，都是由相互关系、相互制约的内部要素构成的有机体，并且是与外界环境条件有着广泛联系的技术经济实体。投资项目的内部因素，包括产品种类及生产规模、生产工艺、设备及技术、厂址及平面布置等；投资项目的外部条件，包括产品的社会需求，生产建设条件，项目所处的自然生态环境，与项目投入产出相联系的协作配套关系，与项目的财务经济效益相关的价格、税收、信贷、利率等财政金融政策。

用系统观念对拟建项目进行评审和估价，就是要求从投资项目内部要素的内在联系，从其内部要素与外部条件的广泛联系入手，进行全面动态的分析论证，来判断项目的生命力。因此，系统性原则要求项目评估人员克服孤立地、静止地分析问题的僵化思想，在全面系统动态的分析论证过程中，创造性地对拟建项目进行评审和估价。

3. 效益性原则

效益性原则，就是在项目评估中要以投资效益的好坏作为鉴别项目优劣和取舍的标准。

项目评估涉及项目技术、经济的各个方面，通过评估要判断项目在技术上是否可行，在经济上是否合理。一个建设项目，由于规模和产品不同，设备和工艺不同，原材料供应和运输方式不同等，客观上存在着许多方案。而不同方案的效益是有区别的，这就要进行多方案比较，找到效益最好的方案，再说，对于一个好的项目，技术

上可行是它的前提条件，经济上合理才是它的最终标志。有些项目技术上可行，甚至比较先进，但经济上并不合理，对这类项目，不能因技术上先进而加以接受，否则就违背了评估的效益性原则。

在贯彻效益性原则时，要处理好投资项目的财务效益和国民经济效益的关系。不同的主体有不同的利益。一般来说，投资企业和贷款银行比较重视项目的财务效益，而国家则应重视项目的国民经济效益。因此，在决策时应对以下几种情况作出不同的决断：一是项目的财务效益和国民经济效益都不好的项目，属于经济上完全不合理的项目，应予以否定。二是项目的财务效益好，而国民经济效益不好的项目，本质上也是经济上不合理的项目，也应该予以否定。三是项目的财务效益差，而国民经济效益好的项目，属于经济上合理的项目，应予以接受，但这类项目简单地接受将会对投资企业和贷款银行造成不利的影响，投资企业和贷款银行不易接受，因此，有必要对这类项目提供可行的优惠政策和措施，改善其财务状况，提高项目的财务效益。四是项目的财务效益好，国民经济效益也好，这类项目经济上是合理的，在符合相关政策的前提下，应予以接受。

4. 方法规范化原则

方法规范化原则，就是评估工作中所采用的定性分析和定量分析方法，必须符合客观实际，体现事物的内在联系。项目评估是一种科学的、规范的项目决策方法。项目评估能够得到广泛应用，除了它所具有的科学性以外，使用规范化的方法，也是项目评估得以广泛应用的重要条件。

项目评估的规范化方法论体系，构成了项目评估学科的稳定结构和基本内容，如项目的财务经济效益的指标体系，每个指标的内涵、考核范围和计算方法，评价参数的使用，不确定性分析的方法和指标计算，方案比较选择的方法及指标的计算等。如果项目评估人员在这些规范方法之外，使用自认为可行的方法，就脱离了公认的标准，也就无法判断其结论的正确性。因此，规范化原则要求项目评估人员，首先要学习和掌握好项目评估的规范化方法，其次要处理好使用规范化方法与创造性评估的关系。一般来说，使用规范化方法并不影响项目评估人员的创造性劳动，而是项目评估人员创造性劳动容易得到承认的必要条件。

5. 指标的统一性原则

指标的统一性原则，是指在项目评估中所使用的国家参数、效益指标的标准化，也就是衡量项目经济效益统一的标准和尺度。同一个项目，用不同的指标进行评价，其结果大不一样。指标的统一性不但在项目的最终评价中起标准尺度作用，而且也是方案比较选择的依据，标准不一，方案就没有可比性。实行统一指标标准，就等于把不同的项目，置于相同的起跑线上，这样才能把诸多复杂因素化为单一因素，从而减轻评价难度。

在项目评估中，要实现指标统一性这一原则，首先国家有权机关应制定统一的评价参数，如基准收益率、折现率、投资回收期等；其次在评估过程中运用参数和各种收益指标时，要特别注重针对性，即不同行业和工业门类，应使用相应的评价参数和评价指标。

6. 价值尺度的合理性原则

价值尺度的合理性原则，就是在评估投资效益时，使用合乎于项目评估目标的价值尺度，计量项目的成本和效益。价值尺度是计算项目成本和效益时使用的计量价格。使用不同的计量价格，将会给项目的成本和效益带来不同的价值判断。

价格是项目评估中经济效益的核心问题，贯彻合理使用价值尺度的原则，要求进行项目的评估、经济评估和社会评估时，分析使用与之相适应的计量价格。

项目的财务评估，主要是用于判断项目在实行财税制度下的财务盈利能力和财务清偿能力。因此，项目财务评估的合理尺度应该是财税制度所要求的现行价格，即现实经济生活中通行的价格。

项目的经济评估，主要用于分析项目是否做到资源的合理配置和有效利用，是否在一定的经济增长目标下花费最小的代价或在一定的代价下取得最大的经济增长。因此，项目的经济评估应该使用反映资源合理配置和有效利用的影子价格，它反映项目使用资源和创造资源的真正社会经济价值。

项目的社会评估，其核心内容是在项目经济评估的基础上进一步考虑新增国民收入的合理分配问题，从而将增长目标和公平目标统一起来，追求国民福利的最大化。项目新增国民收入在不同时间和不同空间，对社会目标的贡献是不相同的，它们具有不同的社会价值。因此，需要使用社会价格来评价项目在一定量新增国民收入的前提下对实现公平分配目标所作出的贡献。

7. 资金的时间价值原则

货币的时间价值的主要内容是等额货币在不同的时间具有不等的价值，其差别为货币的时间价值，其表现形式就是利息。也就是说，利息是一种货币的时间价值，它是一定数额的货币经过一段时间后所增加的价值。

在项目评估中，贯彻讲求资金时间价值的原则，首先是为有关评价指标规定量的取舍标准，即评价基准。它在项目寿命期内将具有"资金的时间价值"特征。其次是采用动态分析方法，即贯彻"资金时间价值"原理的现值法，利用预测的现金流量表，对项目的成本和效益进行贴现，通过贴现后的成本和效益相比较，计算有关动态分析指标，这样就将资金的时间价值观念直接包含在项目评价指标和评价方法之中了。

6.1.3 项目评估的内容

1. 项目建设的必要性评估

①项目所属行业当前整体状况分析，国内外情况对比，发展趋势预测，项目所生产产品的生命周期分析。

②贷款项目是否符合国家产业政策，项目建设和运营是否符合相关法律法规要求，是否经过必要的报批程序，是否符合国家总体布局和地区经济结构的需要。

③项目产品市场情况分析和项目产品的竞争力分析，包括：国内外市场的供求现状及未来情况预测，生产同类产品的厂家竞争情况及项目的竞争能力分析，项目产品销售渠道分析。

结合上述三个方面的情况和项目单位的实际情况，分析该项目是否符合企业发展的需要，对项目业主单位建设该项目的必要性作出总体评价。

2. 项目建设配套条件评估

项目建设配套条件评估要考虑：厂址选择是否合理，所需土地征用落实情况；资源条件能否满足项目需要，原辅材料、燃料供应是否有保障，是否经济合理；配套水、电、气、交通、运输条件能否满足项目需要；相关及配套项目是否同步建设；环保指标是否达到有关部门的要求，环境影响报告书是否已经由权威部门批准；项目所需资金的落实情况。

3. 项目技术评估

项目所采用的技术是否先进、适用、合理、协调，是否与项目其他条件相配套。

项目设备选择是否合理。所采用的设备能否与生产工艺、资源条件及项目单位的工人技术水平和管理者的管理水平相协调；引进设备的必要性，引进设备后对国外配件、维修材料、辅料的依赖程度和解决途径；引进设备与国内设备能否相协调。

4. 借款人及项目股东情况

《项目融资业务指引》规定，借款人通常是为建设、经营该项目或为该项目融资而专门组建的企事业法人，包括主要从事该项目建设、经营或融资的既有企事业法人。对借款人及项目股东情况评估内容应包括：借款人是否具备主体资格；项目股东的经济实力、风险承受能力、整体经营情况及行业经验；项目与股东主营业务的相关性及协同效应；项目对项目股东的重要程度及股东支持项目的意愿和能力；项目经营主体在相关领域的经营管理能力。

5. 项目财务评估

项目财务评估包括项目投资估算与资金筹措评估、项目基础财务数据评估、项目的盈利能力和清偿能力评估以及不确定性评估四个方面。

（1）项目投资估算与资金筹措评估

项目投资（含建设投资和流动资金）估算是否合理，是否存在高估、低估和漏估问题；项目总投资及构成的合理性，项目资本金比例是否符合国家规定；各项投资来源的落实情况及项目资本金的到位情况等；如果资金来源包括多家银行贷款，是否采用银团贷款的方式。

（2）项目基础财务数据评估

基础数据的取值是否有理有据，所采用的财税制度是否符合国家现行规定。

（3）项目的盈利能力和清偿能力评估

采用规范的方法，计算反映项目盈利能力和还款能力的相关指标，分析项目的还款资金来源，了解项目的盈利能力和还款能力。

（4）不确定性评估

了解项目将面临的风险及抗风险的能力。

6. 项目担保及风险分担

贷款人应当采取措施有效降低和分散融资项目在建设期和经营期的各类风险。贷款人应当以要求借款人或者通过借款人要求项目相关方签订总承包合同、投保商业保险、建立完工保证金、提供完工担保和履约保函等方式，最大限度地降低建设期风险。同时，可以以要求借款人签订长期供销合同、使用金融衍生工具或者发起人提供资金缺口担保等方式，有效分散经营期风险。

项目担保及风险分担主要包括：所提供的担保是否合法、有效、足额可靠，是否以项目资产设定抵押，担保法律文件是否完善，项目是否投保必要的商业保险；项目风险是否在借款人、出资人、项目承包方、施工方等各参与方之间得到合理分配，完工担保是否落实；项目的政策风险、筹资风险、完工风险、产品市场风险、超支风险、原材料风险、营运风险、汇率风险、环保风险和其他相关风险是否得到有效控制等。

7. 项目融资方案

贷款人应当按照国家关于固定资产投资项目资本金制度的有关规定，综合考虑项目风险水平和自身风险承受能力等因素，合理确定贷款条件、金额和发放程序；应当根据项目预测现金流和投资回收期等因素，合理确定贷款期限和还款计划；应当与借款人约定专门的项目收入账户，并要求所有项目收入进入约定账户，并按照事先约定的条件和方式对外支付。

项目融资方案主要包括：综合判定包括贷款金额、期限、还款计划、项目收入账户等在内的融资方案安排是否合理可行。

8. 银行效益评估

银行效益评估包括盈利性效益评估、流动性效益评估和银行效益动态分析三个方面。

6.1.4 项目评估的要求和组织

项目评估是项目决策的重要手段，金融机构以项目评估的结论作为决策项目和提供贷款的主要依据。银行最关心的是借款企业的财务状况和项目的效益情况，并把贷款项目的还款能力作为评估重点。项目的财务效益是项目的建设、生产、经营及销售共同作用的结果，其中任何一方面出问题都会直接影响项目的财务效益，因此进行项目财务效益评估前，要求必须对项目的建设规模、投资估算、产品方案、原辅料供应及保证情况、产品市场情况、生产工艺、物料单耗、水电供应、交通条件以及项目承办单位能力等方面的情况先进行评估分析，银行如果舍此进行盲目的财务评估，将对银行贷款决策起误导作用。

项目评估涉及的知识面较广，而银行的员工主要由金融及财务方面的人员组成，如果仅依靠银行自身力量，将难以对直接影响项目财务评估质量的技术和工艺等方面的问题进行评估。到目前为止，国内银行对项目进行评估时，基本上是采用以银行工作人员为主进行评估的模式，很少邀请与项目有关的技术及管理专家参加评估工作，这种评估模式在一定程度上影响了项目评估质量。因此，应邀请有关专家和银行工作人员一起组成项目评估小组，这将有利于提高银行项目评估的质量。

6.1.5 项目评估的作用

银行在发放贷款前对申请贷款的项目进行制度化的评估，可以为银行客观地了解和评价项目，提高信贷资产质量打下基础。

作为债权人，银行可以从维护自身权益的立场出发，根据自己的标准评价项目，为贷款决策提供科学依据。银行应将固定资产贷款项目融资业务的全部流程纳入规范化操作模式之中，按照项目评估报告模板等工具完成尽职调查、风险控制、客户服务等各项工作，不仅能提高综合收入，而且作为项目合作伙伴深入到项目建设运营的整个流程中，全面了解各方面信息，提高识别、评估、控制固定资产贷款业务风险的能力。

项目评估中，在对固定资产贷款项目情况按规范程序进行逐项分析并分别得出分项结论的基础上，要对各分项论证结果进行全面的归纳总结，形成总体评估结论。总体评估结论应直接、明确地表明是否建议给予贷款支持及贷款的金额、期限、利率、担保方式等。对评估中发现的可能存在的各种问题和不利因素作扼要说明，并提出相应的风险控制建议，从而为贷款项目业务的平稳较快发展提供更加有力的支持。

6.2　项目非财务分析

6.2.1　项目背景分析

项目背景分析，实质上是对项目建设必要性、合理性的深入论证和分析，有利于银行了解整个项目的背景，具体可以从宏观和微观两个层面进行分析。

1. 宏观背景

从宏观角度看，对项目的背景分析主要包括以下两个方面。

（1）项目建设是否符合国民经济平衡发展的需要

在市场经济条件下，可以根据资源的可能性和社会需求实现资源的合理配置，优化国民经济结构。投资作为经济增长的重要推动力之一，可以通过调整国家的投资结构使国民经济发展趋于平衡。尤其是大型投资项目，首先要进行宏观背景分析，看其是否具备这样的功能，这是十分重要的。

（2）项目建设是否符合国家的产业政策、技术政策和地区、部门发展规划

产业政策、技术政策确定了整个国民经济优先发展的产业及技术，对投资项目建设具有指导作用。因此，应该分析评估项目建设是否符合国家或行业（地区）的社会经济发展规划、国家有关的投资政策、产业政策和技术政策等宏观经济要求以及项目建设对有关规划的影响，包括产品方案和建设规模，原料来源和产品销售方向，建设地点和进度要求等是否符合宏观意图。

在一定时期内，各地区或各部门都有其发展规划，拟建项目应符合发展规划的要求。分析项目建设是否符合发展规划的要求是十分必要的。如果符合要求，则项目是必要的，否则，银行应该对此类项目拒绝发放贷款。

2. 微观背景

分析项目的微观背景，即从微观上判断项目建设的合理性。主要分析发起人或借款人投资建设该项目的原因，建成后的意义和作用，该项目与项目发起人或借款人现有主营业务的关系，该项目计划与发起人或借款人的长远发展规划有何关系，投资建设该项目有何相对竞争优势等；分析项目建设的内外部条件是否具备，包括项目建设的各种资金、技术、市场、社会协作条件、劳动力、自然条件、各种优惠政策及可利

用的基础设施等资源要素与市场供求状况是否匹配，以及其他推动或吸引投资者提出项目建设意向的背景情况等。

3. 项目审批进程的审查

项目进程的审查就是考察项目建设是否严格遵守国土资源、环境保护、安全生产、城市规划等法律法规，是否取得有权审批部门出具的合规性批复，涉及质量监督、银行监管、证券监管、外汇监管、工商管理、安全生产监管等部门的项目，应加强相关审查，确保符合法律法规和国家政策规定。

（1）适用流程

在进行项目审批的审查时，应对项目适应流程是否恰当进行审查。按照国家现行规定，建设项目根据资金性质、环境影响、社会影响等因素的不同，其审批程序大体可分为审批制、核准制和备案制三种，每种审批程序都具有各自不同的特点。

一般来说，对于使用政府资金投资建设的项目，实行审批制管理，对于不使用政府资金投资建设的项目，区别不同情况实行核准制和备案制，其中涉及重大和限制类固定资产投资的，适用核准制，凡不使用政府性资金投资建设的项目，除重大项目和限制类项目外，均实行备案制。

（2）审批手续

审批项目获得的审批手续是否完备，是否获得相关的规划、土地、环保、节能、安全等有关文件。对于特殊类型的项目，除了具备上述审批手续外，还应具备特定的行业审批文件，如制药行业要求具备 GMP 认证，港口码头投资项目要求具备海事部门的批复等。

（3）审批权限

审查项目的各级审批部门是否拥有相应权限，是否存在越权审批等情况，项目的总投资等建设条件变化超过规定浮动比例是否得到有权审批部门同意，有无取得有权审批部门重新批复的文件。若项目为各级地方发展改革委审批的项目，还应审查项目是否存在拆分处理越权审批的情况。

（4）项目实施

审查项目是否存在重大变动，变动原因是什么，项目的初步设计、开工、概算调整是否合理，调整后对项目各项经济指标的变动有何影响；对于项目已经动工的，应审查项目进度、投资完成和项目资金到位是否正常，审核项目所采用的环保方案是否符合国家、地方环保政策和要求，审核部门提出的设计、环保、安全等改进方案，企业是否已经有效落实。

6.2.2 项目借款人分析

借款人是指从境内金融机构取得贷款的企事业法人和自然人，借款人分析包括新建项目借款人分析和改扩建、技术改造项目借款人分析。新建项目借款人分析，侧重对借款人的经济地位、法定代表人和领导班子整体素质、借款人的生产经营和资产负债状况等进行调查分析。改扩建和技术改造项目借款人分析侧重对借款人的经济地位、法定代表人和领导班子整体素质、借款人的生产经营和资产负债情况，以及偿债能力、信用状况、发展前景等进行综合论证分析。

借款人分析主要包括以下几个方面。

（1）借款人概况

了解借款人的历史沿革、地理位置、产权构成（或所有制形式）、组织形式、职工人数及构成；分析企业形象、主导产品、在行业和区域经济发展中的地位和作用；对涉及企业体制、主营业务方向、对外投资及诉讼等重要事项应作进一步调查分析。

（2）借款人经济地位评估

主要是调查借款人的行政隶属关系及历史沿革，调查分析借款人所在行业和区域经济现状、发展前景或规划，以及贷款项目对行业和区域经济发展的作用。

（3）借款人的法定代表人和领导班子整体素质评估

了解法定代表人和领导班子成员的从业经历、历史业绩、信誉、品德和能力，评价其经营管理水平。

（4）借款人生产经营状况和经济技术实力评估

了解借款人近 3 年的总资产、净资产、固定资产净值、在建工程、长期投资以及工艺技术装备水平等变化情况；分析借款人近几年业务拓展及经济实力增长情况，主要是调查现有主要产品的质量和生产能力，分析近 3 年来各年主要产品的产量、销售收入、销售税金、利润总额及其增长情况，计算并分析生产能力利用率、销售利润率、资产报酬率等指标，预测其变化趋势。

（5）借款人资产负债情况及偿债能力评估

主要是分析借款人近 3 年来各年末的资产、负债、所有者权益总额指标及其增长情况；计算并分析资产负债率、流动比率、速动比率等指标，预测其变化趋势；分析主要资产负债项目的增减变化情况和原因，在综合考虑或有负债的情况下，评价其短期和长期偿债能力。

（6）借款人信用状况评估

主要是调查借款人基本结算户开立或资金分流情况，计算借款人近 3 年短期借款、长期负债的本息偿还率指标，分析借款人有无逾期贷款、是否按合同还本付息；了解借款人的信用等级，本行对借款人全部存量贷款的风险状况，借款人与本行的业务合作现状和贡献度。

（7）借款人发展前景评估

分析借款人所在行业的特点、发展方向及中长期发展规划，综合评价借款人的发展前景，对借款人的业务发展方向和长远规划进行论述。

6.2.3 市场需求预测和竞争力分析

市场需求预测分析是指在环境分析、市场调查和供求预测的基础上，根据项目产品的竞争能力、市场环境和竞争者等要素，分析和判断项目投产后所生产产品的未来销路问题，具体来说就是考察项目产品在特定时期内是否有市场，以及采取怎样的营销战略来实现销售目标。市场分析有助于银行了解拟建项目所生产的产品（或所提供的服务）的市场现状，并预测其未来发展趋势。这是项目还款能力的一个重要体现。

1. 宏观经济环境分析

宏观经济环境是决定项目产品市场需求的基础条件。通过宏观经济环境分析，可以对项目产品市场需求情况作出基本判断。

（1）宏观经济分析的主要方法

宏观经济分析可以通过一系列的经济指标的计算、分析和对比来进行。经济指标是反映经济活动结果的一系列数据和比例关系。经济指标有三类：一是先行指标，主要有货币供应量、股票价格指数等，这类指标对将来的经济状况提供预示性的信息；二是同步指标，主要包括失业率、国民总收入等，这类指标反映的是国民经济正在发生的情况，并不预示将来的变动；三是滞后指标，主要有银行短期商业贷款利率、工商业未还贷款等。在进行宏观经济分析时经常使用国内生产总值、国民总收入、个人收入、个人可支配收入等几个有密切联系的主要综合指标来反映和分析国民经济的主要状况，如经济发展水平及其增长状况、国内生产总值和国民收入在部门与行业间的分配情况等。

除指标分析方法外，还有计量经济模型分析和概率预测等方法。

（2）评价宏观经济形势的相关变量

①国内生产总值与经济增长率。国内生产总值是指一定时期内（一般按年统计）在一国国内新创造的产品和劳务的价值总额。经济增长率也称经济增长速度，它是反映一定时期内经济发展水平变化程度的动态指标，也是反映一个国家经济是否具有活力的基本指标。

②失业率，是指一定时期内满足全部就业条件的就业人口中仍未有工作的劳动力所占的比重。低失业率是社会经济追求的重要目标，失业率上升与下降是以国民总收入相对于潜在国民总收入的变动为背景的。

③通货膨胀率，是指用某种价格指数衡量的一般价格水平的持续上涨。

④利率，直接反映的是信用关系中债务人使用资金的代价，也是债权人出让资金使用权的报酬。

⑤汇率，是外汇市场上一国货币与他国货币相互交换的比率，即以本国货币表示

的外国货币的价格。

⑥财政收支，包括财政收入和财政支出两个方面，财政收入是国家为了保证实现政府职能的需要，通过税收等渠道集中的公共性资金收入；财政支出则是为满足政府执行职能需要而使用的财政资金。

⑦国际收支，一般是一国居民在一定时期内与非居民在政治、经济、军事、文化及其他往来中所产生的全部交易的系统记录。国际收支包括经常项目和资本项目。

⑧固定资产投资规模，是指一定时期在国民经济各部门、各行业固定资产再生产中投入资金的数量。

2. 行业市场前景分析

对项目市场需求分析，重要内容就是对项目产品的市场前景进行分析，通过了解项目产品所处生命周期，分析其与经济周期之间的关系，结合项目产品的需求、供给、综合平衡等因素，来对项目产品的市场前景作出判断和预测。

（1）行业生命周期

行业生命周期就是行业从进入市场到退出市场所经历的市场生命循环过程，进入和退出市场标志着周期的开始和结束。典型的行业生命周期一般可以分成四个阶段：启动阶段（初级阶段）、成长阶段、成熟阶段和衰退阶段。

对行业生命周期进行分析，目的是明确项目产品所处阶段，一般处于成长阶段比较理想，当处于饱和状态时应引起足够的重视，若拟投资项目生命周期处于衰退阶段的，银行一般不会提供授信支持。

（2）行业与经济周期的关系

经济发展会有其自身的规律性，而周期性正是其中一个重要的特征。不同类型的行业其景气程度与经济周期的关系各不相同。按照对经济周期变迁的应变程度将行业分为三类，即增长型行业、周期型行业和防御型行业。

①增长型行业。增长型行业的运动态势与经济活动总水平的周期及其振幅无关。这些行业收入增长的速率相对于经济周期的变动来说，并未出现同步影响，因为它们主要依靠技术的进步、新产品推出及更优质的服务，从而使其经常呈现出增长形态。投资者对高增长的行业十分感兴趣，主要是因为这些行业对经济周期性波动来说，提供了一种财富"套期保值"的手段。

②周期型行业。周期型行业的运动状态直接与经济周期相关。当经济处于上升时期，这些行业会紧随其扩张；当经济衰退时，这些行业也相应衰落。产生这种现象的原因是，当经济上升时，对这些行业相关产品的购买相应增加。例如奢侈消费品业、机械设备制造业及其他需求的收入弹性较高的行业，就属于典型的周期性行业。

③防御型行业。防御型行业的产品需求相对稳定，不受经济周期影响。如食品业和公用事业就属于典型的防御型行业，此类行业的需求收入弹性较小，公司收入及盈

利能力相对稳定。

（3）行业热点演变的一般规律

一般来说，在经济周期的不同阶段往往形成不同的产业热点。

①经济扩张初期。此时最先启动的行业是住宅与轿车等周期性消费品行业，然后是电子信息、机械设备等生产资料行业以及交通运输业。

②经济快速增长时期。基础原材料产业往往与宏观经济的景气度有很高的关联度，竞争程度比下游产业相对要低。这类行业一般在经济扩张初期保持稳定或缓慢增长，当经济步入快速增长期时，产能一时难以满足需求，产品供不应求，价格上涨，行业效益有比较显著的增长。这些行业的增长会延伸至整个经济扩张期的结束。

③经济收缩时期。食品和城市公用设施类行业受经济周期影响相对较弱。在经济收缩时，这类企业受经济周期影响不明显，且具有良好的表现。它们主要受其他一些独立经济变量（如人口数量等）的影响较大。

（4）产品市场前景预测分析

在项目审查过程中，可按照以下三个方面对产品市场前景进行分析审查。

①产品需求。在审查过程中，主要应明确产品的用途、消费对象及区域分布情况，并进一步审查项目可行性研究或评估报告中对需求调查和需求预测的方法是否合适，资料是否可靠，对国内、国外、近期和远期的调查与预测数据及发展趋势的分析判断是否恰当。

②产品供应。审查项目可行性研究或评估报告对现有国内外同类生产企业的生产能力、产品产量和销售量、生产能力利用情况以及成本、价格情况的调查分析结论是否合理；对国内、国外现有同类产品的在建、拟建项目的生产规模、预计投产时间和产品特点等情况分析是否真实；业内主要竞争对手的经营业绩、管理模式、市场占有率等情况如何，项目与主要竞争对手相比哪些方面具有优势，哪些方面存在不足等。

③市场前景预测。审查产品市场的综合平衡及余缺情况，拟建项目产品的特点和价格竞争力如何，可行性研究或项目评估的分析理由和结论是否正确。重点关注近三年来市场供求及价格变化情况，尤其注意近一年来市场波动情况，判断未来一段时间内产品供求的变动趋势及价格走势。审查可行性研究或项目评估对项目未来若干年内（一般为5年以上，不能低于贷款期限）产品总需求量、品种、价格趋势的预测是否合理。同时，也应注意进出口同类产品和替代产品对市场总需求的影响。

3. 市场需求预测分析

（1）市场需求预测的主要相关因素

①产品特征和消费条件

产品特征主要指产品本身的特点，产品的现状、规格、性能以及用途等。要了解产品的需求，必须先了解该产品的性能、质量和规格等指标在与国内外同类产品的竞争中具有哪些优势和劣势。产品本身的特征，是其市场竞争成败的主要因素。某些产品的消费需要一定的条件，条件尚不满足时，消费范围也将受到限制。

②社会购买力与产品价格水平

社会购买力是在一定的经济发展阶段，一定收入水平的基础上，国内和国际在零售市场上用于购买商品的货币支付能力。居民收入水平决定着产品的市场需求量，产品价格直接影响消费需求的变化。

（2）市场需求预测的内容

行业需求预测是在对需求量调查的基础上，对需求现状进行分析与评估。对当前市场需求状况进行预测分析，包括估计总的市场潜在需求量（简称潜量）、区域市场潜量、行业的实际销售额和公司的市场占有率。

①估计潜在的市场需求总量

潜在的市场需求量是指在一定时期内，在一定行业营销水平和一定的市场环境下，一个行业中所有企业可能达到的最大营销量之和。

总市场潜量可表示为

$$Q = npq$$

式中，Q 为总市场潜量；n 为给定的条件下特定产品或市场中的购买者的数量；p 为单位产品的价格；q 为购买者的平均购买量。

②估计区域市场潜在需求量

除了要估计潜在的市场需求总量外，还要选择准备进入的最佳市场区域。因此，还要对特定区域市场的潜在区域市场需求量进行估计，以便银行评价该项目的发展潜力。

③评估行业销售额和企业的市场占有率

银行不但要评估潜在的市场需求总量和潜在的区域市场需求总量，还要估计行业的实际销售额。银行可以采取向市场调研公司购买有关调研报告的方式，得到对行业销售额和企业市场占有率的估计。

4. 项目经营管理分析

项目经营管理能力，是指对项目整个生产经营活动进行决策、计划、组织、控制、协调，对人员进行激励，以实现其任务和目标等一系列工作的综合能力总称。评价项目经营管理能力，重点分析目标市场、营销策略和治理机制等层面。

（1）目标市场

所谓目标市场，就是指项目在市场细分之后的若干"子市场"中所运用营销活动瞄准的市场方向。

（2）目标市场选择的策略

选择目标市场，明确企业应为哪一类用户服务，满足它们的哪一种需求，是企业在营销活动中的一项重要策略。不是所有的子市场对本企业都有吸引力，任何企业都

没有足够的人力资源和资金满足整个市场或追求过大的目标，都需要找到有利于发挥现有人、财、物优势的目标市场。企业选择目标市场一般运用下列三种策略：无差别性市场策略、差别性市场策略、集中性市场策略。

（3）目标市场策略合理性分析

上述三种目标市场策略各有利弊。企业选择目标市场时，必须考虑其面临的各种因素和条件，如企业规模和原料的供应、产品类似性、市场类似性、产品生命周期、竞争的目标市场等。企业的目标市场策略应慎重选择，一旦确定，应该相对稳定。但灵活性也不容忽视，没有永恒正确的策略，一定要密切注意市场需求的变化和竞争动态。

分析判断企业采用的目标市场策略是否合理，可从产品特点、市场特点、竞争者的策略几个方面着手。

（4）营销策略

营销策略是企业以顾客需要为出发点，有计划地组织各项经营活动，通过相互协调一致的各项策略为顾客提供满意的商品和服务而实现企业目标的过程。1960 年，美国市场营销专家麦卡锡教授提出了著名的 4P 营销策略组合理论，将营销策略归纳为产品（Product）、价格（Price）、促销（Promotion）、渠道（Place）。1986 年，美国著名市场营销学家菲利浦·科特勒教授在原 4P 组合的基础上提出了 6P 营销策略：增加两个 P，即权力（Power）和公共关系（Public Relations）。

（5）治理机制

治理机制是指据以对工商企业进行管理和控制的体系，是所有者对一个企业的经营管理和绩效进行监督和控制的一整套制度安排。治理机制规定了企业各个参与者的责任和权利分布，诸如董事会、经理层、股东和其他利益相关者。构建治理机制的根本目的在于确保它能有效地改善企业治理状况，提高运营效率。考察企业或项目的治理机制，可以从组织架构、管理团队、激励约束机制等几个方面着手。

5. 产品或服务市场竞争力分析

项目产品在可预期的未来期间内具有良好的市场前景，是决定投资者是否进行项目建设的前提。但要确保项目能够达到投资者预期目标，需要项目所提供的产品或服务具有市场竞争力。

（1）竞争力的概念

市场竞争力，就是指项目提供的产品或服务区别于主要竞争对手并能够为项目的生存发展带来利益的特定因素。

核心竞争力是一家企业在竞争中较之其他企业拥有更具优势的关键资源或能力，具有竞争对手难以模仿、不可移植、不会因员工的离开而流失等特点。

（2）市场竞争力分析

在审查项目的市场竞争力强弱时，重点关注项目或企业所拥有的，能够使其在特定的市场上竞争获利的成功关键因素。

对企业竞争力的分析方法很多，其中最主要的是波特五力分析模型。波特五力分析模型将大量不同的因素汇集在一个简便的模型中，以此分析一个行业的基本竞争态势。波特五力分析模型确定了竞争的五种主要来源，即供应商的讨价还价能力、购买者的讨价还价能力、潜在进入者的威胁、替代品的威胁，以及来自目前在同一行业的公司间的竞争。波特的竞争力模型的意义在于，五种竞争力量的抗争中蕴含着三类成功的战略思想：总成本领先战略、差异化战略和专一化战略。

（3）不同类型企业需要不一样的核心竞争力

企业的核心竞争力多种多样，包括独特的企业文化、生产高质量产品的技能、快速的客户订单系统、良好的售后服务能力、新产品研发能力、低成本采购议价能力、准确的客户需求定位能力、与关键客户合作的能力等。当然，不同的行业、企业竞争成功的关键因素可能存在较大差异，即使在同一行业，在不同的发展时期，企业竞争成功的关键因素也可能不同。

6.2.4　生产规模分析

项目的生产规模分析是指对拟建项目生产规模的大小所做的审查、评价和分析。银行对项目的生产规模进行分析，可以了解项目是否实现了规模经济，进而了解该项目的经济效益状况，为项目的贷款决策提供依据。

1. 项目规模的主要制约因素

（1）国民经济发展规划、战略布局和有关政策

《项目融资业务指引》规定，贷款人提供项目融资的项目，应当符合国家产业、土地、环保和投资管理等相关政策。投资项目的生产规模，尤其是一些基础性项目和公益性项目的生产建设规模，首先应适应国家、地区和行业的经济发展规划的需要，因为这些项目生产、建设规模的大小，往往关系着部门之间的比例关系。同时，国家的投资政策、产业政策、地区（生产力布局）政策等都会对项目生产规模的确定产生一定程度的影响。另外，符合国家在不同时期对不同行业项目最小规模的规定是确定项目生产规模的前提。

（2）项目所处行业的技术经济特点

不同的部门和行业对项目生产规模有不同的要求。例如，采掘工业的项目规模，主要取决于矿区的地质条件及矿产资源的工业储量和工业开采价值；水力发电站的建设规模，主要根据水源的流量和落差来确定等。

（3）生产技术和设备、设施状况

项目生产规模的选择并不是一项孤立的工作，应该结合项目的其他技术经济特征

来综合考虑，即项目如果打算采用先进生产技术和专用设备，能够实行大批量生产，那么项目的生产规模可以定得大一些；否则，就应该定得小一些。在产业政策和其他相关规定导向的制约下，项目工艺和设备的发展越来越具有标准化、大型化的趋势。为此，确定拟建项目生产规模时，必须考虑到上述特点。

（4）资金和基本投入物

确定项目规模应本着实事求是、量力而行的原则。因此，确定投资项目的规模，必须考虑到建设资金和资源的供应情况。资金的有限性表现在自有资金不足，银根紧缩，又难以得到金融机构的支持。如果项目所需的设备和投入物全部或部分需要从国外进口，那么就还将会受到外汇供给的限制。项目的基本投入物是指用于项目经营的主要原材料、中间产品和主要的燃料及动力等。在一定时期内资源的需求和资源的供给往往发生矛盾。因为对资源的需求是无限的，而资源的供给又是有限的。

（5）其他生产建设条件

土地使用权的取得，也是项目进行建设和生产的基本条件。项目要形成一定的生产能力，就必须有一定的土地面积作保障。另外，交通运输、环境保护、人员编制、设备供应等因素也制约着项目的生产规模。因此，确定项目的生产规模要考虑以上因素是否具备相应条件。

2. 项目规模评估的内容

当可行性研究报告中对生产规模提出了几种不同方案，并从中选择了最优方案时，银行评估人员应对提出的最优方案进行审查、计算和分析，考核其选择是否正确；对于未提出最优方案的项目，应从几种不同的可行性方案中选出最优方案。

当可行性研究报告中提出一个可行性方案时，银行评估人员应向企业了解是否有其他方案，并根据项目产品的市场需求调查和预测、投入物和生产条件的分析，再经过规模经济的分析，肯定原来的方案或提出更好的方案。

3. 项目规模评估的方法

对项目拟建规模评估主要是对各种不同规模方案进行评选分析，其主要方法有两类。

第一类是效益成本评比法。主要是将各方案的经济效益或成本进行比较，选取经济效益最高或成本最低的方案。这类评比的具体方法有：盈亏平衡点比较法、净现值比较法和最低成本分析法。

第二类是多因素评比法。主要是将各类方案的各种因素进行综合考虑比较，从中选择大部分（或主要）因素比较好的方案。此外，还可以采用决策树分析法、数学规划等方法来进行不同生产规模的多方案评选。

6.2.5 原辅料供给分析

原辅料供给分析是指项目在建成投产后生产经营过程中所需各种原材料、辅助材料及半成品等的供应数量、质量、价格、供应来源、运输距离及仓储设施等情况的分析。每个项目所需的原辅料是多种多样的，在项目评估阶段，银行没有必要对项目所需的全部原辅料进行分析评估，应着重对几种主要的或关键的原辅料的供给条件进行分析评价。

原辅料供给分析主要包括下列内容。

（1）分析和评价原辅料的质量是否符合生产工艺的要求

在评估时，对所需要的主要原辅料的名称、品种、规格、化学和物理性质以及其他质量上的要求加以了解。一般来说，投入物的质量性能特征对特定项目的生产工艺、产品质量和资源利用程度影响极大，因此，还必须分析其是否符合特定项目对这些投入物在质量和性能上的要求。

（2）分析和评价原辅料的供应数量能否满足项目的要求

对于工业项目来说，如果所需原辅料没有稳定的来源和长期的供应保证，其生产将会受到极大影响。在评估时，应根据项目的设计生产能力、选用的工艺技术和使用的设备来估算所需原辅料的数量，并分析预测其供应的稳定性和保证程度。

（3）分析和评价原辅料的价格、运费及其变动趋势对项目产品成本的影响

一般来说，项目主要投入物的价格是影响项目经济效益的关键因素之一，所以不但要观察主要投入物价格目前的变化动向，还要预测其未来的变化趋势。要充分估计到原辅料供应的弹性和互补性，以保证原辅料的合理替换和选择，这实质体现了资源优势利用加工工艺的经济合理性。另外，项目所需主要原辅料运输费用的高低，对项目生产的连续性和产品成本的高低都有很大的影响。运输费用的高低与运输距离的长短及采用的运输方式是密切相关的，所以就地取材、缩短距离和采用合理的运输方式，将有助于降低运输费用，从而也会降低产品成本。为此，在评估时，应分析计算其运输能力和运输费用，以作出正确的评价。

（4）分析和评价原辅料的存储设施条件

原辅料供应条件应包括合理储备量。在评估时，应分析拟建项目存储设施规模是否适应生产的连续性，其原辅料的储备量是否合理。

总之，银行分析评估原辅料的供应条件的目的是分析项目的主要投入物是否符合项目的要求，来源是否稳定可靠、价格是否经济合理，从而进一步分析评估项目的生产是否具有连续性和稳定性，为项目贷款提供决策依据。

6.2.6 技术及工艺流程分析

银行对项目进行技术及工艺流程分析就是分析比较项目的设计方案、生产工艺和

设备造型等内容，分析和评估项目生产规定产品的技术方案是否为最佳技术方案，分析和评估项目的生产（服务）过程是否在最经济的条件下得以实现。

1. 产品技术方案分析

产品技术方案分析，就是分析项目产品的规格、品种、技术性能以及产品的质量。建设项目建成投产后，成为商品的生产者和经营者。企业产品的规格、品种、技术性能以及产品的质量对企业的生存和发展具有举足轻重的影响。因此，技术分析中对产品方案的分析和评估必须在了解国内外现状的基础上进行。

产品技术方案分析一方面要分析产品方案和市场需求状况，另一方面要分析拟建项目的主要产品和副产品所采用的质量标准是否符合要求。分析产品的质量标准，应综合考虑市场需求、原料品种、工艺技术水平、经济效益等因素，并将选定的标准与国家标准、国际常用标准进行对比。

产品选择应建立在市场调查和科学需求预测的基础上，使拟建项目选择的产品在投产后进入市场时能适销对路，保证企业获得预期的经济效益。由此可见，项目产品选择的好坏，将直接影响或决定企业的生存与发展。

2. 工艺技术方案评估

工艺技术方案的分析评估是投资项目技术可行性分析的核心，工艺技术设计标准的好坏和高低，对整个项目的设立及执行有决定性影响。对项目工艺技术方案进行分析评估的目的就是要分析产品生产全过程技术方法的可行性，并通过不同工艺方案的比较，分析其技术方案是否是综合效果最佳的工艺技术方案。

对生产工艺进行评估，首先要熟悉项目产品国内外现行工业化生产的工艺方法的有关资料，研究各种生产方法的技术特点，具体分析其优点和缺点。对所收集到的资料和数据的完整性、可靠性、准确性进行研究，分析国内外同类项目技术与装备的发展趋势和引进技术、装备的消化和吸收能力。在充分掌握信息的基础上，对可行性研究报告所提出的工艺方案进行分析评估。

银行在进行工艺技术方案的分析评估时，必须从以下几个方面来考虑。

（1）工艺技术的先进性和成熟性

若生产工艺技术不成熟，将会给整个投资项目的未来生产留下隐患，甚至造成重大的浪费与损失，此类案例在过去的经济建设中很多。新技术、新工艺进入工业生产领域前，必须经过试验阶段。只有在试验阶段解决了各种技术应用问题，经过权威机关综合评价和鉴定之后，才能投入工业化生产。

（2）工艺技术的原材料适应性

工艺技术的选择同原材料（特别是主材料）的选择有极大关系，在某些情况下，原材料对工艺选择有着决定性影响。不同的工艺所需的原材料不同，相同的产品由于工艺不同，对原材料的要求也可能不一样。

（3）工艺技术方案是否能保证产品质量

项目投资的目的就是满足市场的需求，而市场对产品性能和质量的要求越来越高。而产品的质量主要是由原料和工艺所决定的，因而采用的工艺技术必须能够达到设计要求的产品质量标准，在进行工艺对产品质量保证程度的评价时，一是要通过各种介绍资料观察对比工艺对产品使用价值的影响，二是要查证、核实、对比、衡量产品质量的各种参数，分析其工艺是否符合对原料和配套设施的要求。

（4）产业基础和生产技术水平的协调性

技术方案的选择必须考虑到区域产业基础和生产技术水平，通过寻找能够与区域产业基础和行业技术水平有效衔接的工艺技术方案，来保证项目的正常运作。区域产业基础与行业技术水平往往具有对应关系，工艺技术方案的确定必须考虑企业上下游相关产业的技术承接能力和相关部件、产品的配套能力。合理的工艺技术方案选择应当能够使企业在一定的区域和行业中，既能够利用相对较高的技术水平保持一定的竞争优势，又不会因为技术水平过高而陷入技术过剩和技术孤立的境地。

（5）工艺技术的经济合理性

在分析工艺方案时，必须结合本地区经济发展水平和资源条件，对不同工艺方案的自动化水平和机械化程度所产生的经济合理性进行分析评估。对于资本充足、劳动力稀缺的发达地区，选择自动化和机械化程度高的高新技术方案具有经济上的合理性；相反，对于经济发展较为落后的地区来说，由于具有资本要素稀缺、劳动要素丰裕的特点，所以大量使用节省劳动要素的高新技术是不经济的。

（6）技术来源的可靠性和经济性

工艺方案是制造产品的技术保证，其技术来源应当可靠。同类型的不同工艺方案，其产品质量都可能满足设计的要求，但所获得的经济收益并不一样，其原因就在于各种工艺技术方案的工艺技术营运成本不同。工艺技术营运成本包括原材料及能源消耗费、维护运转费、人员工资、工艺设备及厂房折旧费。

（7）工艺技术实施的可行性

一定的工艺技术总是在一定的条件下实施的，有些行业的工艺技术在实施过程中没有特殊要求，但是有些行业的工艺技术对实施条件的要求却十分严格。在分析评估中，要检查核实工艺对实施条件有何具体要求，并分析可行性研究报告中是否采取了相应措施，分析项目是否可以顺利实施和投产。

（8）工艺技术实施对生态环境的影响

要分析项目所选择的工艺技术方案是否注意环境保护，是否将保护环境或避免破坏环境的措施列入其设计程序之中，是否采用产生最少排放物的生产程序和技术，分析项目对环境所造成的负担是否降到最低点。

总之，在进行工艺技术方案的分析时，要分析工艺技术方案的选择是否与社会发

展目标相符合。对于我国来说，采用适用的先进技术，不仅包括工业发达国家正在应用的成熟技术，而且还应包括其正在兴起的新兴技术，在不同部门和地区合理搭配使用，以保证在充分合理有效地利用现有资源的条件下，促进国民经济的较快发展和实现最佳经济效益。

3. 设备评估

对设备进行评估，就是要对投资项目设备的适应性和先进性进行评估，研究项目所需要设备的型号、规格、数量和来源等能否满足项目的生产能力、技术装备水平及能耗和物耗指标的要求。设备的选择要综合考虑技术上是否先进和经济上是否合理等，力求统筹兼顾。

设备的选择要根据实际情况区别对待。设备的选择一般取决于生产工艺流程和生产规模的要求，以及对设备在技术、工艺等方面的要求。设备选择评估的主要内容一般有以下几个方面。

（1）设备的生产能力和工艺要求

采用的设备要符合工艺的要求并具有较高的生产率，其生产能力应与拟建项目的设计生产能力相吻合。

（2）选择的设备具有较高的经济性

选择的设备在能满足生产工艺对设备功能要求的前提下，其所需的活劳动和物化劳动的消耗指标低于或等于拟建项目规定的指标。设备的经济性可运用运营成本比较法和费用效率分析法计算确定。

（3）设备的配套性

设备的配套性是指相关设备、器具之间的数量、各种技术指标和参数的吻合程度。分析评估设备的配套性，既要研究设备数量的相互吻合程度，又要分析各个项目设备之间，设备与配套器具及辅助条件之间在技术水平上是否适应。

（4）设备的使用寿命和可维护性

考虑设备的使用寿命应结合项目所在行业的技术发展趋势和技术更新周期。对设备使用寿命的评估主要考虑三个方面的因素。

①设备的物质寿命。设备的物质寿命是指设备在使用过程中由于物理和化学的作用，导致设备报废而退出生产领域所经历的时间。

②设备的技术寿命。设备的技术寿命，是指设备从开始使用，直至因技术落后而被淘汰为止所经历的时间。

③设备的经济寿命。设备的经济寿命是指设备在经济上的合理使用年限，它是由设备的使用费决定的。当设备使用到一定阶段或一定程度时，零部件陈旧老化需要高额的使用费来延长其寿命，导致投入大于产出，经济上不合算。评估设备的寿命时，只能对项目的主要设备进行分析研究，在其他条件相同的情况下，设备的寿命越长，

其经济性越好。

（5）设备的可靠性

设备的可靠性是指设备在规定时间内和规定条件下，完成规定功能的能力，一般用可靠度来衡量。选择有较高可靠度的设备，可以满足生产工艺要求，连续不断生产出高质量的产品，避免设备故障可能带来的重大经济损失和人身事故。

总之，银行对项目的设备选择进行分析评估，就是要分析项目的设备选择是否符合项目的顺利发展，是否能给项目带来很好的收益。

4. 工程设计方案的评估

银行对工程设计方案进行分析和评估，就是要分析工程设计方案是否经济合理，是否符合项目的总体发展。对工程设计方案的分析评估可以从以下两个方面进行分析。

（1）总平面布置方案分析

项目总平面布置方案是以项目总平面图表现的。项目总平面图按一定比例绘制而成，在图中应标明：各种建筑物、构筑物的位置和尺寸；各种主要设备和装置的布置，与场外路网和运输设施的连接点；场内水、电、煤气、排水、电话等管线的布置，与场外管线的连接点；为将来发展而预留的扩建区。

在技术评估时，应分析总图布置的合理性，主要应从以下几个方面分析：是否满足生产工艺流程流畅；是否符合国土规划、土地管理和城市规划的要求；布置是否紧凑，能否适应场内外运输的要求；是否符合卫生、安全要求；能否节约用地、节约投资；是否经济合理。

总平面图的经济合理性是通过一系列的技术经济指标反映出来的，如土地利用系数、建筑系数、绿化系数、占地面积分析以及土石方量等。

（2）主要工程设计方案分析

主要工程设计方案是指土建工程设计方案。土建工程包括：地基工程、一般土建工程、工业管道工程、电气及照明工程、给排水工程、采暖工程及通风工程等。土建工程的内容是非常广泛的，在项目的投资费用中所占的比例较大，在评估时应认真分析其主要工程内容，并估算其主要工程量。

①建筑工程方案分析。建筑物的平面布置和楼层高度要适应工艺和设备的需要，正确选择厂房建筑的层数和层高，按工艺要求合理布置设备，按车间设备的平面布置安排柱网和工作空间。

按照实用、经济的原则选用建筑结构方案。根据生产工艺和设备的需要、厂房的大小和项目所在地的具体条件合理选用。

在评估时，应判别项目适应的建筑标准。若项目采用的标准过高，将造成不必要的浪费；标准过低，则既不安全又会降低使用质量。

②施工组织设计分析。

● 施工方案分析。施工方案分析是指对主要单项工程、公用设施、配套工程的施工方法和工程量的估算。要重点分析影响施工进度和工程质量的关键工程部位的施工方法。对工程量的分析应以相应的额定标准为依据来进行。在明确全部单项工程实施方法的基础上，制订整个项目的施工方案。

● 施工进度分析。项目的实施进度计划常用的两种表现形式为：一种是横道图，另一种是网络图。对施工进度的分析主要是分析各工序之间的时间安排和衔接是否合理、均衡。

● 施工顺序分析。一般地，投资项目可划分为很多单项工程，而单项工程也可划分为较多的分部分项工程，如何安排它们之间的施工顺序并在此顺序的基础上安排时间，就构成了施工进度计划的主要内容。

● 建设材料供应计划分析。建设材料供应计划应主要根据施工进度计划的要求确定，即应根据施工进度计划的要求，确定建筑材料、施工机械、设备、生产工艺设备以及各种劳动力供应调配计划。

总之，技术评估是一项非常复杂、专业性强的工作。要做好项目技术上的分析和评估，必须做到：

● 配备一定数量的具有一定专业水平的技术专家或技术人员。

● 评估人员必须深入实际，调查研究项目的技术与设计方案，听取企业、主管部门以及负责可行性研究技术人员的有关意见，避免主观臆断。

● 认真核实各项技术方案指标，包括技术指标、投资指标和经营费用指标，看其内容是否合理，计算范围是否统一，各项数据是否正确，可供选择的方案是否具有可比性等。

● 搞好方案的定量分析，进行备选方案的综合技术评估，这是最关键的评估环节。

● 对大型项目，特别是现代化的联合企业，应通盘考虑由于该项目的兴建所带来的一系列新的技术问题、经济问题、社会问题，从宏观上搞好多层次的技术评估，帮助企业从发展国民经济角度考虑技术问题。

6.2.7 项目建设和生产条件分析

银行对项目环境条件进行分析就是要对拟建项目的人力、物力、财力等资源，以及相关协作配套项目和环境保护工作等方面进行审查分析，并且在此基础上对厂址选择、总体方案、项目工程进度安排的合理性及是否符合国家有关部门的规定和要求等作出定性结论和提出建议，分析项目的环境条件是否对项目的顺利发展提供了有力的保障。

项目的环境条件主要包括项目的建设条件和生产条件，既有项目自身系统的内部条件，又有为其配套协作的外部条件；既有可以控制的静态的稳定条件，又有较难掌握的动态的不确定性条件。因此，在进行项目环境条件的分析时，要把注意力放在较难掌握的不确定性因素和相关项目的分析上。

1. 项目建设条件分析

建设条件分析主要是审查拟建项目是否具备建设条件及其可靠性。拟建项目的建设条件包括项目自身的内部条件和客观存在的外部条件。

内部条件是指拟建项目的人力、物力、财务资源条件。人力资源是指技术力量和劳动力的来源及人员培训方案等情况；物力资源是指拟建项目工程建设所必需的建筑材料及采购供应和管理等情况；财务资源是指拟建项目的资金来源及筹措方案情况。

外部条件是指建筑施工条件、相关项目的协作配套条件以及国家规定的环境保护条件。

对于上述条件，不同行业项目的建设根据其特点有不同的要求。因此，在评估时要抓住对建设项目起主导作用的条件进行评估。

（1）财务资源分析

财务资源分析主要分析项目筹资方案能否及时供应足额资金，并与建设工程进度相适应。

对于各种渠道来源的资金，要求逐项落实，特别是多家筹资共同兴建的项目，必须对参与投资的各家逐一落实，以共同签订的协议为准进行方案的比较选择。

（2）厂址选择条件分析

厂址选择条件分析是指围绕项目是否符合有关厂址选择的条件所作出的综合分析。厂址选择条件既是建设条件又是生产条件，从某种意义上讲，厂址选择条件是项目建设和生产条件的核心内容。厂址选择问题是投资决策的重要一环，必须从国民经济和社会发展的全局出发，运用系统观点和方法来分析评价，最终达到资源的合理配置。

建厂地区的选择要综合考虑地理条件、项目方针、当地的基础结构和社会经济环境，并充分利用原有的工业基础。

（3）相关项目分析

相关项目是指由拟建项目引起的，并与建设、生产、流通、耗费有联系的原材料、燃料、动力运输和环境保护等协作配套项目。

相关项目分析最重要的问题就是分析项目建设方案是否同步。相关项目的同步建设是我国经济建设中出现的一个大问题。若投资项目与相关项目建设不同步，既影响项目自身效益的发挥，又影响整个国民经济的效益。审查投资项目的建设是否同步，是项目建设条件评估的重要内容。

（4）交通运输条件分析

交通运输条件关系到项目和生产物资能否顺利集聚、供应，以及产品能否顺利分销。因此，交通运输条件是项目建设和生产的关键环节。

运输条件包括厂内、厂外的运输方式和设备；装、卸、运、储环节的能力；各类物资运输量和运输距离。运输条件分析就是要分析运输方式的选择是否合理、运输设备是否安全可靠、运输环节是否连续协调，以及运输距离是否经济合理等。

（5）环境保护方案分析

对工业项目而言，必须要进行环境保护方案分析。在对环境保护方案进行分析时应抓住以下几个环节。

①审查环境影响报告。审查可行性研究阶段是否全面分析了项目建设对周围环境产生的影响，是否提出了环境影响报告书；报告书是否能获得生态环境部门或有关部门审查批准；在报告书中是否提出了具体治理对策，应特别注意是否对生产过程中的污染源提出了科学可靠的控制方案。

②审查治理方案。审查对投入物、燃料和原材料的使用是否安排了处理措施，是否采取了治理措施；审查设计任务书中的治理技术是否合理可靠，经治理的各种污染物的排放量是否低于国家生态环境部门规定的排放量。

③审查建设总投资与总设计。在总投资中是否包括环保工程的相关投资，是否单独列项，来源有无保证；在总体设计中是否坚持了环保工程与主体工程同时设计、同时施工、同时竣工使用的方针。

④分析环境保护的经济性。环境保护的经济性是指为了治理环境所付出的经济代价与不治理环境而造成的经济损失之间的一种对照关系，通常用治理环境所获得的成效与所付出的代价之比等指标来衡量。

2. 项目生产条件分析

项目生产条件分析主要是指项目建成投产后，对生产经营过程中所需要的物资条件和供应条件进行的分析。

不同行业、不同性质、不同类型的建设项目的生产特点是不同的。因此，建成投产后，生产经营过程中所需生产条件也不完全相同。在分析时，要抓住不同类型项目最本质、起主导作用的需求功能，有重点地审核关键性的指标和有关问题。

（1）资源条件分析

资源是项目存在的物质基础。资源的内容非常广泛，项目资源条件分析中的资源是指狭义的资源，即项目所需的能够为工业生产提供原材料和能源的自然资源，如各种矿产资源、土地资源、水资源及各种能源等。资源条件分析就是为了使项目能最大限度地利用资源，结合本地区的资源条件特点，通过对资源的分布、储量、开采利用的可能性和经济性等所进行的分析评价。

（2）原材料供应条件分析

原材料供应数量要满足项目生产能力的需要，应根据项目设计生产能力、选用的工艺技术和设备性能来估算项目所需的基本材料和投入数量。原材料的供应须包括在加工过程中的物料损耗量，还须判断供应来源的可靠性。

原材料的质量性能直接影响建设项目的生产工艺、产品质量和资源利用程度。所以，要对主要原材料的名称、品种、规格等加以了解，分析具体项目对各种投入物在质量和性能特征上的要求。

原材料作为项目的投入物，其价格及其供应来源的可靠性直接关系到项目成本及经济规模。通过对主要原材料的价格变动作趋势分析，以预测供求情况。估计原材料的供应价格弹性和互补性，如果是须进口的原材料还应注意汇率和税率变化，这些对于控制项目成本和保证资源优化利用有重要意义。

（3）燃料及动力供应条件分析

燃料及动力是项目建设和生产过程中的基本要素和重要的物质保证。建设和生产中所需的燃料通常有煤炭、石油和天然气等，所需动力主要有电力和蒸汽等。

燃料及动力供应条件分析主要包括以下内容。

①分析和评价项目所需燃料的需求量能否得到满足。首先要依据产品生产过程、成本、质量和区域环境对所用燃料的要求来选择燃料种类。其次要分析燃料的供应政策，供应的数量和质量，以及来源和供应方式。如果是消耗大宗燃料的项目，还要落实燃料的运输及储存设施。

②分析和评价供水条件。工业用水范围是极为广泛的，而且用水量也较大。在项目评估时，根据项目对水源、水质的要求，计算出项目的用水量，再结合当地的供水价格，分析耗水费用对产品成本的影响。

③分析和评价供电条件。电力是供应生产的主要动力，耗电量大而又要求连续生产的工业项目，需要分析估算项目最大用电量、高峰负荷、备用量、供电来源，还要按生产工艺要求计算日耗电量、年耗电量以及对产品成本的影响，要尽可能保证动力供应的稳定性。

④交通运输和通信条件分析。交通运输条件不仅直接影响项目的建设进度，而且也直接影响着生产过程的连续性，与整个项目的经济效益水平密切相关。

生产期交通条件的分析主要侧重于对物资运输所需的交通条件进行分析，其基本原理和方法与建设交通运输分析基本相同。

通信条件是指电话和网络系统，它是现代生产系统顺利运转的保证条件之一。在分析时，应考察通信设施能否满足项目的需要。

⑤外部协作配套条件和同步建设分析。外部协作配套条件是指与项目的建设和生产具有密切联系、互相制约的协作企业，如为项目生产提供半成品、零部件和包装物的上游企业与接收项目产品的下游企业等。

同步建设是指项目建设、生产需要和交通运输等方面的配套建设，特别是大型项目，应考虑配套项目的同步建设和所需要的相关投资。

6.2.8 环境影响分析

环境影响分析是指审查分析项目在生产建设过程中是否会排放污染物或造成新的污染源，对环境造成什么影响，采取了哪些相应措施，这些措施是否达到《环境保护法》的要求和符合哪些环境保护标准。

1. 项目可能造成环境污染和后果

环境污染包括自然环境污染和社会环境污染两个方面。自然环境污染主要是指人类社会生产活动对空气、土壤、河流和森林等的破坏。而社会环境污染主要是指城市膨胀、交通拥挤、垃圾堆积等。环境影响分析主要是指对自然环境污染治理措施的审查分析。

（1）项目可能造成环境污染的因素

①项目投产后，生产过程中排放的废水、废气、废渣（"三废"）等污染物。废水是工业生产过程中的液态排放物，如造纸厂、化工厂、电子工业等所排放的废水，都含有对人体或其他生物有害的物质。废气是工业生产过程中的气态排放物，对大气造成污染，从而影响人类活动和动植物正常生长。尽管大气环境本身有净化能力，但当排放的气体污染物的数量和浓度超过了大气的净化能力时，就会对人类和生物构成危害。废渣包括矿山的废弃开采物、炉渣、粉煤灰等。废渣的大量排放除了直接影响当地人们的生活环境外，有些废渣污染物随河流、雨水冲刷渗入土壤，还会造成更大范围的污染。

②项目投产后所用能源导致的污染。如煤、石油、天然气等燃烧产生的硫的氧化物、氮的氧化物、烃类、一氧化碳和颗粒粉尘等。这些污染物除了危害人类呼吸系统外，还以酸雨形式返回地面，影响生物生长和污染江河水体与土壤。

（2）项目可能对环境污染造成的后果

①土壤遭到破坏。除了影响农作物产量和质量外，有害物向果实渗透，可能引起人类慢性中毒。

②河流遭到破坏。如向河流里排放了污染物，可导致生物灭亡和水产品不能食用，下游人们饮水受到危害。

③水质下降。地面和水系长期排放污染物的结果将不断污染水源，造成生活生产用水质量下降。

④气态污染物将直接影响人们的健康和人类生存安全。

2. 项目环境影响分析的内容

①审查分析项目是否对其可能对环境产生的不良影响进行全面分析并采取相应措

施。项目在生产建设中，产生污染物是不可避免的，事先应进行分析预计，并采取治理措施，以防止或减轻污染物对环境的破坏。

②审查分析项目污染治理技术是否科学可靠。污染物的治理对技术的依赖性很强，应对治理技术的可靠性进行分析，对技术上没能解决污染问题的项目，则应建议采用其他生产工艺以避免污染环境。

③审查分析治理后是否达到环保部门的规定。完全消除项目环境污染几乎是不可能的，应该把项目环境污染控制在不对环境造成危害的程度上。

在项目评价时，应以国家颁布的有关标准为依据，检查项目造成的环境污染经治理后能否达到标准要求，能否保证环境的质量。

④审查分析环保资金落实情况。环保资金得不到落实和保证，就难以达到治理污染的目的。另外，也应分析环保资金使用安排是否合理，是否做到保证污染治理工程与项目主体工程同时进行，并确保同时建成，同时投入使用。

6.2.9　项目组织与人力资源分析

高效、精简的运作组织和合理的人员配备，特别是关键岗位人员的良好素质是保证项目成功实施和运作的重要条件。组织和管理评估就是围绕项目的组织机构设置，对组织机构所作出的企业组织是否合理和有效进行综合分析评价。人力资源分析是指对企业的人力资源选择、来源、招聘与培训等总体规划进行详细论证与考察。因此银行对项目的组织和人力资源进行分析是十分有必要的。

1. 项目组织机构分析

组织机构是项目实施的"软件"部分，项目目标达到的程度如何与组织机构水平及其管理人员的能力密切相关。对项目的组织机构条件进行评估，就是要了解与项目实施有关的机构现状，即是否存在着实施项目必需的机构体系；如果已经具备，它能否满足项目的要求；对项目的组织机构提出加强和改善的建议，以保证项目目标的实现。项目的组织机构概括起来可以分为三大部分：项目的实施机构、项目的经营机构和项目的协作机构。

（1）项目实施机构的分析

项目的实施机构在我国通常称为项目的建设单位，由它负责项目方案的准备、挑选、报请上级机关审批，以及项目的建设过程（包括设计、施工、设备购置安装等），虽然建设单位不一定具体承担建设工作，但对整个建设过程负责。

对项目实施机构的分析主要从以下几个方面进行。

①机构的设置。为了实现项目的目标，需要有专门的机构承担项目工作，对于新建项目来讲，无疑需要成立一个全新的机构。而改建、扩建项目，由于存在着原有企

业或组织的基础，可以由原企业负责。机构设置并不是一个简单的各类专业人员的拼凑过程，在设置以前首先要明确是否有必要为了项目的建设设立新的机构。机构设置的出发点应该是高效率、高质量地完成项目建设工作，与此相违背的做法都是不利的。

机构设置的关键之一是如何使项目实施机构具备管理项目的能力，并且使这种能力持久地保持下去，随着经济的发展仍不失其活力。项目实施机构除了项目管理班子以外，还应该建立相应的规章制度，如合理的会计制度、工资制度、奖励制度等，以充分发挥项目人员的积极性，使项目目标通过有机的机构体系贯彻到每一位职工的本职工作中去，由每一位职工为项目的发展反馈有效信息。

②项目实施机构的人员配备和培训。项目实施人员的配备，既要包括经验丰富的老专家、老职工，又要包括处于其事业发展顶峰时期的中年专家和职工，同时还要有一定比例的各专业的新手，在年龄层次和知识层次上的梯度可以保证项目稳妥、持续地沿着既定目标发展。当然，项目的人员配备还要随着经济形势的变化进行调整。对已配备的人员要不断地进行知识更新，这也是非常重要的。

项目实施人员的培训，尤其是对管理人员和技术人员的培训，有助于不断提高其工作人员的素质，也有助于不断改进工作方法，提高工作质量。对于正确决策，及时把握项目新的发展机会、延长项目寿命期等都大有益处。

③项目新技术推广使用机构的设置。项目开发一般与新技术的推广使用密切相关，在农业开发项目上这个特点表现得尤为突出。我国农村传统的方法一般占统治地位，新品种、新方法的使用，需要经过相当长的时期才能被接受，因此，设立必要的推广机构，加快推广进程，可以促进项目效益尽早实现。

④项目实施监督系统的建立。项目的实施过程及实施效果由项目实施机构负责，将项目活动由各职能部门所管辖，就能形成项目内部的相互监督系统，良好的会计核算体系，辅之以计算机技术，可以形成流畅的管理信息传递系统，增加会计部门对决策机构的限制力。另外，对各职能部门活动的及时调查，以及经常性的意见征询活动，都是形成项目实施监督系统的有效途径。

总之，项目实施机构的分析重点是防止机构的扩大化，提高机构实施项目的能力和应变能力，并且使所有机构的活动形成有机的反馈系统，增强项目的生命力。

（2）项目经营机构的分析

项目经营机构负责提供项目实施的成果，由于项目投产以后的经营情况，关系到项目的偿债能力以及项目的预期收益能否实现等问题，在项目的机构分析中仍需要给予充分的重视。项目经营机构的规模应该取决于项目的设计能力，即项目的年产量或提供服务的能力及范围。依照项目的经营程序，如供、产、销等环节，审查项目经营机构的设置是否齐备，能否满足项目的要求，如果在机构和制度方面存在着缺陷，应及时改善。项目经营机构除了按照既定的目标提供服务以外，还应具备根据市场变化而不断改变经营方针、内容和方式的能力，使项目不断发展。

（3）项目协作机构的分析

与项目有关的协作机构大致可以分为三个层次，一是国家发展改革部门和主管部门；二是地方政府机构；三是业务往来单位。根据项目的规模不同，有的与三个层次都存在联系，有的则只与后两个层次存在联系。

①与项目有关的国家机构。我国的国家机构一般担负着制定发展项目政策和规划的工作，对大中型项目有最终决策权。因此，分析与项目有关的国家机构，应首先考虑国家机构制定有关政策的能力及政策的正确与否。其次，国家机构对项目管理往往是多部门同时进行的，因为没有一个项目会仅仅属于某一部门，而不与财政、信贷、物资供应、生态环境保护等部门发生关系。因此，政府制定政策时，应注意各部门机构在政策上的协调性，以免导致相互抵消的结果。

②与项目有关的地方机构。地方机构对中小型项目决策时，除了面临着与国家机构同样的政策问题和地方部门间的协调问题外，还有地方目标与国家目标和项目目标是否一致的问题。一般地，由国家开发的项目，其目标与项目目标容易达成一致；由地方开发的项目，往往从地区角度出发，带有各自地区性目标。因此，应根据需要设置和调整地方机构，提高机构工作人员的素质，加强对项目的中层管理。

③与项目有关的协作单位。实施项目涉及的单位很多，从银行信贷部门、城市规划部门、设计部门、施工部门到物资供应部门、生态环境部门等，无一不从各自的角度出发，共同担负项目的建设任务。与这些单位的关系协调得好，不仅能使项目在各方面达到有关标准、项目建设质量符合要求，而且能加快项目进程；如果协调得不好，则成为工期延误、资金不足、质量效益差的原因。因此，实施项目时，仍有必要对项目有关协作单位进行评价，从整体上考察它们能否满足项目要求。考察的内容主要是这些机构内容是否健全，规章制度是否完整以及机构的工作能力如何等。

2. 人力资源分析

银行对人力资源进行分析，就是要分析项目的人力资源选择结构是否合理、是否符合项目的发展，对项目人力资源的供求和流动情况进行分析评估。

（1）人力资源的选择

对于拟建项目人力资源，可以多方位、多角度地进行配置和组合。不同方位和角度的组合，形成不同类别的人力资源结构。

①人力资源自然结构。人力资源自然结构是以人的自然生理属性进行的人力资源配置，包括人力资源的性别结构和年龄结构。人力资源性别结构和年龄结构反映了拟建项目人力资源队伍最基本、最一般的情况。

②人力资源文化结构。人力资源文化结构是以受教育程度来考察的人力资源组合情况。拟建项目的人力资源文化结构就是拟建项目中具有各种不同文化程度的员工数量及其在拟建项目人力资源总量中所占的比例。它反映了拟建项目拥有的智力情况，

表明拟建项目的人力资本存量。

③人力资源专业技能结构。人力资源专业技能结构是以专业职称、技术等级考察的人力资源组合情况。不同级别的专业职称和技术等级的人员数量及其在拟建项目人力资源总量中的比重，即为拟建项目人力资源专业技术结构，它准确地反映出拟建项目的技术实力。

④人力资源业务或工种结构。人力资源业务或工种结构是指以业务类型或工种组合配置的人力资源结构。一般来讲，拟建项目总是有一定数量和比例的不同工种的工人、工程技术人员、管理人员、服务人员及其他人员。生产人员和非生产人员的数量及其构成比例也是拟建项目人力资源的基本结构。

总的来说，人力资源由数量和质量两个方面构成，其中质量方面较数量方面更为重要。

（2）人力资源的供求预测与流动分析

项目运行过程中的人力资源来源，其基本渠道主要有企业内部和外部两个，社会人才的多元化、劳动力市场的日趋完善和社会教育功能的增强，使企业在运用市场选择机制取得人力资源时，不仅在数量上而且在质量上都有了明显的提高。因此，在取得用人主动权的优势地位之后，企业当前更加重要的就在于正确地预测自身对人力资源的需求，通过有效的分析形成正确的决策。

①人力资源供求预测。人力资源供求预测的主要目的是估计未来某个时期企业对劳动力的需求，这是人力资源规划中较具技术性的关键部分。同时人力资源预测必须考虑劳动力的供给情况。因此，人力资源预测通常包括两项内容：一是企业内部和外部的劳动力需求预测；二是企业内部和外部的劳动力供给预测。

②人力资源流动分析。人力资源的流动是市场经济的特征之一。任何企业都会因人事变化、环境变化以及企业业务量的增减等原因出现退休、离职、辞退以及生老病死等人力资源的流动情况，同时企业也会随时起用新员工，以补充和满足企业对人力资源的需要。以企业人力资源的流动来维持员工队伍的"新陈代谢"，对保持企业组织的效率与活力具有重要意义。

6.3 项目财务分析

项目财务分析是贷款项目分析的核心内容，是在吸收对项目其他方面评估成果的基础上，根据现行的财税金融制度，确定项目评估的基础财务数据，分析计算项目直接发生的财务费用和效益，编制财务报表，计算财务指标，考察项目的盈利能力、清偿能力、抗风险能力等财务状况（对涉及外汇的项目还要进行外汇平衡分析），据以判断项目财务的可行性，为项目贷款的决策提供依据。

6.3.1　项目投资方案评估

项目投资方案评估是指在给定的建设规模、产品方案和工程技术方案的基础上，估算项目建设所需费用；重点审查投资方案构成是否全面、合理，是否存在高估或低估投资规模现象等。项目投资方案评估以定量分析为主，在进行投资估算评估时，应对项目可行性研究报告或初步设计（包括政府有权部门对可行性研究报告、初步设计的批复意见）等文件中所列项目总投资及各分项投资进行评估。

1. 项目总投资构成

项目总投资由建设投资、建设期利息和流动资金三部分组成。

（1）建设投资

$$建设投资 = 工程费用 + 工程其他费用 + 预备费$$

式中：

$$工程费用 = 建筑工程费 + 设备及工器具购置费 + 安装工程费$$

$$工程其他费用 = 土地征用及补偿费 + 建设单位管理费、工程保险费、$$
$$工程监理费、办公及生活家具购置费等费用$$

$$预备费 = 基本预备费 + 涨价预备费$$

式中：

$$基本预备费 = （工程费用 + 工程其他费用）\times 基本预备费率$$

$$涨价预备费 = \sum_{t=1}^{n} I_t \left[(1+f)^t - 1 \right]$$

式中，n 为建设期；I_t 为建设期第 t 年的建设投资；f 为建设期年均价格复合上涨率；t 为第 t 年。

（2）建设期利息

建设期利息指筹措债务资金时在建设期内发生，按规定允许在投产后计入固定资产原值的利息，即资本化利息。

$$项目建设期每年应计利息 = （年初贷款累计金额 + 本年发放贷款总额/2）\times 年利率$$

（3）流动资金

项目流动资金的范围包括项目建成投产后，为维持正常生产经营活动，用于购买原材料、燃料、支付工资及其他经营费用等所需的周转资金。流动资金评估一般采用扩大指标估算法或分项详细估算法。

①扩大指标估算法是参照同类企业流动资金占营业收入或经营成本的比例，或者单位产量占用营运资金的数额估算流动资金。

②分项详细估算法是利用流动资产与流动负债估算项目占用的流动资金。一般先对流动资产和流动负债主要构成要素进行分项估算，进而估算流动资金。流动资产的

构成要素一般包括存货、库存现金、应收账款和预付账款；流动负债的构成要素一般只考虑应付账款和预收账款。流动资金等于流动资产与流动负债的差额。

2. 评估方法

通过对同行业、同规模、同类型项目单位生产能力投资额比较，初步判断项目投资规模的合理性。

按固定资产投资构成、国家和行业定额指标、同地区和同类项目投资及价格资料，逐项审查项目投资内容是否完整，有无重大缺漏项，有无高估冒算、人为压低造价及计算错误等现象发生。

①建筑工程费一般包括主要生产工程、辅助生产工程、公用与服务性工程、生活福利设施等。着重审查项目主要工程及相关辅助工程是否齐全，投资规模与项目工程量、生产规模是否匹配。

②设备及工器具购置费，着重审查设备及工器具是否考虑全面，主要设备价格是否合理。

$$国内设备购置费 = 设备原价 \times (1 + 运杂费率)$$
$$进口设备购置费 = 设备原价 + 进口费用 + 国内运杂费$$

进口费用主要包括国外运费、运输保险费、关税、增值税、消费税等。

③安装工程费，着重审查安装工程费率是否存在明显不合理情况。

④土地征用及补偿费，主要包括土地征用费、土地补偿费、青苗补偿费、征地动迁费、安置补助费及土地使用税等。着重审查各项土地费用是否考虑全面，土地价格与当地经济发展状况、同区域和同用途地价是否相当，有无明显不合理现象。

⑤工程建设其他费用，主要包括工程保险费、监理费、勘察设计费、职工培训费等。审查各项费用是否考虑齐全，所占比例是否合理，其中建设期长、地质结构复杂、建设风险较高的大型基础设施项目（如海港、水库、水电、大型桥梁、山岭重丘区公路建设）应审查工程保险、监理等费用是否考虑齐全。

⑥基本预备费，审查时着重审查基本预备费率取值是否符合国家及有关部门的规定。

⑦涨价预备费，项目建设期内预留的因物价上涨而引起的投资费用的增加额。审查时应注意涨价预备费是否考虑建设期限及国家年投资价格上涨指数。对于建设期限较短、已完工比例高且已完工投资额中未出现预期价格上涨的项目，可不考虑涨价预备费因素。

⑧建设期借款利息，着重审查是否根据项目融资额度、投放进度、建设期限、融资费率等因素综合测算建设期借款利息，如融资方案中包括国外借款，尚须审查是否包括手续费、管理费、承诺费及国内代理机构收取的转贷费、担保费、管理费等。

采用扩大指标法估算流动资金时，参照同类、同规模企业，同类产品生产企业流动资产占销售收入、经营成本的比率，单位产量占用流动资产的比率等指标粗略估算流动资产总额，也可用行业总资产周转率平均水平推算流动资产值，与评估测算的流动资产总额做粗略验证。

采用分项详细估算法测算流动资金时，应根据存货周转率、应收账款周转率等行业或部门标准、平均水平等参数，逐项审查应收账款、存货、现金、应付账款的合理性。

3. 审查应注意的问题

注意审查项目调查及评估报告与可行性研究报告相比，项目投资总额及构成有无较大差距，如有较大差距，则应审查调查或评估部门有无合理解释和依据；如实际动态概算超过原审批动态概算 10%，则应审查其概算调整是否已取得原概算审批单位批准。

在建项目注意审查项目已完成投资额与计划投资额的比较，如存有较大差距，则应在审查中予以揭示，分析造成差距的主要原因，并对项目超概算或低概算做可能性分析。

注意审查是否存在项目业主为规避审批权限，人为分拆项目或缩减投资总额的情况。

根据项目实际情况评价项目投资额变动风险度。一般来说，项目设计程度越深入，投资额变动风险度越低，依初步设计所作的评估投资额较依可研所作的评估投资额变动风险度要低，依可研所作的评估投资额较依项目立项所作的评估投资额变动风险度要低；技术力量好、信誉度高的专业可研设计单位和评估单位所作的投资额变动风险度相对较低；工程建设期越长、地质结构越复杂、工程建设难度越高的项目，投资额变动风险度越高。

6.3.2 项目融资方案评估

项目融资方案评估是通过分析项目建设和生产所需全部资金的来源、构成（含资本/负债比例、长短期负债比例、资本金结构、银行债权融资结构等）、按计划到位的可能性及与项目投资计划的匹配性，评估项目融资方案的合理性、可靠性及对银行贷款的保障能力。

1. 项目资金来源

项目资金来源包括项目资本资金和债务性资金。

项目资本资金是指项目投资人投入、不得抽回且无须偿还的资金。其形式包括股东和财政投入的各类货币或非货币形式的出资。

债务性资金是指项目债权人投入、未来需要偿还的资金。其形式有银行贷款、发

行债券、融资租赁及股东借款等。

2. 评估方法

（1）项目资本金审查

①项目资本金比例审查

固定资产投资项目应满足国家有关资本金制度的规定。我国自1996年起对固定资产投资项目实行资本金制度，国务院先后下发《关于固定资产投资项目试行资本金制度的通知》（国发〔1996〕35号）、《关于调整固定资产投资项目资本金比例的通知》（国发〔2009〕27号）、《关于调整和完善固定资产投资项目资本金制度的通知》（国发〔2015〕51号）和《关于加强固定资产投资项目资本金管理的通知》（国发〔2019〕26号），对我国境内的企业投资项目和政府投资的经营性项目资本金比例提出要求。商业银行在提供融资服务时，应对投资项目资本金来源、比例、到位情况进行审查。

固定资产投资项目资本金比例，还应考虑项目财务风险和债权人风险。通常资本金所占比例越高，项目财务风险越小、对债权人保障越高。对于技术更新迭代快，市场竞争激烈、风险和不确定性较高的建设项目，出于对债权人保护，银行应要求更高的资本金比例。

②项目资本金来源审查

● 财政补助资金

国家财政性补助资金主要包括国债资金、国家重点交通工程交通补助资金、县乡公路交通补助资金、国债贴息等无偿补助资金，可作为符合条件的重大项目资本金，对此项资金来源着重审查补助额度、进度是否已取得国家发展改革委、交通部等有权部门批复，其中国债资金须审查是否确为无偿资金，须偿还的国债资金一般不纳入资本金范畴。

地方各级政府补助资金主要包括地方各级财政国债配套资金、其他财政补助资金等。审查地方承诺的合法性及相关依据，补助额是否经同级人大批准并列入当年财政预算；分析地方财政收支状况，判断及时、足额出资的能力。

● 企事业法人自有资金

新设项目独立法人的，其所有者权益可以全部作为投资项目资本金。审查资本金来源时，应着重查验公司章程、合同、验资报告、营业执照及企业财务报告，审查各股东认缴出资的合法性、出资额及实际到位额。对未到位的资本金，应分析各股东的出资能力和到位进度。

不设项目独立法人的，项目单位应按要求设立专门账户和会计科目，对拨入的资金和投资项目的资产、负债进行独立核算，并据此核定投资项目资本金的额度和比例。不设独立法人的项目，其资本金主要来源于现有企业的所有者权益、项目建设期内企业经营所得（不包括本项目经营所得）、股东增资扩股资金、发行权益工具的筹资等。

对企业所有者权益来源考察，应着重分析其中可用于项目建设的资金，主要包括两个方面，一是企业货币资金中可用于项目投资的资金；二是企业其他资产中可变现用于项目投资的资金。

对企业经营所得来源的考察，应审慎控制其在资本金总额中所占比重，并注意对其建设期内企业既有业务的经营收益稳定性和现金流回笼的可能性予以分析和揭示。

对股东增资扩股来源的考察，应查验验资报告，增资方式、金额，营业执照中注册资本是否已相应变更；分析增资扩股资金中可用于项目建设的资金；未到位的增资扩股资金尚须审查相关投资方的出资承诺、出资方式、出资能力和到位可能性。

对权益工具筹资的审查，通过发行金融工具等方式筹措的资金，按照国家统一的会计制度分类为权益工具的，可以认定为投资项目资本金，但不得超过项目资本金总额的50%。

（2）债务性资金审查

对于债务性资金来源，应调查其筹措数额、筹措方式、筹资成本、筹资计划安排及审批落实等情况。如涉及他行借款，应审查借款审批进度、额度和期限、利率、担保方案及主要贷款条件等，重点考察到位的可能性。对拟通过发行债券筹资的，应审查是否获得有关部门的批准或备案，调查了解发行规模、价格、时间、方法和说明等信息，结合证券市场的运行情况，分析其能否按时完成该部分资金的筹集。

3. 审查应注意的问题

①注意审查筹资总额、方式、到位进度与投资方案、建设计划是否匹配，已投入资金额度、完成投资额、工程进度与原方案是否相符，如有较大差距，应分析原因并在审查中予以揭示。对于已到位的各项资金，必须审查验资报告或相应的资金到位证明及资金使用情况，必要时应对存放资金的账户进行调查。

②注重对未到位资金到位可能性的分析，防止因总投入资金不足引起资金硬缺口和资金到位进度与施工进度不一致引起的资金软缺口。充分估计融资方案在实施过程中，可能出现资金不落实，导致建设工期拖长、工程造价升高、原定投资效益目标无法实现的风险。

③国务院关于资本金比例的规定仅为项目资本金的最低比例，审查时应结合项目效益、还款来源充足性及可靠性、还贷期限、宏观经济及政策趋势等因素，根据贷款风险管理的要求，确定项目资本金的适宜比例。对项目综合效益一般、贷款风险度较高、国家产业政策和信贷政策限制的项目，可要求项目业主提高项目资本金比例；对项目资本金不符合规定比例的，应要求调整筹资方案。

④以实物、工业产权、非专利技术、土地使用权作价出资的，须附有资质的资产评估机构的评估报告，审查作价金额、作价比例是否恰当，相关资产是否确为项目投

资所需并纳入投资总额范畴，该部分资金占项目资本金的比例是否符合国家有关规定。

⑤自筹资金不能混同于自有资金和项目资本金。股东借款、预售房款是借款人筹资方案中常见的资金来源，但均属于债务性资金，不可列入项目资本金范畴。

⑥自有资金不等于项目资本金。自有资金中可用于项目建设的部分才能够构成项目资本金。既有项目法人为维持现有生产经营所必需的营运资金以及有其他特定用途的货币资金（如上市公司从证券市场募集的有其他明确用途的资金），不能作为项目资本金。新建项目法人如有项目外业务，其自有资金也不能等同于项目资本金。

⑦多家金融机构介入同一项目时，应注意与他行沟通，尽可能组成银团贷款；不能组成银团贷款的，应注意审查资本金来源的真实性，控制企业在各行总提款金额不超过项目贷款合理需求额，防止项目资本金占比下降和借款人以项目为平台融资他用。

⑧融资方案中采取浮动利率计息的，要充分考虑贷款利率变动对项目可能造成的风险和损失；对于利用外资的投资项目，应根据币种情况，对汇率变动可能给项目造成的风险和损失充分估计。

6.3.3 项目财务预测分析

项目财务预测是评估项目的盈利能力和清偿能力，并据此判别项目的财务可行性的基础。

1. 财务预测步骤和内容

（1）选取项目预测基础数据与参数

①项目计算期，包括项目建设期和运营期。建设期是指项目资本金正式投入至项目建成投产所需的时间，可按合理工期或预计的建设进度确定。运营期分为投产期和达产期两个阶段。投产期是指项目投入生产，但生产能力尚未完全达到设计能力时的过渡阶段。达产期是指生产运营达到设计预期水平后至运营期结束的期间。

②生产负荷，又称生产能力利用率，是指项目建成投产后各年实际产量与设计生产能力的比值。生产负荷是计算销售收入和经营成本的依据之一。一般按项目投产期和投产后正常生产年份（达产期）分别设定生产负荷。

③价格，包括项目产成品销售的价格和购入原材料、燃料、动力等价格。

④税费，主要包括增值税、消费税、资源税、所得税、城市维护建设税和教育费附加等。

⑤其他，如利率、汇率等。

（2）预测销售（营业）收入

销售（营业）收入是指项目销售产品或者提供服务取得的收入。通常按两种方式进行收入估算。一种是生产主导型项目，根据生产成熟度，估算各年的生产负荷，从而计算销售收入；另一种是销售主导型项目，主要根据市场开发程度，确定各年度销售计划进而估算销售收入。

$$项目收入 = 产品价格 \times 销售数量（销售主导型）$$
$$= 产品价格 \times 设计规模 \times 生产负荷（生产主导型）$$

（3）计算增值税、销售税金及附加

①增值税

$$增值税应纳税额 = 当期销项税额 - 当期进项税额$$

式中：

$$当期销项税额 = 销售收入（不含税）\times 税率$$
$$销售收入（不含税）= 销售收入（含税）/（1 + 税率）$$

②销售税金及附加

销售税金及附加主要包括与项目运营财务关系密切的消费税、资源税、土地增值税、城市维护建设税、教育费附加，具体按照国家现行税收条例执行。

根据现行的增值税制度，企业的会计核算实行价税分离。在货物购进阶段，会计处理上就根据增值税专用发票注明的增值税税额和价款，属于价款部分计入购入物的成本，属于增值税部分，计入进项税额；在销售阶段，如果定价时含税，应还原为不含税价格作为销售收入，向购买者收取的增值税作为销项税额。根据以上原则，产品销售收入和产品成本中都不再含增值税，与之相适应，在利润核算过程中，产品销售税金及附加也不再包含增值税。

（4）评估成本与费用

包括项目总成本费用、经营成本、固定成本与可变成本。其中，总成本费用评估主要用于项目利润分析，经营成本评估主要用于项目现金流量分析，固定成本与可变成本评估主要用于项目盈亏平衡分析。

①总成本费用

总成本费用是指项目运营期内为生产产品或提供服务所发生的全部成本和费用。可采用以下两种方法之一进行估算。

- 生产成本加期间费用法

$$总成本费用 = 生产成本 + 管理费用 + 财务费用 + 销售费用$$

式中：

生产成本 = 直接材料费 + 直接燃料和动力费 + 直接工资 + 其他直接支出
$\qquad$ + 制造费用（包括折旧费、修理费、其他费用）

管理费用 = 公司经费 + 咨询审计费 + 技术转让费 + 无形资产与递延资产摊销
$\qquad$ + 业务招待费 + 坏账损失 + 其他

财务费用 = 经营期汇兑净损失 + 利息净支出 + 金融机构手续费 + 其他

销售费用 = 运输、装卸包装费 + 广告费、销售服务费 + 差旅费、办公费 + 其他

● 生产要素法

$$总成本费用 = 外购原材料、燃料及动力费 + 人员工资及福利费 + 折旧费$$
$$+ 摊销费 + 修理费 + 财务费用(利息支出) + 其他费用$$

②经营成本

经营成本是现金流量分析中所使用的特定概念，是项目现金流量表中运营期不包含利息的实际现金流出。经营成本与融资方案无关，是项目融资前的分析基础。项目经营成本与总成本费用之间关系如下：

$$经营成本 = 总成本费用 - 折旧费 - 摊销费 - 财务费用$$

③固定成本与可变成本

固定成本是指不随产品产量及销售量的增减发生变化的各项成本费用，主要包括非生产人员工资及福利费、折旧费、无形资产及长期待摊费用摊销费、修理费、办公费、管理费等。

可变成本是指随产品产量和销售量增减变化而成正比例变化的各项费用，主要包括原材料、燃料、动力消耗、包装费、生产工人工资及福利费。

（5）计算项目利润

$$利润总额(年) = 销售（营业）收入 - 税金及附加 - 总成本费用 + 补贴收入$$
$$税后利润 = 利润总额 - 所得税额$$
$$息税前利润 = 利润总额 + 利息支出$$
$$息税折旧摊销前利润 = 息税前利润 + 折旧 + 摊销$$

（6）测算项目现金流量

①项目投资现金流量表

$$所得税前净现金流量 = 销售（营业）收入 + 补贴收入 + （回收固定资产余值 + 回收流动资金）_{仅测算期末}$$
$$- （建设投资 + 流动资金）_{仅建设期} - 经营成本 - 税金及附加$$
$$- 维持运营投资$$
$$所得税后净现金流量 = 所得税前净现金流量 - 调整所得税$$

②项目资本金现金流量表

$$净现金流量 = 销售（营业）收入 + 补贴收入 + （回收固定资产余值 + 回收流动资金）_{仅测算期末}$$
$$- 项目资本金_{仅建设期} - 借款本金偿还 - 借款利息偿还$$
$$- 经营成本 - 税金及附加 - 所得税 - 维持运营投资$$

2. 审查应注意的问题

项目建设期应与项目投资计划相对应；运营期应根据产品寿命期（如矿产资源项目的设计开采年限、收费公路的收费年限）、主要设施和设备的使用寿命期、主要技术的寿命期等因素综合确定。

确定项目生产经营期各年的生产负荷时，应考虑原材料、燃料、动力供应、产品市场需求及工艺技术等因素变化对生产负荷的影响和制约。在所有的达产期均按满负荷测算项目财务效益不符合企业生产一般情形时，不能认为是审慎和合理的，审查时应结合行业特点、行业平均生产能力利用率、企业营销措施及销售计划实现的可能性、大修年度对生产负荷的影响以及原材料、燃料、动力供应和工艺技术等因素对生产负荷的制约，按审慎原则，判断各年度生产负荷是否合理。

销售收入的审查主要审查产量和单价的取值是否合理。项目达产年份里，一般以项目设计生产能力的产量作为计算项目销售收入的产量（产品有自用的要扣除），投产初期，项目的实际产量往往低于设计生产能力，要根据项目的实际情况估算投产初期各年的达产率，而不能项目一投产就以 100% 的达产率来估算项目的销售收入。评估产品价格可以在市场调查预测的基础上，参照国内外同样或类似的产品价格来确定，在参照现有的产品市场价格时一定要注意其可比性。

原材料、燃料、动力方面，审查原材料、动力、燃料价格与现行价格（或近年平均价格）相比，价格确定是否谨慎，预测价格是否考虑未来价格变动因素，变动方向、变动幅度是否合理。原材料、动力、水资源消耗量应与企业同类产品、行业平均消耗标准比较分析，判断项目单位产品原料及动力消耗合理性。

工资及福利费方面，应将项目人均工资及福利费与行业及当地人均工资及福利费标准做比较，判断项目人均工资及福利费的合理性；将项目人员定额测算的劳动生产率与行业平均劳动生产率做比较，判断项目人员数额的合理性。

折旧、摊销及修理费用方面，审查相关费用计提是否符合会计谨慎性原则充分提取，折旧方法、年限、残值率是否符合国家、部门（或行业）标准及项目固定资产的特点，大修、小修费用是否考虑充分。

税费审查主要包括以下三方面：项目所涉及的税种是否都已计算；计算公式是否正确；所采用的税率是否符合现行规定。评估时应重点了解税费测算取费标准及减免税优惠依据。

专栏　　　　　　　固定资产价值确认及折旧方法

固定资产原值是指项目投产时（达到预定可使用状态）按规定由投资形成的固定资产的部分。固定资产在使用过程中会受到磨损，其价值损失通过提取折旧的方式得以补偿，在总成本费用中列支。固定资产折旧方法在税法允许的范围内可由企业自行确定。

一、固定资产原值确定

外购固定资产原值包括购买价款、相关税费、使固定资产达到预定可使用状态前所发生的可归属于该项资产的运输费、装卸费、安装费和专业人员服务费等；自

行建造固定资产由建造该项资产达到预定可使用状态前所发生的必要支出构成；投资者投入固定资产按照投资合同或协议约定的价值确定（合同或协议约定价值不公允的除外）。

二、固定资产折旧方法

1. 年限平均法（又称直线折旧法）

$$固定资产年折旧率 = \frac{（1 - 预计净残值率）}{折旧年限} \times 100\%$$

$$固定资产年折旧额 = 固定资产原值 \times 年折旧率$$

2. 工作量法

工作量法通常按照工作小时计算折旧，计算公式如下：

$$每工作小时折旧额 = \frac{固定资产原值 \times （1 - 预计净残值率）}{总工作小时} \times 100\%$$

$$年折旧额 = 每工作小时折旧额 \times 年工作小时$$

3. 双倍余额递减法

$$年折旧率 = \frac{2}{折旧年限} \times 100\%$$

$$年折旧额 = 固定资产账面净值 \times 年折旧率$$

在固定资产折旧到期前两年，要将固定资产账面净值扣除预计的残值后的净额平均摊销。

4. 年数总和法

$$年折旧率 = \frac{折旧年限 - 已使用年数}{折旧年限 \times （1 + 折旧年限） \div 2} \times 100\%$$

$$年折旧额 = （固定资产原值 - 预计净残值） \times 年折旧率$$

例如，固定资产折旧年限若为 4 年，年数总和法下第二年年折旧率为

$$年折旧率 = \frac{4 - 1}{4 \times （1 + 4） \div 2} \times 100\% = 30\%$$

双倍余额递减法和年数总和法是通常采用的两种快速折旧法。

6.3.4 财务分析报表

固定资产项目通常需要编制一些财务辅助报表和财务报表，计算财务分析指标，考察项目的盈利能力、偿债能力、抗风险能力，判断项目的财务可行性。

1. 财务分析报表

《建设项目经济评价方法与参数》（第三版）对固定资产项目提供了一套建议的财务分析报表，商业银行通常会依据其基本原理和方法，根据项目具体情况灵活进行

调整。以下是《建设项目经济评价方法与参数》（第三版）建议的基本报表构成。

（1）基本财务分析报表

①现金流量表，主要包括：项目投资现金流量表，用于计算项目投资内部收益率及净现值等财务分析指标；项目资本金现金流量表，用于计算项目资本金财务内部收益率；投资各方现金流量表，用于计算投资各方内部收益率。

②利润表与利润分配表，反映项目计算期内各年营业收入、总成本费用、利润总额等情况，以及所得税后利润分配，用于计算总投资收益率、项目资本金净利润率等指标。

③财务计划现金流量表，反映项目计算期各年的投资、融资及经营活动的现金流入和流出，用于计算累计盈余资金，分析项目的财务生存能力。

④资产负债表，用于综合反映项目计算期内各年年末资产、负债和所有者权益的增减变化及对应关系，计算资产负债率。

⑤借款还本付息计划表，反映项目计算期内各年借款本金偿还和利息支付情况，用于计算偿债备付率和利息备付率指标。

（2）财务分析辅助报表

①建设投资估算表；

②建设期利息估算表；

③流动资金估算表；

④项目总投资使用计划与资金筹措表；

⑤营业收入、税金及附加和增值税估算表；

⑥总成本费用估算表（生产要素法、生产成本加期间费用法）。

2. 注意事项

（1）项目投资现金流量表和项目资本金现金流量表

根据不同需要，财务分析通常可分为融资前分析和融资后分析。融资前分析是在不考虑债务融资的条件下进行的财务分析，从项目投资总获利能力角度，考察项目净现金流价值是否大于其投资成本。融资前财务分析主要采用项目投资现金流量表进行分析，即将全部投资视为自有资金，用该表计算全部投资的内部收益率、净现值、投资回收期等评价指标，考察项目全部投资的盈利能力。融资后分析是从项目权益投资者角度，考察项目给权益投资者带来的收益水平。融资后分析主要通过项目资本金现金流量表进行分析，即将项目资本金作为现金流出，同时还本付息也作为现金流出，计算项目在扣除经营成本、税收和还本付息后剩余，也就是投资者的权益性收益，从而得到资本金财务内部收益率。

（2）财务计划现金流量表

财务计划现金流量表通过考察项目计算期内的投资、融资和经营活动产生的各项现

金流入和流出，计算净现金流量和累计盈余资金，从而分析项目是否有足够的净现金流量维持正常运营，以实现财务可持续性。一方面，拥有足够的经营净现金流量是项目财务可持续的基本条件，一个项目不能产生足够的经营净现金流量或经营净现金流量为负，项目正常运行势必会遇到财务困难；另一方面，各年度累计盈余资金不出现负值是财务生存的必要条件，在整个运营期间，允许个别年份的净现金流量出现负值，但不能允许任一年份的累计盈余资金出现负值。一旦出现负值时，应实时进行短期融资，且该短期融资应体现在财务计划现金流量表中，同时相关利息也应纳入成本费用和其后的计算。

表 6 - 1、表 6 - 2、表 6 - 3 分别列示了项目投资现金流量表、项目资本金现金流量表和财务计划现金流量表的样例。

表 6 - 1　　　　　　　　　　项目投资现金流量表（样例）

序号	项目	合计	计算期				
			1	2	3	……	n
1	现金流入						
1.1	营业收入						
1.2	补贴收入						
1.3	回收固定资产余值						
1.4	回收流动资金						
2	现金流出						
2.1	建设投资						
2.2	流动资金						
2.3	经营成本						
2.4	税金及附加						
2.5	维持营运投资						
3	所得税前净现金流量（1 - 2）						
4	累计所得税前净现金流量						
5	调整所得税						
6	所得税后净现金流量（3 - 5）						
7	累计所得税后净现金流量						

计算指标：
项目投资财务内部收益率（%）（所得税前）
项目投资财务内部收益率（%）（所得税后）
项目投资财务净现值（所得税前）（i_c = %）
项目投资财务净现值（所得税后）（i_c = %）
项目投资回收期（所得税前）
项目投资回收期（所得税后）
注：调整所得税是以息税前利润为基础计算的所得税，区别于利润与利润分配表、项目资本金现金流量表、财务计划现金流量表中的所得税。

表 6 – 2　　　　　　　　　　**项目资本金现金流量表（样例）**

序号	项目	合计	计算期				
			1	2	3	……	n
1	现金流入						
1.1	营业收入						
1.2	补贴收入						
1.3	回收固定资产余值						
1.4	回收流动资金						
2	现金流出						
2.1	项目资本金						
2.2	借款本金偿还						
2.3	借款利息偿还						
2.4	经营成本						
2.5	税金及附加						
2.6	所得税						
2.7	维持营运投资						
3	净现金流量（1 – 2）						

计算指标：

资本金财务内部收益率（%）

表 6 – 3　　　　　　　　　　**财务计划现金流量表（样例）**

序号	项目	合计	计算期				
			1	2	3	……	n
1	经营活动净现金流量（1.1 – 1.2）						
1.1	现金流入						
1.1.1	营业收入						
1.1.2	增值税销项税额						
1.1.3	补贴收入						
1.1.4	其他流入						
1.2	现金流出						
1.2.1	经营成本						
1.2.2	增值税进项税额						
1.2.3	税金及附加						
1.2.4	增值税						

序号	项目	合计	计算期				
			1	2	3	……	n
1.2.5	所得税						
1.2.6	其他流出						
2	投资活动净现金流量（2.1－2.2）						
2.1	现金流入						
2.2	现金流出						
2.2.1	建设投资						
2.2.2	维持运营投资						
2.2.3	流动资金						
2.2.4	其他流出						
3	筹资活动净现金流量（3.1－3.2）						
3.1	现金流入						
3.1.1	项目资本金投入						
3.1.2	建设投资借款						
3.1.3	流动资金借款						
3.1.4	债券						
3.1.5	短期借款						
3.1.6	其他流入						
3.2	现金流出						
3.2.1	各种利息支出						
3.2.2	偿还债务本金						
3.2.3	应付利润（股利分配）						
3.2.4	其他流出						
4	净现金流量（1＋2＋3）						
5	累计盈余资金						

6.3.5　项目盈利能力分析

项目的盈利能力分析主要通过财务内部收益率、财务净现值、净现值率、投资回收期、投资利润率、投资利税率和资本金利润率等七个评价指标进行，下面分别介绍这七个指标的含义和计算方法。

1. 财务内部收益率

使项目在计算期内各年净现金流量累计净现值等于零时的折现率就是财务内部收益率，财务内部收益率是反映项目获利能力的动态指标，其计算表达式为

$$\sum_{t=1}^{n} (CI - CO)_t (1 + FIRR)^{-t} = 0$$

式中，CI 为现金流入量；CO 为现金流出量；n 为计算期；$FIRR$ 为财务内部收益率。

财务内部收益率可通过财务现金流量表现值计算，用试差法求得。一般来说，试算用的两个相邻折现率之差最好不要超过 2%，最大不要超过 5%。线性插值计算公式为

$$FIRR = i_1 + (i_2 - i_1) \mid NPV_1 \mid / (\mid NPV_1 \mid + \mid NPV_2 \mid)$$

式中，i_1 为试算低的折现率；i_2 为试算高的折现率；NPV_1 为低折现率的净现值（正值）的绝对值；NPV_2 为高折现率的净现值（负值）的绝对值。

将求出的 $FIRR$ 与期望收益率、基准收益率或行业收益率进行比较，若 $FIRR$ 大于所选定的判别标准，则项目就可以接受。

【例 6-1】某项目的净现金流如表 6-4 所示，试计算其财务内部收益率：

表 6-4　　　　　　　　　　　　项目净现金流

年份	0	1	2	3	4
净现金流量	-100	30	40	40	40

解：财务内部收益率可通过计算机或专用的计算器进行计算。如果用普通计算器进行计算，则必须先找出内部收益率大体范围。就本例而言，经测算，当折现率为 20% 时，净现值为 -4.78；当折现率为 15% 时，净现值为 5.51。由此可以判断本例内部收益率在 15% 和 20% 之间，因此可用 15% 和 20% 作为折现率分别对净现金流量进行折现（见表 6-5）：

表 6-5　　　　　　　　　　　　项目净现金流量

年份	0	1	2	3	4
净现金流量	-100	30	40	40	40
净现值（$i=15\%$）=5.51	-100	26.09	30.25	26.30	22.87
净现值（$i=20\%$）=-4.78	-100	25.00	27.78	23.15	19.29

将上面的计算结果代入财务内部收益率计算公式，求得内部收益率如下：

内部收益率 = 15% + （20% - 15%）× $\mid 5.51 \mid / (\mid 5.51 \mid + \mid -4.78 \mid)$

　　　　　= 17.68%

2. 财务净现值

财务净现值是反映项目在计算期内获利能力的动态评价指标。一个项目的净现值是指项目按照基准收益率或根据项目的实际情况设定的折现率，将各年的净现金流量折现到建设起点（建设期初）的现值之和，其表达式为

$$FNPV = \sum_{t=1}^{n} (CI - CO)_t (1 + i)^{-t}$$

式中，$(CI - CO)_t$ 为第 t 年的净现金流入量；n 为计算期；i 为基准收益率或设定折现率；$FNPV$ 为财务净现值。

财务净现值可通过现金流量表中净现金流量的现值求得，其结果不外乎净现值大于、等于或小于零三种情况。财务净现值大于零，表明项目的获利能力超过基准收益率或设定收益率；财务净现值等于零，表明项目的获利能力等于设定收益率或基准收益率；财务净现值小于零，表明项目的获利能力达不到基准收益率或设定的收益率水平。一般来说，$FNPV > 0$ 的项目是可以接受的。

【例 6-2】某项目的净现金流量如表 6-6 所示，如果折现率为 15%，试计算其财务净现值。

表 6-6 项目净现金流

年份	0	1	2	3	4
净现金流量	-100	30	40	40	40

解：财务净现值可通过计算机或专用的计算器进行计算。如果用普通计算器进行计算，要根据给定的折现率通过现值系数表查出各年的折现系数，把各年的折现系数乘以对应年份的净现金流量就是对该年的净现金流量进行贴现；把各年的经贴现的净现金流量进行相加即为净现值。

经查表，折现率为 15% 的第一至第四年的折现系数分别为 0.87、0.756、0.658、0.572，本项目的净现值 = -100 + 30 × 0.87 + 40 × 0.756 + 40 × 0.658 + 40 × 0.572 = 5.54。

3. 净现值率

净现值率也即项目的净现值与总投资现值之比，其计算公式为

$$FNPVR = FNPV/PVI$$

式中，$FNPVR$ 为净现值率，$FNPV$ 为财务净现值，PVI 为总投资现值。

净现值率主要用于投资额不等的项目的比较，净现值率越大，表明项目单位投资能获得的净现值就越大，项目的效益就越好。

4. 投资回收期

投资回收期亦称返本年限，是指用项目净收益抵偿项目全部投资所需时间，它是

项目财务投资回收能力的主要评价指标。投资回收期（以年表示）一般从开始建设年份算起，其计算表达式为

$$\sum_{t=1}^{P_t} (CI - CO)_t = 0$$

式中，p_t 为投资回收期。投资回收期可根据财务现金流量表计算求得，计算公式为

$$投资回收期（p_t）= 累计净现金流量开始出现正值年份数 - 1$$
$$+ 上年累计净现金流量绝对值/ 当年净现金流量$$

其中，"当年净现金流量"的"当年"指"累计净现金流量开始出现正值年份"。

【例6－3】某项目的净现金流量如表6－7所示，试计算其投资回收期：

表6－7　　　　　　　　　　　　　　项目净现金流

年份	0	1	2	3	4
净现金流量	－100	30	40	50	50

解：根据表6－7中的净现金流量可以求得累计净现金流量如表6－8所示：

表6－8　　　　　　　　　　　　　　累计净现金流量

年份	0	1	2	3	4
累计净现金流量	－100	－70	－30	20	70

不难看出投资回收期在2年至3年之间，代入投资回收期计算公式可以求得：

$$投资回收期 = 3 - 1 + 30 \div 50 = 2.6（年）$$

在财务评价中，将求出的投资回收期与行业基准投资回收期比较，当项目投资回收期小于或等于基准投资回收期时，表明该项目能在规定的时间内收回投资。

5. 投资利润率

投资利润率是指项目达到设计能力后的一个正常年份的年利润总额与项目总投资的比率，它是考察项目单位投资盈利能力的静态指标。对生产期内各年利润额变化大的项目，应以生产期各年的平均年利润来计算，其计算公式为

$$投资利润率 = 年利润总额或年平均利润总额 \div 项目总投资 \times 100\%$$

在项目评估中，将项目投资利润率与行业平均利润率或其他基准利润率比较，以判断项目的投资利润率是否达到本行业的平均水平或所希望达到的水平。

6. 投资利税率

投资利税率是项目达到设计生产能力后的一个正常生产年份的利税总额或项目生产期内平均利税总额与项目总投资的比率。其计算公式为

投资利税率 = 年利税总额或年平均利税总额 ÷ 项目总投资 × 100%

年利税总额 = 年销售收入(不含销项税) − 年总成本费用(不含进项税)

或:年利税总额 = 年利润总额 + 年销售税金及附加(不含增值税)

在项目评估中,可将投资利税率与行业平均利税率对比,以判别项目单位投资对国家累计的贡献水平是否达到本行业的平均水平。

7. 资本金利润率

资本金利润率是在项目达产后的正常生产年份的利润总额或项目生产期内平均利润总额与资本金的比率,它反映项目资本金的盈利能力。其计算公式为

资本金利润率 = 年利润总额或年平均利润总额 ÷ 资本金 × 100%

6.3.6 项目清偿能力分析

《项目融资业务指引》规定,贷款人从事项目融资业务,应当以偿债能力分析为核心。项目清偿能力分析主要通过计算一些反映项目还款能力的指标,分析判断项目还款期间的财务状况及还款能力,分析项目按时偿还贷款的可能性。清偿能力分析可以通过以下指标进行。

1. 贷款偿还期

贷款偿还期是指项目偿还完贷款所需的时间。计算该指标有以下两个目的。

一是以最大能力法计算项目贷款偿还期。最大能力法即以项目本身投产以后产生的可还款资金偿还项目贷款所需的时间。

二是在贷款期限限定的情况下,计算项目能否满足还款要求,以及可以采用的还贷方式和计划安排。

对银行来说,计算贷款偿还期的主要任务是了解项目偿还贷款所需的时间,分析在还款方式和还款条件既定的情况下,项目能否在银行要求的时间内归还贷款。

分析项目的还款能力时,除了进行还款指标计算外,还必须把项目的还款资金来源分析作为评估的重点,主要分析项目有哪些还款资金来源,各种来源的可靠性如何,以及项目本身的利润是否已按规定提取了公积金后再用来还款。

2. 利息备付率

利息备付率(ICR),又称项目利息保障倍数,是指借款人在贷款偿还期内的息税前利润(EBIT)与应付利息(PI)的比值,它从付息资金来源的充裕性角度反映项目偿付利息的保障程度。

利息备付率的计算公式为

$$ICR = \frac{EBIT}{PI}$$

式中，*EBIT* 为息税前利润；*PI* 为计入总成本费用的应付利息。

利息备付率可分年计算当期值，也可按整个贷款偿还期内息税前利润之和与全部应付利息之和加总计算。利息备付率越高，表明利息偿付的保障程度越高。利息备付率原则至少应大于 1，各家银行可根据自己政策确定最低值要求。

3. 偿债备付率

偿债备付率（DSCR），又称项目偿债覆盖率，是指借款人在贷款偿还期内，用于计算还本付息的资金（EBITDA － T$_{AX}$）与应还本付息（PD）金额的比值，它表示可用于还本付息的资金偿还借款本息的保障程度。

偿债备付率计算公式为

$$DSCR = \frac{(EBITDA － T_{AX})}{PD}$$

式中，*EBITDA* 为息税折旧摊销前利润；T_{AX} 为所得税；*PD* 为应还本付息金额，包括还本金额和计入总成本费用的全部利息。融资租赁费视同借款偿还。运营期内的短期借款本息也应纳入计算。

如果项目在运营期内有维持运营的投资，可用于还本付息的资金还应扣除维持运营的投资。

偿债备付率可分年计算当期值，也可按整个贷款偿还期内可用于还本付息的资金与全部还本付息金额加总计算。偿债备付率越高，表明可用于还本付息的资金保障程度越高。偿债备付率原则应大于 1，各家银行可根据自己政策确定最低值要求。

4. 资产负债率

资产负债率是反映项目各年负债水平、财务风险及偿债能力的指标，计算公式为

$$资产负债率 = 负债合计 \div 资产合计 \times 100\%$$

资产负债率反映企业利用债权人提供的资金进行经营活动的能力，表明企业每百元资产所需偿付的债务。

该指标可以直观地反映项目今后的负债水平，通过对这个指标的分析，对项目今后的还款能力可以有个大体上的了解，进而判断项目的负债水平是否超出所允许的程度。银行从债权安全的角度考虑，总希望借款人的负债水平低一点；而企业从加快发展考虑，会考虑维持一个较高的负债率。在分析中，资产负债率指标必须结合其他指标使用，只有对企业的生产经营情况进行全面的分析，才能正确判断借款人的还款能力，而不能简单地根据资产负债率进行判断。

表 6 － 9 列示了项目还本付息计划表样例。

表 6 – 9　　　　　　　　　　项目还本付息计划表（样例）

序号	项目	合计	建设期		投产期		达产期		
			××年	××年	××年	××年	××年	……	××年
1	项目借款及还本付息	—	—	—	—	—	—	—	—
1.1	年初借款余额	—	—	—	—	—	—	—	—
1.2	本年借款	—	—	—	—	—	—	—	—
1.3	本年还本	—	—	—	—	—	—	—	—
1.4	本年付息	—	—	—	—	—	—	—	—
1.5	年末借款余额	—	—	—	—	—	—	—	—
2	项目还款现金流量合计	—	—	—	—	—	—	—	—
2.1	息税折旧摊销前利润	—	—	—	—	—	—	—	—
2.1.1	其中：利润总额	—	—	—	—	—	—	—	—
2.2	减：所得税	—	—	—	—	—	—	—	—
3	项目年度利息保障倍数 $[(2.1.1+1.4)/1.4]$	本格填写项目平均利息保障倍数	—	—	—	—	—	—	—
4	项目年度偿债覆盖率 $[2/(1.3+1.4)]$	本格填写项目平均偿债覆盖率	—	—	—	—	—	—	—
5	项目贷款偿还期								

6.3.7　项目不确定性分析

项目评估所采用的数据，大多数来自预测和估算，随着项目的实施和时间的推移，项目原料市场和产品市场供求关系、技术水平、经济环境、政策法律等影响项目效益的不确定性因素都可能发生变化。为了分析不确定因素对经济评价指标的影响程度，了解项目可能承担的风险，需要进行不确定性分析，以确定项目在经济、财务上的可靠性程度。在评估实务中，不确定性分析方法应用较多的是盈亏平衡分析和敏感性分析。

1. 盈亏平衡分析

盈亏平衡分析是通过盈亏平衡点（BEP）分析项目成本与收益平衡关系的一种方法，在盈亏平衡点上，企业的销售收入总额与产品销售总成本（含销售税金）相等，企业处于不盈不亏状态。盈亏平衡点通常根据正常生产年份产品产量或销售量、固定成本、变动成本、产品价格、销售税金及附加等数据计算，用产量、销售收入、生产能力利用率及销售单价来表示。

（1）用实际产量表示的盈亏平衡点，其计算公式为

盈亏平衡点产量 ＝年固定成本 ÷（产品单价 － 单位产品可变成本

－ 单位产品销售税金）

（2）用销售收入表示的盈亏平衡点，其计算公式为

盈亏平衡点销售收入 ＝产品单价 × 年固定成本 ÷（产品单价 － 单位产品可变成本

－ 单位产品销售税金）

（3）用生产能力利用率表示的盈亏平衡点，其计算公式为

盈亏平衡点生产能力利用率 ＝年固定成本 ÷（年销售收入 － 年变动成本

－ 年销售税金）× 100%

（4）达产年份以销售单价表示的盈亏平衡点，其计算公式为

盈亏平衡点销售单价 ＝达产年份单位产品固定成本 ＋ 单位产品变动成本

＋ 单位产品销售税金及附加

一般情况下，无论以何种形式表示，盈亏平衡点越低越好，因为盈亏平衡点越低表明项目抗风险能力越强。用盈亏平衡点来分析项目的抗风险能力时必须结合项目的背景材料和实际情况，才能对项目的抗风险能力作出正确判断。

计算盈亏平衡点时，要注意销售单价、销售收入、变动成本、销售税金在增值税计算口径上的一致性。

通常以盈亏平衡图的形式来直观地反映项目的盈亏平衡情况。横坐标代表盈亏平衡点的表示方式（产量、单价、生产能力利用率等）的变化，纵坐标表示年销售收入或年总成本。

2. 敏感性分析

敏感性分析是指通过分析项目主要因素发生变化时对项目经济评价指标的影响程度，从中找出对项目效益影响最大的、最敏感的因素，并进一步分析其可能产生的影响。在项目计算期内可能发生变化的因素有产品产量、产品价格、产品成本或主要投入物的价格、固定资产投资、建设工期以及汇率等。

敏感性分析通常是分析上述单因素变化或多因素变化对项目内部收益率产生的影响，银行则可以分析敏感因素的变化对贷款偿还期的影响。项目对某种因素的敏感程度可以表示为该因素按一定比例变化时评价指标的变化（列表表示），也可以表示为评价指标达到某个临界点时允许某个因素变化的最大极限。

进行敏感性分析时，各敏感因素及其变化幅度的确定要在经过深入调查分析的基础上进行，特别是变化幅度，不能简单机械地确定。

为了直观地表示敏感因素对评价指标的影响程度，可以绘制敏感性分析图，纵坐标表示评价指标值及其变化，横坐标表示敏感因素的变化幅度。

第7章　担保管理

 **本章概要**

在信贷业务经营管理中，依法设定担保是保障银行债权实现的重要措施。有效的担保可为银行提供第二还款来源，同时可增强借款人的履约意愿、提高其违约成本，从而缓释信用风险。

本章主要介绍信贷业务中普遍使用的担保方式和基本管理要求，共包括五节内容：第一节是贷款担保概述，主要介绍了信贷业务中应用的担保方式的基本概念、分类、范围、原则以及担保的作用；第二节是保证担保，主要介绍保证人资格与评价、保证担保一般规定、保证担保的主要风险和管理要点等内容；第三节是抵押担保，主要介绍抵押物的范围、抵押担保的设定条件和一般规定、抵押担保的主要风险和管理要点等内容；第四节是质押担保，主要介绍质押物的范围、质押担保的设定条件和一般规定、质押担保的主要风险和管理要点等内容，同时就抵（质）押担保的主要区别进行简单讨论；第五节是押品管理，重点介绍监管规章中关于押品管理的基本要求。

7.1　贷款担保概述

7.1.1　担保的概念

债权人在借贷、买卖等民事活动中，为保障实现其债权，需要担保的，可以依法律规定设立担保。

贷款担保是指为提高贷款偿还的可能性，降低银行资金损失的风险，银行在发放贷款时要求借款人或第三方提供担保，以保障贷款债权实现的法律行为。银行与借款人及担保人签订担保协议后，当借款人无法偿还本息时，银行可以通过执行担保来收回贷款本息。担保为银行提供了一个可以影响或控制的潜在还款来源，从而增加了贷款最终偿还的可能性。

7.1.2　贷款担保的分类

贷款担保的形式有多种，一笔贷款可以有几种担保，担保的具体形式主要有如下几种。

（1）抵押

抵押是指借款人或第三人在不转移财产占有权的情况下，将财产作为债权的担保，银行持有抵押财产的担保权益，当借款人不履行借款合同时，银行有权以该财产折价或者以拍卖、变卖该财产的价款优先受偿。

（2）质押

质押是指债权人与债务人或第三人以协商订立书面合同的方式，移转债务人或者第三人的动产或权利的占有，在债务人不履行债务时，债权人有权以该财产优先受偿。

（3）保证

保证是指保证人和债权人约定，当债务人不履行债务时，保证人按照约定履行债务或者承担责任的行为。

7.1.3　担保范围

担保范围分为法定范围和约定范围。《民法典》规定的法定范围如下。

①主债权，即由借款合同、银行承兑协议、出具保函协议书等各种信贷主合同所确定的独立存在的债权。

②利息，由主债权所派生的利息。

③违约金，指由法律规定或合同约定的债务人不履行或不完全履行债务时，应付给银行的金额。

④损害赔偿金，是指债务人因不履行或不完全履行债务给银行造成损失时，应向银行支付的补偿费。

⑤实现担保物权的费用，是指债务人在债务履行期届满而不履行或不完全履行债务，银行为实现担保物权而支出的合理费用。一般包括诉讼费、鉴定评估费、公证费、拍卖费、变卖费、执行费等费用。

⑥质物保管费用，是指在质押期间，因保管质物所发生的费用。

如须另行约定担保责任范围，可在担保合同中予以约定。

7.1.4　担保原则

一般来说，担保活动应当遵循平等、自愿、公平、诚实信用的原则。

1. 平等原则

平等原则是指参加民事活动的当事人无论是自然人或法人，无论其经济实力的强弱，其在法律上的地位一律平等，任何一方不得把自己的意志强加给对方，同时法律也对双方提供平等的保护。在《民法典》中，平等原则主要体现在如下两个方面：一是所有的民事主体，在从事担保活动中，适用同一法律，具有平等的地位；二是民事主体在从事担保活动时必须平等协商。

2. 自愿原则

自愿原则是指公民、法人或者其他组织有权根据自己的意愿决定参不参加民事活动，参加何种民事活动，根据自己的意愿依法处分自己的财产和权利。在担保活动中，自愿原则主要体现在如下方面：一是当事人有权依法从事担保活动或不从事担保活动。也就是说，当事人有权根据自己的意志和利益，决定是否为他人提供担保，也有权决定是否接受他人提供的担保。二是当事人有权选择保证、抵押、质押或者定金的担保方式，有权约定排除留置的适用，也有权选择为谁提供担保。三是担保主体有权选择订立担保合同的方式。四是当事人有选择担保相对人的自由。

3. 公平原则

公平原则是指当事人之间在设定民事权利和义务、承担民事责任等方面应当公平、合情合理。在平等自愿的前提下，双方当事人的权利义务一致，任何一方当事人不应享有特殊的权利，或者只享有权利而不承担义务。公平原则是当事人从事担保活动时应遵循的基本原则，其在担保活动中主要体现在，担保活动中产生的法律责任的分担必须合理。所谓合理分担责任体现在：首先，担保合同的内容不能显失公平，否则可以依据《民法典》的规定请求人民法院或仲裁机构予以变更或撤销；其次，人民法院处理担保纠纷时，应严格依照当事人的过错判定当事人应负担的责任；最后，在担保法律关系的当事人都没有过错的情况下，所发生的损失应由各方合理分担。

4. 诚实信用原则

诚实信用原则，主要是指当事人在担保活动中要言行一致、表里如一，恪尽担保合同约定的义务。诚实信用原则要求一切市场活动的参与者遵循一个诚实人所具有的道德，市场主体在不损害他人利益和社会公共利益的情况下，可以追求自己的利益。在担保活动中，诚实信用原则主要体现在如下三个方面：一是担保合同的订立必须符合诚实信用原则，如果一方是采用了不诚实的手段诱骗他人为自己的债务提供担保，则受害人有权请求法院予以撤销或者不承担法律责任；二是担保合同的履行必须符合诚实信用原则，当事人在行使担保合同的权利和履行担保合同的义务时，应遵从诚实信用原则，不能滥用权利和以违背诚实信用的方式行使权利与承担义务；三是如果担保中的当事人一方明知他人受到欺诈、胁迫或因其他原因，在违背真实意思的情况下为自己提供担保的，这种不诚实的受益是不被允许的。

7.1.5　贷款担保的作用

银行开展担保贷款业务具有重要的意义，其作用主要表现为以下四个方面。

1. 协调和稳定商品流转秩序，促进国民经济健康运行

随着社会的进步和科学技术的发展，我国经济市场化、商品化、货币化的程度已迅速提高。与此相适应，市场机制和竞争机制在商品经济发展中的作用也越来越大。这一方面改善了社会资源配置，提高了社会经济运行效率；另一方面也造成了部分经济失衡状态的加剧恶化。在市场经济条件下，一项特定债务得不到清偿，不仅会影响某一企业或某一银行生产和经营活动的正常运行，还会影响其他债权债务关系的维持。为避免这种情况发生，客观上要求建立一种债权债务关系的履行机制和保障制度。贷款担保就是这样一种机制，它是对借款企业和贷款银行之间特定债权债务关系的担保。它避免或减少了因借款企业不能归还贷款本息而对银行和其他经济活动产生的不良影响，从而促进商品流转秩序的协调稳定和国民经济的健康运行。

2. 降低银行贷款风险，提高信贷资金使用效率

在具体的经济活动中，来自自然和社会的影响因素很多，并且许多是无法预测和解决的，经常有一些借款企业因各种原因无法维持正常的生产和经营活动，从而使银行信贷资产遭受损失。

银行为避免借款企业无力还本付息可能造成的危害，除了在发放贷款时，通过认真征信、预测和分析以规避风险外，另一种有效途径就是建立风险经营管理机制，通过转移风险，共同承担和约束风险来减少和消除损失。贷款担保是信贷资产风险管理的一种方法，它可以减少银行对借款企业违约的担心，使贷款的偿还有了双重保证，把借款企业不还贷的风险转移给了第三者。银行贷款的顺利收回有利于银行扩大贷款投放，充分发挥信贷资金的利用效果。所以，开办担保贷款有利于降低银行贷款风险，提高银行信贷资金的使用效益。

3. 促进借款企业加强管理，改善经营管理状况

在担保贷款中，担保企业作为第三者要以其信誉或财产对借款企业的还贷责任予以担保，因此，当借款企业不能按期偿还贷款本息时，担保企业就必须代为清偿。担保企业为了保证自身财产的安全，必然关心借款企业的经营状况和履约能力的变化。

为防止借款企业因经营不善而失去还贷能力，担保企业不仅会督促借款企业按期还本付息，而且积极帮助借款企业提高管理、改善经营、克服经营中出现的困难。所以，担保企业的行为有利于促进借款企业加强管理、改善经营管理状况。

4. 巩固和发展信用关系

首先，信用关系的健康存在和发展要求有良好的信用制度和偿债还贷秩序。但在现实经济生活中，债务或借款拖欠、赖账等现象经常发生，这些行为严重地干扰了经济秩序，破坏了信用制度的发展。银行开展担保贷款业务，就能通过担保形式的约束建立银行与借款企业之间，借款企业与担保企业之间以及担保企业和银行之间规范正常的信用关系。当某一方违约时，可通过法律手段进行调整，从而维护金融秩序的稳定。

其次，利用担保贷款有利于银行信用的实现。银行并不总能得到充分的信用保证或履约保证，这将影响银行贷款的发放。由第三者对借款企业的还贷能力进行担保，弥补了借款企业信用能力的不足，方便了银行信用的实现。

7.2 保证担保

7.2.1 保证担保的定义

所谓保证是指保证人和债权人约定，当债务人不履行到期债务或者发生当事人约定的情形时，保证人必须按照约定履行债务或者承担责任的行为。保证就是债权债务关系当事人以外的第三人担保债务人履行债务的一种担保制度。在成立保证担保的情况下，如果债务人不履行债务，由保证人代为履行或承担责任，以满足债权人的清偿要求。

7.2.2 保证人资格与评价

1. 保证人资格

我国《民法典》对保证人的资格做了明确的规定，只有那些具有代主债务人履行债务能力及意愿的法人、其他组织或者公民才能作为保证人。

这一规定可以理解为以下两个含义。

首先，作为保证人必须是具有民事行为能力的人，只有具有行为能力的人所从事的法律行为才有效。其次，保证人必须具有代为履行主债务的资力。

作为保证人不仅要满足上述两个要件，《民法典》对保证人的资格有以下限制性规定：

第一，机关法人不得作保证人，但经国务院批准为使用外国政府或者国际经济组织贷款进行转贷的除外。

第二，以公益为目的的非营利法人、非法人组织不得作保证人。

企业法人的分支机构以自己的名义从事民事活动，产生的民事责任由法人承担；也可以先以该分支机构管理的财产承担，不足以承担的，由法人承担。

2. 保证人评价

信贷人员应对保证人进行严格调查、评价。对保证人的评价包括审查保证人的主体资格、评价保证人的代偿能力和保证限额分析等几个方面。

（1）审查保证人的主体资格

审查保证人是否符合《民法典》对保证人资格的规定，经商业银行认可的具有较强代为清偿能力的、无重大债权债务纠纷的单位和个人可以接受为保证人。

（2）评价保证人的代偿能力

对符合主体资格要求的保证人应进行代偿能力评价。对保证人代偿能力的评价，包括代偿能力现实状况评价和代偿能力变动趋势分析，并按照规定程序审定保证人的信用等级，测算信用风险限额。

（3）保证人保证限额分析

保证人保证限额，是指根据客户信用评级办法测算出的保证人信用风险限额减去保证人对商业银行的负债（包括或有负债）得出的数值。

（4）保证率的计算

在计算出保证限额后，还应计算保证率，通过计算保证率，进一步衡量保证担保的充足性。保证率计算公式为

$$保证率 = 申请保证贷款本息/可接受保证限额 \times 100\%$$

（5）经评价符合保证人条件的信贷人员撰写"商业银行担保评价报告"随信贷审批材料一并报送评价审查人员。如不符合条件，应及时将保证人材料退还，并要求债务人另行提供保证人或提供其他担保方式。担保评价审查人员及审定人员应认真审查保证人的材料和"商业银行担保评价报告"，并签署意见。

7.2.3　保证担保的一般规定

1. 保证担保份额的确定

同一债务有两个以上保证人的，保证人应当按照保证合同约定的保证份额，承担

保证责任；没有约定保证份额的，债权人可以请求任何一个保证人在其保证范围内承担保证责任。保证人承担保证责任后，除当事人另有约定外，有权在其承担保证责任的范围内向债务人追偿，享有债权人对债务人的权利，但是不得损害债权人的利益。

2. 保证担保的类型

根据当事人在保证合同中约定的权利义务安排，保证担保分为一般保证和连带责任保证。

（1）一般保证

当事人在保证合同中约定，债务人不能履行债务时，由保证人承担保证责任的，为一般保证。

一般保证的保证人在主合同纠纷未经审判或者仲裁，并就债务人财产依法强制执行仍不能履行债务前，对债权人可以拒绝承担保证责任。但有下列情形之一的，保证人不得行使前述权利：

第一，债务人下落不明，且无财产可供执行；

第二，人民法院已经受理债务人破产案件；

第三，债权人有证据证明债务人的财产不足以履行全部债务或者丧失履行债务能力；

第四，保证人书面表示放弃上述规定的权利。

（2）连带责任保证

当事人在保证合同中约定保证人与债务人对债务承担连带责任的，为连带责任保证。

连带责任保证的债务人在主合同规定的债务履行期届满没有履行债务的，债权人可以要求债务人履行债务，也可以要求保证人在其保证范围内承担保证责任。

3. 债权债务关系转移对保证担保责任的影响

保证期间，债权人转让全部或者部分债权，未通知保证人的，该转让对保证人不发生效力。保证人与债权人约定禁止债权转让，债权人未经保证人书面同意转让债权的，保证人对受让人不再承担保证责任。

保证期间，债权人许可债务人转让债务的，应当取得保证人书面同意，保证人对未经其同意转让的债务，不再承担保证责任，但是债权人和保证人另有约定的除外。

4. 保证责任

债权人与保证人可以约定保证期间，但是约定的保证期间早于主债务履行期限或者与主债务履行期限同时届满的，视为没有约定；没有约定或者约定不明确的，保证期间为主债务履行期限届满之日起 6 个月。债权人与债务人对主债务履行期限没有约定或者约定不明确的，保证期间自债权人请求债务人履行债务的宽限期届满之日起计算。

一般保证的债权人未在保证期间对债务人提起诉讼或者申请仲裁的，保证人不再承担保证责任。连带责任保证的债权人未在保证期间请求保证人承担保证责任的，保证人不再承担保证责任。

被担保的债权既有物的担保又有人的担保的，债务人不履行到期债务或者发生当事人约定的实现担保物权的情形，债权人应当按照约定实现债权；没有约定或者约定不明确，债务人自己提供物的担保的，债权人应当先就该物的担保实现债权；第三人提供物的担保的，债权人可以就物的担保实现债权，也可以请求保证人承担保证责任。提供担保的第三人承担担保责任后，有权向债务人追偿。

7.2.4　保证担保的主要风险与管理要点

1. 保证担保的主要风险

（1）保证人不具备担保资格

保证人不能为国家机关、以公益为目的的非营利法人、非法人组织。

（2）保证人不具备担保能力

保证人没有能够代为清偿借款人的财产，或者有财产但不具有处分权，或者有处分权但无法变现清偿。这样的担保形同虚设。

（3）虚假担保人

借款人以不同名称的公司向同一家银行的多个分支机构借款，而且相互提供担保，借款和担保人公司的法定代表人往往也是同一人兼任的。这样的贷款具有较大的风险性。

（4）公司互保

甲公司在申请借款时寻找业务关系较为密切的乙公司作为其保证人，但乙公司或者自身借款需要或者担心自己被卷入担保纠纷而遭受经济损失，因此反过来也要求甲公司为其向银行借款时作担保。这样就形成了甲乙公司之间的互保（互相保证）。这种行为在法律上并没有被禁止，但银行也必须小心对待。因为互保企业，只要其中一方出现问题被其他银行追诉，另一方可能由于承担保证责任而出现问题。

（5）保证手续不完备，保证合同产生法律风险

办理一笔保证贷款通常需要保证人出具保证函，与贷款银行签订保证合同。这些法律性文件都必须有法定代表人签字并加盖公章才能生效，银行方面需要核对签字与印章。但在操作中，可能出现有公章但未有法定代表人签字，或者有法定代表人签字但未加盖公章，或者未对上述签字盖章的真实性进行验证等重大遗漏。此外，还存在保证合同条款就重要权利义务安排未约定或约定不明确，不符合法律法规的要求等一

系列问题。这些都将使保证合同产生重大隐患，甚至导致合同无效。

（6）超过诉讼时效，贷款丧失胜诉权

有关诉讼时效问题，《民法典》第一百八十八条明确规定，向人民法院请求保护民事权利的诉讼时效期间为 3 年。法律另有规定的，依照其规定。诉讼时效期间自权利人知道或者应当知道权利受到损害以及义务人之日起计算。法律另有规定的，依照其规定。但是自权利受到损害之日起超过 20 年的，人民法院不予保护；有特殊情况的，人民法院可以根据权利人的申请决定延长。因此，就一笔保证贷款而言，如果逾期时间超过 3 年，3 年期间借款人未曾归还贷款本息，而贷款银行又未采取其他措施使诉讼时效中断，那么该笔贷款诉讼时效期间已超过，将丧失胜诉权。同样，就保证责任而言，如果保证合同对保证期间有约定，应依约定；如果保证合同未约定或约定不明，则保证责任自主债务履行期届满之日起 6 个月，在上述规定的时期内债权人未要求保证人承担保证责任，保证人免除保证责任。

2. 保证担保的管理要点

（1）核保

为了防范保证贷款的风险，商业银行所要做的就是核实保证。核实保证简称"核保"，是指去核实保证人提供的保证是在自愿原则的基础上达成的，是保证人真实意思的表示。强制提供的保证，保证合同无效。商业银行接受企业法人为保证人的，要注意验证核实以下几点。

①法人和法人代表签字印鉴的真伪，在保证合同上签字的人须是有权签字人或经授权的签字人，要严防假冒或伪造的签字。

②企业法人出具的保证是否符合该法人章程规定的宗旨或授权范围，对已规定对外不能担保的，商业银行不能接受为保证人。

③股份有限公司或有限责任公司的企业法人提供的保证，需要取得董事会决议同意或股东大会同意。未经上述机构同意的，商业银行不应接受为保证人。

④中外合资、合作企业的企业法人提供的保证。需要提交董事会出具的同意担保的决议及授权书，董事会成员签字的样本，同时提供由中国注册会计师事务所出具的验资报告或出资证明。

⑤核保必须是现场实地核保，并且是双人同去，尤其是对于初次建立信贷关系的企业，更应强调双人实地核保的制度。一人去核保有可能被保证人蒙骗，或与企业勾结出具假保证，而双人能起到制约作用。

⑥核保人必须亲眼所见保证人在保证文件上签字盖章，并做好核保证实书，留银行备查。如有必要，也可将核保工作交由律师办理。

（2）签订好保证合同

商业银行经过对保证人的调查核保，认为保证人具备保证的主体资格，同意贷款后，在签订借款合同的同时，还要签订保证合同，作为主合同的从合同。

①保证合同的形式。保证合同要以书面形式订立，以明确双方当事人的权利和义务。根据《民法典》的规定，书面保证合同可以单独订立，包括当事人之间的具有担保性质的信函、传真等，也可以是主合同中的担保条款。

②保证合同订立方式。保证人与商业银行可以就单个主合同分别订立保证合同，也可以协商在最高贷款限额内就一定期间连续发生的贷款订立一个保证合同，后者大大简化了保证手续。最高贷款限额包括贷款余额和最高贷款累计额，在签订保证合同时须加以明确，以免因理解不同发生纠纷。

③保证合同的内容。应包括被保证的主债权（贷款）种类、数额，贷款期限、保证的方式、保证担保的范围、保证的期限及双方认为需要约定的其他事项。尤其是从合同之间的当事人名称、借款与保证金额、有效日期等，一定要衔接一致。

（3）贷后管理

银行办完保证贷款手续并发放贷款后，需要注意以下容易发生问题的环节。

①保证人的经营状况是否变差，或其债务是否增加，包括向银行借款或又向他人提供担保。

②银行与借款人协商变更借款合同应经保证人同意，否则可能保证无效。表现为：办理贷款展期手续时，未经保证人同意，展期后的贷款，保证人不承担保证责任。另外，借款人到期不能按时还款，经协商银行同意对借款人发放一笔新贷款用于归还拖欠的旧贷款，但在签订新的贷款合同时可能写上"贷款用于购买原材料，补充流动资金不足"。这就出现与实际用途（归还旧贷款）不符的情况，某些没有诚意的保证人以此为由，提出不承担保证责任。因此，除事前有书面约定外，银行对借款人有关合同方面的修改，都应取得保证人的书面意见，否则保证可能由此落空。

7.2.5　银担业务合作的风险防范

1. 融资性担保机构的管理

《融资担保公司监督管理条例》（中华人民共和国国务院令第683号）规定，融资性担保公司是指依法设立、经营融资性担保业务的有限责任公司或者股份有限公司。融资性担保公司由省、自治区、直辖市人民政府实施属地管理。省、自治区、直辖市人民政府确定的监管部门具体负责本辖区融资性担保公司的准入、退出、日常监管和风险处置，并向国务院建立的融资性担保业务监管部际联席会议报告工作。监管部门根据当地实际情况规定融资性担保公司注册资本的最低限额，但不得低于人民币2000万元。注册资本为实缴货币资本。

《融资担保公司监督管理条例》规定，融资担保公司的担保责任余额不得超过其

净资产的 10 倍。对主要为小微企业和农业、农村、农民服务的融资担保公司，前款规定的倍数上限可以提高至 15 倍。融资担保公司对同一被担保人的担保责任余额与融资担保公司净资产的比例不得超过 10%，对同一被担保人及其关联方的担保责任余额与融资担保公司净资产的比例不得超过 15%。

融资担保公司不得为其控股股东、实际控制人提供融资担保，为其他关联方提供融资担保的条件不得优于为非关联方提供同类担保的条件。融资担保公司不得吸收存款或者变相吸收存款，不得自营贷款或者受托贷款，不得受托投资。

2. 银担业务合作及其风险防范

加强银担合作是银行业金融机构促进经济社会发展，缓解小企业和"三农"贷款难、担保难，提升普惠金融服务能力的一项重要举措，银行业金融机构接受融资担保机构提供的担保、办理信贷业务，应从以下几个方面控制银担合作风险：

一是与担保机构开展融资性担保业务合作时，应审慎选择融资用途真实合理、第一还款来源可靠的客户，不应单纯依赖担保机构提供的担保，而简化、放松对借款人的信贷风险判断。

二是在银担合作中，优选资本实力优良、股东背景良好、代偿率及代偿回收表现良好的担保机构开展合作。

三是控制单一担保机构担保的业务规模、担保机构对单个客户的担保责任的集中度，同时对融资担保机构担保业务的客户组合、期限组合等进行审慎管理。

四是对有担保责任余额的融资担保机构，进行必要的存续期跟踪管理。存续期跟踪管理的主要内容包括：跟踪了解融资担保机构的经营情况、财务状况、关联交易情况、管理层状况等；跟踪了解融资担保机构提供担保的整体情况，如包括提供担保涉及的借款人户数、贷款余额、贷款质量、担保放大倍数、近期履约代偿等；掌握融资担保机构对外投资情况；准确把握本行银担合作情况，如担保责任余额、担保基金缴存、履约代偿情况及借款人提供反担保措施等；积极了解其他影响担保机构运营和偿债能力的重大事项。

五是及时判断银担协作风险水平，主动及时调整银担合作策略。

7.3 抵押担保

7.3.1 抵押担保的概念

抵押是债务人或第三人对债权人以一定财产作为清偿债务担保的法律行为。提供抵押财产的债务人或第三人称为抵押人；所提供抵押财产称为抵押物；债权人则为抵押权人。抵押设定之后，在债务人到期不履行债务时，抵押权人有权依照法律的规定以抵押物折价或以抵押物的变卖价款较其他债权人优先受偿。抵押根据权利特征不同，分为一般抵押和最高额抵押。

一般抵押，指为担保债务的履行，债务人或者第三人不转移财产的占有，将该财产抵押给债权人的，债务人不履行到期债务或者发生当事人约定的实现抵押权的情形，债权人有权就该财产优先受偿。

最高额抵押，指为担保债务的履行，债务人或者第三人不转移财产的占有，对一定期间内将要连续发生的债权提供担保财产的，债务人不履行到期债务或者发生当事人约定的实现抵押权的情形，抵押权人有权在最高债权额限度内就该担保财产优先受偿。

7.3.2　抵押担保的设定条件

1. 抵押物的范围

债务人在向商业银行提出信贷申请时，信贷人员应要求其提供担保方式意向。如采用抵押担保，信贷人员应依据银行制度规定及平时掌握的情况，对债务人提出的抵押人和抵押物进行初步判断。如认为不符合条件，应告知债务人另行提供抵押人、抵押物或改变担保方式。

根据《民法典》的规定，债务人或者第三人有权处分的下列财产可以抵押：

①建筑物和其他土地附着物；

②建设用地使用权；

③海域使用权；

④生产设备、原材料、半成品、产品；

⑤正在建造的建筑物、船舶、航空器；

⑥交通运输工具；

⑦法律、行政法规未禁止抵押的其他财产。

不得抵押的财产有：

①土地所有权；

②宅基地、自留地、自留山等集体所有的土地使用权，但法律规定可以抵押的除外；

③学校、幼儿园、医院等以公益为目的成立的非营利法人的教育设施、医疗卫生设施和其他公益设施；

④所有权、使用权不明或者有争议的财产；

⑤依法被查封、扣押、监管的财产；

⑥法律、行政法规不得抵押的其他财产。

2. 贷款抵押额度的确定

（1）抵押物的认定

作为贷款担保的抵押物，必须是归抵押人所有的财产，或者是抵押人有权支配的财产。因此，银行对选定的抵押物要逐项验证产权。实行租赁经营责任制的企业，要有产权单位同意的证明；集体所有制企业和股份制企业用其财产作抵押时，除应该核对抵押物所有权外，还应验证董事会或职工代表大会同意的证明；用共有财产作抵押时，应取得共有人同意抵押的证明，并以抵押人所有的份额为限。

（2）抵押物的估价

抵押物的估价是评估抵押物的现值。银行对抵押物的价值都要进行评估。

①估价方法

由于我国的法律还未就抵押物估价问题作出具体规定，一般的做法由抵押人与银行双方协商确定抵押物的价值，委托具有评估资格的中介机构给予评估或银行自行评估，对于评估机构初评的押品，商业银行需要进行内部审核对押品价值进行最终认定。一般的估价方法如下。

• 对于房屋建筑的估价，主要考虑房屋和建筑物的用途及经济效益、新旧程度和可能继续使用的年限、原来的造价和现在的造价等因素；

• 对于机器设备的估价，主要考虑的因素是无形损耗和折旧，估价时应扣除折旧；

• 对可转让的土地使用权的估价，取决于该土地的用途、土地的供求关系。

此外，估价的时间性和地区性，也都会对评估结果产生一定的影响。

②抵押率的确定

在抵押物的估价中，确定抵押率也非常关键，抵押率的高低直接影响了抵押物对债权的保障程度。确定抵押率的依据主要有以下两点内容。

一是抵押物的适用性、变现能力。选择的抵押物适用性要强，由适用性判断其变现能力。对变现能力较差的，抵押率应适当降低。

二是抵押物价值的变动趋势。一般可从以下方面进行分析。

• 实体性贬值，即由于使用磨损和自然损耗造成的贬值；

• 功能性贬值，即由于技术相对落后造成的贬值；

• 经济性贬值，即由于外部环境变化引起的贬值或增值。

信贷人员应根据抵押物的评估现值，分析其变现能力，充分考虑抵押物价值的变动趋势，科学地确定抵押率。

担保审查和审定人员应认真审核抵押率计算方法，准确确定抵押率。抵押率的计

算公式为

$$抵押率 = 担保债权本息总额 / 抵押物评估价值额 \times 100\%$$

（3）抵押贷款额度的确认

由于抵押物在抵押期间会出现损耗、贬值，在处理抵押物期间会发生费用，以及贷款有利息、逾期有罚息等原因，银行一般向借款人提供的贷款额会低于抵押物的评估值，贷款额度要在抵押物的评估价值与抵押贷款率的范围内加以确定。其计算公式为

$$抵押贷款额 = 抵押物评估值 \times 抵押贷款率$$

抵押人所担保的债权不得超出其抵押物的价值。财产抵押后，该财产的价值大于所担保债权的余额部分，可以再次抵押，但不得超出其余额部分。

7.3.3　抵押担保的一般规定

1. 抵押权的设立

①以建筑物和其他土地附着物、建设用地使用权、海域使用权、正在建造的建筑物抵押的，应当办理抵押登记。抵押权自登记时设立。

②以动产抵押的，抵押权自抵押合同生效时设立；未经登记，不得对抗善意第三人。

③抵押权设立前抵押财产已出租并转移占有的，原租赁关系不受该抵押权的影响。

一般来说，办理抵押物登记的部门如下：

以无地上定着物的土地使用权抵押的，为核发土地使用权证书的土地管理部门；

以城市房地产或者乡（镇）、村企业的厂房等建筑物抵押的，为县级以上地方人民政府规定的部门；

以林木抵押的，为县级以上林木主管部门；

以航空器、船舶、车辆抵押的，为运输工具的登记部门；

以企业的设备和其他动产抵押的，为财产所在地的市场监督管理部门。

2. 抵押合同的签订

贷款发放前，抵押人与银行要以书面形式签订抵押合同。抵押合同应当包括以下内容：

①被担保的主债权种类、数额；

②债务人履行债务的期限；

③抵押财产的名称、数量、质量、状况、所在地、所有权权属或者使用权权属；

④担保的范围。

3. 抵押的效力

（1）抵押担保的范围

抵押担保的范围包括主债权及利息、违约金、损害赔偿金和实现抵押权的费用。如果抵押合同另有规定的，按照规定执行。

（2）抵押物的转让

在抵押期间，抵押人可以转让抵押财产。当事人另有约定的，按照其约定。抵押财产转让的，抵押权不受影响。

抵押人转让抵押财产的，应当及时通知抵押权人。抵押权人能够证明抵押财产转让可能损害抵押权的，可以请求抵押人将转让所得的价款向抵押权人提前清偿债务或者提存。转让的价款超过债权数额的部分归抵押人所有，不足部分由债务人清偿。

（3）抵押物的保全

在抵押期间，银行若发现抵押人对抵押物使用不当或保管不善，足以使抵押物价值减少时，有权要求抵押人停止其行为。若抵押物价值减少时，银行有权要求抵押人恢复抵押物的价值，或者提供与减少的价值相等的担保。

4. 抵押权的实现

抵押担保虽然具有现实性和凭物性，但抵押权是与其担保的债权同时存在的。抵押贷款到期，若借款人能足额按时归还本息，则抵押自动消失。若借款人不能按时归还贷款本息，或银行同意展期后仍不能履行，抵押权才真正得以实现。债务人不履行到期债务或者发生当事人约定的实现抵押权的情形，抵押权人可以与抵押人协议以抵押财产折价或者以拍卖、变卖该抵押财产所得的价款优先受偿。抵押权人与抵押人未就抵押权实现方式达成协议的，抵押权人可以请求人民法院拍卖、变卖抵押财产。抵押权实现过程中的重要法律规定如下：

①同一财产向两个以上债权人抵押的，拍卖、变卖抵押财产所得的价款依照下列规定清偿：

- 抵押权已登记的，按照登记的先后确定清偿顺序；
- 抵押权已登记的先于未登记的受偿；
- 抵押权未登记的，按照债权比例清偿。

②建设用地使用权抵押后，该土地上新增的建筑物不属于抵押财产。该建设用地使用权实现抵押权时，应当将该土地上新增的建筑物与建设用地使用权一并处分，但新增建筑物所得的价款，抵押权人无权优先受偿。

③以集体所有土地的使用权依法抵押的，实现抵押权后，未经法定程序，不得改变土地所有权的性质和土地用途。

④为债务人抵押担保的第三人，在抵押权人实现抵押权后，有权向债务人追偿。

⑤担保期间，担保财产毁损、灭失或者被征收等，担保物权人可以就获得的保险金、赔偿金或者补偿金等优先受偿。被担保债权的履行期限未届满的，也可以提存该保险金、赔偿金或者补偿金等。

⑥抵押权人应当在主债权诉讼时效期间行使抵押权；未行使的，人民法院不予保护。

7.3.4　抵押担保的主要风险与管理要点

为避免抵押合同无效造成贷款风险，银行抵押贷款首先要做好风险分析工作，只有详细的风险分析加上完备的风险防范才能真正保证贷款抵押的安全性。

1. 贷款抵押风险分析

（1）抵押物虚假或严重不实

抵押权建立的前提是抵押物必须实际存在，且抵押人对此拥有完全的所有权。客观上由于所有权的确定是一项较复杂、政策性很强，有可能涉及多个部门的事情，会存在一些漏洞，给一些蓄意骗取银行贷款的不法分子可乘之机。

（2）未办理有关登记手续

《民法典》规定，在法律规定一定范围内的财产抵押时，双方当事人不但要签订抵押合同，而且要办理抵押物登记，否则抵押合同无效。实践中，有可能发生未办理抵押登记的情况，甚至做了假登记。

（3）将共有财产抵押而未经共有人同意

共有财产是指两人以上对同一财产享有所有权。对以共有财产抵押的，按照共有财产共同处分的原则，应该经得各共有人的同意才能设立，否则抵押无效。

（4）以第三方的财产作抵押而未经财产所有人同意

未经所有权人同意就擅自抵押的，不但抵押关系无效，而且构成侵权。所以，以第三方的财产作为抵押，必须经得第三方同意，并办理有关法律手续，方能有效。

（5）资产评估不真实，导致抵押物不足值

抵押物价值是随着市场行情变化，相对不确定，但借款人往往为了争取更高额度的贷款，利用各种手段将抵押物价值抬高，而一些中介评估机构不规范竞争，造成目前资产评估不真实的情况大量存在，使抵押物不足值成为抵押贷款的重要风险点。

（6）未抵押有效证件或抵押的证件不齐

抵押中的财产一般都由抵押人控制，如果抵押权人未控制抵押物的有效证件，抵押的财产就有可能失控，就可能造成同一抵押物的多头抵押和重复抵押。如某公司用汽车营运车牌抵押，在 A 银行抵押时只在有关部门作了抵押登记，之后又在 B 银行以

将车牌交其保管的方式质押，重复抵押行为给银行贷款带来风险。

（7）因主合同无效，导致抵押关系无效

抵押权的发生与存在须以一定债权关系的发生与存在为前提和基础，故抵押权是一种从权利。主合同无效，从合同也无效。贷款主合同无效，多见于贷款合同附条件生效，但生效条件不具备，或贷款违背了有关法律规定，或贷款超出经营范围等。

（8）抵押物价值贬损或难以变现

如果抵押人以易损耗的机器或交通运输工具作抵押，抵押物易受损失，且价值贬值快，可能削弱抵押担保能力。对于专用机器设备等抵押物，由于变现能力差，不易流转，也难以实现抵押价值。

2. 抵押担保的管理要点

（1）对抵押物进行严格审查

首先要确保抵押物的真实性，这要求信贷人员认真审查有关权利凭证，对于房地产抵押的，要对房地产进行实地核查。其次确保抵押物的合法性，这要求信贷人员严格依照相关法律审查抵押物，防止法律禁止抵押的财产用于抵押。最后认真查验抵押物的权属，确保抵押物的有效性。信贷人员在核查抵押物的权属时一定要认真仔细，特别要注意以下情况：用合伙企业财产抵押时，必须经全体合伙人同意并共同出具抵押声明。

（2）对抵押物的价值进行准确评估

这是保证抵押物足值的关键。在实际操作中，银行一般要求抵押企业提供商业评估机构出具的评估报告，并根据评估价值打折扣后确定贷款额。这就要求银行认真审查评估报告的真实性和准确性，防止评估价值中掺有水分。贷款一旦发放后，银行应按照一定的时间频率对抵押物价值进行评估。可见，抵押物价值评估是一项经常性的工作。

（3）做好抵押物登记，确保抵押效力

须依法登记的抵押物，抵押合同自登记之日起生效。这些财产包括房地产、林木、航空器、船舶、车辆以及企业的设备和其他动产。法律规定自登记之日起生效的合同，必须办理抵押登记，否则合同就无效。因此，银行在办理抵押贷款时，对法律规定须登记的合同，必须切实做好登记工作，以确保抵押关系的合法有效。

（4）抵押合同期限应覆盖贷款合同期限

抵押期限应等于或大于贷款期限，凡变更贷款主合同的，一定要注意新贷款合同与原贷款抵押合同期限的差异，不能覆盖贷款合同期限的要重新签订抵押合同。

（5）续期管理

跟踪抵押物状态，分析抵押担保的安全性和抵押物的可担保额度变动情况，发现抵押物价值贬损、损毁、灭失的，依据主合同和担保合同约定，必要时要求借款人补充提供其他担保或偿还融资；抵押物被他人申请采取查封、扣押等财产保全或者执行措施，或抵押人的行为明显导致抵押物价值减少的，及时采取前述措施，或向执法机关主张抵押权。

7.4　质押担保

7.4.1　质押担保的概念

质押是贷款担保方式之一，它是债权人所享有的通过占有由债务人或第三人移交的质物而使其债权优先受偿的权利。设立质权的人，称为出质人；享有质权的人，称为质权人；债务人或者第三人移交给债权人的动产或权利为质物。债务人不履行债务或者发生当事人约定的实现质权的情形时，债权人有权按照质押合同的约定以质物折价或者以贴现、拍卖、变卖质物所得的价款优先受偿。

质押根据质物特征的不同，分为动产质押和权利质押。动产质押，是指债务人或者第三人将其动产移交债权人占有，将该动产作为债权的担保。权利质押，是指债务人或者第三人将权利依法办理质押登记手续或将权利凭证移交债权人占有，作为债权的担保。

以质物作担保所发放的贷款为质押贷款。质押担保的范围包括主债权及利息、违约金、损害赔偿金、质物保管费用和实现质权的费用。

7.4.2　质押担保的设定条件

贷款质押中质物的占有权原则上应转移给质权人，贷款质押以转移质物占有和权利凭证交付之日起生效或登记之日起生效。质押设定的各环节要求如下。

1. 质押物的范围

（1）商业银行可接受的财产质押
①出质人所有的、依法有权处分并可移交质权人占有的动产；
②汇票、支票、本票、债券、存款单、仓单、提单；
③依法可以转让的基金份额、股权；
④依法可以转让的注册商标专用权、专利权、著作权等知识产权中的财产权；
⑤现有的以及将有的应收账款。

（2）商业银行不可接受的财产质押

①所有权、使用权不明或有争议的财产；

②法律法规禁止流通的财产或者不可转让的财产；

③国家机关的财产；

④依法被查封、扣押、监管的财产；

⑤租用的财产；

⑥其他依法不得质押的其他财产。

2. 质押材料

出质人向商业银行申请质押担保，应在提送信贷申请报告的同时，提送出质人提交的"担保意向书"及以下材料。

①质押财产的产权证明文件。

②出质人资格证明：

法人：经市场监督管理部门年检合格的企业法人营业执照、事业法人营业执照；

法人分支机构：经市场监督管理部门年检合格的营业执照、授权委托书。

③出质人须提供有权决议的机关作出的关于同意提供质押的文件、决议或其他具有同等法律效力的文件或证明（包括但不限于授权委托书、股东会决议、董事会决议）。

股份有限公司、有限责任公司、中外合资企业、具有法人资格的中外合作企业作为出质人的，应查阅该公司或企业的章程，确定有权就担保事宜作出决议的机关是股东会还是董事会（或类似机构）。

④财产共有人出具的同意出质的文件。

3. 质物的合法性

（1）出质人对质物、质押权利占有的合法性

①用动产出质的，应通过审查动产购置发票、财务账簿，确认其是否为出质人所有。

②用权利出质的，应核对权利凭证上的所有人与出质人是否为同一人。如果不是，则要求出示取得权利凭证的合法证明，如判决书或他人同意授权质押的书面证明。

③审查质押的设定是否已由出质人有权决议的机关作出决议。

④如质押财产为共有财产，出质是否经全体共有人同意。

（2）质物、质押权利的合法性

①所有权、使用权不明或有争议的动产，法律规定禁止流通的动产不得作为质物。

②凡出质人以权利凭证出质，必须对出质人提交的权利凭证的真实性、合法性和有效性进行确认。确认时向权利凭证签发或制作单位查询，并取得该单位出具的确认书。

③凡发现质押权利凭证有伪造、变造迹象的，应重新确认，经确认确实为伪造、变造的，应及时向有关部门报案。

④海关监管期内的动产作质押的，须由负责监管的海关出具同意质押的证明文件。

⑤对于用票据设定质押的，还必须对背书进行连续性审查：

- 每一次背书记载事项、各类签章完整齐全并不得附有条件，各背书都是相互衔接的，即前一次转让的被背书人必须是后一次转让的背书人；
- 票据质押应办理质押权背书手续，办理了质押权背书手续的票据应记明"质押""设质"等字样。

⑥对以股票设定质押的，必须是依法可以流通的股票。

4. 质押价值、质押率的确定

（1）质押价值的确定

①对于有明确市场价格的质押品，如国债、上市公司流通股股票、存款单、银行承兑汇票等，其公允价值即为该质押品的市场价格。

②对于没有明确市场价格的质押品，如非上市公司法人股权等，则应当在以下价格中选择较低者为质押品的公允价值：

- 公司最近一期经审计的财务报告或税务机关认可的财务报告中所写明的质押品的净资产价格；
- 以公司最近的财务报告为基础，测算公司未来现金流入量的现值，所估算的质押品的价值；
- 如果公司正处于重组、并购等股权变动过程中，可以交易双方最新的谈判价格作为确定质押品公允价值的参考。

（2）质押率的确定

①信贷人员应根据质押财产的价值和质押财产价值的变动因素，科学地确定质押率。

②确定质押率的依据主要有：

- 质物的适用性、变现能力。对变现能力较差的质押财产应适当降低质押率。
- 质物、质押权利价值的变动趋势。一般可从质物的实体性贬值、功能性贬值及质押权利的经济性贬值或增值三方面进行分析。

7.4.3　质押担保的一般规定

1. 质押权的设立

动产质押中，质权自出质人交付质押财产时设立。

权利质押中，以汇票、支票、本票、债券、存款单、仓单、提单出质的，质权自权利凭证交付质权人时设立；没有权利凭证的，质权自有关部门办理出质登记时设立；以基金份额、证券登记结算机构登记的股权出质的，质权自证券登记结算机构办理出质登记时设立，以其他股权出质的，质权自市场监督管理部门办理出质登记时设立；以注册商标专用权、专利权、著作权等知识产权中的财产权出质的，质权自有关主管部门办理出质登记时设立；以应收账款出质的，质权自信贷征信机构办理出质登记时设立。

出质人与质权人可以协议设立最高额质权。最高额质权除适用质押担保规定外，还应参照最高额抵押权的规定。

2. 质押财产的保管义务

质权人在质权存续期间，未经出质人同意，擅自使用、处分质押财产，给出质人造成损害的，应当承担赔偿责任。质权人负有妥善保管质押财产的义务；因保管不善致使质押财产毁损、灭失的，应当承担赔偿责任。质权人的行为可能使质押财产毁损、灭失的，出质人可以要求质权人将质押财产提存，或者要求提前清偿债务并返还质押财产。质权人在质权存续期间，未经出质人同意转质，造成质押财产毁损、灭失的，应当向出质人承担赔偿责任。

3. 质押担保合同的订立

设立质权，当事人应当采取书面形式订立质权合同。质权合同一般包括下列条款：

①担保债权的种类和数额；
②债务人履行债务的期限；
③质押财产的名称、数量等情况；
④担保的范围；
⑤质押财产交付的时间、方式。

质权人在债务履行期限届满前，与出质人约定债务人不履行到期债务时质押财产归债权人所有的，只能依法就质押财产优先受偿。

4. 质押权的实现

债务人履行债务或者出质人提前清偿所担保的债权的，质权人应当返还质押财产。债务人不履行到期债务或者发生当事人约定的实现质权的情形，质权人可以与出质人协议以质押财产折价，也可以就拍卖、变卖质押财产所得的价款优先受偿。出质人可以请求质权人在债务履行期届满后及时行使质权；质权人不行使的，出质人可以请求人民法院拍卖、变卖质押财产。出质人请求质权人及时行使质权，因质权人怠于行使权利造成损害的，由质权人承担赔偿责任。质押财产折价或者拍卖、变卖后，其价款超过债权数额的部分归出质人所有，不足部分由债务人清偿。

7.4.4　质押担保的主要风险和管理要点

质押贷款中，银行在放款时占主动权，处理质押物手续较为简单。质物具有价值稳定性好、银行可控制性强、易于直接变现处理用于抵债的特点，因此它是银行最愿意受理的担保贷款方式。

1. 质押担保的主要风险

目前银行办理的质押贷款在业务中主要有如下风险：

（1）虚假质押风险

虚假质押风险是贷款质押的最主要风险因素。例如，不法企业用变造或伪造的银行定期存单到银行骗取贷款，另外也有的到甲银行先存一笔款取得真存单，到乙银行取得质押贷款后，回头又到甲银行挂失原存单取走存款。目前各家银行对此内部都作了严格的规定，只有本银行系统的存单才可在本行做质押贷款。但仍应注意的是，即使是同银行系统的存单，如果借款申请人提供的是同城不同机构，或是异地的本行系统机构的存单，仍应加以核实并通知办理质押手续方能予以贷款。

（2）司法风险

银行如果让质押存款的资金存放在借款人在本行的活期存款账户上，是有司法风险的。如果借款人与其他债权人有经济纠纷，司法部门凭生效的法律文书来银行冻结或扣划存款，发放质押贷款的银行是难以对抗的。为规避这种风险，银行须将质押资金转为定期存单单独保管，或者采取更为妥当的方式，将其转入银行名下的保证金账户。

（3）汇率风险

当外币有升值趋势，或外币利率相对高于人民币利率时，常常会发生企业以外币质押向银行借人民币的情况。银行这时在办理质押贷款时，应注意质押外币与人民币的汇率变动风险，如果人民币升值，质押的外币金额已不足以覆盖它了，质押贷款金额将出现风险敞口。因此，在汇率变动频繁的时期，确定质押比例要十分慎重，应该要求以有升值趋势的可兑换货币质押。

（4）操作风险

对于质押贷款业务，银行内部如果管理不当，制度不健全也容易出问题。主要是对质物的保管不当，例如质物没有登记、交换、保管手续，造成丢失；对用于质押的存款没有办理内部冻结看管手续等。

2. 质押担保的管理要点

为防范虚假质押风险，银行查证质押票证时，有密押的应通过联行核对；无密押的应派人到出证单位或其托管部门作书面的正规查询。动产或权利凭证质押，银行要亲自与出质人一起到其托管部门办理登记，将出质人手中的全部有效凭证质押在银行保管。要切实核查质押动产在品种、数量、质量等方面是否与质押权证相符。同时要认真审查质押贷款当事人行为的合法性；接受共有财产质押，必须经所有共有人书面同意；对调查不清，认定不准所有权及使用权的财产或权利，不能盲目接受其质押。为防范质物司法风险，银行必须严格审查各类质物适用的法律、法规，确保可依法处置质物；对难以确认真实、合法、合规性的质物或权利凭证，应拒绝质押。

银行防范质物的价值风险，应要求质物经过有行业资格且资信良好的评估公司或专业质量检测、物价管理部门作价值认定，再确定一个有利于银行的质押率；选择价值相对稳定的动产或权利作为质物，谨慎地接受股票、权证等价值变化较大的质物。

防范质押操作风险，银行首先必须确认质物是否需要登记；其次，按规定办理质物出质登记，并收齐质物的有效权利凭证，同时与质物出质登记、管理机构和出质人签订三方协议，约定保全银行债权的承诺和监管措施；最后，银行要将质押证件作为重要有价单证归类保管，一般不应出借。如要出借，必须严格审查出质人借出是否合理，有无欺诈嫌疑；借出的质物，能背书的要注明"此权利凭证（财产）已质押在×银行，×年×月×日前不得撤销此质押"，或者以书面形式通知登记部门或托管方"×质押凭证已从银行借出仅作×用途使用，不得撤销原质权"，并取得其书面收据以作证明。

7.4.5 质押与抵押的区别

质押与抵押虽都是物的担保的重要形式，本质上都属于物权担保，但两者是不同性质的担保方式，主要存在以下区别。

1. 质权的标的物与抵押权的标的物的范围不同

质权的标的物为动产和财产权利，动产质押形成的质权为典型质权。我国法律未规定不动产质权。抵押权的标的物可以是动产和不动产，以不动产最为常见。

2. 标的物的占有权是否发生转移不同

抵押权的设立不转移抵押标的物的占有权，而质权的设立必须转移质押标的物的占有权。这是质押与抵押最重要的区别。

3. 对标的物的保管义务不同

抵押权的设立不交付抵押物的占有权，因而抵押权人没有保管标的物的义务，而质押时，质权人对质物则负有善良管理人的注意义务。

4. 受偿顺序不同

在质权设立的情况下，一物只能设立一个质押权，因而不存在受偿的顺序问题。而一物可设数个抵押权，当数个抵押权并存时，有受偿的先后顺序之分。同一财产既设立抵押权又设立质权的，拍卖、变卖该财产所得的价款按照登记、交付的时间先后确定清偿顺序。

5. 能否重复设置担保不同

在抵押担保中，抵押物价值大于所担保债权的余额部分，可以再次抵押，即抵押人可以同时或者先后就同一项财产向两个以上的债权人进行抵押。也就是说，法律允许抵押权重复设置。而在质押担保中，由于质押合同是从质物移交给质权人占有之日起生效，因此在实际中不可能存在同一质物上重复设置质权的现象。

6. 对标的物孳息的收取权不同

在抵押期间，不论抵押物所产生的是天然孳息还是法定孳息，均由抵押人收取，抵押权人无权收取。只有在债务履行期间届满，债务人不履行债务致使抵押物被法院依法扣押的情况下，自扣押之日起，抵押权人才有权收取孳息。在质押期间，质权人依法有权收取质物所产生的天然孳息和法定孳息。

7.5　押品管理

2017 年，银监会出台的《商业银行押品管理指引》（银监发〔2017〕16 号），将"押品"定义为"债务人或第三方为担保商业银行相关债权实现，抵押或质押给商业银行，用于缓释信用风险的财产或权利"，包括但不仅限于信贷业务中使用的押品。本节重点介绍该指引对商业银行开展押品管理的基本要求。

7.5.1　商业银行开展押品管理的基本原则

1. 合法性原则

押品管理应符合法律法规规定。

2. 有效性原则

抵质押担保手续完备,押品估值合理并易于处置变现,具有较好的债权保障作用。

3. 审慎性原则

充分考虑押品本身可能存在的风险因素,审慎制定押品管理政策,动态评估押品价值及风险缓释作用。

4. 从属性原则

商业银行使用押品缓释信用风险应以全面评估债务人的偿债能力为前提。

7.5.2 完善押品管理体系

商业银行应将押品管理纳入全面风险管理体系,完善与押品管理相关的治理架构、管理制度、业务流程、信息系统等。主要要求如下。

第一,董事会应督促高级管理层在全面风险管理体系框架下构建押品管理体系,切实履行押品管理职责。

第二,高级管理层应规范押品管理制度流程,落实各项押品管理措施,确保押品管理体系与业务发展、风险管理水平相适应。

第三,商业银行应明确前台、中台、后台各业务部门的押品管理职责,内审部门应将押品管理纳入内部审计范畴,定期进行审计。

商业银行应确定押品管理牵头部门,统筹协调押品管理,包括制定押品管理制度、推动信息化建设、开展风险监测、组织业务培训等。

第四,商业银行应根据需要,设置押品价值评估,抵质押登记、保管等相关业务岗位,明确岗位职责,配备充足人员,确保相关人员具备必要的专业知识和业务能力。同时,应采取建立回避制度、流程化管理等措施防范操作风险。

第五,商业银行应健全押品管理制度和流程,明确可接受的押品类型、目录、抵质押率、估值方法及频率、担保设立及变更、存续期管理、返还和处置等相关要求。

第六,商业银行应建立押品管理信息系统,持续收集押品类型、押品估值、抵质押率等相关信息,支持对押品及相关担保业务开展统计分析,动态监控押品债权保障作用和风险缓释能力,将业务管控规则嵌入信息系统,加强系统制约,防范抵质押业务风险。

第七,商业银行应真实、完整保存押品管理过程中产生的各类文档,包括押品调查文档、估值文档、存续期管理记录等相关资料，并易于检索和查询。

7.5.3　押品风险控制的基本要求

1. 商业银行拟接受的押品应符合的基本条件

①押品真实存在；

②押品权属关系清晰，抵押（出质）人对押品具有处分权；

③押品符合法律法规规定或国家政策要求；

④押品具有良好的变现能力。

2. 押品分类管理

商业银行应至少将押品分为金融质押品、房地产、应收账款和其他押品等类别，并在此基础上进一步细分。同时，应结合本行业务实践和风控水平，确定可接受的押品目录，且至少每年更新一次。

3. 押品估值管理

商业银行应遵循客观、审慎原则，依据评估准则及相关规程、规范，明确各类押品的估值方法，并保持连续性。原则上，对于有活跃交易市场、有明确交易价格的押品，应参考市场价格确定押品价值。采用其他方法估值时，评估价值不能超过当前合理市场价格。

各类表内外业务采用抵（质）押担保的，商业银行应对押品情况进行调查与评估，主要包括受理、调查、估值、审批等环节；明确押品估值的责任主体以及估值流程，包括发起、评估、确认等相关环节。对于外部估值情形，其评估结果应由内部审核确认。同时，还应明确抵押（出质）人须提供的材料范围，及时、全面收集押品相关信息和材料。

商业银行应根据不同押品的价值波动特性，合理确定价值重估频率，每年应至少重估一次。对价格波动较大的押品，应适当提高重估频率；有活跃交易市场的金融质押品，应进行盯市估值。

外部评估。商业银行应明确外部评估机构的准入条件，选择符合法定要求、取得相应专业资质的评估机构，实行名单制管理，定期开展后评价，动态调整合作名单。原则上不接受名单以外的外部评估机构的估值结果，确需名单以外的外部评估机构估值的，应审慎控制适用范围。

下列情形押品应由外部评估机构进行估值：法律法规及政策规定、人民法院、仲裁机关等要求必须由外部评估机构估值的押品；监管部门要求由外部评估机构估值的

押品；因估值技术性要求较高，本行不具备评估专业能力的押品；其他确须外部评估机构估值的押品。

4. 抵质押率上限

商业银行应审慎确定各类押品的抵质押率上限，并根据经济周期、风险状况和市场环境及时调整。

抵质押率是指押品担保本金余额与押品估值的比率。抵质押率的计算公式为

$$抵质押率 = 押品担保本金余额 \div 押品估值 \times 100\%$$

7.5.4　押品的实物管理

对于法律法规规定抵质押权经登记生效或未经登记不得对抗善意第三人的押品，应按登记部门要求办理抵质押登记，取得他项权利证书或其他抵质押登记证明，确保抵质押登记真实有效。

对于法律规定以移交占有为质权生效要件的押品和应移交商业银行保管的权属证书，商业银行应办理转移占有的交付或止付手续，并采取必要措施，确保押品真实有效。

押品由第三方监管的，商业银行应明确押品第三方监管的准入条件，对合作的监管方实行名单制管理，加强日常监控，全面评价其管理能力和资信状况。对于需要移交第三方保管的押品，商业银行应与抵押（出质）人、监管方签订监管合同或协议，明确监管方的监管责任和违约赔偿责任。监管方应将押品与其他资产相分离，不得重复出具仓储单据或类似证明。

商业银行应明确押品及其权属证书的保管方式和操作要求，妥善保管抵押（出质）人依法移交的押品或权属证书。

7.5.5　押品的存续期管理

1. 押品价值重估

商业银行应按规定频率对押品进行价值重估。出现下列情形之一的，即使未到重估时点，也应重新估值：

①押品市场价格发生较大波动；

②发生合同约定的违约事件；

③押品担保的债权形成不良；

④其他需要重估的情形。

2. 押品价值监测与压力测试

商业银行应建立动态监测机制，跟踪押品相关政策及行业、地区环境变化，分析其对押品价值的影响，及时发布预警信息，必要时采取相应措施。

商业银行应加强押品集中度管理，采取必要措施，防范因单一押品或单一种类押品占比过高产生的风险。

抵质押合同明确约定警戒线或平仓线的押品，商业银行应加强押品价格监控，触及警戒线时要及时采取防控措施，触及强制平仓条件时应按合同约定平仓。

商业银行应根据押品重要程度和风险状况，定期对押品开展压力测试，原则上每年至少进行一次，并根据测试结果采取应对措施。

3. 押品返还与处置

出现下列情形之一的，商业银行应办理抵质押注销登记手续，返还押品或权属证书：

①抵质押担保合同履行完毕，押品所担保的债务已经全部清偿；

②人民法院解除抵质押担保裁判生效；

③其他法定或约定情形。

债务人未能按期清偿押品担保的债务或发生其他风险状况的，商业银行应根据合同约定，按照损失最小化原则，合理选择行使抵质押权的时机和方式，通过变卖、拍卖、折价等合法方式及时行使抵质押权，或通过其他方式保障合同约定的权利。

第 8 章 　 信贷审批

 **本章概要**

信贷审批是商业银行信贷业务全流程的决策环节，是信贷业务执行实施的前提与依据。广义的信贷审批涵盖授信额度审批及信贷业务审批，包括审查和审批过程，其目标是把信贷风险控制在银行可接受的范围之内，力求避免不符合信贷要求和可能导致不良的信贷行为。

本章包括三节内容：第一节是信贷授权与审贷分离，主要介绍了信贷授权的含义、原则与方法，以及审贷分离的含义、形式、职责划分与实施要点；第二节是授信额度及审批，主要介绍了授信额度的含义、主要决定因素以及确定授信额度的具体流程；第三节是贷款审查事项及审批要素，主要介绍了贷款审查事项的基本内容、贷款审批要素的审定要点以及管理过程中需要注意的问题。

8.1　信贷授权与审贷分离

8.1.1　信贷授权

银行业金融机构应建立统一的法人授权体系，对机构、人员和岗位进行权限管理，根据受权人的风险管理能力、所处区域经济信用环境、资产质量等因素，按地区、行业、客户、产品等进行信贷业务差别授权，合理确定授权权限。受权人在书面授权范围内审批信贷业务，不得越权或变相越权审批信贷业务。

1. 信贷授权的含义

（1）信贷授权的定义

信贷授权是指银行业金融机构对其所属业务职能部门、分支机构和关键业务岗位开展信贷业务权限的具体规定。

（2）信贷授权的分类

信贷授权主要可分为以下两种类型。

①直接授权，是指银行业金融机构总部对总部相关授信业务职能部门或直接管理的经营单位授予全部或部分信贷产品一定期限、一定金额内的信贷审批权限。

②转授权，是指受权的经营单位在总部直接授权的权限内，对本级行各有权审批人、相关信贷业务职能部门和所辖分支机构转授一定的信贷审批权限。根据贷款新规规定，贷款人应建立健全内部审批授权与转授权机制。审批人员应在授权范围内按规定流程审批信贷业务，不得越权审批。

（3）信贷授权管理的意义

信贷授权是银行业金融机构信贷管理和内部控制的基本要求，旨在健全内部控制体系，增强防范和控制风险的能力，并有利于优化流程、提高效率，以实现风险收益的最优化。集中管理是为了控制风险，合理授权则是为了在控制风险的前提下提高效率。

对内授权与对外授信密切相关。对内合理授权是银行业金融机构对外优质高效授信的前提和基础。信贷授权对于有效实行一级法人体制，强化银行业金融机构的统一管理与内部控制，增强银行业金融机构防范和控制风险的能力都有重要意义。

2. 信贷授权的原则与方法

在银行业金融机构的实际操作中，信贷授权的管理和操作规程主要包括以下内容。

（1）信贷授权应遵循的基本原则

①授权适度原则。银行业金融机构应兼顾信贷风险控制和提高审批效率两方面的要求，合理确定授权金额及行权方式，以实现集权与分权的平衡。实行转授权的，在金额、种类和范围上均不得大于原授权。

②差别授权原则。应根据各业务职能部门和分支机构的经营管理水平、风险控制能力、主要负责人业绩以及所处地区经济及信用环境等，实行有区别的授权。

③动态调整原则。应根据各业务职能部门和分支机构的经营业绩、风险状况、制度执行以及经济形势、信贷政策、业务总量、审批能力等方面的情况变化，及时调整授权。

④权责一致原则。授权权限应与受权人承担的授信审批责任相一致。受权人超越授权或未尽责，应追究受权人的责任。

（2）信贷授权确定的方法

银行业金融机构对业务职能部门和分支机构的信贷授权，原则上应根据其风险管理水平、资产质量、所处地区的经济信用环境、受权机构业务量、审批人员的信贷从业经验及审批能力等因素，设置一定的权重，采用风险指标量化评定的方法合理确

定。此外，在确定信贷授权时，还应适当考虑公司信贷、小企业信贷、个人信贷的业务特点。

（3）信贷授权的方式

①信贷授权的载体

授权可以采用授权书、规章制度、部门职责、岗位职责等书面形式。其中，授权书比较规范、正式，也较为常用。

授权书应当载明以下内容：授权人全称；受权人全称；授权范围和权限；关于转授权的规定；授权书生效日期和有效期限；对限制越权的规定；其他需要规定的内容。授权的有效期限一般为1年。

②信贷授权的形式

• 按受权人划分，信贷授权可授予总部授信业务审批部门及其派出机构、分支机构及相关负责人或独立授信审批人等。

• 按授信品种划分，可按风险高低进行授权，如对固定资产贷款、并购贷款、流动资金贷款等品种给予不同的权限。

• 按行业进行授权，根据银行信贷行业投向政策，对不同的行业分别授予不同的权限，如对产能过剩行业，高耗能、高污染行业应适当上收审批权限。

• 按客户风险评级授权，根据银行信用评级政策，针对不同信用等级的客户分别授予不同的权限。

• 按担保方式授权，根据担保对风险的缓释作用，对采用不同担保方式的信贷业务分别授予不同的权限，如对全额保证金业务、存单（国债）质押业务通常给予更大的审批权限。

8.1.2　审贷分离

银行业金融机构应按照审贷分离原则，完善信贷审批体制和机制，由独立于前台业务部门的负责信贷审查审批的部门对不同币种、不同客户对象、不同类型的信贷业务进行统一审批管理。

1. 审贷分离的含义

（1）审贷分离的定义

审贷分离是指将信贷业务办理过程中的调查和审查审批环节进行分离，分别由不同层次机构和不同部门（岗位）承担，以实现相互制约并充分发挥信贷审查审批人员专业优势的信贷管理制度。

（2）审贷分离的意义

审贷分离的核心是将负责信贷业务调查的业务部门（岗位）与负责信贷业务审查

审批的管理部门（岗位）相分离，以达到相互制约的目的。其意义有三点：一是信贷审查审批人员独立判断风险，保证信贷审查审批的独立性和科学性；二是信贷审查审批人员相对固定，有利于提高专业化水平，实现专家审贷，弥补客户经理在信贷专业分析技能方面的不足，减少信贷决策失误；三是从全局角度来讲，审贷分离对促进银行业金融机构的信贷管理机制改革、提高信贷管理水平以及提高信贷资产质量具有重要的现实意义。

2. 审贷分离的形式、职责划分与实施要点

在商业银行的实际操作中，审贷分离的操作规程主要包括以下几个方面。

（1）审贷分离的形式

①岗位分离

在基层经营单位，如信贷规模较小的支行，由于人员限制，无法设立独立的部门履行信贷审查的职能，一般设置信贷业务岗和信贷审查岗，由信贷审查岗履行信贷审查的职能，分管信贷风险的机构负责人履行审批职责。

②部门分离

在分行乃至总行等较高层级的单位，应分别设置信贷业务经营部门和授信审批部门，前者履行贷前调查和贷款管理职能，后者履行信贷审查审批职能。

③地区分离

有的商业银行设立地区信贷审批中心，负责某个地区辖内机构超权限的贷款审批，旨在通过地区分离、异地操作来保证贷款审批的独立性。

（2）信贷业务岗与信贷审查岗的职责划分

从各行实际操作看，信贷业务岗和信贷审查岗的职责一般作如下划分。

①信贷业务岗职责

· 积极拓展信贷业务，搞好市场调查，优选客户，受理借款人申请。

· 对借款人申请信贷业务的合法性、安全性、盈利性进行调查并确保授信材料的真实性。

· 对客户进行信用等级评价，撰写调查报告，提出信贷业务的期限、金额、利率（费率）和支付方式等明确意见。

· 办理核保、抵（质）押登记，落实信贷审批条件。

· 贷款业务办理后对借款人执行借款合同的情况和经营状况进行贷后检查和管理。

· 督促借款人按合同约定使用贷款，按时足额归还贷款本息，并负责配合催收违约贷款。

②信贷审查岗职责

· 表面真实性审查。对借款人及保证人财务报表、商务合同等资料进行表面真实性审查，对明显虚假的资料提出审查意见。

● 完整性审查。审查授信资料是否完整有效，包括授信客户贷款卡等信息资料、项目批准文件以及需要提供的其他证明资料等。

● 合规性审查。审查借款人、保证人主体资格，担保的合法性，借款用途的合规性，审查授信业务是否符合国家和本行信贷投向政策，审查授信客户经营范围是否符合授信要求。

● 合理性审查。审查借款行为的合理性，审查贷前调查中使用的信贷材料和信贷结论在逻辑上是否具有合理性。

● 可行性审查。审查信贷业务主要风险点及风险防范措施、偿债能力、授信安排、信贷期限、担保能力等，审查授信客户和信贷业务风险。

（3）审贷分离实施要点

①审查审批人员与借款人原则上不单独直接接触

审贷分离的初衷就是通过调查与审查审批人员分离，杜绝信贷审查审批受人为因素的干扰，维护审查审批的独立性和客观性。因此，审查审批人员所需的资料、数据等由信贷调查人员从借款人处取得，审查审批人员原则上不与借款人单独直接接触。

对特大项目、复杂事项等确需审查审批人员接触借款人的，应经过一定程序的批准，在客户经理的陪同下实地进行调查。

②审查人员无最终决策权

贷款审查只是贷款审批过程中的一个环节，不应成为贷款审批流程的终点。审查人员即使对贷款发放持否定态度，也应按正常的信贷流程继续进行审批。最终审批人参考审查人员意见后，对是否批准该信贷业务提出明确的意见。信贷决策权应由信贷审批会议或审批委员会或最终有权审批人行使。

③审查审批人员应真正成为信贷专家

审查审批人员应具备经济、财务、信贷、法律、税务等专业知识，并有丰富的实践经验。审查审批人员信贷判断的基础不仅是客户经理提供的资料，还包括大量日常积累的信息，因此必须了解大量的国民经济和行业信息。只有这样，审查审批人员才能对信贷调查人员提交的资料以及结论的真实性、合理性提出审查审批意见，站在更高的角度对贷款的可行性提出独立的意见。

④实行集体审议机制

我国商业银行为了弥补个人经验不足，同时防止个人操纵贷款现象的发生，一般采取贷款集体审议决策机制，多数银行采取设立各级信贷审批会议或审批委员会（以下简称贷审会）的方式行使集体审议职能。

贷审会作为授信业务决策的集体议事机构，评价和审议信贷决策事项。贷审会投票未通过的信贷事项，不得审批同意，对贷审会审批同意的信贷业务，有权审批人可以否决。这里的有权审批人主要指行长或其授权的副行长等。行长不得担任贷审会的成员，但可指定一名副行长担任贷审会主任委员，但该主任委员一般不应同时分管前台业务部门。

贷审会参与审批人员不宜过多，也不能过少，且通常应为单数。审议表决应当遵循"集体审议、明确发表意见、绝对多数通过"的原则。未通过贷审会审批的信贷业务可以申请复议，但必须符合一定条件。贷审会审批人员发表的全部意见应当记录存档，且要准确反映审议过程，以备后续的信贷管理和履职检查。

⑤按程序审批

授信审批应按规定权限、程序进行，不得违反程序、减少程序或逆程序审批信贷业务。

8.2　授信额度及审批

8.2.1　授信额度的定义

授信额度是指银行在客户授信限额以内，根据客户的授信需求、还款能力和银行的客户政策最终决定给予客户的授信总额，包括贷款额度、贸易融资额度、保函额度、承兑汇票额度、透支额度等各类信贷业务额度。商业银行不同的信贷管理体制及模式，导致授信额度的授予对象、适用范围、核定流程、管理及使用方式等存在差异，大致可分为集团授信额度、客户授信（信用）额度及单笔贷款额度。

1. 集团授信额度

集团授信额度是指授信银行授予集团客户（包括分配集团内各个成员企业）的授信额度的总和。企业集团的结构和组成通常较为复杂、不易识别，由于集团内成员企业受同一实际控制人控制，更容易产生潜在的信用风险：

①贷款资金有可能被转移到集团的其他公司；

②易发生不公允的关联交易；

③无论借款企业的条件和业绩有多优秀，发生在集团其他公司的问题都有可能影响借款企业。

鉴于集团客户风险的整体性、共生性及传导性，商业银行客观上需要对集团整体授信总量实施有效管控，集团授信额度就是其重要的方式和抓手。信贷人员必须充分地了解和厘清企业集团及各成员间的关系，并基于集团整体及各成员企业信用状况与偿债能力合理核定集团授信额度，并实施统一管理。根据《固定资产贷款管理暂行办法》和《流动资金贷款管理暂行办法》的相关规定，贷款人应将固定资产贷款和流动资金贷款纳入对借款人及借款人所在集团客户的统一授信额度管理，并按区域、行

业、贷款品种等维度建立固定资产贷款和流动资金贷款的风险限额管理制度。

2. 客户授信（信用）额度

一段时期内，客户通常会有一笔以上的银行贷款来对应其不同需求；而信贷业务的风险，大多源于客户的信用风险。为有效控制客户整体信用风险，同时合理满足单笔业务办理效率需要，客观上需要在分析评价客户整体信用状况及偿债能力的基础上，核定客户信用额度，实现客户信用总量控制。客户信用额度是指银行授予某个借款企业的信用额度（包括分配各类信贷业务额度）的总和，额度可在有效期内使用。

3. 单笔贷款额度

单笔贷款额度主要指用于每个单独批准在一定贷款条件（收入的使用、最终到期日、还款时间安排、定价、担保等）下的贷款额度。根据贷款结构，单笔贷款额度适用于以下情形：

①被指定发放的贷款本金额度，一旦经过借贷和还款后，就不能再被重复借贷。

②被批准于短期贷款、长期循环贷款和其他类型的贷款的最高本金风险敞口额度。

8.2.2 授信额度的决定因素

授信额度是在对以下因素进行评估和考虑的基础上决定的。

①了解并测算客户的信贷需求，通过与客户进行讨论，对借款原因进行分析，确定客户合理信贷需求。

②客户的还款能力。这主要取决于客户的现金流，只有当客户在一定期限内的现金流入大于或等于现金流出时，其才具有还款能力。在实际操作中，银行可以通过对季节性或长期贷款的信用分析和财务预测来评估客户的还款能力，集中分析客户未来现金流量的风险。

③银行或借款企业的相关法律或监督条款的限制。

④贷款组合管理的限制，例如区域、行业、客户类型等贷款组合授信限额。

⑤银行的客户政策，即银行针对客户的市场策略，这取决于银行的风险偏好和银行对未来市场的判断，将直接影响客户授信额度的大小。

⑥客户关系管理因素，客户对银行综合收益贡献度，以及相对于其他银行或债权人，银行愿意提供给借款企业的信贷数额占比。

8.2.3 授信额度的确定流程

商业银行通常是按照先核定集团授信额度（如有）、客户授信额度，再办理信贷业务的逻辑顺序开展信贷业务。

银行信贷部门可以按照以下流程确定授信额度。

①通过与借款需求企业的讨论，以及借贷理由分析，分析借款原因和借款需求。信贷业务人员应从客户销售增长的持续性、资产效率的变化、固定资产的重置或扩张、长期投资变化、债务重构、股息分配需求、一次性或意外成本等方面，使用分析工具和方法，对借款原因和借款需求进行分析。

②如果通过评估借款原因，明晰了短期和长期借款理由，在一些情况下，长期贷款额度需求可以在这一时点上进行大致的评估。

③讨论具体需求额度与借款原因及其合理性。

④进行信用分析以辨别和评估关键的宏观、行业和商业风险，以及所有影响借款企业的资产转换周期和债务清偿能力的因素。

⑤进行偿债能力分析，评估客户未来可获得现金流量能否满足债务清偿所需。

⑥初步核定集团（客户）授信总量，并根据集团（客户）需求及风险特征在集团成员企业（或各类信贷业务品种）间分配授信额度（包括现存所有的有效授信额度以及新的正在申请批准的信贷额度），设定授信持续条件与风险控制措施、有效期等要素，完成最后授信评审并提交审核，经审批后实施。

8.3　贷款审查事项及审批要素

8.3.1　贷款审查事项

1. 贷款审查事项的含义

贷款审查事项是指在贷款审查过程中应特别关注的事项，关注审查事项有助于保证贷款审查的有效性，保证审查结果的合理性。需要注意的是，针对不同信贷品种的风险特点，应关注的重点各有不同，因此，审查事项的基本内容也有所不同。

2. 贷款审查事项的基本内容

银行业金融机构经过多年经营，积累了丰富的信贷业务经验，贷款审查已嵌入各种贷款业务的管理流程之中。根据"了解你的客户""了解你客户的业务""了解你客户的风险"原则，在审查审批过程中一般应要求把握以下内容：

（1）信贷资料完整性及调查工作与申报流程的合规性审查

①借款人、担保人（物）及具体贷款业务的有关资料是否齐备，申报资料及其内

容应合法、真实、有效。

②贷款业务内部运作资料是否齐全，是否按规定程序操作，调查程序和方法是否合规，调查内容是否全面、有效，调查结论及意见是否合理。

③业务是否在本级机构信贷审批授权内。

（2）借款人主体资格及基本情况审查

①借款人主体资格及经营资格的合法性，贷款用途是否在其营业执照规定的经营范围内。

②借款人股东的实力及注册资金的到位情况，产权关系是否明晰，法人治理结构是否健全。

③借款人申请贷款是否履行了法律法规或公司章程规定的授权程序。

④借款人的银行及商业信用记录以及法定代表人和核心管理人员的背景、主要履历、品行和个人信用记录。

（3）信贷业务政策符合性审查

①借款用途是否合法合规，是否符合国家宏观经济政策、产业行业政策、土地、环保和节能政策以及国家货币信贷政策等。

②客户准入及借款用途是否符合银行区域、客户、行业、产品等信贷政策。

③借款人的信用等级评定、授信额度核定、定价、期限、支付方式等是否符合银行信贷政策制度，贷款品种及金额是否在有效授信（信用）可用额度内，贷款条件是否满足授信额度设定的支用条件等。

（4）财务因素审查

主要审查借款人基本会计政策的合理性，财务报告的完整性、真实性和合理性及审计结论，要特别重视通过财务数据间的比较分析、趋势分析及同业对比分析等手段判断客户的真实生产经营状况，并尽量通过收集必要的信息，查证客户提供的财务信息的真实性、合理性。

（5）非财务因素审查

主要审查借款人的企业性质、发展沿革、组织架构及公司治理、经营环境，所处的行业市场分析、行业地位分析、产品定价分析、生产及其技术分析、客户核心竞争能力分析等。

（6）担保审查

对保证、抵押、质押等担保方式的合法、足值、有效性进行审查。

（7）充分揭示信贷风险

①分析、揭示借款人的财务风险、经营管理风险、市场风险及担保风险等。

②提出相应的风险防范措施。

（8）提出审查结论

在全面论证、平衡风险收益的基础上，提出审查结论。

8.3.2　贷款审批要素

1. 贷款审批要素的含义

贷款审批要素广义上是指贷款审批方案中应包含的各项内容，具体包括授信对象、贷款用途、贷款品种、贷款金额、贷款期限、贷款币种、贷款利率、担保方式、发放条件与支付方式、还款计划安排及贷后管理要求等。

2. 主要贷款审批要素的审定要点

（1）授信对象

审批中应明确给予授信的主体对象。固定资产贷款和流动资金贷款的授信对象是企事业法人或国家规定可以作为借款人的其他组织。项目融资的授信对象是建设、经营该项目或为该项目融资而专门组建的企事业法人。

（2）贷款用途

贷款应该有明确、合理的用途。贷款审批人员应该分析授信申报方案所提出的贷款用途是否明确、具体，除了在允许范围内用于债务置换等特定用途的贷款，对于直接用于生产经营的贷款，贷款项下所经营业务应在法规允许的借款人的经营范围内；相关交易协议或合同要落实；如交易对手为借款人的关系人，更应认真甄别交易的真实性，防止借款人虚构商品或资产交易骗取银行贷款。必要时可结合分析借款人财务结构，判断借款人是否存在短借长用等不合理的贷款占用，了解借款人是否存在建设资金未落实的在建或拟建的固定资产建设项目或其他投资需求，防止贷款资金被挪用。

（3）信贷品种

信贷品种首先应与业务用途相匹配，即信贷品种的适用范围应涵盖该笔业务具体的贷款用途；其次，信贷品种应与客户结算方式相匹配，即贷款项下业务交易所采用的结算方式应与信贷品种适用范围一致；再次，信贷品种还应与客户风险状况相匹配，由于不同信贷品种通常具有不同的风险特征，风险相对较高的信贷品种通常仅适用于资信水平相对较高的客户；最后，信贷品种还应与银行信贷政策相匹配，符合所在银行的信贷政策及管理要求。

（4）贷款金额

贷款金额应依据借款人合理资金需求量和承贷能力来确定。流动资金贷款需求量可参考《流动资金贷款管理暂行办法》提供的方法进行测算，固定资产贷款需求量可根据项目经审核确定的总投资、拟定且符合法规要求的资本金比例及其他资金来源构成等加以确定；贷款金额除考虑借款人的合理需求外，还应控制在借款人的承贷能力

范围内，这样才能确保需求合理，风险可控。

（5）贷款期限

贷款期限首先应符合相应信贷品种有关期限的规定；其次，贷款期限一般应控制在借款人相应经营的有效期限内；再次，贷款期限应与借款人资产转换周期及其他特定还款来源的到账时间相匹配；最后，贷款期限还应与借款人的风险状况及风险控制要求相匹配。

（6）贷款币种

贷款币种应尽可能与贷款项下交易所使用的结算币种及借款人还款来源币种相匹配，并充分考虑贷款币种与还款来源币种错配情况下所面临的相关风险及风险控制。使用外汇贷款的，还须符合国家外汇管理相关规定。

（7）贷款利率

首先，贷款利率应符合中国人民银行关于贷款利率的有关规定以及银行内部信贷业务利率的相关规定；其次，贷款利率水平应与借款人及信贷业务的风险状况相匹配，体现收益覆盖风险的原则；最后，贷款利率的确定还应考虑所在地同类信贷业务的市场价格水平。

（8）担保方式

首先，所采用的担保方式应满足合法合规性要求，担保人必须符合法律、规则规定的主体资格要求，担保品必须是符合法律规定、真实存在的财产或权利，担保人对其拥有相应的所有权和处置权，且担保行为获得了担保人有权机构的合法审批，并按法规要求在有权机构办理必要的抵（质）押登记；其次，担保应具备足值性，保证人应具备充足的代偿能力，抵（质）押品足值且易变现；再次，所采用的担保还应具备可控性，银行在担保项下应拥有对借款人、担保人相应的约束力，对保证人或抵（质）押品具有持续监控能力；最后，担保须具备可执行性及易变现性，并考虑可能的执行与变现成本。

（9）发放条件

应明确贷款发放的前提条件，以作为放款部门放款审查的依据。固定资产贷款和项目融资的发放条件应包括不少于与贷款同比例的资本金已足额到位、项目实际进度与已投资额相匹配等要求。需要说明的是，资本金与贷款同比例到位只是最低要求，对于建设期风险较大的项目，贷款人可进一步提高资本金比例要求。另外，对于国家要求项目资本金在贷款发放前全部到位的项目，如房地产开发项目，还应遵守国家法律法规的规定。同时，贷款人应加强项目建成后的资本金管理，防止借款人以贷款置换等各种方式抽逃资本金。固定资产贷款在发放和支付过程中，借款人出现以下情形的，贷款人应与借款人协商补充贷款发放和支付条件，或根据合同约定停止贷款资金的发放和支付：①信用状况下降；②不按合同约定支付贷款资金；③项目进度落后于资金使用进度；④违反合同约定，以化整为零的方式规避贷款人受托支付。

（10）支付要求

应按照按需放款的要求，视情况不同采取受托支付或是自主支付。采取受托支付的，还要明确规定起点金额和支付管理要求。对流动资金贷款，应根据借款人的行业特征、经营规模、管理水平、信用状况等因素，合理约定贷款资金支付方式及贷款人受托支付的金额标准。

（11）贷后管理要求

可针对借款人及相关授信业务的风险特征，提出相应的贷后管理要求，如就贷后走访客户的频率、须重点监控的情况及指标、获取信息的报告反馈等事项提出具体要求。此外，还可对贷款存续期间借款人的资产负债率、流动比率、速动比率、销售收入增减幅度、利润率、分红比率等相关财务指标及主要股东、核心人员变化等提出控制要求。

第9章 贷款合同与发放支付

 **本章概要**

　　贷款经批准后，业务人员应当严格落实贷款批复条件，并签署贷款合同。贷款合同一经签订生效后，受法律保护的借贷关系即告确立，借贷双方均应依据贷款合同的约定享有权利和承担义务。

　　本章包括三节内容：第一节是贷款合同与管理，主要介绍了贷款合同签订的流程、贷款合同管理存在的问题及实施要点；第二节是贷款的发放，主要介绍了贷放分控和贷款发放管理两个方面；第三节是贷款支付，主要介绍了实贷实付、受托支付以及自主支付的相关内容要求。

9.1 贷款合同与管理

9.1.1 贷款合同签订

1. 贷款合同概述

（1）贷款合同的定义

　　贷款合同是从贷款人主体角度提出的，一般是指可以作为贷款人的银行业金融机构与借款人、担保人等就贷款的发放与收回等相关事宜签订的规范借贷及担保各方权利义务的书面法律文件，主要包括贷款合同及其担保（抵押、质押、保证等）合同。从借款人主体角度而言，贷款合同也称为借款合同。

（2）贷款合同的内容

　　贷款合同的内容主要包括当事人的名称（姓名）和住所、贷款种类、币种、贷款用途、贷款金额、贷款利率、贷款期限、还款方式、借贷双方的权利与义务、担保方式、违约责任等。此外，贷款人应在合同中与借款人约定提款条件以及贷款资金支付接受贷款人管理等与贷款使用相关的条款，固定资产贷款提款条件应包括项目资本金已按计划足额到位、项目实际进度与已投资额相匹配等要求；贷款人还应在合同中与借款人约定，借款人出现未按约定用途使用贷款、未按约定方式支用贷款资金、未遵守承诺事项、申贷文件信息失真、突破约定的财务指标约束等情形时借款人应承担的违约责任和贷款人可采取的措施。

（3）贷款合同的分类

贷款合同分为格式合同和非格式合同两种。其中，格式合同是指银行业金融机构根据业务管理要求，针对某项业务制定的在机构内部普遍使用的格式统一的合同。

（4）贷款合同的制定原则

贷款合同应当依据法律法规、部门规章、现行制度规定、业务操作规程以及业务需求制定，并应遵守以下原则：

①不冲突原则，即贷款合同不违反法律、行政法规的强制性规定；

②适宜相容原则，即贷款合同要符合银行业金融机构自身各项基本制度的规定和业务发展需求；

③维权原则，即贷款合同要在法律框架内充分维护银行业金融机构的合法权益；

④完善性原则，即贷款合同文本内容应力求完善，借贷双方权利义务明确，条理清晰。

2. 贷款合同的签订

经审批同意后，贷款人应与借款人及其他相关当事人签订书面贷款合同、担保合同等相关合同。合同中应详细约定各方当事人的权利、义务及违约责任，避免对重要事项未约定、约定不明或约定无效。贷款人应要求借款人在合同中对与贷款相关的重要内容作出承诺，承诺内容包括：贷款项目及其借款事项符合法律法规的要求；及时向贷款人提供完整、真实、有效的材料；配合贷款人对贷款的相关检查；发生影响其偿债能力的重大不利事项时及时通知贷款人；进行合并、分立、股权转让、对外投资、实质性增加债务融资等重大事项前征得贷款人同意等。

贷款合同的签订流程如下。

（1）填写合同

贷款合同填写人员在填写有关合同文本过程中，应注意以下问题：

①合同文本应该使用统一的格式，对单笔贷款有特殊要求的，可以在合同中的其他约定事项中约定；

②合同填写必须做到标准、规范、要素齐全、数字正确、字迹清晰、不错漏、不潦草，防止涂改；

③需要填写空白栏且空白栏后有备选项的，在横线上填好选定的内容后，对未选的内容应加横线表示删除；合同条款有空白栏，但根据实际情况不准备填写内容的，

应加盖"此栏空白"字样的印章；

④贷款金额、贷款期限、贷款利率、担保方式、还款方式、划款方式等条款要与贷款最终审批意见一致。

（2）审核合同

合同填写完毕后，填写人员应及时将合同文本交合同复核人员进行复核。同笔贷款的合同填写人与合同复核人不得为同一人。

①合同复核人员负责根据审批意见复核合同文本及附件填写的完整性、准确性、合规性，主要包括：文本书写是否规范；内容是否与审批意见一致；合同条款填写是否齐全、准确；文字表达是否清晰；主从合同及附件是否齐全等。

②合同文本复核人员应就复核中发现的问题及时与合同填写人员沟通，并建立复核记录，交由合同填写人员签字确认。

（3）签订合同

合同填写并复核无误后，贷款人与借款人（包括共同借款人）、担保人（抵押人、出质人、保证人）签订合同。

①在签订（预签）有关合同文本前，贷款人应履行充分告知义务，告知借款人（包括共同借款人）、担保人等合同签约方关于合同内容、权利义务、还款方式以及还款过程中应当注意的问题等。

②担保人为自然人的，应在当面核实签约人身份证明之后由签约人当场签字；如果签约人委托他人代替签字，签字人必须提交委托人委托其签字并经公证的委托授权书。借款人、担保人为法人的，应加盖法人公章，并由其法定代表人或其授权代理人签字，授权代理人必须提供有效的书面授权文件。

③采取抵押担保方式的，应要求抵押物共有人在相关合同文本上签字。

④借款人、担保人等签字后，合同办理人员应将有关合同文本、有效贷款审批批复和合同文本复核记录等材料送交银行有权签字人审查，有权签字人审查通过后在合同上签字或加盖按个人签字笔迹制作的个人名章，之后按照用印管理规定加盖银行贷款合同专用章。

⑤银行可根据实际情况决定是否办理合同公证。

9.1.2　贷款合同管理

1. 贷款合同管理的定义及模式

（1）贷款合同管理的定义

贷款合同管理是指按照银行业金融机构内部控制与风险管理的要求，对贷款合同的制定、修订、废止、选用、填写、审查、签订、履行、变更、解除、归档、检查等一系列行为进行管理的活动。

（2）贷款合同管理模式

贷款合同管理一般采取银行业金融机构法律部门统一归口管理与各业务部门、各分支机构分级划块管理相结合的管理模式。银行业金融机构为实现一定的经济目的，明确相互权利义务关系而签订的贷款合同是民事合同，通过合同所确立的民事关系是一种受法律保护的民事法律关系，所以通过签订合同建立法律关系的行为是一种民事法律行为。贷款合同本身的特征决定了贷款合同管理工作不同于银行业金融机构内部管理工作，涉及大量的法律专业问题，应由专门的法律部门或岗位归口管理。

法律部门对贷款合同的制定、签订和履行负有监督、检查和指导的职责。各业务部门和各分支机构作为合同具体管理单位，负责本部门、本机构的合同签订和履行。银行业金融机构和所属各部门、各分支机构对贷款合同的管理应做到落实机构、人员和制度，形成完善的合同管理体系。

2. 贷款合同管理中存在的问题

（1）贷款合同存在不合规、不完备等缺陷

当前我国银行业金融机构使用的主要是格式合同，部分合同条款设置较为粗放简单，对需要约定的情形和可能出现的各类情况考虑得不够充分，操作中易因合同本身的问题而产生法律纠纷。

①对借款人未按照约定用途使用贷款资金约束不力。贷款是否按约定用途使用，直接关系到贷款安全。银行在发放贷款之前，必须对贷款项目进行考察，明确贷款用途，同时还要对借款人的信用情况进行评估，以判断贷款风险的大小。借款人擅自改变贷款用途，将会对贷款收回造成风险。在实践中，很多贷款合同只是概括地约定借款人不得擅自更改资金使用用途，而没有约定违约救济方式，借款人一旦未按照约定用途使用贷款资金，银行往往对其束手无策。部分贷款合同虽然约定了在借款人未按照约定用途使用借款时，贷款人可对违约使用部分自违约使用之日起按照一定的标准计收罚息，但对所适用的基础利率约定不明确，也会引起争议。

②未明确约定银行提前收回贷款以及解除合同的条件。很多贷款合同没有明确约定银行提前收回贷款的具体条件，即使明显发生不利于贷款人的情形，贷款人也很难提前收贷并解除合同。

③未明确约定罚息的计算方法。在实践中，由于贷款合同未明确约定罚息的计算方法并予以特别提示或说明，借贷双方经常会对罚息的计算方式产生分歧，借款人经常认为罚息的计算基础仅仅为本金，不包括利息，而银行计算罚息的基础为本金与利息之和。

④担保方式的约定不明确、不具体。担保是保护银行利益的重要手段之一。选择何种担保方式对银行利益的实现至关重要。在实践中，少数贷款合同对物的担保（抵

押、质押等）与人的担保（保证）约定较为模糊，在第三人提供保证的情况下，到底是一般保证还是连带责任保证约定不明，给以后发生纠纷时实现担保权益带来不确定因素。

（2）合同签署前审查不严

合同签署前审查不严，往往会隐藏法律风险。这类法律风险表现为对借款人的主体资格和履约能力审查不严。根据《民法典》的规定，违反法律、行政法规等强制性规定，或行为人与相对人恶意串通损害他人合法权益等，均可能会导致民事法律行为无效。如果银行与借款人之间形成的借贷法律关系无效或效力待定，会对银行保全债权产生不确定性。

（3）签约过程违规操作

在贷款合同签订过程中，有些银行违规操作，对下列情形疏于管理，应引起关注。

①对借款人基本信息重视程度不够。借款人的基本信息关系到借款主体资格和合同的真实有效性，必须如实填写并确保基本信息中相关事项与签字或盖章一致。

②对有权签约人主体资格审查不严。合同一般由法定代表人或其授权人签字，如果与主体资格有瑕疵的当事人签署合同，将导致合同无效或效力待定。

③抵押手续不完善或抵押物不合格。如果办理共有财产抵押手续时未取得财产共有人书面同意，或以未成年人财产抵押、法律法规禁止设定抵押的财产设定抵押等，很可能会导致抵押权无法实现。

（4）履行合同监管不力

①贷款合同的变更不符合法律规定。合同的变更包括当事人变更、担保合同的变更、贷款展期、贷款合同提款计划和还款计划的调整及其他合同内容的变更。按照规定，变更贷款合同须经当事人协商一致，签订变更协议，并将变更协议作为原贷款合同的附件。在此过程中，个别信贷人员缺少法律意识，对合同变更的严肃性认识不够，没有履行法定手续，造成信贷风险。此外，贷款合同变更未取得担保人的书面同意。由于担保人只对已签字的担保内容承担担保责任，如果在原贷款合同变更时未重新取得担保人的书面同意，很可能会面临担保人不承担责任的风险。

②扣款侵权，引发诉讼。贷款人在催收贷款过程中不按法律程序办事，在未明确约定的情况下，单方面扣划借款人、担保人资金，或私自扣押借款人的财产及物品，或利用借款人、担保人在本机构开户的条件扣收款项，造成侵权纠纷。

（5）合同救济超时

根据《民法典》的规定，向人民法院请求保护民事权利诉讼时效期间为3年，即自知道或应当知道权利被侵害之日起3年内，权利人不向法院请求保护其民事权利，便丧失请求人民法院依诉讼程序强制义务人履行义务的胜诉权。诉讼时效还需要注意抵押权的行使期间。《民法典》第四百一十九条规定，抵押权人应当在主债权诉讼时效期间行使抵押权；未行使的，人民法院不予保护。实践中对此应加以注意。

3. 加强合同管理的实施要点

贷款合同管理是一项系统工程，涉及借款人、担保方乃至法律环境等方方面面，在实施过程中需要多方配合才能实现预期的目标。

（1）修订和完善贷款合同等协议文件

银行业金融机构应全面梳理过去制定或执行的贷款合同的内部流程、框架和内容，着重强化贷款支付环节的约定和要求借款人和担保人履行承诺的条款，提高贷款合同中承诺条款的执行力，并按照约定检查、监督贷款的使用情况，防止贷款被挪用，真正维护银行业金融机构的权利。

（2）建立完善有效的贷款合同管理制度

银行业金融机构能否有效管理贷款合同，把好贷款合同关，是其经营管理成败和服务水平高低的一个重要标志。为规范贷款合同管理，应制定切实可行的、涵盖合同管理全部内容的管理制度，使贷款合同管理工作有章可循，做到管理层次清楚、职责明确、程序规范。

（3）加强贷款合同规范性审查管理

银行业金融机构应当对各类贷款合同进行规范性审查。银行业金融机构应当指定掌握银行业务知识和相应法律知识的人员担任合同审查员，在合同签章前对已填写或打印完毕的合同进行审核。规范性审查应确保以下几点：

①合同文本选用正确；②在合同中落实的审批文件所规定的限制性条件准确、完备；③格式合同文本的补充条款合规；④主从合同及凭证等附件齐全且相互衔接；⑤合同的填写符合规范要求；⑥一式多份合同的形式内容一致；⑦其他应当审查的规范性内容。

此外，对修改贷款合同条款内容、在"其他事项"中填写内容、增加或限制银行业金融机构权利义务、非格式合同、签订补充协议、变更或解除已经成立的合同等情况，必须进行法律审查。

（4）实施履行监督、归档、检查等管理措施

首先，为保障合同的及时、有效履行，防止违约行为的发生，银行业金融机构应对贷款合同的履行进行监督。通过监督可以了解银行业金融机构各类贷款合同的履行情况，及时发现影响履行的原因，以便随时向各部门反馈，排除阻碍，防止违约的发生。

其次，银行业金融机构应建立完善的档案管理制度，定期对合同的使用、管理等情况进行检查。对检查中发现的问题应当及时整改。

（5）做好有关配套和支持工作

一是要做好内部管理部门和岗位的设置和分工。银行业金融机构要合理落实贷款

合同管理各环节的负责部门和岗位，建立法律工作部门与业务部门之间的协作机制。

二是要做好教育培训工作。由于贷款合同管理专业性强，银行业金融机构需要做好对内部员工，特别是一线员工的教育培训工作。

9.2 贷款的发放

9.2.1 贷放分控

1. 贷放分控概述

贷放分控是指银行业金融机构将贷款审批与贷款发放作为两个独立的业务环节，分别进行管理和控制，以达到降低信贷业务操作风险的目的。贷放分控中的"贷"，是指信贷业务流程中贷款调查、贷款审查和贷款审批等环节，尤其是指贷款审批环节，以区别于贷款发放及支付环节。"放"是指放款，特指贷款审批通过后，由银行通过审核，将符合放款条件的贷款发放或支付出去的业务环节。

我国传统信贷管理将贷款发放与支付视作贷款审批通过后的一个附属环节，认为审批通过后即可放款，有的对提款条件的审查不够严格；有的允许借款人在获得贷款资金后再去落实贷款前提条件、补齐相关手续文件；有的即使知道客户会将贷款用于合同约定之外的其他用途，但出于维护客户关系的目的，只要贷款不用于明显违规的地方，也往往予以默许；有的甚至是有条件审批、无条件放款，银行在审批时设定的诸如签订借款合同、担保合同，办妥抵（质）押登记手续，与客户协商开立基本结算户，办妥项目建设合法合规手续，资本金到位，贷款用途的业务背景审查等贷款前提条件，由于缺乏专门的独立审核部门和岗位进行把关审核，业务经营部门往往以市场竞争、客户需要等为由，不加任何限制和审核约束，或虽经审核但流于形式，未严格把关就直接通过会计部门将贷款发放至借款人账户。上述情形的弊端明显：已经获得贷款资金的借款人往往缺乏落实贷款前提条件的内在动力，审批提出的前提条件很难完全落实，从而形成风险隐患；同时，贷款前提条件形同虚设，为贷款挪用打开方便之门，可能给银行造成损失。

2. 贷放分控的操作要点

（1）设立独立的放款执行部门

贷款人应设立独立的责任部门或岗位，负责贷款发放和支付审核。其中所指的责任部门即是放款执行部门，它首先应独立于前台营销部门，以实现有效制衡。其次，它还应独立于中台授信审批部门。这是因为放款执行部门除需要承担贷款前提条件核准职能外，还承担业务合规性审查、合同审查，以及逐笔支付审核等多项工作，而中台授信审批部门承担的业务审查审批工作繁重，难以完成好放款审核工作，也难以对经自己审查审批同意的贷款提出合规性质疑。

设立独立的放款执行部门或岗位，可实现对放款环节的专业化和有效控制。银行业金融机构应在授信业务操作集中、专业化管理的基础上，不断完善业务流程、绩效管理和各项信贷制度，逐步建立起职责明晰、分工明确、相互制衡、精简高效的独立的信贷风险管理体系。

（2）明确放款执行部门的职责

放款执行部门的核心职责是贷款发放和支付的审核，集中统一办理授信业务发放，专门负责对已获批准的授信业务在实际发放过程中的操作风险进行监控和管理。其主要职能如下：

①审核银行内部授信流程的合法性、合规性、完整性和有效性，主要包括银行内部授信业务流程是否合规，批准手续是否合法、齐备；银行授信业务审批文书是否在有效期内；银行授信文件及其内容是否完善；银行授信档案中各类文件要素是否一致；是否经有权签批人签署意见；等等。

②控制客户的授信额度，审核提款是否在批准的授信额度内，是否在授信约定的提款期限内。

③核准放款前提条件。主要审核贷款审批批复文件中提出的前提条件是否逐项得到落实。目前，有些商业银行的贷款管理中存在"有条件审批，无条件放款"的错误倾向，即在贷款审批环节设置较多的限制性条款，导致风险防范的关口后移，但在放款执行环节则对放款前提条件放松审核标准，导致风险防范的各道防线失去作用。

放款执行部门要进行把关，提出审核意见并对审核意见负责。主要审核内容如下：

● 审核合规性要求的落实情况。合规性要求主要包括是否已提供项目的审批、核准或备案文件，项目用地批复，项目环评批复等。

● 审核限制性条款的落实情况。对贷款客户的限制性条款主要包括以下类型：办理具体贷款业务品种、额度、期限及保证金比例的要求；贷款担保方面的要求；对资产负债率等核心偿债能力，流动性、盈利性等财务指标的要求；贷款支付金额、支付对象的要求；对外担保的限制；资本出售的限制；资本性支出的限制；股东分红的限制；兼并收购的限制；交叉违约的限制；偿债优先权的要求；配合贷后管理的要求；确定借款人的交易对手名单、交易商品，必要时限定交易商品价格波动区间和应收账款账龄；锁定借款人贷款对应的特定还款来源，提出明确还款来源、监督客户物流与现金流的具体措施，并落实贷款的贷后管理责任人；其他限制性条件。

对于信贷审批批复文件中提出上述限制性条款的，放款执行部门要审核确认全部

落实。

- 核实担保的落实情况。担保落实情况主要包括担保人的担保行为是否合规，担保资料是否完整、合规、有效；是否已按要求进行核保，核保书内容是否完整、准确；抵（质）押率是否符合规定；是否已按规定办理抵（质）押登记；抵（质）押登记内容与审批意见、抵（质）押合同、抵（质）押物清单、抵（质）押物权属资料是否一致；是否已办理抵（质）押物保险，保险金额是否覆盖信贷业务金额；等等。

- 审核审批日至放款核准日期间借款人重大风险变化情况。对于审批日至放款核准日间隔超过一定期限的，放款执行部门审核在此期间借款人是否发生重大风险变化情况：借款人是否存在贷款严重违规行为；是否涉嫌提供虚假会计信息或因其他违法违规行为被监管部门查处；高管是否存在非正常死亡、失踪或涉嫌违反法律法规案件被查处情况；国家最新制度变化是否对客户生产经营产生重大影响；等等。

- 审核资本金按计划到位的落实情况。放款执行部门审核并确认项目资本金的落实情况。确认项目资本金到位的方式很多，具体包括查验注册资本证明、核对存放资本金账户的资金进出情况，对于已经用于项目的资本金，还可以核对发票或者交易合同与付款凭证等。贷款人可根据项目特点、是否约定了专门的贷款发放账户等因素灵活运用。在同比例资本金到位前，贷款人不得将信贷资金划入借款人账户。此外，对已到位资本金，要防范项目资本金到账后又转出，未用于项目建设，而是再以资本金的名义存入资本金账户，充作新到位资本金的假出资行为。审核申请提款金额是否与项目进度相匹配。固定资产贷款应根据项目的实际进度和资金需求发放。在放款前审核项目是否具有有关部门批准的初步设计文件及批复文件；建筑工程开工前，是否已取得施工许可证或新开工报告。在项目建设过程中，可要求借款人提供项目年度投资计划、监理机构签证意见、设计变更文件、工程建设合同、施工单位已完工程实物量及已完工程结算单、材料供应合同、设备采购合同、竣工决算文件、付款通知书等文件，作为项目建设进度和贷款支用的依据。在项目进度审核中，贷款人应关注以下特殊情况：

第一，对于投资额大、技术复杂、按照项目进度分期付款的固定资产投资项目，贷款人一般要求借款人提供有监理、评估、质检等第三方机构参与签署的确认项目进度和质量的书面文件，包括但不限于借款人、承包商以及第三方机构共同签署的单据等。

第二，对于因物价、运输等原因须提前采购部分建设用料的，要着重审核其提前采购的合理性，并关注其对外付款时间，确保在借款人需要对外支付时发放贷款。

第三，对于房地产开发贷款，要在贷款合同中明确银行参与项目的监督；借款人提款原则上遵循"逐笔审核，形成资产才可提款支付"的原则，即提款主要用于支付开发商已投入并已形成资产的应付费用。提款支付时，借款人提供监理部门出具的最近报告，载明工程已完工程量和总投入资金情况；本期工程量完成情况及投入资金情况；本期已投入资金的支付凭证或向施工单位出具的由施工单位及监理部门认可的应付款证明。

- 审核提款申请是否与贷款约定用途一致。放款执行部门需要核对借款人提交的贷款用途证明材料是否与贷款合同约定用途一致。对于采用贷款人受托支付的，还要审查提款申请、借据中所列金额、支付对象是否与贷款用途证明材料一致。此外，审核借款人交易对手或收款人名称、开户银行、账号、付款金额、用途等基本要素是否与交易合同、发票凭证、监理部门出具的证明等资料一致，是否与贷款合同约定的借款用途与支付要求相一致。

④其他职责。除上述职责外，放款执行部门还可以参与贷后管理工作：参与授信业务的监测、检查与管理工作；做好贷款存续期内各项贷款限制性条件的监督落实；配合做好贷款到期及提前收回的本息管理工作；对授信额度的使用进行监控，统一监控集团客户关联公司的授信额度使用情况；按照授信部门的审批要求，实时办理授信额度的调用等。

（3）建立并完善对放款执行部门的考核和问责机制

有些银行业金融机构虽然设立了独立的放款执行部门，但对该部门作为信贷资金发放前最后一道防线的重要作用认识不足，对放款执行部门的职责重视不够。有些放款执行人员也认为贷款已经经过审批，就没有必要再严格把关了。这些思想认识不利于构建完善的全流程信贷业务风险控制体系，不利于银行业金融机构精细化管理。银行业金融机构要充分认识到贷款发放与支付环节对于信贷业务风险控制的重要意义，维护放款执行部门的独立性，建立并完善放款执行部门的考核和问责机制，通过建立正向激励考核机制和问责机制，督促放款执行部门有效认真履职。

9.2.2 贷款发放管理

1. 贷款发放的原则

（1）计划、比例放款原则

银行应按照已批准的贷款项目年度投资计划所规定的建设内容、费用，准确、及时地提供贷款。借款人用于建设项目的其他资金（自筹资金和其他银行贷款）应先于贷款或与贷款同比例支用。

（2）进度放款原则

在固定资产贷款发放过程中，银行应按照完成工程量的多少进行付款。如果是分次发放或发放手续较复杂，银行应在计划提款日前与借款人取得联系。借款人如需变更提款计划，应于计划提款日前合理时间内，向银行提出申请，并征得银行同意。如

借款人未经银行批准擅自改变款项的用途，银行有权不予支付。

（3）资本金足额原则

银行须审查建设项目的资本金是否已足额到位。即使因特殊原因不能按时足额到位，贷款支取的比例也应同步低于借款人资本金到位的比例。此外，贷款原则上不能用于借款人的资本金、股本金和企业其他须自筹资金的融资。

2. 贷款发放的条件

（1）先决条件

贷款发放的重要先决条件，应在贷款合同内加以规定。银行应按照贷款合同的约定，逐条核对是否已完全齐备或生效，以确保贷款发放前符合所有授信批准的要求，落实全部用款前提条件。在贷款实务操作中，先决条件文件会因贷款而异，以下列举的先决条件文件基本涵盖了大多数贷款种类，银行应针对贷款的实际要求，根据贷款合同的约定进行对照审查，分析是否齐备或有效。

首次放款的先决条件文件包括以下几类。

贷款类文件包括：①借贷双方已正式签署的贷款合同；②银行之间已正式签署的贷款协议（多用于银团贷款）。

借款人及保证人（如有）文件包括：①企业法人营业执照、批准证书、成立批复；②公司章程；③全体董事的名单及全体董事的签字样本；④就同意签署并履行相关协议而出具的董事会决议；⑤就授权有关人士签署相关协议而出具的授权委托书以及有关人士的签字样本（包括保证人）；⑥其他必要文件的真实副本或复印件。

与项目有关的合同（协议）包括已正式签署的以下文件：①合营合同；②建设合同或建造合同；③技术许可合同；④商标和商业名称许可合同；⑤培训和实施支持合同；⑥土地使用权出让合同；⑦其他必要文件合同。

担保类文件包括已正式签署的以下文件：①抵（质）押协议；②保证协议；③保险权益转让相关协议或文件；④其他必要文件。

在审查担保类文件时，业务人员应特别注意抵（质）押协议生效的前提条件（如向有关部门登记生效）。对于抵押协议虽正式签署但生效滞后的贷款项目，应以符合贷款审批条件为前提，并于抵押正式生效前，采取必要的手段和措施，规避贷款风险。

与登记、批准、备案、印花税有关的文件包括：①借款人所属国家主管部门就担保文件出具的同意借款人提供该担保的文件；②海关部门就同意抵押协议项下进口设备抵押出具的批复文件；③房地产登记部门就抵押协议项下房地产抵押颁发的房地产抵押他项权证及其他权利证明；④中国人民银行征信中心动产融资统一登记公示系统就抵押协议项下机器设备抵押显示的动产抵押登记证明；⑤车辆管理部门就抵押协议项下车辆抵押颁发的车辆抵押登记证明文件；⑥已缴纳印花税的缴付凭证；⑦贷款备案证明。

其他类文件包括：①政府主管部门出具的同意项目开工批复；②项目土地使用、规划、工程设计方案的批复文件；③贷款项目（概）预算资金（包括自筹资金）已全部落实的证明；④对建设项目的投保证明；⑤股东或政府部门出具的支持函；⑥会计师事务所出具的验资报告和注册资本占用情况证明；⑦法律意见书；⑧财务报表；⑨其他的批文、许可或授权、委托、费用函件等。

除首次放款外，以后的每次放款无须重复提交许多证明文件和批准文件等，通常只须提交以下文件：①提款申请书；②借款凭证；③银行认可的工程进度报告和成本未超支的证明；④贷款用途证明文件；⑤其他贷款协议规定的文件。

（2）担保手续的完善

在向借款人发放贷款前，银行必须按照批复的要求，落实担保条件，完善担保合同和其他担保文件及有关法律手续。具体操作因贷款的担保方式不同而存在较大差别。

①对于提供抵（质）押担保的，按以下规定办理：

● 可以办理登记或备案手续的，应先完善有关登记、备案手续。

● 如抵（质）押物无明确的登记部门，则应先将抵（质）押物的有关产权文件及其办理转让所需的有关文件正本交由银行保管，并且将抵（质）押合同在当地的公证部门进行公证。

● 特别注意抵（质）押合同的生效前提条件。如遇特殊项目，无法及时办理抵（质）押登记，造成抵（质）押生效滞后的，应在符合贷款审批条件的前提下，采取必要的方式规避由此造成的贷款担保风险。

②对于以金融机构出具的不可撤销保函或备用信用证作担保的，应在收妥银行认可的不可撤销保函或备用信用证正本后，才能允许借款人提款。

③对于有权出具不可撤销保函或备用信用证的境外金融机构以外的其他境外法人、组织或个人担保的保证，必须就保证的可行性、保证合同等有关文件征询银行指定律师的法律意见，获得书面法律意见，并完善保证合同、其他保证文件及有关法律手续后，才能允许借款人提款。

3. 贷款发放审查

（1）贷款合同审查

银行应对借款人提款所对应的贷款合同进行认真核查。

信贷业务中涉及的合同主要有贷款合同、保证合同、抵押合同、质押合同等。下面介绍各个合同的具体检查条款。

①贷款合同

贷款合同条款的审查应着重于合同核心部分即合同必备条款的审查，借款合同中的必备条款有：

● 贷款种类；

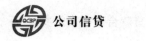

- 贷款用途；
- 贷款金额；
- 贷款利率；
- 还款方式；
- 还款期限；
- 违约责任和双方认为需要约定的其他事项。

②保证合同

应注意审查以下条款：

- 被保证的贷款数额；
- 借款人履行债务的期限；
- 保证的方式；
- 保证担保的范围；
- 保证期间；
- 双方认为需要约定的其他事项。

③抵押合同

应注意审查以下条款：

- 抵押贷款的种类和数额；
- 借款人履行贷款债务的期限；
- 抵押物的名称、数量、质量、状况、所在地、所有权权属或使用权权属及抵押的范围；
- 当事人认为需要约定的其他事项。

此外，抵押物是否在有关部门办理登记，也是抵押合同是否完善的重要前提之一。

④质押合同

应注意审查以下条款：

- 质押担保的贷款数额；
- 借款人履行债务的期限；
- 质物的名称、数量、质量；
- 质押担保的范围；
- 质物移交的时间；
- 质物生效的时间；
- 当事人认为需要约定的其他事项。

（2）提款金额及期限审查

首先应审查确认拟提款金额是否在合同可提款金额内。其次在长期贷款项目中，通常会包括提款期、宽限期和还款期。银行应审查借款人是否在规定的提款期内提款。除非借贷双方同意延长，否则提款期过期后，未提足的贷款不能再提。

（3）用款申请材料检查

①审查和监督借款人的借款用途和提款进度。借款人提款用途通常包括：土建费用、工程设备款、购买商品费用、在建项目进度款、支付劳务费用、其他与项目工程有关的费用、用于临时周转的款项等。要注意审查借款人提款用途与合同约定贷款用途的符合性，监督提款进度。首先应审查基础交易合同，根据贷款合同确定的用途对相应的基础合同（如施工合同、商品购销合同、有偿服务合同等）进行审查，包括合同真伪及合法性、要素完整性、合同金额及付款方式等与贷款合同确定的贷款用途及申请提款金额的匹配性等，防止贷款挪用及产生对贷款不能如期偿还的不利因素；还应通过可能的渠道了解借款人是否存在重复使用商务合同骗取不同银行贷款的现象。其次应审查与基础交易匹配的相关材料、单据，包括但不限于工程进度报告或已完工程实物量及已完工程结算单、应付款证明（项目贷款适用），货物运输单据、提货单等收货凭证等，核实提款需求合理性。

②审核借款凭证。借款人办理提款，应在提款日前填妥借款凭证。借款人名称、提款日期、提款用途等各项都必须准确、完整地填写，并加盖借款人在银行的预留印鉴。业务人员要根据贷款合同认真审核，确认贷款用途、日期、金额、账号、预留印鉴等正确、真实无误后，在借款人填妥借款凭证的相应栏目签字，交由有关主管签字后进行放款的转账处理。

除非贷款合同另有规定，银行不能代客户填写借款凭证，一般情况下，应要求借款人填妥借款凭证送银行审核后办理放款转账。

③变更提款计划及承担费的收取。借款人在贷款合同签订后，如须改变提款计划，则应按照贷款合同的有关条款规定办理，或在原计划提款日以前的合理时间内向银行提出书面申请，并得到银行同意。

根据国际惯例，在贷款合同中规定，变更提款应收取承担费，那么当借款人变更提款计划时，公司业务部门应根据合同办理，可按改变的提款计划部分的贷款金额收取承担费。借款人在提款有效期内如部分或全额未提款，应提未提部分的贷款可根据贷款合同的规定收取承担费。在提款期终了时自动注销。公司业务部门在借款人的提款期满之前，将借款人应提未提的贷款额度通知借款人。

（4）账户审查

银行应审查有关的提款账户、还本付息账户或其他专用账户是否已经开立，账户性质是否已经明确，避免出现贷款使用混乱或被挪作他用。

（5）提款申请书审查

银行应当对提款申请书中写明的提款日期、提款金额、划款途径等要素进行核查，确保提款手续正确无误。

4. 放款操作程序

在落实贷款批复要求，完善前述放款前提条件，并进行严格的放款审查后，银行

应保留所有证明借款人满足提款前提条件的相关文件和资料，准备贷款发放。需要说明的是，由于各银行目前对公司业务人员前台、后台工作的职责分工、内部机构设置存在差异，各银行应根据自身实际情况制定详细的提款操作细则，规范贷款执行阶段的操作程序。

（1）操作程序

①借款人按合同要求提交提款申请和其他有关资料；

②银行受理借款人提款申请书；

③贷款发放审查；

④有关用款审批资料按内部审批流程经有权签字人签字同意；

⑤按账务处理部门的要求提交审批及相关用款凭证办理提款手续；

⑥所提贷款款项入账后，向账务处理部门索取有关凭证，入档案卷保存；

⑦建立台账并在提款当日记录。

（2）注意事项

银行在办理放款手续时，应注意：

①借款人是否已办理开户手续；

②提款日期、金额及贷款用途是否与合同一致；

③是否按中国人民银行企业征信系统的要求及时更新数据信息并发送；

④外汇贷款及境外融资转贷款等是否按国家外汇管理局的要求报送数据。

5. 停止发放贷款的情况

在一定时期内终止发放贷款是银行对借款人违约实行的一种制裁，是执行法律赋予的信贷监督职能的具体体现，也是借款人承担违约责任的一种方式。在下列情况下，银行可以对借款人采取终止提款措施。

（1）挪用贷款的情况

一般而言，从借款申请和贷款合同看，借款人对贷款的用途都比较明确，但一些借款人对贷款的实际使用往往与合同规定的用途相背离。在这种情况下，银行一般可以采取停止发放贷款的措施，甚至提前收回贷款。具体而言，挪用贷款的情况一般包括：

①挪用贷款进行股本权益性投资（并购贷款除外）；

②挪用贷款在有价证券、期货等方面从事投机经营；

③未依法取得经营房地产资格的借款人挪用贷款经营房地产业务；

④套取贷款相互借贷牟取非法收入；

⑤借款企业挪用流动资金搞基本建设或用于其他不符合合同约定的用途。

（2）其他违约情况

①未按合同规定清偿贷款本息

未按贷款合同的规定清偿贷款本息，意味着借款人在财务安排上已出现问题，或者主观故意违约，此时不宜再发放贷款。

②违反国家政策法规，使用贷款进行非法经营

使用贷款进行非法经营，例如，走私贩毒、开办赌场等严重违反国家政策法规的行为，银行贷款绝对禁止投入此类非法经营活动。

（3）违约后的处理

在贷款发放阶段，银行务必密切关注借款人的资金使用方向，一旦出现上述或其他影响企业偿债能力的违约情况，要立即终止借款人提款，并可视具体情况提前收回贷款。情况严重的，应采取进一步措施，积极防范授信风险。

如果出现上述任何违约事件，银行有权分别或同时采取下列措施：

①要求借款人限期纠正违约事件；

②停止借款人提款或取消借款人尚未提用的借款额度；

③宣布贷款合同项下的借款本息全部立即到期，根据合同约定立即从借款人在银行开立的存款账户中扣款用于偿还被银行宣布提前到期的所欠全部债务；

④宣布借款人在与银行签订的其他贷款合同项下的借款本息立即到期，要求借款人立即偿还贷款本息及费用。

9.3 贷款支付

9.3.1 实贷实付

1. 实贷实付的含义

实贷实付是指银行业金融机构根据贷款项目进度和有效贷款需求，在借款人需要对外支付贷款资金时，根据借款人的提款申请以及支付委托，将贷款资金主要通过贷款人受托支付的方式，支付给符合合同约定的借款人交易对象的过程。其核心要义有以下几个方面。

（1）满足有效信贷需求是实贷实付的根本目的

满足有效信贷需求是信贷风险管理的最起码要求。近年来，我国银行业金融机构基本建立了全面风险管理体系，信用风险管理水平得到长足发展。与此同时，贷款资金闲置甚至贷款挪用的问题仍然存在。企业通过资金池等方式任意摆布信贷资金、造成信贷损失的案例时有发生。脱离有效信贷需求的突击发放贷款并非贷款管理的常态，而是完全背离风险管理常识的冒险行为。离开有效信贷需求的信贷投放，全面风险管理只能是纸上谈兵。

（2）按进度发放贷款是实贷实付的基本要求

在贷款发放过程中，要求根据项目进度和借款人项目资金运用情况按比例发放贷款，及时慎重地调整贷款发放的节奏和数量。这是贷款发放的最基本要求。这样做的理由是：信贷融资从本质上属于风险融资。从风险管理的角度，在借款人自有资金未及时足额到位的情况下，贷款资金实际承担了权益资金风险，这违反了信贷管理的最基本准则。同时，对借款人项目资金运筹的分析，更是对其项目管理能力、资金实力的全方位写照，是风险分析至关重要的内容，是"了解你的客户"和"了解你客户的风险"的重要环节。

（3）受托支付是实贷实付的重要手段

从欧美银行业金融机构、世界银行的贷款操作情况看，受托支付确实是加强贷款用途管理的有效措施。国际银团贷款也基本采用受托支付的贷款支付方式。通过受托支付，银行业金融机构将信贷资金支付给借款人的交易对象，确保了贷款实际用途与约定用途相一致，有效地降低了信贷风险。同时，由于贷款基本不在借款人账户上停留，借款人的财务成本大大降低。加上大量信贷资金不再"空转"，而是流向确实需要贷款的企业，受托支付最终形成银企双赢的局面。

（4）协议承诺是实贷实付的外部执行依据

实贷实付要求贷款人事先与借款人约定明确、合法的贷款用途，约定贷款发放条件、支付方式、接受监督以及违约责任等事项。协议承诺是廓清借款人与贷款人权利义务边界和法律纠纷的重要依据，也是督促借款人配合实施实贷实付的法律保证。

2. 推行实贷实付的意义

（1）有利于将信贷资金引入实体经济

通过要求银行根据借款人有效信贷需求和项目进度，采取向借款人交易对象支付的受托支付的贷款支付方式，不仅为借款人"量用为借"，节约大量财务成本，更有利于解决长期以来备受诟病的信贷资金挪用问题，监督并确保银行信贷资金真正进入实体经济，在满足有效信贷需求的同时严防信贷挪用，杜绝信贷资金违规流入股票市场等限制性领域的恶性违规问题。

（2）有利于加强贷款使用的精细化管理

目前，银行业金融机构在贷款使用管理方面相对粗放，贷款在发放至借款人账户后，银行业金融机构实际控制手段乏力，贷款使用管理形同虚设。实贷实付原则通过创新贷款支付管理方式、严格贷款支付管理要求、落实贷款支付管理部门职责等具体措施，督促银行业金融机构有效提升信贷风险管理的能力，尤其是有效管控支付环节风险的能力。需要指出的是，针对固定资产贷款、流动资金贷款的不同特点，在受托支付的标准上是有差异的。相对而言，对固定资产贷款的受托支付标准更为严格，流动资金贷款的受托支付标准则赋予银行业金融机构更多的自主权和灵活性。这种有针对性的差异化管理要求，对于实现银行业金融机构信贷风险管理的差异化和精细化大有裨益。

（3）有利于银行业金融机构管控信用风险和法律风险

长期以来，我国银行业金融机构在贷款协议管理方面存在严重缺陷。一方面，贷款协议过于简单粗放，缺乏针对特定风险的特定条款，更缺少实际执行力。另一方面，贷款协议中并未要求借款人作出正式承诺，确保提供资料的真实性、完整性，并承担相应责任，导致银行在法律纠纷中经常处于弱势地位。实贷实付原则不仅强调借款人遵守协议承诺和诚实申贷的原则，而且要求贷款人在贷款合同中约定对强化信贷风险管控有实质意义的条款，通过贷款合同来约束借款人的行为，锁定法律责任。此外，实贷实付原则对于提款条件的设置、贷款人对贷款资金支付管理和控制机制、账户监控等合同条款的要求，都是对贷款合同提出的新要求。这些新的规定与要求为保障贷款发放、支付以及贷后管理过程中的有效管理提供了抓手和依据，有利于银行业金融机构加强对信用风险和法律风险的管理。

9.3.2　受托支付

1. 贷款人受托支付的含义

贷款人受托支付是指贷款人在确认借款人满足贷款合同约定的提款条件后，根据借款人的提款申请和支付委托，将贷款资金通过借款人账户支付给符合合同约定用途的借款人交易对象。

贷款人受托支付是实贷实付原则的主要体现方式，最能体现实贷实付的核心要求，也是有效控制贷款用途、保障贷款资金安全的有效手段。同时，贷款人受托支付也有利于保护借款人权益，借款人可以在需要资金时才申请提款，无须因贷款资金在账户闲置而支付额外的贷款利息，也不必为了维护与银行的关系而保留一定的贷款余额。当然，受托支付也要求借款人必须诚实地向贷款人申请贷款并按照所申请的用途使用贷款，不能再随意使用贷款资金。

2. 明确受托支付的条件

由于银行贷款涉及面广，企业规模和行业各异，各银行业金融机构的客户群也存在一些差别，较难适用一个统一的标准。《流动资金贷款管理暂行办法》要求贷款人应根据借款人的行业特征、经营规模、管理水平、信用状况等因素和贷款业务品种，合理约定贷款资金支付方式及贷款人受托支付的金额标准。具有以下情形之一的流动资金贷款，原则上应采用贷款人受托支付方式：一是与借款人新建立信贷业务关系且

借款人信用状况一般；二是支付对象明确且单笔支付金额较大；三是贷款人认定的其他情形。

同时，《固定资产贷款管理暂行办法》规定了固定资产贷款必须采用贷款人受托支付的刚性条件：对单笔金额超过项目总投资 5% 或超过 500 万元人民币的贷款资金支付，应采用贷款人受托支付方式。在实际操作中，银行业金融机构应依据这些监管的法规要求审慎行使自主权。

3. 受托支付的操作要点

（1）明确借款人应提交的资料要求

在受托支付方式下，银行业金融机构除须要求借款人提供提款通知书、借据外，还应要求借款人提交贷款用途证明材料。借款人应逐笔提交能够反映所提款项用途的详细证明材料，如交易合同、货物单据、共同签证单、付款文件等。此外，借款人还应提供受托支付所需的相关业务凭证，如汇款申请书等。

（2）明确支付审核要求

①放款核准情况。确认本笔业务或本次提款是否通过放款核准。对尚未完成放款核准的，应跟踪核准进度及最终结果。

②资金用途。审查借款人提交的贷款用途证明材料是否与贷款合同约定的用途、金额等要素相符合；审查提款通知书、借据中所列金额、支付对象是否与贷款用途证明材料相符。

③借款人所填列账户基本信息是否完整、准确。

④其他需要审核的内容。

（3）完善操作流程

银行业金融机构应制定完善的贷款人受托支付的操作制度，明确放款执行部门内部的资料流转要求和审核规则。对须由会计核算部门进行贷款发放和资金划转的，还应规范放款执行部门与会计核算部门之间资料传递要求，明确各自的职责，确保贷款资金发放到借款人账户后及时支付到借款人交易对象账户。

此外，针对实际操作中可能遇到的问题，贷款人应制定细化的操作指南，明确贷款发放和支付流程中可能遇到的各种情形，如明确贷款支付后因借款人交易对手原因导致退款的，应及时通知借款人重新付款并审核；贷款支付后因贷款人自身等原因导致退款的，应根据错账处理的相关要求及时办理再次支付等。

为提高规章制度的执行力，同时提高业务处理效率，银行业金融机构应创造条件，通过计算机系统对贷款人受托支付方式提供技术支持和保障。

（4）合规使用放款专户

银行业金融机构可与借款人约定专门的贷款资金发放账户，并通过该账户向符合合同约定用途的交易对象支付。

9.3.3　自主支付

1. 自主支付的含义

自主支付是指贷款人在确认借款人满足合同约定的提款条件后，根据借款人的提款申请将贷款资金发放至借款人账户后，由借款人自主支付给符合合同约定用途的借款人交易对象。

贷款新规在把贷款人受托支付作为贷款支付的基本方式的同时，也允许借款人自主支付在一定范围内存在。在实际操作中，需要注意两个问题：首先，受托支付是监管部门倡导和符合国际通行做法的支付方式，是贷款支付的主要方式；自主支付是受托支付的补充。其次，借款人自主支付不同于传统意义上的实贷实存，自主支付对于借款人使用贷款设定了相关的措施限制，以确保贷款用于约定用途。

2. 自主支付的操作要点

（1）明确贷款发放前的审核要求

借款人自主支付方式下，借款人提出提款申请后，贷款人应审核借款人提交的用款计划或用款清单所列用款事项是否符合约定的贷款用途，计划或用款清单中的贷款资金支付是否超过贷款人受托支付起付标准或条件。经审核符合条件的，方可允许借款人采用自主支付方式。

（2）加强贷款资金发放和支付后的核查

事后核查是借款人自主支付方式下重要的环节。由于贷款人在放款前并未像贷款人受托支付方式下详细审查贷款资金用途，因此，贷款人应加强对贷款资金用途的后续跟踪核查。借款人自主支付方式下，贷款发放后应要求借款人定期汇总报告贷款资金支付情况。贷款人可要求借款人提交实际支付清单，必要时还应要求借款人提供与实际支付事项相关的交易资料，通过账户分析、凭证查验、现场调查等方式核查贷款支付情况，具体包括：①分析借款人是否按约定的金额和用途实施了支付；②判断借款人实际支付清单的可信性；③借款人实际支付清单与计划支付清单的一致性，不一致的应分析原因；④借款人实际支付是否超过约定的借款人自主支付的金额标准；⑤借款人实际支付是否符合约定的贷款用途；⑥借款人是否存在化整为零规避贷款人受托支付的情形；⑦其他需要审核的内容。

（3）审慎合规地确定贷款资金在借款人账户的停留时间和金额

在实施过程中，部分银行业金融机构为延续以往实贷实存的做法，对借款人申请提取的自主支付金额未予以审慎测算，也不注意有关项目资本金比例要求的约束，有的甚至将半年或一年以上的借款人小额资金支付一次性发放至借款人账户，为贷款资

金被挪用带来风险隐患。允许借款人自主支付小额贷款资金，是出于兼顾风险控制与工作效率的考虑。在借款人自主支付方式下，一是仍应遵从实贷实付原则，既要方便借款人资金支付，又要控制贷款用途；二是仍应遵守贷款与资本金同比例到位的基本要求，不得提前放贷。因此，贷款人应审慎确定自主支付资金的金额和在借款人账户上的停留时间。此外，借款人自主支付方式并不排斥贷款人对贷款资金用途的控制。在借款人自主支付方式下，贷款人也可以与借款人协商采取措施，对贷款资金支付进行监督和控制。

第 10 章　贷后管理

 **本章概要**

贷后管理是指银行业金融机构在贷款发放后对合同执行情况及借款人经营、管理、履约等情况进行检查或监控的信贷管理行为。其主要内容包括监督借款人的贷款使用情况、跟踪掌握企业管理、经营和财务状况及其清偿能力、检查贷款抵（质）押品和担保权益的完整性等方面。

本章包括七节内容：第一节是对借款人的贷后监控，主要介绍了对借款人经营状况、管理状况、财务状况、与银行往来情况及其他外部评价的监控；第二节是贷款用途及还款账户监控，主要介绍了贷款资金用途和还款账户的监控要求；第三节是专项贷后管理，主要介绍了项目融资、并购贷款、供应链金融和贸易融资等几项业务的贷后管理要求；第四节是担保管理，主要介绍了贷后管理中保证人管理、抵（质）押品管理的内容及担保的补充机制；第五节是风险预警，主要介绍了风险预警的程序和方法、风险预警的指标体系及风险预警的处置等内容；第六节是信贷业务到期处理，主要介绍了在贷后管理中贷款偿还操作及提前还款的处理、贷款展期处理、小微企业续贷、贷款总结评价等内容；第七节是档案管理，主要介绍了在贷后管理中档案管理的原则，信贷档案和客户档案的管理内容及要求。

10.1　对借款人的贷后监控

10.1.1　经营状况监控

公司信贷业务人员应培养良好的观察能力，力求对企业进行全面、广泛的了解。一方面，要注意企业在日常的商务活动中是否出现不讲诚信的行为，是否出现隐瞒经营情况的现象及其他各种异常情况；另一方面，对异常的经营情况和财务变动一定要进行调查和分析，找出问题根源。

经营风险主要体现在以下方面。

①经营活动发生显著变化，出现停产、半停产或经营停止状态；

②业务性质、经营目标或习惯做法改变；

③主要数据在行业统计中呈现出不利的变化或趋势；

④兼营不熟悉的业务、新的业务或在不熟悉的地区开展业务；

⑤不能适应市场变化或客户需求的变化；

⑥持有一笔大额订单，不能较好地履行合约；

⑦产品结构单一；

⑧对存货、生产和销售的控制力下降；

⑨对一些客户或供应商过分依赖，可能引起巨大的损失；

⑩在供应链中的地位关系变化，如供应商不再供货或减少信用额度；

⑪购货商减少采购；

⑫企业的地点发生不利的变化或分支机构分布趋于不合理；

⑬收购其他企业或者开设新销售网点，对销售和经营有明显影响，如收购只是出于财务动机，而与核心业务没有密切关系；

⑭出售、变卖主要的生产性、经营性固定资产；

⑮厂房和设备未得到很好的维护，设备更新缓慢，缺乏关键产品生产线；

⑯建设项目的可行性存在偏差，或计划执行出现较大的调整，如基建项目的工期延长，或处于停缓状态，或预算调整；

⑰借款人的产品质量或服务水平出现明显下降；

⑱流失一大批财力雄厚的客户；

⑲遇到台风、火灾、战争等严重自然灾害或社会灾难；

⑳企业未实现预定的盈利目标；

㉑关联交易频繁，关联企业之间资金流动不透明或不能明确解释。

具体地，对于固定资产贷款，贷款人应定期对借款人和项目发起人的履约情况及信用状况、宏观经济变化和市场波动情况、贷款担保的变动情况等内容进行检查与分析，建立贷款质量监控制度和贷款风险预警体系。

对于项目融资业务，在贷款存续期间，贷款人应当持续监测项目的建设和经营情况，根据市场环境、宏观经济变动等因素，定期对项目风险进行评价，并建立贷款质量监控制度和风险预警体系。出现可能影响贷款安全情形的，应当及时采取相应措施。

对于流动资金贷款，贷款人应加强贷款资金发放后的管理，针对借款人所属行业及经营特点，通过定期与不定期的现场检查与非现场监测，分析借款人经营、财务、信用、支付、担保及融资数量和渠道变化等状况，掌握各种影响借款人偿债能力的风险因素。

针对集团客户，银行应定期或不定期开展针对整个集团客户的联合调查，掌握其整体经营和财务变化情况；核查借款人整体负债情况、多元化经营情况、关联方及关联交易等情况和变化趋势；核查客户或其主要股东向其他企业或个人提供抵（质）押物担保或保证情况。借款人如利用与关联方之间的虚假合同，以无真实贸易背景的应收票据、应收账款等债权到银行贴现或质押，套取银行资金或授信，贷款人有权单方决定停止支付借款人尚未使用的贷款，并提前收回部分或全部贷款本息，且依法采取其他措施。

10.1.2　管理状况监控

管理状况监控是对企业整体运营管理的情况调查，尤其是对不利变化情况的调查。此部分调查的特点是对"人及其行为"的调查。经营者本人、董事会成员和公司员工是最了解企业情况的内部人员，企业决策人行为和经营观念的变化直接反映了公司经营的变化，并对企业产生巨大影响，从而直接关系到贷款的安全。公司信贷业务人员应从管理水平、管理结构、人员变化、员工士气以及企业内部人员道德观念的变化等方面综合判断借款人管理状况。

企业管理状况风险主要体现在以下方面。

①企业发生重要人事变动，如高级管理人员或董事会成员变动，最主要领导者的行为发生变化，患病或死亡，或陷入诉讼纠纷，无法正常履行职责。

②最高管理者独裁，领导层不团结，高级管理层之间出现严重的争论和分歧；职能部门矛盾尖锐，互相不配合，管理层素质偏低。

③管理层对环境和行业中的变化反应迟缓或管理层经营思想变化，表现为极端的冒进或保守。

④管理层对企业的发展缺乏战略性的计划，缺乏足够的行业经验和管理能力（如有的管理人员只有财务专长而没有技术、操作、战略、营销和财务技能的综合能力），导致经营计划没有实施及无法实施。

⑤董事会和高级管理人员以短期利润为中心，不顾长期利益而使财务发生混乱、收益质量受到影响。

⑥客户的主要股东、关联企业或母子公司等是否发生重大不利变化；股东是否有抽逃资金的现象；客户是否出现兼并、收购、分立、重组等重大体制改革，股东结构发生实质性不利变化，可能影响贷款安全。

⑦股东间发生重大纠纷且不能在短期内妥善解决；股东或主要管理人员是否涉嫌重大贪污、受贿、舞弊、违法经营案件或其他重大负面信息。

⑧中层管理者是否短期内多人离职，特别是财务、市场等要害部门的中层管理者离职；中层管理人员是否较为薄弱，企业人员是否更新过快或员工不足；是否出现重

大劳资纠纷且不能在短期内妥善解决。

⑨主要控制人或高级管理者出现个人征信问题、涉及民间借贷或涉及赌博等行为。

管理状况监控方面，重点关注借款人的组织架构、公司治理、内部控制及法定代表人和经营管理团队的资信等情况，包括：客户管理者的人品、诚信度、授信动机以及道德水准等。对中小企业，需准确考核企业实际控制人情况，包括：客户业主或主要股东个人及其家庭其他投资、资产负债及或有负债情况；客户业主或主要股东家庭成员情况、家庭居住情况，婚姻状况，家庭大致日常收入、生活开支情况；客户业主或主要股东个人资信情况，企业和个人征信信息；客户在市场监督、税务、海关等部门的信用记录等。

10.1.3 财务状况监控

财务状况变化是企业还款能力变化的直接反映。银行应定期收集符合会计制度要求的企业财务报表，关注并分析异常的财务变动和不合理的财务数据，还可对贷款存续期间借款人的资产负债率、流动比率、速动比率、销售收入增减幅度、利润率、分红比率等财务指标提出控制要求，加强企业财务数据的纵横向比较和数据之间的勾稽关系，防止企业篡改财务信息的现象。

企业的财务风险主要体现在以下方面。

①企业关键财务指标是否发生重大不利变化，包括盈利能力、资产质量、债务风险、经营增长状况等指标恶化；

②经营性净现金流量持续为负值；

③产品积压、存货周转率大幅下降；

④应收账款异常增加；

⑤流动资产占总资产比重大幅下降；

⑥短期负债增加失当，长期负债大量增加；

⑦银行账户混乱，到期票据无力支付；

⑧企业销售额下降，成本提高，收益减少，经营亏损；

⑨不能及时报送会计报表，或会计报表有造假现象；

⑩财务记录和经营控制混乱；

⑪对外担保率过高、对单一客户担保额过大、有同质企业互保、担保链或对外担保已出现垫款的现象；

⑫客户存在过度交易或盲目扩张行为，表现在长期投资与投资收益相比增长过快，营运资金与 EBITDA 相比较大等；

⑬财务成本不合理上升、高成本融资不合理增加，显示企业流动性出现问题。

除上述监控内容外，银行应核实企业提供的财务报表。报表如为复印件，则须公司盖章；报表如经会计师事务所审计，需要有完整的审计报告（包括附注说明）；报表应含有资产负债表、利润表及现金流量表。同时，银行还应对应收账款、存货、对外投资、销售额等关键性数据进行抽样核实，并进行横向（同类客户之间）和纵向（同一客户不同时间）的比较，以判断其财务数据是否合理，企业经营有无异常情况。

10.1.4　与银行往来情况监控

企业与银行等金融机构的往来、履约情况直接反映了企业的交易和信用状况。银行应通过观察借款人与银行的资金往来情况，核查企业的银行对账单，分析公司最近的经营情况，并对异常的划款行为进行调查分析。

与银行往来异常现象如下。

①借款人在银行的存款有较大幅度下降；

②在多家银行开户（公司开户数明显超过其经营需要）；

③对短期贷款依赖较多，要求贷款展期；

④还款来源没有落实或还款资金主要为非销售回款；

⑤贷款超过了借款人的合理支付能力；

⑥借款人有抽逃资金的现象，同时仍在申请新增贷款；

⑦借款人在资金回笼后，在还款期限未到的情况下挪作他用，增加贷款风险；

⑧客户授信出现贷款逾期、不能按时偿还利息等情况；

⑨客户在金融机构贷款余额大幅变动或授信政策调整；

⑩以本行贷款偿还其他银行债务；

⑪存在套取贷款资金、关联方占款或民间借贷等嫌疑；

⑫存在长期借新还旧或短贷长用严重问题，要求贷款展期。

银行应及时整理、更新有关企业信息，对重大情况应及时报告，并形成文字材料存档。如贷款人受托支付完成后，应详细记录资金流向，归集保存相关凭证。

10.1.5　其他外部评价监控

除上述通过了解企业本身情况分析外，银行信贷业务人员还应通过内外部信息渠道（如合作单位、监管部门、咨询机构、政府管理部门、新闻媒介等）及时了解客户信息，并注意信息来源的广泛性、全面性、权威性和可靠性，以便全面掌握客户情况。具体内容包括：了解借款人是否涉及偷、逃、骗税等违法经营行为；是否涉及重大金额违约等诉讼和仲裁案件，是否涉及司法执行；是否涉及主要资产、结算账户被有权机关查询、扣划、冻结；是否被列入环保、质监、海关、税务等系统

负面清单中；是否被外部评级机构下调评级或有负面舆论报道，存在声誉风险；借款人及其主要股东、高管、重要交易对手等是否被列入反洗钱名单及制裁合规名单中等。

10.2 贷款用途及还款账户监控

贷后管理一直是我国银行业金融机构信贷管理的短板。很重要的一个原因在于银行业金融机构缺少有效实施贷款发放后管理的手段和抓手。传统意义上的贷后管理往往忽视对借款人日常现金流量的分析判断，而现代信贷理论则直接建立在对借款人现金流量分析的基础上。离开了对现金流量的分析，借款人所谓的财务实力分析往往流于形式。为引导银行业金融机构加强对借款人现金流的跟踪分析，贷款新规特别强调了对借款人资金用途的管理和对还款账户的动态监测分析。

10.2.1 贷款资金用途监控

银行信贷从业人员应严格按照贷款新规对借款人的提用款项进行受托支付，对于实施自主支付的提款，在日常贷后管理中，必须密切监控资金流向，落实相关商务、劳务合同，增值税发票等材料的收集与核对，做好交易背景真实性的验证，通过对资金交易行为的分析，判断该笔资金用途是否符合贷款约定用途。对于自主支付资金，应重点关注以下情况。

①自主支付的交易对手是否属于借款人正常经营业务的供货商、服务商等机构；

②自主支付的用途是否合理，是否违反约定用途，如违规进入股市、房地产、购买理财等；

③自主支付的交易对手是否为关联企业，若为关联企业应进一步了解交易的合理性；

④自主支付资金是否进入集团资金池进行统筹使用；

⑤单笔自主支付的金额是否存在超过约定受托支付最低限额的情况；

⑥借款人是否存在与同一交易对手在一天或者连续几天内发生多笔累计超过约定受托支付最低限额的交易，涉嫌以化整为零的方式规避受托支付管理的情况。

在借款人自主支付情况下，银行应定期汇总资金支付情况，对借款人账户资金支付情况进行事后分析，通过账户分析、凭证查验、现场调查等方式核查贷款支付是否符合约定用途。对于认定贷款资金违反合同约定的，银行应按合同约定对该客户采取降低受托支付起点金额、要求划回违约支付的贷款资金或停止贷款资金发放等限制措施。

10.2.2 还款账户监控

贷款新规针对固定资产贷款、项目融资、流动资金贷款的不同特点，分别提出了对专门的还款准备金账户、项目收入账户和资金回笼账户的管理要求。其中，"专门账户"，并不特指《人民币结算账户管理办法》中的"专用账户"，可以是一般结算户或基本结算户。

通过对日常生产经营资金进出账户、大额异常资金流动的全面监控和分析，银行业金融机构可以真实、全面、立体地了解借款人经营的全貌，有效确保贷款足额、及时归还。

（1）固定资产贷款

一般而言，当借款人信用状况较好、贷款安全系数较高时，银行业金融机构可不要求借款人开立专门的还款准备金账户；当借款人信用状况较差、贷款安全受到威胁时，出于有效防范和化解信贷风险的考虑，银行应要求其开立专门的还款准备金账户，并与借款人约定对账户资金进出、余额或平均存量等的最低要求。一旦贷款人与借款人约定了专门还款准备金账户，为切实达到保障还款的目的，在贷后管理过程中，应加强对该账户的监测与控制。如果借款人没有达到约定条件，贷款人有权视风险情况采取有效措施保障贷款安全。

（2）项目融资

对于项目融资业务，贷款人应要求借款人指定专门的项目收入账户，并约定所有项目的资金收入均须进入此账户。该账户对外支付的条件和方式均须在合同中明确，以达到有效监控资金收支变化、提高贷款资金保障性的效果。贷款人应对项目收入账户进行监测，当账户资金流动出现异常时，应及时查明原因并采取相应措施。

（3）流动资金贷款

贷款人应通过借款合同的约定，要求借款人指定专门的资金回笼账户并及时提供该账户的资金进出情况。贷款人可根据借款人信用状况、融资情况等，与借款人协商签订账户管理协议，明确约定对指定账户回笼资金进出的管理。

根据借款人的信用状况、生产经营情况、总体融资规模和本机构融资占比、还款来源的现金流入特点等因素，贷款人应判断是否需要对客户资金回笼情况进行更进一步的监控。对需要更进一步监控的，应与借款人协商签订账户管理协议，明确对账户回笼资金进出的管理。

在对借款人实行动态监测的过程中，要特别关注大额资金、与借款人现有的交易习惯、交易对象等存在明显差异的资金，以及关联企业间资金的流入流出情况，及时发现风险隐患。特别是当贷款已经形成不良时，银行更要积极开展有效的贷后管理工

作，通过专门还款账户监控、押品价值监测与重评估等手段控制第一还款来源和第二还款来源，最大限度地保护银行债权。

10.3 专项贷后管理

10.3.1 项目融资

依据《项目融资业务指引》的规定，在贷款存续期间，贷款人应当持续监测项目的建设和经营情况，根据贷款担保、市场环境、宏观经济变动等因素，定期对项目风险进行评价，并建立贷款质量监控制度和风险预警体系。出现可能影响贷款安全情形的，应当及时采取相应措施。原则上，贷款人应定期开展现场调查，对于建设周期长、地理位置偏僻、完工风险较小的项目，可以适当降低现场检查的频率。在实践中，项目贷款的贷后管理主要包括以下三个方面：

1. 项目建设期贷后管理

该阶段以工程建设进度管理为主，银行信贷从业人员采取资料审核和现场调查相结合的方式落实项目建设进度的管理。审核的资料包括：建设工程用款计划；施工工程月进度计划；经施工单位和监理单位签字的已完工程月进度报表；已完工程实际投资表等，或能够证实工程进度情况的其他材料。

在项目建设期，应重点关注：项目的建设进度是否按计划进行，有无延长情况及延长原因；项目总投资中各类资金是否到位及使用情况；项目建设过程中总投资是否突破，突破原因及金额；项目的建设、技术、市场条件是否发生变化，承担项目建设的能力和项目建设质量实际情况如何，是否出现较大事故，环保设施是否同步建设等；贷款的投放与项目进度、资本金到位进度、其他融资到位进度是否保持匹配。

2. 项目试生产期贷后管理

银行信贷从业人员应及时取得项目的竣工验收报告。根据报告了解项目的实际总投资及投资结构，并与贷前评估报告相比较，了解实际投资与预期投资是否存在较大差异。当实际投资与预期投资存在较大差异时，应密切关注借款人项目资金缺口的解决方案或结余资金使用途径，防止资金挪用。对于已投入使用但未办理竣工验收手续的项目，需要对相关原因深入分析，关注是否对偿还贷款产生不利影响。

在试生产期，银行信贷从业人员应关注项目建成的设施和设备运转是否正常，项目生产数据和技术指标是否达到预定标准，环保设施是否与主体工程同时建成，并经环保部门验收通过；了解客户的技术人员和操作人员掌握、运用先进技术的能力，据此初步判断客户是否能按时进入经营期。

3. 项目经营期贷后管理

项目贷款进入经营期后，银行信贷从业人员应加强客户生产经营、内部管理、市场拓展等情况的监控。对生产规模、销售状况等因素与预期的敏感性分析相比较，判断借款人的收益与预期评估值是否存在较大差异；关注借款人销售网络和销售客户群的建立，判断是否能取得预期收入和现金流。必要时，可进行项目的后评估工作。对项目融资的项目经营收入账户要进行动态监测，当账户资金流动出现异常时，应及时查明原因并采取相应措施。

10.3.2　并购贷款

关注目标方及收购方各维度的风险信息，包括信贷、法规、流动资金、市场及利率、信誉等风险信息。当并购方、实际借款人、目标方任一出现"重大信用风险事项"，应全面评估并制定全方位的风险缓释措施。风险控制措施包括追加担保，限制提款，要求提前还款，要求有关保险或其他赔偿获得的额外现金流用于提前还款等。

跨境并购中国别风险是重要的风险因素，须关注目标企业所在地政治稳定性、整体国家经济情况、主权评级变化、产业、税收政策、法律环境、反垄断或安全审核情况、反洗钱、反恐融资相关风险的变化；并且须关注针对该国家或地区的整体国别风险敞口。

关注并购完成后并购双方的整合进度，包括组织层面、战略层面、资产层面和业务层面以及人力资源和企业文化的整合情况，评估项目整合情况与预期目标的一致性，其差异对并购双方和目标企业经营管理的影响，以及对授信还款的影响。并购完成后，因部分并购融资杠杆水平较高，同时中介机构费用较高，并购后财务费用增加较多，且资产负债情况有所改变，须关注并分析并购方和目标企业偿债能力变化。

针对海外并购贷款结构复杂性高、部分贷款规模较大、涉及多行业多地区等特点，须关注并购过程中的合规风险，确保项目满足我国及当地监管相关制度及管理要求。贷后管理信息应及时在共同开展业务机构之间依法合规分享。

对于非私募股权投资类机构并购贷款，须全面分析和跟进实际实施并购的核心企业，私募股权投资类机构的财务投资并购，因机构一般不承担担保责任，除查验私募股权投资机构经营管理及行业地位外，应重点查验标的公司整体情况。

应监控并购方持股情况，持股要求根据批复要求及协议约定落实。原则上，并购

方不得早于银行贷款退出，并购方退出和变动持股须通知银行并获得银行豁免或提前还款。根据预设还款来源监控标的方或/及并购方经营表现及资金监控，对标的方经营表现与收购计划原定标的进行差异分析，关注还款资金安排，进行账户监控，充分重视从标的方获得的现金分红和分红回笼的路径，关注分红款和利润分配及使用的管理。

10.3.3 供应链金融

供应链金融是指在对供应链内部的交易结构进行分析的基础上，运用商品贸易融资的自偿性信贷模型，并引入核心企业、物流监管公司、资金流导引工具等新的风险控制变量，对供应链的不同节点提供封闭的授信支持及其他结算、理财等综合金融服务。

在存货质押模式下，中小企业将银行认可的存货以一定的条件质押给银行，并交付给银行认定的第三方物流企业进行监管，同时不转移物权以维持企业正常的生产经营。银行等金融机构主要考察企业存货的稳定性、供应链的综合运作状况以及是否有长期合作的交易对手。

应收账款融资模式，一般是指以中小企业对供应链上核心大企业的应收账款单据凭证作为担保，向商业银行申请短期贷款，由银行向处于供应链上游的中小企业提供融资的方式。

对供应链金融模式下的存货和应收账款，贷后管理应关注以下几个方面：

1. 存货

①对存货质押融资，要充分考虑当实际销售已经小于或将小于所预期的销售量时的风险和对策；

②存货本身的风险，如货物丢失、挪用、过时或变质的风险；

③存货的周期风险，如由于存货价格的周期性波动带来的质押物跌价风险；

④对于动态质押方式，还应严格审核质物进出库和库存变动信息，确保新入库的商品符合协议约定要求，且商品权属清晰。

2. 应收账款

①应收账款的质量与坏账准备情况；

②应收账款催收：银行根据应收账款账期，主动或应收款人要求，采取电话、函件、上门催款直至法律手段等对付款人进行催收；

③应收账款管理：银行根据收款人的要求，定期或不定期向其提供关于应收账款的回收情况、逾期账款情况、对账单等各种财务和统计报表，协助其进行应收账款管理。

商业银行应当将供应链业务的风险管理纳入全面风险管理体系，动态关注卖方或买方经营、管理、财务及资金流向等风险信息，定期与卖方或买方对账，有效管控供应链业务风险。在贷后管理中，应制定与供应链业务特点相适应的授信后管理政策，包括密切监控买方（付款人）及卖方（收款人）履约情况、交易背景真实性、应收账款回款情况等。

10.3.4　贸易融资和保函业务

贸易融资和保函业务的贷后管理应重点关注贸易背景真实性、关联交易、融资期限三个方面。

1. 贸易背景真实性

①客户贸易融资规模是否与其近年的经营规模或交易量相匹配，融资需求是否与当前市场环境、行业状况、客户履约能力等有较大出入。

②客户主要销售渠道、主要交易对手、主营商品、与主要交易对手的交易量等是否发生重大变化；交易模式是否过于复杂，导致贸易背景真实性的审查难度较大、物流与资金流轨迹不清晰或违背了真实性、自偿性、匹配性原则。

③与授信发起时相比，客户的结算方式、账期、回款路径等是否发生重大变化，与批复条件是否有出入等；交易价格是否偏离了市场价格，结算方式、账期等是否与行业内同类企业不同。

2. 关联交易

①近几年内，关联公司间是否有贸易往来记录，是否改变交易模式与交易商品等，其实质控制关系和利益格局情况。

②关联公司间交易是否符合商业逻辑，是否具有交易的必要性，融资期限是否符合行业惯例，交易价格是否为公允价格，是否涉及大额贸易融资（如大宗商品交易）。

③产供销各环节的货物、资金流向是否清晰和可监控；购销合同、发票等相关结算单据是否完整、真实等。

3. 融资期限

①产品融资期限与客户经营模式、生产与销售周期、应收应付款项期限、营运资金流转周期等情况是否匹配；客户销售资金回笼后，是否未及时归还融资而是挪作他用。

②融资期限内，是否因融资对应的交易取消或变更、与交易对手发生纠纷等，存在销售回款无法收回，导致融资自偿性灭失的情况。

10.4 担保管理

贷款发放后，对于保证人与抵（质）押物的管理主要是对保证人担保能力的变化和抵（质）押物状态和价值变化的跟踪和分析，并判断上述变化对贷款安全性的影响，同时采取相应措施，保障第二还款来源的有效性。因此，在贷后检查阶段，银行要侧重对保证人与抵（质）押物进行动态分析，并认真做好日常维护工作。

10.4.1 保证人管理

贷款保证的目的是对借款人按约、足额偿还贷款提供保障，因此，银行应特别注意保证的有效性，并在保证期内向保证人主张权利。对保证人的管理主要有以下三个方面的内容。

1. 保证人日常管理

（1）分析保证人保证实力的变化

对保证人的贷后监控和与本章第一节所述对借款人的贷后监控相同。银行应同样以对待借款人的管理措施对待保证人。对于企业为保证人的，通过外部信息及时获得保证人经营业绩和信用状况等重要信息，了解保证人全部对外担保总额、担保贷款的资产质量、对外赔付、保证金账户等情况；通过人民银行征信系统查询保证人偿债履约情况、金融机构融资总量及或有负债总量。对于自然人为保证人的，了解保证人职业、收入、债务及财产转移等情况，通过人民银行征信系统核实保证人个人真实负债和或有负债。集团客户母公司提供担保应综合分析企业本部报表和合并报表，判断保证人的保证实力。若发现保证人经营情况恶化，或对外担保与净资产不相匹配，或对外负债过多，或出现合并、破产或分立等影响实际承担保证实力的情况，应及时采取措施，要求借款人和保证人共同努力恢复其担保能力或提供更加有效的担保。

（2）了解保证人保证意愿的变化

良好的保证意愿是保证人提供保证和准备履行保证义务的基础。应密切注意保证人的保证意愿是否出现改变的迹象。如保证人和借款人的关系出现变化，保证人是否出现试图撤销和更改保证的情况。应分析其中的原因，判断贷款的安全性是否受到实质影响并采取相关措施。

2. 贷款到期后保证人管理

银行信贷业务人员在贷款本息偿还出现问题时必须及时向保证人主张权利，确保诉讼时效。应确保在保证期间内向保证人主张权利。未与保证人约定保证期间的，应在债务履行期届满之日起 6 个月内要求保证人承担保证责任。连带责任保证诉讼时效自保证期间届满前债权人要求保证人承担保证责任之日起计算，诉讼时效期间为 3 年。当借款人出现贷款逾期时，银行必须在贷款逾期后 10 个工作日内向保证人发送履行担保责任通知书进行书面确认。如贷款为分期逐笔到期，则银行应逐笔进行书面确认，逐笔保证 3 年的诉讼时效。

10.4.2　抵（质）押品管理

1. 抵（质）押品检查内容

以抵（质）押品设定担保的，银行要加强对抵押物和质押凭证的监控和管理。对抵（质）押品要定期现场检查其完整性和价值变化情况，防止所有权人在未经银行同意的情况下擅自处理抵（质）押品，检查内容主要如下：

①抵（质）押品价值的变化情况；

②抵（质）押品是否被妥善保管；

③抵（质）押品有否被变卖出售或部分被变卖出售的行为；

④抵（质）押品保险到期后有没有及时续投保险；

⑤抵（质）押品有否被转移至不利于银行监控的地方；

⑥抵押品有无未经贷款人同意的出租情况；

⑦抵（质）押品的权属证明是否妥善保管、真实有效。

2. 抵（质）押品检查要点

（1）检查抵（质）押人办理押品财产保险的有效性

对审批要求提供押品保险的，应确认如下保险内容：保险投保金额应有效覆盖相应债权，保险期间必须长于借款合同期限（或及时续保），保险权益转让给贷款人且贷款人享有第一顺位保险金请求权。保险单原则上应注明：一旦发生保险事故，保险公司应将保险赔偿金直接划付至贷款银行指定账户，且不应有妨碍银行权益实现的条款（不可抗力条款除外）。

（2）检查保管措施是否能够保障抵（质）押物的品质

信贷业务人员须检查抵（质）押物的状态、完好程度、经济寿命及安全性和完整性，并根据抵（质）押物性质及风险程度的不同，确定所适用的保管措施，实施区别监控。

股票、股权等特殊质物，须随时关注标的公司的经营动态、股票及股票市场的整体走势，以规避质权风险；收费权作为质押物的，信贷业务人员要严格管理收费账户

的资金，监控用途，确保还款；出口退税账户质押的，应控制账户封闭运行、专款专用，确保账户的唯一性，在贷款未获清偿前，不得挪作他用或账户转移，保障贷款商业银行对出口退税款法定的优先受偿权。

（3）关注抵（质）押物的价值变化

信贷业务人员应密切关注抵（质）押物的价值变动趋势，跟进了解银行押品价值评估部门对抵（质）不动产、机器设备类抵押物价值的评估结果。

3. 抵（质）押品的补充及处置

在抵押期间，抵押物的检查中，经办人员应定期检查抵押物的存续状况以及占有、使用、转让、出租及其他处置行为。如发现抵押物价值非正常减少，应及时查明原因，采取有效措施。如发现抵押人的行为对抵（质）押物形态、品质、法律效力、权属及价值等产生不利变化的，应要求抵押人立即停止其行为；如抵押人的行为已经造成抵押物价值的减少，应要求抵押人恢复抵押物的价值。如抵押人无法完全恢复，应要求抵押人提供与减少的价值相当的担保，包括其他行提供抵押物、权利质押或保证。

抵押人在抵押期间转让或处分抵押物的，商业银行必须要求其提出书面申请，并经银行同意后予以办理。经商业银行同意，抵押人可以全部转让并以不低于商业银行认可的最低转让价款转让抵押物的，抵押人转让抵押物所得的价款应当优先用于向商业银行提前清偿所担保的债权或存入商业银行账户；经商业银行同意，抵押人可以部分转让抵押物的，所得的收入应存入商业银行的专户或偿还商业银行债权，并保持剩余贷款抵押物价值不低于规定的抵押率；抵押期间，抵押物因出险所得赔偿金（包括保险金和损害赔偿金）应存入商业银行指定的账户，并按抵押合同中约定的处理方法进行相应处理。对于抵押物出险后所得赔偿数额不足清偿部分，商业银行可以要求借款人提供新的担保。

10.4.3 担保的补充机制

1. 追加担保品，确保抵押权益

银行如果在贷后检查中发现借款人提供的抵押品或质押物的抵（质）押权益尚未落实，或担保品的价值由于市场价格的波动或市场滞销而降低，由此造成超额押值不充分，或保证人保证资格或能力发生不利变化，可以要求借款人落实抵（质）押权益或追加担保品。根据《民法典》第四百零八条的规定，抵押人的行为足以使抵押财产价值减少的，抵押权人有权请求抵押人停止其行为；抵押财产价值减少的，抵押权人有权请求恢复抵押财产的价值，或者提供与减少的价值相应的担保。抵押人不恢复抵押财产的价值，也不提供担保的，抵押权人有权请求债务人提前清偿债务。另外，如果由于借款人财务状况恶化，或由于贷款展期使得贷款风险增大，或追加新贷款，银行也会要求借款人追加担保品，以保障贷款资金的安全。对于追加的担保品，也应根据抵押贷款的有关规定，办妥鉴定、公证和登记等手续，落实抵押权益。

2. 追加保证人

对由第三方提供保证的保证贷款，如果借款人未按时还本付息，就应由保证人为其承担还本付息的责任。倘若保证人的保证资格或保证能力发生不利变化，其自身的财务状况恶化；或由于借款人要求贷款展期造成贷款风险增大或由于贷款逾期，银行加收罚息而导致借款人债务负担加重，而原保证人又不同意增加保证额度；或抵（质）押物出现不利变化；银行应要求借款人追加新的保证人。

10.5　风险预警

10.5.1　风险预警程序

风险预警是各种工具和各种处理机制的组合结果，无论是否依托动态化、系统化、精确化的风险预警系统，都应当逐级、依次完成以下程序。

1. 信用信息的收集和传递

收集与商业银行有关的内外部信息，包括信贷人员提供的信息和外部渠道得到的信息，并通过商业银行信用风险信息系统进行储存。

商业银行应当注意建立并维持不同的信息搜集渠道，包括信贷人员的调查、专业机构、公开信息以及产业链信息等，以保证信息的完整性和可验证。

2. 风险分析

信息通过适当的分层处理、甄别和判断后，进入预测系统或预警指标体系中。预测系统运用预测方法对未来内外部环境进行预测，使用预警指标估计未来市场和客户的风险状况，并将所输出的结果与预警参数进行比较，以便作出是否发出警报，以及发出何种程度警报的判断。

3. 风险处置

风险处置是指在风险警报的基础上，为控制和最大限度地消除商业银行风险而采

取的一系列措施。按照阶段划分，风险处置可以划分为预控性处置与全面性处置。预控性处置是在风险预警报告已经作出，而决策部门尚未采取相应措施之前，由风险预警部门或决策部门对尚未爆发的潜在风险提前采取控制措施，避免风险继续扩大对商业银行造成不利影响。全面性处置是商业银行对风险的类型、性质和程度进行系统详细的分析后，从内部组织管理、业务经营活动等方面采取措施来控制、转移或化解风险，使风险预警信号回到正常范围。

4. 后评价

风险预警的后评价是指经过风险预警及风险处置过程后，对风险预警的结果进行科学的评价，对预警信号的命中率、查全率、触警率等进行全面评价，对指标较差的预警信号，深入分析原因，并对预警系统和风险管理进行修正或调整，因此后评价对预警系统的完善十分重要。

10.5.2　风险预警指标体系

对信贷运行过程的监测预警是通过建立科学的监测预警指标体系，并对其发展变化过程进行观察来实现的。预警指标的研究是实现信贷预警的首要环节，预警体系科学性高低的首要标志是所选择的预警指标能否科学地反映经济运行过程的变化特征。因此，合理地选择预警指标是建立预警体系的关键。

在贷款存续期间，贷款人应当持续监测贷款企业的经营情况，根据企业财务状况、贷款担保、市场环境、宏观经济变动等因素，定期对风险进行评价，并建立贷款质量监控制度和风险预警体系。出现可能影响贷款安全情形的，应当及时采取相应措施。贷款人应定期对借款人和关联人的履约情况及信用状况、贷款项目的建设和运营情况、宏观经济变化和市场波动情况、贷款担保的变动情况等内容进行检查与分析，建立贷款质量监控制度和贷款风险预警体系。在实际工作中，对银行贷款的贷后检查、监督是对使用过程中的贷款的主要监测手段，也是银行及时诊断和防止贷款风险损失的重要措施。银行通过对贷款发放后借款人经营状况的监测，可以及时发现贷款风险的预警信号，以便尽快采取相应措施，减少相关损失。贷款风险的预警信号系统根据各家银行的实际经验总结而来，通常包含财务状况的预警信号、管理状况的预警信号和经营状况的预警信号。

10.5.3　风险预警的处置

预警处置是借助预警操作工具对银行经营运作全过程进行全方位实时监控考核，在接收风险信号、评估、衡量风险基础上提出有无风险、风险大小、风险危害程度及风险处置、化解方案的过程。客户风险预警信号出现后，相关部门应组织力量积极进行控制和化解。要根据风险的程度和性质，对客户实施分层管理，采取以下相应的风险处置措施：

（1）列入重点观察名单；

（2）要求客户限期纠正违约行为；

（3）要求完善担保条件、增加担保措施；

（4）降低整体授信额度，暂停发放新贷款或收回已发放的授信额度等；

（5）动态调整资产风险分类。

例如，当项目实际投资超过原定投资金额，贷款人经重新风险评价和审批决定追加贷款的，应要求项目发起人配套追加不低于项目资本金比例的投资，并视情况要求增加相应担保。对于出现的较大风险，客户部门无法自行控制和化解处置的，应视贷款金额的大小及风险状况及时报告授信审批行风险资产管理部门或信贷管理部门，风险管理部门或信贷管理部门调整客户授信方案和风险分类，介入风险认定和处置。

10.6 信贷业务到期处理

10.6.1 贷款偿还操作及提前还款处理

1. 贷款偿还的一般操作过程

根据国家相关法律、法规规定，借款人有义务按照借款合同的约定及时清偿贷款本息，银行有权利依照合同约定从借款人账户上划收贷款本金和利息；借款方不按合同规定归还贷款的，应当承担违约责任并加付利息。贷款偿还的一般操作过程可简要归纳如下。

（1）业务操作部门向借款人发送还本付息通知单

为了确保贷款的归还，除了在贷款合同中确定还款计划和违约责任条款外，业务操作部门还应按规定时间提前向借款人发送还本付息通知单，督促借款人按时足额还本付息。还本付息通知单应载明：贷款项目名称或其他标志、还本付息的日期、当前贷款余额、本次还本金额、付息金额以及利息计算过程中涉及的利率、计息天数、计息基础等。

（2）业务操作部门对逾期的贷款要及时发出催收通知单

借款人收到还本付息通知单后，应当及时筹备资金，按时还本付息。在还本付息日当天营业时间终了前，借款人未向银行提交偿还贷款本息的支票（人民币）或支取凭条（外币）的，并且其偿债账户或其他存款户中的存款余额不足以由银行主动扣款的，该笔贷款即为逾期贷款。对于逾期的贷款，业务操作部门要向借款人、保证人及时发出催收通知单，并保留好相关法律文件。做好逾期贷款的催收工作，以保证信贷

资产的质量。

贷款逾期后，银行不仅对贷款的本金计收利息，而且对应收未收的利息也要计收利息，即计复利。在催收的同时，对不能按借款合同约定期限归还的贷款，应当按规定加罚利息，加罚的利率应在贷款协议中明确规定；应收未收的罚息也要计复利。对不能归还或不能落实还本付息事宜的，应督促归还或依法起诉。同时，银行应按照国家有关规定提取准备金，并按照核销的条件和程序核销呆账贷款及应收款项。

2. 借款人提前归还贷款的操作过程

提前归还贷款（以下简称提前还款）指借款人希望改变贷款协议规定的还款计划，提前偿还全部或部分贷款，由借款人提出申请，经贷款行同意，缩短还款期限的行为。

借款人有义务按照贷款协议规定的还款计划按时还本付息。如果借款人出于某种原因（如贷款项目效益较好）希望提前还款，应与银行协商。由于借款人的提前还款会打乱银行原有的资金安排，借款人应提前向银行递交提前还款计划，在征得银行的同意后，才可以提前还款。因提前还款而产生的费用应由借款人负担。

借款人与银行可以在贷款协议的提前还款条款中，约定提前还款的前提条件及必要的手续。提前还款条款可以包括以下内容：

①未经银行的书面同意，借款人不得提前还款；

②借款人可以在贷款协议规定的最后支款日后、贷款到期日前的时间内提前还款；

③借款人应在提前还款日前30天（或60天）以书面形式向银行递交提前还款的申请，其中应列明借款人要求提前偿还的本金金额；

④由借款人发出的提前还款申请应是不可撤销的，借款人有义务据此提前还款；

⑤借款人可以提前偿还全部或部分本金，如果偿还部分本金，其金额应等于一期分期还款的金额或应为一期分期还款的整数倍，并同时偿付截至该提前还款日前一天（含该日）所发生的相应利息，以及应付的其他相应费用；

⑥提前还款应按贷款协议规定的还款计划以倒序进行；

⑦已提前偿还的部分不得要求再贷；

⑧对于提前偿还的部分可以收取费用。

10.6.2 贷款展期处理

贷款展期指借款人不能或不希望按照贷款协议规定的还款计划按时偿付每期应偿

付的贷款，由借款人提出申请，经贷款行审查同意，有限期地延长还款期限的行为。同提前还款一样，贷款展期也影响了银行原有的资金安排，因此借款人必须提前与银行协商，经银行同意，贷款才可以展期。

1. 贷款展期的申请

借款人不能按期归还贷款时，应当在贷款到期日之前，向银行申请贷款展期。是否展期由银行决定。借款人申请贷款展期，应向银行提交展期申请，其内容包括：展期理由，展期期限，展期后的还本、付息、付费计划及拟采取的补救措施。如是合资企业或股份制企业，则应提供董事会关于申请贷款展期的决议文件或其他有效的授权文件。申请保证贷款、抵押贷款、质押贷款展期的，还应当由保证人、抵押人、出质人出具同意的书面证明。已有约定的，按照约定执行。

2. 贷款展期的审批

（1）分级审批制度

贷款展期的审批与贷款的审批一样，实行分级审批制度。银行应根据业务量大小、管理水平和贷款风险度确定各级分支机构的审批权限，超过审批权限的，应当报上级机构审批。

（2）贷款展期的担保问题

贷款经批准展期后，银行应当根据贷款种类、借款人的信用等级和抵押品、质押品、保证人等情况重新确定每一笔贷款的风险度。由于贷款的展期本身就说明借款人的还款可能出现问题，加大了贷款的风险，因此银行在审批贷款的展期时，更应重视其担保问题。

对于保证贷款的展期，银行应重新确认保证人的保证资格和保证能力；借款人申请贷款展期前，必须征得保证人的同意。其保证金额为借款人在整个贷款期内应偿还的本息和费用之和，包括因贷款展期而增加的利息费用。保证合同的期限因借款人还款期限的延长而延长至全部贷款本息、费用还清日止。

对于抵押贷款的展期，银行为减少贷款的风险应续签抵押合同，应该做到：

①作为抵押权人核查抵押物的账面净值或委托具有相关资格和专业水平的资产评估机构评估有关抵押物的重置价值，并核查其抵押率是否控制在一定的标准内。

②如果借款人的贷款余额与抵押财产的账面净值或重置价值之比超过一定限度，即抵押价值不足的，则抵押人应根据银行的要求按现有贷款余额补充落实抵押物，重新签订抵押合同。

③抵押贷款展期后，银行应要求借款人及时到有关部门办理续期登记手续，使抵押合同保持合法性和有效性，否则抵押合同将失去法律效力。

④切实履行对抵押物跟踪检查制度，定期检查核对抵押物，监督企业对抵押物的

占管，防止抵押物的变卖、转移和重复抵押。

3. 展期贷款的管理

在办理展期时应由银行和借款人重新确定贷款条件。

（1）贷款展期的期限

《贷款通则》对贷款展期的期限做了如下规定：现行短期贷款展期的期限累计不超过原贷款期限；中期贷款展期的期限累计不得超过原贷款期限的一半；长期贷款展期的期限累计不得超过 3 年。国家另有规定的除外。

（2）贷款展期后的利率

经批准展期的贷款利率，银行可根据不同情况重新确定。贷款的展期期限加上原期限达到新的利率期限档次时，从展期之日起，贷款利息应按新的期限档次利率计收。

借款人未申请展期或申请展期未得到批准，其贷款从到期日次日起，转入逾期贷款账户。

4. 展期贷款的偿还

贷款展期说明该笔贷款的偿还可能存在某些问题，因此银行应特别关注展期贷款的偿还。银行信贷部门应按照展期后的还款计划，向借款人发送还本付息通知单，督促借款人按时还本付息。展期贷款到期不能按时偿还，信贷部门要加大催收力度，以保证贷款的收回；对于设立了保证或抵质押的贷款，银行有权向担保人追索或行使抵质押权，弥补贷款损失。展期贷款逾期后，也应按规定加罚利息，并对应收未收利息计复利。展期贷款的偿还在账务处理上，与正常贷款相同。

10.6.3 小微企业续贷

2014 年 7 月 24 日，银监会下发《关于完善和创新小微企业贷款服务　提高小微企业金融服务水平的通知》（以下简称《通知》）。《通知》重点提出，银行应积极创新服务模式，对流动资金周转贷款到期后仍有融资需求，又临时存在资金困难的小微企业，符合条件的，可以办理续贷，提前按新发放贷款的要求开展贷款调查和评审。

为了防范续贷滥用，《通知》对小微企业申请续贷提出一定的准入门槛。符合以下四个主要条件的小微企业才可申请续贷：一是依法合规经营；二是生产经营正常，具有持续经营能力和良好的财务状况；三是信用状况良好，还款能力与还款意愿强，没有挪用贷款资金、欠贷欠息等不良行为；四是原流动资金周转贷款为正常类，且符合新发放流动资金周转贷款条件和标准。

《通知》也对银行开展续贷业务提出相应要求。银行同意续贷的，应当在原流动资金周转贷款到期前与小微企业签订新的借款合同，需要担保的签订新的担保合同，落实借款条件。通过新发放贷款结清已有贷款等形式，允许小微企业继续使用贷款资金。银行要加强对续贷业务的内部控制，在信贷系统中单独标识续贷贷款，建立对续贷业务的监测分析机制，提高对续贷贷款风险分类的检查评估频率，防止通过续贷人为操纵风险分类。

10.6.4　贷款总结评价

贷款本息全部还清或形成损失后，相关部门应对贷款项目和信贷工作进行全面的总结。相关部门应在贷款本息收回后 10 日内形成书面总结报告，便于其他相关部门借鉴参考。贷款总结评价主要包括以下内容。

第一，贷款基本评价。就贷款的基本情况进行分析和评价，重点从客户选择、贷款综合效益分析、贷款方式选择等方面进行总结。

第二，贷款管理中出现的问题及解决措施。分析出现问题的原因，说明针对问题采取的措施及最终结果，从中总结经验，防范同类问题重复发生，对发生后的妥善处理提出建议。

第三，其他有益经验。对管理过程中其他有助于提升贷后管理水平的经验、心得和处理方法进行总结。

同时，对于出现不良贷款存在主观责任的，应根据具体情节追究相关部门负责人及经办人员责任。

10.7　档案管理

信贷档案是确定借贷双方法律关系和权利义务的重要凭证，是贷款管理情况的重要记录。科学地记录、保管和使用信贷档案，是加强贷款管理、保护贷款安全的重要基础。

10.7.1　档案管理的原则和要求

档案管理的原则主要有：管理制度健全、人员职责明确、档案门类齐全、信息利用充分、提供有效服务，具体要求如下。

1. 信贷档案实行集中统一管理原则

信贷前后台各部门积累与借款人有关的资料。借阅人借阅档案时，应填写借阅

单，经本部门管理员和负责人签字，到档案管理部门调阅档案。在调阅过程中，档案资料原则上不得带出档案管理部门。

2. 信贷档案采取分段管理、专人负责、按时交接、定期检查的管理模式

（1）分段管理

将一个信贷项目形成的文件材料依据信贷的执行状态划分为执行中的信贷档案和结清后的信贷档案两个阶段，由专门部门实行分段管理。

（2）专人负责

银行各级行的风险管理部门和业务经办部门应设立专职或兼职人员（统称信贷档案员）负责本部门信贷文件的日常管理及结清后的立卷归档等工作。信贷档案员应相对稳定，且不得由直接经办信贷业务人员担任。

（3）按时交接

业务经办人员应在单笔信贷（贷款）合同签署、不良贷款接收及风险评审完毕后，按规定要求将各类信贷文件及时交信贷档案员保存，信贷执行过程中续生的文件随时移交。

（4）定期检查

信贷档案管理工作由上级机构档案管理部门和本级机构管理层共同监督与指导。信贷档案的检查结果将列入档案工作综合管理考评中。

10.7.2　信贷档案管理

信贷档案管理对象是指正在执行中的、尚未结清信贷（贷款）的档案材料。

1. 信贷档案分类

按其重要程度及涵盖内容不同划分为两级，即一级信贷档案和二级信贷档案。

一级信贷档案主要是指信贷抵（质）押契证和有价证券及押品契证资料收据和信贷结清通知书。其中押品主要包括：银行开出的本、外币存单，银行本票，银行承兑汇票，上市公司股票、政府和公司债券、保险批单、提货单、产权证或他项权益证书及抵（质）押物的物权凭证、抵债物资的物权凭证等。

二级信贷档案主要指法律文件和贷前审批及贷后管理的有关文件。

2. 信贷档案管理要求

（1）一级信贷档案的管理

①保管。一级信贷档案是信贷的重要物权凭证，在存放保管时视同现金管理，可将其放置在金库或保险箱（柜）中保管，指定双人（以下简称押品保管员），分别管

理钥匙和密码，双人入库、出库，形成存取制约机制。

②交接。一级信贷档案由业务经办部门接收后，填制押品契证资料收据一式三联，押品保管员、借款企业、业务经办人员三方各存一联。押品以客户为单位保管，并由押品保管员填写押品登录卡。

③借阅。一级信贷档案存档后，原则上不允许借阅。如在下列特殊情况下，确需借阅一级信贷档案的，必须提交申请书，经相关负责人签批同意后，方可办理借阅手续。如：

- 贷款展期办理抵押物续期登记的；
- 变更抵押物权证、变更质押物品的；
- 提供给审计部门或相关单位查阅的；
- 提交法院进行法律诉讼、债权债务重组或呆账核销的；
- 须补办房产证、他项权利证书或备案登记的。

④结清、退还。借款企业、业务经办人员和押品保管员三方共同办理押品的退还手续。由业务经办人员会同借款企业向押品保管员交验信贷结清通知书和押品契证资料收据并当场清验押品后，借贷双方在押品契证资料收据上签字，押品保管员在押品登录卡上注销。

（2）二级信贷档案的管理

①保管。二级信贷档案应按规定整理成卷，交信贷档案员管理。

②交接。业务经办人员应在单笔信贷（贷款）合同签订后将前期文件整理入卷，形成信贷文件卷，经信贷档案员逐件核实后，移交管理。

③借阅。二级信贷档案内保存的法律文件、资料，除审计部门确需查阅或进行法律诉讼的情况下，不办理借阅手续，如借阅已归档的二级信贷档案时，须经有关负责人签批同意后，填写借阅申请表，方可办理借阅手续。

④结清。已结清贷款的信贷档案的保管期限和保管部门由商业银行根据本行实际情况自行确定。通常，经行内相关部门认定有特殊保存价值的可列为永久保存。

10.7.3　客户档案管理

为了便于业务经办部门日常维护客户和业务发起需要，业务经办部门可按客户分别建立客户档案卷，客户档案不同于信贷档案，移交本部门贷款档案员集中保管即可。客户档案通常包括：

①借款企业及担保企业的证照（即营业执照、税务登记证等）复印件；

②借款企业及担保企业的信用评级资料；

③借款企业及担保企业的开户情况；

④借款企业及担保企业的验资报告；

⑤借款企业及担保企业近三年的主要财务报表，包括资产负债表、利润表、现金流量表等，上市公司须提供经审计的年报；

⑥企业法定代表人、财务负责人的身份证或护照复印件；

⑦反映该企业经营、资信及历次贷款情况的其他材料。

第 11 章　贷款风险分类与贷款损失准备金的计提

 **本章概要**

　　贷款风险分类是指商业银行按照风险程度将贷款划分为不同档次的过程，其实质是判断债务人及时足额偿还贷款本息的可能性。贷款损失准备金是商业银行在成本中列支、用于抵御贷款预期信用风险的准备金。贷款风险分类与贷款损失准备金计提是金融监管当局对商业银行进行审慎监管的基本要求。

　　本章分为三节：第一节是贷款风险分类概述，将介绍贷款风险分类的含义、标准、对象和原则等内容；第二节是贷款风险分类方法，包括贷款风险分类的考虑因素、主要参考特征、重要参考因素和监管特别规定；第三节是贷款损失准备金的计提，主要介绍了贷款损失准备金的含义、计提目的、计提范围、相应监管标准、计提方法。

11.1　贷款风险分类概述

11.1.1　贷款分类的含义

　　贷款分类是指商业银行按照风险程度将贷款划分为不同档次的过程，其实质是以贷款的内在风险程度和债务人还款能力为核心，判断债务人及时足额偿还贷款本息或及时足额履约的可能性。

　　贷款分类是银行信贷管理的重要组成部分。商业银行贷款分类的目的，不仅是揭示信贷资产的实际价值和风险程度，真实、全面、动态地反映贷款质量，及时发现信贷业务经营管理各个环节存在的问题，采取相应措施，化解贷款风险。贷款分类结果还是商业银行计提贷款损失准备金、实施责任追究和绩效考核的重要依据。

　　贷款分类也是监管当局对银行进行审慎监管的基本要求。贷款分类有助于监管当局评估银行贷款质量和变化趋势，并由此进一步发现银行潜在的问题。通过要求披露

贷款分类，也可以提高市场透明度，形成市场约束。

11.1.2 贷款分类的对象

商业银行贷款分类对象，通常应涵盖其承担信用风险的全部信贷业务。具体包括：

1. 表内贷款

表内贷款包括流动资金贷款、固定资产贷款、项目融资、银团贷款、法人账户透支、票据贴现、保理、福费廷等各类表内信贷资产。

2. 表外信贷

表外信贷包括信用证、票据承兑、保证、保兑、保函、担保付款、贷款承诺、包销承诺等各类贷款担保和承诺。

11.1.3 贷款分类的原则

《贷款风险分类指引》（银监发〔2007〕54 号）要求商业银行贷款分类应遵循以下原则。

1. 真实性原则

商业银行贷款分类应真实客观地反映贷款的风险状况。分类人员在进行贷款分类时，应充分评价信贷资产的风险状况，根据信贷资产风险分类的核心定义及标准，准确划分信贷资产级次，真实反映信贷资产形态，不得弄虚作假，人为调整分类结果。商业银行高级管理层要对贷款分类制度的执行、贷款分类的结果承担责任。商业银行内部审计部门也应对贷款分类进行检查和评估，频率每年不得少于一次。

2. 及时性原则

商业银行应及时、动态地根据借款人经营管理等状况的变化调整分类结果，至少每季度对全部贷款进行一次分类。如果影响借款人财务状况或贷款偿还因素发生重大变化，应及时调整对贷款的分类。对不良贷款应严密监控，加大分析和分类的频率，根据贷款的风险状况采取相应的管理措施。

3. 重要性原则

商业银行分类人员对影响贷款分类的诸多因素，要根据五级分类核心定义确定关键因素进行评估和分类。对贷款进行分类时，要以评估借款人的还款能力为核心，把借款人的正常营业收入作为贷款的主要还款来源，贷款的担保作为次要还款来源。同时，逾期天数也是商业银行贷款分类时应予以考虑的重要参考指标。

4. 审慎性原则

商业银行分类人员在对难以准确判断借款人还款能力的贷款，应遵循审慎分类原则，适度下调其分类等级。

11.1.4　贷款分类的标准

依据《贷款风险分类指引》，商业银行至少应将贷款划分为正常、关注、次级、可疑和损失五类，后三类合称为不良贷款。各级次核心定义如下：

正常：借款人能够履行合同，没有足够理由怀疑贷款本息不能按时足额偿还。

关注：尽管借款人目前有能力偿还贷款本息，但存在一些可能对偿还产生不利影响的因素。

次级：借款人的还款能力出现明显问题，完全依靠其正常营业收入无法足额偿还贷款本息，即使执行担保，也可能会造成一定损失。

可疑：借款人无法足额偿还贷款本息，即使执行担保，也肯定要造成较大损失。

损失：在采取所有可能的措施或一切必要的法律程序之后，本息仍然无法收回，或只能收回极少部分。

《贷款风险分类指引》指出，贷款五级分类方式是贷款风险分类的最低要求，各商业银行可根据自身实际制定贷款分类制度，细化分类方法，但不得低于指引提出的标准和要求，并与指引的贷款风险分类方法具有明确的对应和转换关系。

11.2　贷款风险分类方法

11.2.1　贷款分类的考虑因素

贷款分类是在执行核心定义的前提下，参照主要参考特征，结合贷款的逾期时间，并以债务人正常的营业收入作为主要偿还来源，以担保作为第二偿还来源，判断债务人及时足额偿还债务的可能性。主要参照以下七方面因素：

①借款人的还款能力；

②借款人的还款记录；

③借款人的还款意愿；

④贷款项目的盈利能力；

⑤贷款的担保；

⑥贷款偿还的法律责任；

⑦银行的信贷管理状况。

11.2.2 主要参考特征

依据《贷款风险分类指引》关于五级分类的核定定义，商业银行一般会进一步细化各级次贷款分类的主要参考特征（见表11-1）。

表11-1　　　　　　　各级次贷款分类的主要参考特征

贷款类别	主要参考特征
正常	债务人有能力履行还款承诺，能够全额归还债务本金和利息。
关注	1. 借款人财务状况不佳，表现为：关键性财务指标（如流动比率、速动比率等）低于行业平均水平或有较大幅度的下降；经营性现金流量虽为正值，但呈递减趋势；销售收入、经营利润下降，出现流动性不足的征兆；借款人的借款总额在短期内激增并与其业务发展不成比例，且借款人不能提供合理的解释，以致有理由怀疑借款人的财务状况和偿债能力。 2. 借款人经营管理存在较为严重的问题（如未按规定用途使用贷款），如问题继续存在可能影响贷款的偿还。 3. 借款人的还款意愿较差，不愿与贷款银行合作。 4. 抵（质）押贷款所依赖的抵（质）押品价值下降。 5. 银行对贷款管理不善，如未能及时了解借款人经营及财务状况。 6. 借款人提供的财务资料存在一定问题（如被出具保留意见的审计报告；存在对借款人财务状况产生负面影响的公开信息；监管机构因一些负面消息或从常规调查中发现问题，进而对借款人进行非常规调查），可能影响银行对借款人还款能力的评价。 7. 借款人从事固有风险很大的行业（如从事证券投资行业的市场风险高，可能会对企业的现金流造成很大的影响；高科技行业借款人的新技术可能尚处于研发阶段，最终能否形成产品尚不能确定等），其最终还款能力容易因市场波动或产品的成败出现负面大幅度变动。 8. 借款人管理层发生重大变化（如高层管理人员大范围变动或主要领导人离职），且新任管理层的还款意愿较差，可能削弱借款人的经营能力和财务状况。 9. 难以获得充分的资料对中长期项目的进展情况及其现金流量状况作出定期更新评估，因此很难确定项目是否能够产生明确的现金流在到期时作为还款来源。 10. 项目长期被延迟或项目原有计划的重大更改对项目产生了负面影响以致削弱了借款人的还款能力。 11. 借款人经营所处的法律环境或经营环境发生重大不利变化以致削弱了借款人的还款能力。 12. 借款人股利分配行为与盈利状况不匹配，可能影响借款人最终的还款能力。
次级	1. 借款人出现持续财务困难，影响其业务的持续经营，表现为出现支付困难，并且难以获得新的资金；不能偿还其他债权人的债务。 2. 借款人内部管理混乱，影响债务的及时足额清偿。 3. 借款人采取不正当手段套取贷款。

贷款类别	主要参考特征
可疑	1. 贷款会发生较大损失，但存在借款人重组、兼并、合并、抵（质）押物处理和未决诉讼（仲裁）等因素，损失金额尚不能确定。 2. 借款人陷入经营和财务危机，借款人处于停产、半停产状态；固定资产项目处于停建或缓建状态；借款人资不抵债，无力还款。 3. 贷款银行已采取法律手段，但预计即使执行法律程序仍将发生较大损失。 4. 借款人无力还款，虽经过重组、兼并、合并仍不能按还款计划偿还本金和利息。 5. 经多次谈判借款人明显没有还款的意愿。 6. 抵（质）押的贷款已取得法院判决，但借款人未履行法院判决或者银行难以执行法院判决。
损失	1. 借款人的经营停滞，贷款绝大部分或全部将发生损失：借款人无力偿还；借款人完全停止经营活动；贷款偿还所依赖的抵（质）押品价值难以确定，变现困难；固定资产项目停工时间很长且无望复工。 2. 借款人破产或对借款人的诉讼（仲裁）程序已经完结，即使处置抵（质）押物或向担保人追偿也只能收回很少的部分，或因为各种原因决定不提起诉讼（仲裁）。

11.2.3　重要参考因素

1. 贷款逾期时间

贷款逾期是反映客户风险的客观信号，贷款是否出现逾期和逾期时间长短，应作为商业银行贷款分类时的重要参考。商业银行可以在核心定义基础上，根据贷款逾期时间对贷款分类等级实施审慎控制，以反映贷款质量的恶化程度。例如，很多银行从内部审慎管理角度出发要求，贷款一旦逾期至少应分为关注类；逾期超过一定期限（如 90 天以上），至少应划分为次级类；逾期严重（如 180 天或 360 天），直接划分为可疑类或损失类。

2. 抵（质）押品

是否考虑动用担保是区分正常与不良资产的重要分界线。对抵（质）押品进行评估，要充分考虑法律上的有效性、变现的可能性及价值的充足性。对于权属和实质管控没有瑕疵的高品质押品，例如全额保证金、本行存单、国债、金融债等提供质押，即便客户出现财务状况下滑等不利情况，也可以适当从宽进行分类等级认定。而对于权属存在瑕疵、流动性欠缺、变现能力差的押品，应审慎认定其对贷款分类的缓释效力。

11.2.4 监管特别规定

1. 贷款分类特别要求

《贷款风险分类指引》对于一些特殊形态的贷款，从审慎监管角度出发，提出了强制性的分类要求。

下列贷款应至少归为关注类：

①本金和利息虽尚未逾期，但借款人有利用兼并、重组、分立等形式恶意逃废银行债务的嫌疑。

②借新还旧，或者须通过其他融资方式偿还。

③改变贷款用途。

④本金或者利息逾期。

⑤同一借款人对本行或其他银行的部分债务已经不良。

⑥违反国家有关法律和法规发放的贷款。

下列贷款应至少归为次级类：

①逾期（含展期后）超过一定期限、其应收利息不再计入当期损益。

②借款人利用合并、分立等形式恶意逃废银行债务，本金或者利息已经逾期。

重组贷款[①]：

①需要重组的贷款应至少归为次级类。

②重组后的贷款（简称重组贷款）如果仍然逾期，或借款人仍然无力归还贷款，应至少归为可疑类。

③重组贷款的分类档次在至少6个月的观察期内不得调高，观察期结束后，应严格按照指引规定进行分类。

2. 小企业贷款分类特别规定

根据《小企业贷款风险分类办法（试行）》（银监发〔2007〕63号），对于符合监管标准的小企业贷款，可以采用以下逾期天数风险分类矩阵进行简化分类（见表11-2）。

对于发生《商业银行小企业授信工作尽职指引（试行）》（银监发〔2006〕69号）第十八条所列举的影响小企业履约能力的重大事项以及出现该指引"附录"所列举的预警信号时，小企业贷款的分类应在逾期天数风险分类矩阵的基础上至少下调一级。贷款发生逾期后，借款人或担保人能够追加提供履约保证金、变现能力强的抵

---

① 指银行由于借款人财务状况恶化，或无力还款而对借款合同还款条款作出调整的贷款。

（质）押物等低风险担保，且贷款风险可控，资产安全有保障的，贷款风险分类级别可以上调。

表 11 - 2　　　　　　　　　　　　　小企业贷款逾期天数风险分类矩阵

担保方式	逾期时间					
	未逾期	1 ~ 30 天（含）	31 ~ 90 天（含）	91 ~ 180 天（含）	181 ~ 360 天（含）	360 天以上
信用	正常	关注	次级	可疑	可疑	损失
保证	正常	正常	关注	次级	可疑	损失
抵押	正常	正常	关注	关注	次级	可疑
质押	正常	正常	正常	关注	次级	可疑

11.3　贷款损失准备金的计提

11.3.1　贷款损失准备金的含义

贷款损失准备金（又称拨备）是指商业银行在成本中列支、用于抵御贷款风险的准备金，不包括在利润分配中计提的一般风险准备。

依据《金融企业准备金计提管理办法》（财金〔2012〕20 号）的规定，金融机构对于需要承担风险和损失的金融资产所计提的准备金，包括资产减值准备和一般准备。资产减值准备，是指金融企业对各类债权、股权等金融资产（不包括以公允价值计量并且其变动计入当期损益的金融资产）进行合理估计和判断，对其预计未来现金流量现值低于账面价值部分计提的，计入金融企业成本的，用于弥补资产损失的准备金。一般准备，是指金融企业运用动态拨备原理，采用内部模型法或标准法计算风险资产的潜在风险估计值后，扣减已计提的资产减值准备，从净利润中计提的、用于部分弥补尚未识别的可能性损失的准备金。贷款损失准备金是金融企业针对贷款所计提的一种资产减值准备。

11.3.2　贷款损失准备的计提目的

1. 有效抵补风险

如果把全部风险比作一座冰山，预期损失就是已经能够看得到的"水上部分"，而看不见的"水下部分"就是非预期损失。按照国际通行的巴塞尔资本监管框架体系，银行必须保有足够资本来抵御风险资产的非预期损失，而资产的预期损失，应充

分考虑在其经营成本中，由相应的风险损失准备金抵补。如果风险损失准备金不足，就要直接冲减资本。因此，资本与拨备密切相关，拨备监管是整个资本监管体系的重要组成部分，只有严格计提拨备后计算的资本充足率才是真实可靠的。贷款损失准备金充足性是监管当局评估商业银行风险抵御能力的重要方面。

2. 会计审慎计量

企业会计准则要求，企业对交易或者事项进行会计确认、计量和报告应当保持应有的谨慎，不应高估资产或者收益、低估负债或者费用（即会计审慎性原则）。对承担风险资产计提减值准备，是会计审慎性的要求。通过对贷款预计未来现金流量现值低于账面价值部分及时计提损失准备，可以准确反映贷款真实价值，提升利润报告的质量，起到预警风险和化解风险作用。

11.3.3　贷款损失准备的计提范围

商业银行贷款损失准备的计提范围，除包括应承担风险和损失的表内信贷资产外，按照《国际财务报告准则第9号——金融工具》（IFRS9）和《企业会计准则第22号——金融工具确认和计量》（财会〔2017〕7号）最新要求，还应包括表外未提用的贷款承诺和财务担保合同。具体范围包括：

1. 表内贷款

表内贷款包括流动资金贷款、固定资产贷款、项目融资、银团贷款、法人账户透支、票据贴现、保理、福费廷等各类表内信贷资产。

2. 表外信贷

表外信贷包括信用证、票据承兑、保证、保兑、保函、担保付款、贷款承诺、包销承诺等各类贷款担保和承诺。

11.3.4　贷款损失准备金的监管标准

基于拨备对于风险抵补的重要性，依据《商业银行贷款损失准备管理办法》（银监会令〔2011〕4号）的规定，监管部门设置了贷款拨备率和拨备覆盖率两个指标，用于考核商业银行贷款损失准备计提的充足性：

贷款拨备率 = 贷款损失准备 ÷ 各项贷款 × 100%，监管参考标准是1.5%～2.5%。

拨备覆盖率 = 贷款损失准备 ÷ 不良贷款 × 100%，监管参考标准是120%～150%。

依据《关于调整商业银行贷款损失准备监管要求的通知》（银监发〔2018〕7号）

的规定，监管部门根据各家银行以下三方面因素，按照三者孰高的原则，一行一策确定单家银行贷款损失准备具体监管要求：

贷款分类准确性，具体参考的定量标准是逾期 90 天以上贷款纳入不良贷款的比例（见表 11 - 3）。

表 11 - 3　　　　　　　　　　　　　　　　　　　　　　　　　　　　　　　　　单位：%

逾期 90 天以上贷款纳入不良贷款的比例	拨备覆盖率最低监管要求	贷款拨备率最低监管要求
100%	120	1.50
[85%，100%)	130	1.80
[70%，85%)	140	2.10
70% 以下	150	2.50

处置不良贷款主动性，具体参考的定量标准是处置的不良贷款占新形成不良贷款的比例（见表 11 - 4）。

表 11 - 4

处置的不良贷款占新形成不良贷款的比例	拨备覆盖率最低监管要求	贷款拨备率最低监管要求
90% 及以上	120	1.50
[75%，90%)	130	1.80
[60%，75%)	140	2.10
60% 以下	150	2.50

资本充足性，定量参考标准是不同类别银行的资本充足率水平情况（见表 11 - 5）。

表 11 - 5

资本充足率		拨备覆盖率最低监管要求	贷款拨备率最低监管要求
系统重要性银行	非系统重要性银行		
13.5% 及以上	12.5% 及以上	120	1.50
[12.5%，13.5%)	[11.5%，12.5%)	130	1.80
[11.5%，12.5%)	[10.5%，11.5%)	140	2.10
11.5% 以下	10.5% 以下	150	2.50

此外，按照财政部《金融企业准备金计提管理办法》的要求，商业银行除在成本中列支贷款损失准备金之外，每年年终还应在其净利润中提取一般准备。商业银行应当根据自身实际情况，选择内部模型法或监管指定的标准法对风险资产所面临的风险状况定量分析，确定潜在风险估计值。对于潜在风险估计值高于资产减值准备的差额，计提一般准备。一般准备余额原则上不得低于风险资产期末余额的 1.5%。

标准法潜在风险估计值计算公式为

$$潜在风险估计值 = 正常类风险资产 \times 1.5\% + 关注类风险资产 \times 3\%$$
$$+ 次级类风险资产 \times 30\% + 可疑类风险资产 \times 60\%$$
$$+ 损失类风险资产 \times 100\%$$

上述贷款损失准备金和一般准备两个方面，构成了商业银行所应遵循的监管逆周期管理的动态拨备要求。

11.3.5 贷款损失准备金的计提方法

贷款损失准备金如何计提、计提比例是多少，一般是由商业银行按照会计准则根据资产减值估计决定。在实践操作上，商业银行一般会在遵循会计准则要求的基础上，同时满足监管对贷款损失准备充足性的各项要求。

1. 会计减值计量方法

根据《国际财务报告准则第 9 号——金融工具》和《企业会计准则第 22 号——金融工具确认和计量》最新要求，商业银行对贷款损失准备的估计，将从"已发生损失模型"改为"预期损失模型"。在新准则下，以摊余成本计量的表内贷款以及承兑、保函、信用证、贷款承诺等表外信贷，需要采用预期损失法，按照三个阶段计提减值准备。第一阶段为初次确认后金融资产信用风险未发生显著增加阶段；第二阶段为自初次确认后金融资产信用风险发生显著增加的阶段；第三阶段为金融资产已发生信用减值的证据阶段。第一阶段只须按照相当于该资产未来 12 个月内预期信用损失的金额计量其减值准备；第二阶段和第三阶段应当按照该资产整个存续期内预期信用损失的金额计量其减值准备。

2. 监管参照标准

2002 年，人民银行印发了《银行贷款损失准备计提指引》（银发〔2002〕98号），对贷款损失准备计提给出了一个早期参照标准。

（1）一般准备

此处一般准备，与前述《金融企业准备金计提管理办法》税后利润中提取"一般准备"含义不同，这里的一般准备，是指人民银行当时要求针对尚未识别的可能性损失，基于全部贷款余额一定比例，以组合方式计提、在成本中列支的一种贷款损失准备。指引要求，一般准备年末余额不得低于年末贷款余额的 1%。

（2）专项准备

专项准备是指根据贷款风险分类，按每笔贷款损失的程度计提的用于弥补专项损失的准备。指引要求，对于关注类贷款，计提比例为 2%；对于次级类贷款，计提比例为 25%；对于可疑类贷款，计提比例为 50%；对于损失类贷款，计提比例为 100%。其中，次级类和可疑类贷款的损失准备，计提比例可以上下浮动 20%。

（3）特种准备

特种准备是针对某一国家、地区、行业或某一类贷款风险计提的准备。指引要求银行根据不同类别（如国别、行业）贷款的特种风险情况、风险损失概率及历史经验，自行确定按季度计提比例。

第 12 章　不良贷款管理

 **本章概要**

加强问题贷款的识别与监测以及化解问题贷款，是银行信贷管理中的重中之重。本章包括三节内容：第一节是不良贷款的定义；第二节是不良贷款的处置方式，主要包括现金清收、重组、呆账核销等几个方面的内容，还介绍了金融企业不良资产批量转让管理相关内容；第三节是不良贷款的责任认定。

12.1　不良贷款的定义

长期以来，不良贷款问题是我国银行面临的重要难题。针对不良贷款问题，我国银行采取了很多措施，如制定严格的信贷管理制度、不良贷款操作规程，实行专业化清收处置，加大不良贷款各项指标的考核等。

不良贷款是指借款人未能按原定的贷款协议按时偿还商业银行的贷款本息，或者已有迹象表明借款人不可能按原定的贷款协议按时偿还商业银行的贷款本息而形成的贷款。按照四级分类的标准；除正常贷款外，我国曾经将不良贷款定义为呆账贷款、呆滞贷款和逾期贷款（即"一逾两呆"）的总和。自 2002 年起，我国全面实行贷款五级分类制度，即按照贷款的风险程度，将银行信贷资产分为五类：正常、关注、次级、可疑、损失。不良贷款主要指次级类、可疑类和损失类贷款。

12.2　不良贷款的处置方式

12.2.1　现金清收

1. 现金清收准备

现金清收准备主要包括债权维护及财产清查两个方面。

（1）债权维护

资产保全人员至少要从以下三个方面认真维护债权：其一，妥善保管能够证明主债权和担保债权客观存在的档案材料，例如借款合同、借据、担保合同、抵质押登记证明等；其二，确保主债权和担保权利具有强制执行效力，主要是确保不超过诉讼时效、保证责任期间，确保不超过生效判决的申请执行期限；其三，防止债务人逃废债务。

向人民法院申请保护债权的诉讼时效期间通常为 3 年。诉讼时效一旦届满，人民法院不会强制债务人履行债务，但债务人自愿履行债务的，不受诉讼时效的限制。诉讼时效从债务人应当还款之日起算，但在 3 年期间届满之前，债权银行提起诉讼、向债务人提出清偿要求或者债务人同意履行债务的，诉讼时效中断；从中断时起，重新计算诉讼时效期间（仍然为 3 年）。

保证人和债权人应当在合同中约定保证责任期间，双方没有约定的，从借款企业偿还借款的期限届满之日起的 6 个月内，债权银行应当要求保证人履行债务，否则保证人可以拒绝承担保证责任。

（2）财产清查

清查债务人可供偿还债务的财产，对于清收效果影响很大。对于能够如实提供经过审计财务报表的企业，财产清查相对容易一些。但是，债务人往往采取各种手段隐匿和转移资产。为了发现债务人财产线索，需要查找债务人的工商登记和纳税记录。有些债务人还没有完全停止经营活动，往往会采取各种手段向其客户做正面宣传，例如营业收入和资产实力等，从债务人对自己的正面宣传中，能够发现一些有价值的财产线索。

2. 常规清收

根据是否诉诸法律，可以将清收划分为常规清收和依法收贷两种。常规清收包括直接追偿、协商处置抵（质）押物、委托第三方清收等方式。常规清收需要注意以下几点：其一，要分析债务人拖欠贷款的真正原因，判断债务人短期和中长期的清偿能力；其二，利用政府和主管机关向债务人施加压力；其三，要从债务人今后发展需要银行支持的角度，引导债务人自愿还款；其四，要将依法收贷作为常规清收的后盾。

3. 依法收贷

采取常规清收的手段无效以后，要采取依法收贷的措施。依法收贷的步骤是：向人民法院提起诉讼（或者向仲裁机关申请仲裁），胜诉后向人民法院申请强制执行。胜诉后债务人自动履行的，则无须申请强制执行。在起诉前或者起诉后，为了防止债务人转移、隐匿财产，债权银行可以向人民法院申请财产保全。对于借贷关系清楚的

案件，债权银行也可以不经起诉而直接向人民法院申请支付令。对于扭亏无望、无法清偿到期债务的企业，可考虑申请其破产。

（1）提起诉讼

人民法院审理案件，一般应在立案之日起6个月内作出判决。银行如果不服地方人民法院第一审判决的，有权在判决书送达之日起15日内向上一级人民法院提起上诉。

（2）财产保全

银行在依法收贷的纠纷中申请财产保全有两方面作用：一是防止债务人的财产被隐匿、转移或者毁损灭失，保障日后执行顺利进行；二是对债务人财产采取保全措施，影响债务人的生产和经营活动，迫使债务人主动履行义务。但是，申请财产保全也应谨慎，因为一旦申请错误，银行要赔偿被申请人固有财产保全所遭受的损失。

财产保全分为两种：诉前财产保全和诉中财产保全。诉前财产保全是指债权银行因情况紧急，不立即申请财产保全将会使其合法权益受到难以弥补的损失，因而在起诉前向人民法院申请采取财产保全措施；诉中财产保全是指可能因债务人一方的行为或者其他原因，使判决不能执行或者难以执行的案件，人民法院根据债权银行的申请裁定或者在必要时不经申请自行裁定采取财产保全措施。

（3）申请支付令

根据《民事诉讼法》的规定，债权人请求债务人给付金钱和有价证券，如果债权人和债务人没有其他债务纠纷的，可以向有管辖权的人民法院申请支付令。债务人应当自收到支付令之日起15日内向债权人清偿债务，或者向人民法院提出书面异议。债务人在收到支付令之日起15日内既不提出异议又不履行支付令的，债权人可以向人民法院申请执行。如果借款企业对于债务本身并无争议，而仅仅由于支付能力不足而未能及时归还的贷款，申请支付令可达到与起诉同样的效果，但申请支付令所需费用和时间远比起诉少。

（4）申请强制执行

对于下列法律文书，债务人必须履行，债务人拒绝履行的，银行可以向人民法院申请强制执行：其一，人民法院发生法律效力的判决、裁定和调解书；其二，依法设立的仲裁机构的裁决；其三，公证机关依法赋予强制执行效力的债权文书。此外，债务人接到支付令后既不履行债务又不提出异议的，银行也可以向人民法院申请强制执行。

申请强制执行应当及时进行。根据《民事诉讼法》的规定，申请强制执行的法定期限为2年。申请强制执行期限，从法律文书规定履行期间的最后一日起计算；法律文书规定分期履行的，从规定的每次履行期间的最后一日起计算；法律未规定履行期间的，从法律文书生效之日起计算。

（5）申请债务人破产

当债务人不能偿还到期债务而且经营亏损的趋势无法逆转时，应当果断申请对债务人实施破产。尤其对于有多个债权人的企业，如果其他债权人已经抢先采取了法律行动，例如强制执行债务人的财产，或者债务人开始采取不正当的手段转移财产，此时债权银行应当考虑申请债务人破产，从而达到终止其他强制执行程序、避免债务人非法转移资产的目的。

12.2.2　重组

根据债权银行在重组中的地位和作用，可以将贷款重组划分为自主型贷款重组和司法型贷款重组。自主型贷款重组完全由借款企业和债权银行协商决定。司法型贷款重组，主要指在我国《企业破产法》中规定的和解与整顿程序以及国外的破产重整程序中，在法院主导下债权人对债务进行适当的调整。

本节所介绍的贷款重组，主要是自主型贷款重组。在本节最后部分，将简要说明司法型贷款重组。

1. 重组的概念和条件

（1）重组的概念

贷款重组是指借款企业由于财务状况恶化或其他原因而出现还款困难，银行在充分评估贷款风险并与借款企业协商的基础上，修改或重新制订贷款偿还方案，调整贷款合同条款，控制和化解贷款风险的行为。

（2）重组的条件

总的来说，办理贷款重组的条件是：有利于银行贷款资产风险的控制及促进现金回收，减少经济损失。

具备以下条件之一，同时其他贷款条件没有因此明显恶化的，可考虑办理债务重组：

①通过债务重组，借款企业能够改善财务状况，增强偿债能力；

②通过债务重组，能够弥补贷款法律手续方面的重大缺陷；

③通过债务重组，能够追加或者完善担保条件；

④通过债务重组，能够使银行债务先行得到部分偿还；

⑤通过债务重组，可以在其他方面减少银行风险。

2. 贷款重组的方式

目前商业银行的贷款重组方式主要有六种，即变更担保条件、调整还款期限、调整利率、借款企业变更、债务转为资本和以资抵债。但在实务中，贷款重组可以有多种方式，各种方式既可以单独使用，也可以结合使用。

（1）变更担保条件

例如：

①将抵押或质押转换为保证。

②将保证转换为抵押或质押，或变更保证人。

③直接减轻或免除保证人的责任。银行同意变更担保的前提，通常都是担保条件的明显改善或担保人尽其所能替借款企业偿还一部分银行贷款。

（2）调整还款期限

主要根据企业偿债能力制定合理的还款期限，从而有利于鼓励企业增强还款意愿。延长还款期限要注意遵守监管当局的有关规定。

（3）调整利率

主要将逾期利率调整为相应档次的正常利率或下浮，从而减轻企业的付息成本。调低利率也要遵守人民银行和各银行关于利率管理的规定。

（4）借款企业变更

主要是借款企业发生合并、分立、股份制改造等情形时，银行同意将部分或全部债务转移到第三方。在变更借款企业时，要防止借款企业利用分立、对外投资、设立子公司等手段逃废银行债务。

（5）债务转为资本

债务转为资本是指债务人将债务转为资本，同时债权人将债权转为股权的债务重组方式。但债务人根据转换协议，将应付可转换公司债券转为资本的，则属于正常情况下的债务转资本，不能作为债务重组处理。

（6）以资抵债

①以资抵债的条件及抵债资产的范围

其一，债务人以资抵债的条件。

依据《企业会计准则第12号——债务重组》的规定，作为企业债务重组内容的一部分，对债务人实施以资抵债，必须符合下列条件之一：

● 债务人因资不抵债或其他原因关停倒闭、宣告破产，经合法清算后，依照有权部门判决、裁定以其合法资产抵偿银行贷款本息的；

● 债务人故意"悬空"贷款、逃避还贷责任，债务人改制，债务人关闭、停产，债务人挤占挪用信贷资金等其他情况出现时，银行不实施以资抵债信贷资产将遭受损失的；

● 债务人贷款到期，确无货币资金或货币资金不足以偿还贷款本息，以事先抵押或质押给银行的财产抵偿贷款本息的。

其二，抵债资产的范围。

抵债资产应当是债务人所有或债务人依法享有处分权，并且具有较强变现能力的财产，主要包括以下几类：

- 动产：包括机器设备、交通运输工具、借款人的原材料、产成品、半成品等。
- 不动产：包括土地使用权、建筑物及其他附着物等。
- 无形资产：包括专利权、著作权、期权等。
- 有价证券：包括股票和债券等。
- 其他有效资产。

下列资产不得用于抵偿债务，但根据人民法院和仲裁机构生效法律文书办理的除外：

- 抵债资产本身发生的各种欠缴税费，接近、等于或超过该财产价值的；
- 所有权、使用权不明确或有争议的；
- 资产已经先于银行抵押或质押给第三人的；
- 依法被查封、扣押、监管的资产；
- 债务人公益性质的职工住宅等生活设施、教育设施和医疗卫生设施；
- 其他无法变现或短期难以变现的资产。

②抵债资产的接收

商业银行在取得抵（质）押品及其他以物抵贷财产（以下简称抵债资产）后，要按以下原则确定其价值：

- 借、贷双方的协商议定价值；
- 借、贷双方共同认可的权威评估部门评估确认的价值；
- 法院裁决确定的价值。

在取得抵债资产过程中发生的有关费用，可以从按以上原则确定的抵押品、质押品的价值中优先扣除，并以扣除有关费用后的抵押品、质押品的净值作为计价价值，同时，将抵债资产按计价价值转入账内单独管理。

商业银行在取得抵债资产时，要同时冲减贷款本金与应收利息。抵债资产的计价价值与贷款本金和应收利息之和的差额，按以下规定处理：

- 抵债资产的计价价值低于贷款本金时，其差额作为呆账，经有权审批部门批准核销后连同表内利息一并冲减呆账准备金。
- 抵债资产的计价价值等于贷款本金时，作为贷款本金收回处理；其表内应收利息经有权审批部门批准核销后冲减呆账准备金。
- 抵债资产的计价价值高于贷款本金但低于贷款本金与应收利息之和时，其相当于贷款本金的数额作为贷款本金收回处理；超过贷款本金的部分作为应收利息收回处理，不足应收利息部分经有权审批部门批准后冲减呆账准备金。
- 抵债资产的计价价值等于贷款本金与应收利息之和时，作为收回贷款本金与应收利息处理。
- 抵债资产的计价价值高于贷款本金与应收利息之和时，其差额列入保证金科目设专户管理，待抵债资产变现后一并处理。

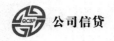

③抵债资产管理

抵债资产的管理主要涉及抵债资产的管理原则、抵债资产的保管、抵债资产的处置、监督检查及考核等五个方面的内容。

其一，抵债资产的管理原则。

抵债资产管理应遵循严格控制、合理定价、妥善保管、及时处置的原则。

● 严格控制原则。银行债权应首先考虑以货币形式受偿，从严控制以物抵债。受偿方式以现金受偿为第一选择，债务人、担保人无货币资金偿还能力时，要优先选择以直接拍卖、变卖非货币资产的方式回收债权。当现金受偿确实不能实现时，可接受以物抵债。

● 合理定价原则。抵债资产必须经过严格的资产评估来确定价值，评估程序应合法合规，要以市场价格为基础合理定价。

● 妥善保管原则。对收取的抵债资产应妥善保管，确保抵债资产安全、完整和有效。

● 及时处置原则。收取抵债资产后应及时进行处置，尽快实现抵债资产向货币资产的有效转化。

其二，抵债资产的保管。

银行要按照有利于抵债资产经营管理和保管的原则，确定抵债资产经营管理主责任人，指定保管责任人，并明确各自职责。

银行在办理抵债资产接收后应根据抵债资产的类别（包括不动产、动产和权利等）、特点等决定采取上收保管、就地保管、委托保管等方式。在抵债资产的收取直至处置期间，银行应妥善保管抵债资产，对抵债资产要建立定期检查、账实核对制度。银行要根据抵债资产的性质和状况定期或不定期地进行检查和维护，及时掌握抵债资产实物形态及价值形态的变化情况，及时发现影响抵债资产价值的风险隐患并采取有针对性的防范措施和补救措施。每个季度应至少组织一次对抵债资产的账实核对，并做好核对记录。核对应做到账簿一致和账实相符，若有不符的，应查明原因，及时报告并据实处理。

其三，抵债资产的处置。

抵债资产收取后应尽快处置变现，应以抵债协议书生效日，或法院、仲裁机构裁决抵债的终结裁决书生效日为抵债资产取得日，不动产和股权应自取得日起2年内予以处置；除股权外的其他权利应在其有效期内尽快处置，最长不得超过自取得日起的2年；动产应自取得日起1年内予以处置。银行处置抵债资产应坚持公开透明的原则，避免暗箱操作，防范道德风险。抵债资产原则上应采用公开拍卖方式进行处置。选择拍卖机构时，要在综合考虑拍卖机构的业绩、管理水平、拍卖经验、客户资源、拍卖机构资信评定结果及合作关系等情况的基础上，择优选用。公开拍卖抵债资产时，按抵债资产评估价值大小分别选择轮选、库内邀标和公开招标方式确定拍卖机构〔拍卖抵债金额 1000 万元（含）以上的单项抵债资产应通过公开招标方式确定拍卖机构]。抵债资产拍卖原则上应采用有保留价拍卖的方式。确定拍卖保留价时，要对资产评估价、同类资产市场价、意向买受人询价、拍卖机构建议拍卖价进行对比分析，考虑当地市场状况、拍卖付款方式及快速变现等因素，合理确定拍卖保留价。不适于拍卖的，可根据资产的实际情况，采用协议处置、招标处置、打包出售、委托销售等方式变现。采用拍卖方式以外的其他处置方式时，应在选择中介机构和抵债资产买受人的过程中充分引入竞争机制，避免暗箱操作。

抵债资产收取后原则上不能对外出租。因受客观条件限制，在规定时间内确实无法处置的抵债资产，为避免资产闲置造成更大损失，在租赁关系的确立不影响资产处置的情况下，可在处置时限内暂时出租。银行不得擅自使用抵债资产。确因经营管理需要将抵债资产转为自用的，视同新购固定资产办理相应的固定资产购建审批手续。

其四，监督检查。

银行应当对抵债资产收取、保管和处置情况进行检查，发现问题及时纠正。在收取、保管、处置抵债资产过程中，有下列情况之一者，应视情节轻重进行处理；涉嫌违法犯罪的，应当移交司法机关，依法追究法律责任：

- 截留抵债资产经营处置收入的；
- 擅自动用抵债资产的；
- 未经批准收取、处置抵债资产的；
- 恶意串通抵债人或中介机构，在收取抵债资产过程中故意高估抵债资产价格，或在处理抵债资产过程中故意低估价格，造成银行资产损失的；
- 玩忽职守，怠于行使职权而造成抵债资产毁损、灭失的；
- 擅自将抵债资产转为自用资产的。

其五，考核。

建立抵债资产处理考核制度，考核年度抵债资产的变现成果可以用抵债资产年处置率和抵债资产变现率两个指标进行考核。

$$抵债资产年处置率 = \frac{一年内已处理的抵债资产总价（列账的计价价值）}{一年内待处理的抵债资产总价（列账的计价价值）} \times 100\%$$

$$抵债资产变现率 = \frac{已处理的抵债资产变现价值}{已处理抵债资产总价（原列账的计价价值）} \times 100\%$$

除了上述列举的方式之外，重组贷款时可以根据实际需要采取其他方式。但是，贷款重组时，债权银行通常不向借款企业增加贷款。此外，以往比较普遍的"借新还旧"和"还旧借新"，从严格意义上说，均不属于贷款重组，只不过在某种程度上达到了重组贷款的目的。

3. 司法型贷款重组

现代市场经济国家均有比较成熟的破产重整制度。所谓破产重整，是指债务人不

能清偿到期债务时，债务人、债务人股东或债权人等向法院提出重组申请，在法院主导下，债权人与债务人进行协商，调整债务偿还安排，尽量挽救债务人，避免债务人破产以后对债权人、股东和雇员等人，尤其是对债务企业所在地的公共利益产生重大不利影响。由于这类债务重组主要是为了避免债务人立即破产，而且一旦重组失败以后债务人通常都会转入破产程序，因此这类重组被称为"破产重整"。

法院裁定债务人进入破产重整程序以后，其他强制执行程序，包括对担保物权的强制执行程序，都应立即停止。在破产重整程序中，债权人组成债权人会议，与债务人共同协商债务偿还安排。根据债权性质（如有无担保），债权人往往被划分成不同的债权人组别。当债权人内部发生无法调和的争议，或者债权人无法与债务人达成一致意见时，法院会根据自己的判断作出裁决。

12.2.3 呆账核销

呆账核销是指银行经过内部审核确认后，动用呆账准备金将无法收回或者长期难以收回的贷款或投资从账面上冲销，从而使账面反映的资产和收入更加真实。健全的呆账核销制度，是会计审慎性和真实性原则的要求，是客观反映银行经营状况和有效抵御金融风险的重要基础。

1998年，我国银行开始根据财政部规定计提呆账准备金，从而逐步建立起呆账核销制度。2001年，财政部发布《金融企业呆账准备提取及呆账核销管理办法》，2008年、2013年财政部分别进行了修订，2017年财政部为了进一步规范金融企业呆账核销管理，又发布了《金融企业呆账核销管理办法（2017年版）》（以下简称《呆账核销管理办法》）。

1. 呆账的认定

对确系无法收回且符合一定条件的不良贷款，经过规范的审查审批流程后可进行核销处理，同时应做好相应账务管理及后续追索工作。银行经采取所有可能的措施和实施必要的程序之后，符合下列条件之一的债权或者股权可认定为呆账。

（1）破产、关闭、解散、撤销类

借款人依法宣告破产、关闭、解散或者撤销，相关程序已经终结，金融企业对借款人财产进行清偿，并对担保人进行追偿后，仍未能收回的剩余债权；法院依法宣告借款人破产后180天以上仍未终结破产程序的，金融企业对借款人和担保人进行追偿后，经法院或破产管理人出具证明或内部清收报告，仍未能收回的剩余债权。

（2）灾害事故类

借款人遭受重大自然灾害或者意外事故，损失巨大且不能获得保险补偿，或者以保险赔偿后，确实无力偿还部分或者全部债务，银行对其财产进行清偿和对担保人进行追偿后，仍未能收回的剩余债权。

（3）注销、吊销类

借款人已完全停止经营活动，被县级及县级以上市场监督管理部门依法注销、吊销营业执照，金融企业对借款人和担保人进行追偿后，仍未能收回的剩余债权。

（4）未登记年检类

借款人已完全停止经营活动或者下落不明，超过 3 年未履行企业年度报告公示义务的，金融企业对借款人和担保人进行追偿后，仍未能收回的剩余债权。

（5）触犯刑律类

借款人触犯刑法，依法被判处刑罚，导致其丧失还款能力，其财产不足归还所借债务，又无其他债务承担者，金融企业经追偿后，仍未能收回的剩余债权。

（6）诉讼中止、未结类

由于借款人和担保人不能偿还到期债务，金融企业诉诸法律，借款人和担保人虽有财产，但对借款人和担保人强制执行超过 180 天以上仍未能收回的剩余债权；或者借款人和担保人虽有财产，但进入强制执行程序后，由于执行困难等原因，经法院裁定终结（中止）执行或者终结本次执行程序的债权；或者借款人和担保人无财产可执行，法院裁定终结（中止）执行或者终结本次执行程序的债权。

（7）破产重整、和解类

金融企业对借款人和担保人诉诸法律后，借款人和担保人按照《企业破产法》相关规定进入重整或者和解程序后，破产重整协议或者破产和解协议经法院裁定通过，根据重整协议或和解协议，金融企业对剩余债权向担保人进行追偿后，仍未能收回的剩余债权。

（8）法院调解类

金融企业对借款人和担保人诉诸法律后，在法院主持下出具调解书或者达成执行和解协议并记入执行笔录，根据和解协议或调解书，金融企业对剩余债权向担保人进行追偿后，仍未能收回的剩余债权。

（9）丧失权利类

对借款人和担保人诉诸法律后，因借款人和担保人主体资格不符或者消亡等原因，被法院驳回或者判决借款人和担保人不承担（或者部分承担）责任；或者因借款合同、担保合同等权利凭证遗失或者超过诉讼时效，金融企业经追偿后，仍未能收回的剩余债权。

（10）抵债损失类

金融企业依法取得抵债资产，对抵债金额小于贷款本息的差额，符合上述（1）至（9）项原因，经追偿后仍未能收回的剩余债权。

（11）垫款损失类

开立信用证、办理承兑汇票、开具保函等发生垫款时，凡业务申请人和保证人由

于上述（1）至（10）项原因，无法偿还垫款，金融企业经追偿后，仍无法收回的垫款。

（12）处置余额类

金融企业采取打包出售、公开拍卖、转让、债务减免、债转股、信贷资产证券化等市场手段处置债权或者股权后，根据转让协议或者债务减免协议，其处置回收资金与债权或股权余额的差额。

（13）小金额类

对于单户贷款余额在 500 万元及以下（农村信用社、村镇银行为 50 万元及以下）的对公贷款，经追索 180 天以上，仍未能收回的剩余债权。

（14）违法犯罪类

因借款人、担保人或者其法定代表人、实际控制人涉嫌违法犯罪，或者因金融企业内部案件，经公安机关或者检察机关正式立案侦查 1 年以上，金融企业对借款人、担保人或者其他还款义务人进行追偿后，仍未能收回的剩余债权。

（15）中小企业和涉农类

金融企业对单户贷款余额在 6000 万元及以下的，经追索 180 天以上，仍无法收回的中小企业贷款和涉农贷款，可按照账销案存的原则自主核销；对于单户余额在 5 万元及以下的农户贷款，可以采用清单方式进行核销。其中，中小企业贷款是指金融企业对年销售额和资产总额均不超过 2 亿元的企业贷款，涉农贷款是按《中国人民银行　中国银行业监督管理委员会关于建立〈涉农贷款专项统计制度〉的通知》（银发〔2007〕246 号，以后变化从其规定）规定的农户贷款和农村企业及各类组织贷款。

（16）投资损失类

具有投资权的金融企业对外投资，满足下列条件之一的可认定为呆账：被投资企业依法宣告破产、关闭、解散或者撤销，金融企业经清算和追偿后，仍无法收回的股权；被投资企业已完全停止经营活动，被县级及县级以上市场监督管理部门依法注销、吊销营业执照，金融企业经追偿后，仍无法收回的股权；被投资企业财务状况严重恶化，累计发生亏损，已连续停止经营 3 年以上，且无重新恢复经营改组计划的；或者被投资企业财务状况严重恶化，累计发生亏损，已完成破产清算或者清算期超过 2 年以上的，金融企业无法收回的股权；金融企业对被投资企业不具有控制权，投资期限届满或者投资期限超过 10 年，且被投资企业资不抵债的，金融企业无法收回的股权。

（17）长期未核类

形成不良资产超过 8 年，经尽职追索后仍未能收回的剩余债权和股权。

（18）国务院特批类

经国务院专案批准核销的债权。

2. 呆账核销的申报与审批

（1）呆账核销的申报

银行发生的呆账，提供确凿证据，经审查符合规定条件的，应随时上报，随时审核审批，及时从计提的呆账准备中核销。银行不得隐瞒不报、长期挂账和掩盖不良资产。呆账核销必须遵循严格认定条件，提供确凿证据，严肃追究责任，逐级上报、审核和审批，对外保密，账销案存的原则。

银行申报核销呆账，必须提供以下材料：

①借款人或者被投资企业资料，包括呆账核销申报表（银行制作填报）及审核审批资料，债权、股权发生明细材料，借款人（持卡人）、担保人和担保方式、被投资企业的基本情况和现状，财产清算情况等。

②经办行（公司）的调查报告，包括呆账形成的原因，采取的补救措施及其结果，对借款人（持卡人）和担保人具体追收过程及其证明，抵押物（质押物）处置情况，核销的理由，债权和股权经办人、部门负责人和单位负责人情况，对责任人进行处理的有关文件等。

③其他相关材料。

不能提供确凿证据证明的呆账，不得核销。

（2）呆账核销的审批

呆账核销审查要点主要包括呆账核销理由是否合规；银行债权是否充分受偿；呆账数额是否准确；贷款责任人是否已经认定、追究。

银行发生的呆账，经逐级上报，由银行总行（总公司）审批核销。对于小额呆账，可授权一级分行（分公司）审批，并上报总行（总公司）备案。总行（总公司）对一级分行（分公司）的具体授权额度根据内部管理水平确定，报主管财政机关备案。一级分行不得再向分支机构转授权。

银行核销呆账，必须严格履行审核、审批手续，并填报呆账核销申报表。上级行（公司）接到下级行（公司）的申报表，应当组织有关部门进行严格审查和签署意见。除法律法规和《呆账核销管理办法》的规定外，其他任何机构和个人包括债务人不得干预、参与银行呆账核销运作；同时，下列债权或者股权不得作为呆账核销：

①借款人或者担保人有经济偿还能力，银行未按本办法规定，履行所有可能的措施和实施必要的程序追偿的债权；

②违反法律、法规的规定，以各种形式逃废或者悬空的银行债权；

③因行政干预造成逃废或者造成悬空的银行债权；

④银行未向借款人和担保人追偿的债权；

⑤其他不应当核销的银行债权或者股权。

3. 呆账核销后的管理

（1）检查工作

呆账核销后进行的检查，应将重点放在检查呆账申请材料是否真实。一旦发现弄虚作假现象，应立即采取补救措施，并且对直接责任人和负有领导责任的人进行处理和制裁。触犯法律的，应移交司法机关追究法律责任。

（2）抓好催收工作

呆账核销是银行内部的账务处理，并不视为银行放弃债权。对于核销呆账后债务人仍然存在的，应注意对呆账核销事实加以保密，一旦发现债务人恢复偿债能力，应积极催收。核销后的贷款，除法律法规规定债权与债务或投资与被投资关系已完全终结的情况外，贷款人对已核销的不良贷款继续保留追索的权利。

（3）认真做好总结

做好呆账核销工作的总结，可以吸取经验教训，加强贷款管理，因而具有十分重要的意义。呆账核销工作总结要着重分析说明以下问题：与往年呆账核销工作相比，当年呆账形势和核销工作的变化；当年申报的呆账的发放时间分布、账龄分布、地区分布、行业分布和期限分布；贷款形成呆账的主要原因，以及从呆账核销中暴露出信贷管理中的问题；当年申报但未核销的呆账笔数和数量，以及不予核销的主要原因；当年呆账核销工作的成绩和不足，今后呆账核销工作预测等。

12.2.4　金融企业不良资产批量转让管理

为盘活金融企业不良资产，增强抵御风险能力，促进金融支持经济发展，财政部和银监会联合下发了《金融企业不良资产批量转让管理办法》，对金融企业不良资产批量转让进行了规范。该办法规定，金融企业是指在中华人民共和国境内依法设立的国有及国有控股商业银行、政策性银行、信托投资公司、财务公司、城市信用社、农村信用社以及国务院银行业监督管理机构依法监督管理的其他国有及国有控股金融企业（金融资产管理公司除外）。资产管理公司，是指具有健全公司治理、内部管理控制机制，并有 5 年以上不良资产管理和处置经验，公司注册资本金 100 亿元（含）以上，取得国务院银行业监督管理机构核发的金融许可证的公司，以及各省、自治区、直辖市人民政府依法设立或授权的资产管理或经营公司。

批量转让是指金融企业对一定规模的不良资产（3 户/项以上）进行组包，定向转让给资产管理公司的行为。金融企业应进一步完善公司治理和内控制度，不断提高风险管理能力，建立损失补偿机制，及时提足相关风险准备。不良资产批量转让工作应坚持依法合规、公开透明、竞争择优、价值最大化原则。

金融企业应在每批次不良资产转让工作结束后（即金融企业向受让资产管理公司

完成档案移交）30 个工作日内，向同级财政部门和银保监会或属地银保监局报告转让方案及处置结果，其中中央管理的金融企业报告财政部和银保监会，地方管理的金融企业报告同级财政部门和属地银监局。同一报价日发生的批量转让行为作为一个批次。

金融企业应于每年 2 月 20 日前向同级财政部门和银保监会或属地银保监局报送上年度批量转让不良资产情况报告。省级财政部门和银保监局于每年 3 月 30 日前分别将辖区内金融企业上年度批量转让不良资产汇总情况报财政部和银保监会。

上市金融企业应严格遵守证券交易所有关信息披露的规定，及时充分披露不良资产成因与处置结果等信息，以强化市场约束机制。

金融企业应做好不良资产批量转让工作的内部检查和审计，认真分析不良资产的形成原因，及时纠正存在的问题，总结经验教训，提出改进措施，强化信贷管理和风险防控。

除批量转让外，2021 年初银保监会印发了《关于开展不良贷款转让试点工作的通知》，规定可以试点开展单户对公不良贷款转让。首批参与试点银行包括 6 家国有控股大型银行和 12 家全国股份制银行，参与试点的不良贷款收购机构包括金融资产管理公司和符合条件的地方资产管理公司、金融资产投资公司。参与试点的地方资产管理公司应经营管理状况较好、主营业务突出、监管评价良好，并由省级地方金融监督管理局出具同意文件。地方资产管理公司可以受让本区域内的银行单户对公不良贷款。

12.3　不良贷款的责任认定

12.3.1　不良贷款的责任认定

责任认定及追究对象是指在贷款调查分析、决策审批、放款支付、贷后管理以及日常管理中存在责任行为且负有责任的各环节信贷人员。主要包括：贷款调查分析及维护的信贷人员及其主管领导、各级拥有授权权限的审批人员。

责任行为是指信贷人员在贷款调查分析、决策审批、放款支付、贷后管理以及日常管理中存在的违反授信业务管理和操作流程的有关规定，或违反授信尽职有关规定，或发生职业道德风险并且与不良贷款的形成具有因果关系，或对不良贷款形成存在重大关联关系的行为。

存量贷款客户由调查分析的信贷人员进行维护和管理并承担相应责任，原则上不移交。如确因异地工作调动等符合贷款组合移交条件的，移交以后客户贷款出现逾期

的由接收该贷款的信贷人员承担清收责任，移交该笔贷款的信贷人员应协助维护和催收；如移交时贷款已处于逾期状态，仍由负责调查分析的信贷人员承担清收责任，接收该贷款的信贷人员应协助维护和催收。已调离岗位或移交了客户的信贷人员在任职期间存在责任行为的，仍须予以问责。

根据责任人的主观心态，责任行为界定包括渎职和不尽职。

（1）渎职

渎职是指相关人员明知其行为会发生危害银行利益的结果并且放任这种结果发生的行为，包括由于未保持良好职业操守而产生的道德风险（未保持良好职业操守包括但不限于：与客户串通或授意客户提供虚假财务、非财务信息及资料；与客户串通或授意客户隐瞒不良信用记录；收受客户贵重礼物、现金、购物卡或有价财物；参与客户组织的高档娱乐、餐饮活动）和其他主动危害银行利益的行为。渎职承担重大责任。

（2）不尽职

不尽职是指相关人员行为虽不存在故意，但违背、偏离其基本职业规范和岗位职责要求，未能完整有效地履行其岗位职责，导致银行利益受到损害的行为。不尽职承担一般责任。

12.3.2　小微企业授信尽职免责工作

小微企业授信尽职免责工作，是指商业银行在小微企业授信业务出现风险后，经过有关工作流程，有充分证据表明授信部门及工作人员按照有关法律法规、规章和规范性文件以及银行内部管理制度勤勉尽职地履行了职责的，应免除其全部或部分责任，包括内部考核扣减分、行政处分、经济处罚等责任。

小微尽职免责适用于商业银行小微企业授信业务营销、受理、审查审批、作业监督、放款操作、贷款后管理等环节中承担管理职责和直接办理业务的工作人员，包括但不限于分管小微企业授信业务的机构负责人、管理部门及经办分支机构负责人、小微企业授信业务管理人员、小微企业授信业务经办人员。

符合以下情况的负责人可以免责：商业银行小微企业授信业务风险状况未超过本行所设定不良容忍度目标的，在不违反有关法律法规、规章和规范性文件规定的前提下，原则上对相关小微企业授信业务管理部门或经办机构负责人不追究领导或管理责任。

符合下列情形之一的，商业银行在责任认定中可对小微企业授信业务工作人员免除全部或部分责任：

①无确切证据证明工作人员未按照标准化操作流程完成相关操作或未勤勉尽职的；

②自然灾害等不可抗力因素直接导致不良资产形成，且相关工作人员在风险发生后及时揭示风险并第一时间采取措施的；

③信贷资产本金已还清、仅因少量欠息形成不良的，如相关工作人员无舞弊欺诈、违规违纪行为，并已按商业银行有关管理制度积极采取追索措施的；

④因工作调整等移交的小微企业存量授信业务，移交前已暴露风险的，后续接管的工作人员在风险化解及业务管理过程中无违规失职行为；移交前未暴露风险的，后续接管的工作人员及时发现风险并采取措施减少了损失的；

⑤参与集体决策的工作人员明确提出不同意见（有合法依据），经事实证明该意见正确，且该项决策与授信业务风险存在直接关系的；

⑥在档案或流程中有书面记录，或有其他可采信的证据表明工作人员对不符合当时有关法律法规、规章、规范性文件和商业银行管理制度的业务曾明确提出反对意见，或对小微企业信贷资产风险有明确警示意见，但经上级决策后业务仍予办理且形成不良的；

⑦有关法律法规、规章、规范性文件规定的其他从轻处理情形。

小微企业授信业务工作人员存在以下失职或违规情节的，不得免责：

①借用小微企业业务流程、产品为大中型企业办理授信业务、出现风险的（存量小微企业自然成长为大中型企业的除外）；

②有证据证明管理人员或经办人员弄虚作假、与企业内外勾结、故意隐瞒真实情况骗取授信的；

③在授信业务中存在重大失误，未及时发现借款人经营、管理、财务、资金流向等各种影响还款能力的风险因素的；

④在授信过程中向企业索取或接受企业经济利益的；

⑤其他违反有关法律法规、规章和规范性文件规定的行为。

附　　录

1. 《贷款通则》（中国人民银行令 1996 年 2 号）

第一章　总　则

第一条　为了规范贷款行为，维护借贷双方的合法权益，保证信贷资产的安全，提高贷款使用的整体效益，促进社会经济的持续发展，根据《中华人民共和国中国人民银行法》①、《中华人民共和国商业银行法》② 等有关法律规定，制定本通则。

第二条　本通则所称贷款人，系指在中国境内依法设立的经营贷款业务的中资金融机构。

本通则所称借款人，系指从经营贷款业务的中资金融机构取得贷款的法人、其他经济组织、个体工商户和自然人。

本通则中所称贷款系指贷款人对借款人提供的并按约定的利率和期限还本付息的货币资金。

本通则中的贷款币种包括人民币和外币。

第三条　贷款的发放和使用应当符合国家的法律、行政法规和中国人民银行发布的行政规章。应当遵循效益性、安全性和流动性的原则。

第四条　借款人与贷款人的借贷活动应当遵循平等、自愿、公平和诚实信用的原则。

第五条　贷款人开展贷款业务，应当遵循公平竞争、密切协作的原则，不得从事不正当竞争。

第六条　中国人民银行及其分支机构是实施《贷款通则》的监管机关。

---

① 《中华人民共和国中国人民银行法》于 1995 年施行，2003 年修订。2020 年 10 月 23 日，中国人民银行发布《关于〈中华人民共和国中国人民银行法（修订草案征求意见稿）〉公开征求意见的通知》，详见本教材增值内容。——编辑注

② 《中华人民共和国商业银行法》于 1995 年施行，2003 年、2015 年修订。2020 年 10 月 16 日，中国人民银行发布《关于〈中华人民共和国商业银行法（修改建议稿）〉公开征求意见的通知》，详见本教材增值内容。——编辑注

第二章　贷款种类

第七条　自营贷款、委托贷款和特定贷款：

自营贷款，系指贷款人以合法方式筹集的资金自主发放的贷款，其风险由贷款人承担，并由贷款人收回本金和利息。

委托贷款，系指由政府部门、企事业单位及个人等委托人提供资金，由贷款人（即受托人）根据委托人确定的贷款对象、用途、金额、期限、利率等代为发放、监督使用并协助收回的贷款。贷款人（受托人）只收取手续费，不承担贷款风险。

特定贷款，系指经国务院批准并对贷款可能造成的损失采取相应补救措施后责成国有独资商业银行发放的贷款。

第八条　短期贷款、中期贷款和长期贷款：

短期贷款，系指贷款期限在 1 年以内（含 1 年）的贷款。

中期贷款，系指贷款期限在 1 年以上（不含 1 年）5 年以下（含 5 年）的贷款。

长期贷款，系指贷款期限在 5 年（不含 5 年）以上的贷款。

第九条　信用贷款、担保贷款和票据贴现：

信用贷款，系指以借款人的信誉发放的贷款。

担保贷款，系指保证贷款、抵押贷款、质押贷款。

保证贷款，系指按《中华人民共和国担保法》规定的保证方式以第三人承诺在借款人不能偿还贷款时，按约定承担一般保证责任或者连带责任而发放的贷款。

抵押贷款，系指按《中华人民共和国担保法》规定的抵押方式以借款人或第三人的财产作为抵押物发放的贷款。

质押贷款，系指按《中华人民共和国担保法》规定的质押方式以借款人或第三人的动产或权利作为质物发放的贷款。

票据贴现，系指贷款人以购买借款人未到期商业票据的方式发放的贷款。

第十条　除委托贷款以外，贷款人发放贷款，借款人应当提供担保。贷款人应当对保证人的偿还能力，抵押物、质物的权属和价值以及实现抵押权、质权的可行性进行严格审查。

经贷款审查、评估，确认借款人资信良好，确能偿还贷款的，可以不提供担保。

第三章　贷款期限和利率

第十一条　贷款期限：

贷款期限根据借款人的生产经营周期、还款能力和贷款人的资金供给能力由借贷双方共同商议后确定，并在借款合同中载明。

自营贷款期限最长一般不得超过 10 年，超过 10 年应当报中国人民银行备案。

票据贴现的贴现期限最长不得超过 6 个月，贴现期限为从贴现之日起到票据到期

日止。

第十二条 贷款展期：

不能按期归还贷款的，借款人应当在贷款到期日之前，向贷款人申请贷款展期。是否展期由贷款人决定。申请保证贷款、抵押贷款、质押贷款展期的，还应当由保证人、抵押人、出质人出具同意的书面证明。已有约定的，按照约定执行。

短期贷款展期期限累计不得超过原贷款期限；中期贷款展期期限累计不得超过原贷款期限的一半；长期贷款展期期限累计不得超过 3 年。国家另有规定者除外。借款人未申请展期或申请展期未得到批准，其贷款从到期日次日起，转入逾期贷款账户。

第十三条 贷款利率的确定：

贷款人应当按照中国人民银行规定的贷款利率的上下限，确定每笔贷款利率，并在借款合同中载明。

第十四条 贷款利息的计收：

贷款人和借款人应当按借款合同和中国人民银行有关计息规定按期计收或交付利息。

贷款的展期期限加上原期限达到新的利率期限档次时，从展期之日起，贷款利息按新的期限档次利率计收。

逾期贷款按规定计收罚息。

第十五条 贷款的贴息：

根据国家政策，为了促进某些产业和地区经济的发展，有关部门可以对贷款补贴利息。对有关部门贴息的贷款，承办银行应当自主审查发放，并根据本通则有关规定严格管理。

第十六条 贷款停息、减息、缓息和免息：

除国务院决定外，任何单位和个人无权决定停息、减息、缓息和免息。贷款人应当依据国务院决定，按照职责权限范围具体办理停息、减息、缓息和免息。

第四章 借款人

第十七条 借款人应当是经工商行政管理机关（或主管机关）核准登记的企（事）业法人、其他经济组织、个体工商户或具有中华人民共和国国籍的、具有完全民事行为能力的自然人。

借款人申请贷款，应当具备产品有市场、生产经营有效益、不挤占挪用信贷资金、恪守信用等基本条件，并且应当符合以下要求：

一、有按期还本付息的能力，原应付贷款利息和到期贷款已清偿；没有清偿的，已经做了贷款人认可的偿还计划。

二、除自然人和不需要经工商部门核准登记的事业法人外，应当经过工商部门办理年检手续。

三、已开立基本账户或一般存款账户。

四、除国务院规定外，有限责任公司和股份有限公司对外股本权益性投资累计额未超过其净资产总额的 50%。

五、借款人的资产负债率符合贷款人的要求。

六、申请中期、长期贷款的，新建项目的企业法人所有者权益与项目所需总投资的比例不低于国家规定的投资项目的资本金比例。

第十八条 借款人的权利：

一、可以自主向主办银行或者其他银行的经办机构申请贷款并依条件取得贷款；

二、有权按合同约定提取和使用全部贷款；

三、有权拒绝借款合同以外的附加条件；

四、有权向贷款人的上级和中国人民银行反映、举报有关情况；

五、在征得贷款人同意后，有权向第三人转让债务。

第十九条 借款人的义务：

一、应当如实提供贷款人要求的资料（法律规定不能提供者除外），应当向贷款人如实提供所有开户行、账号及存贷款余额情况，配合贷款人的调查、审查和检查；

二、应当接受贷款人对其使用信贷资金情况和有关生产经营、财务活动的监督；

三、应当按借款合同约定用途使用贷款；

四、应当按借款合同约定及时清偿贷款本息；

五、将债务全部或部分转让给第三人的，应当取得贷款人的同意；

六、有危及贷款人债权安全情况时，应当及时通知贷款人，同时采取保全措施。

第二十条 对借款人的限制：

一、不得在一个贷款人同一辖区内的两个或两个以上同级分支机构取得贷款。

二、不得向贷款人提供虚假的或者隐瞒重要事实的资产负债表、利润表等。

三、不得用贷款从事股本权益性投资，国家另有规定的除外。

四、不得用贷款在有价证券、期货等方面从事投机经营。

五、除依法取得经营房地产资格的借款人以外，不得用贷款经营房地产业务；依法取得经营房地产资格的借款人，不得用贷款从事房地产投机。

六、不得套取贷款用于借贷牟取非法收入。

七、不得违反国家外汇管理规定使用外币贷款。

八、不得采取欺诈手段骗取贷款。

第五章　贷款人

第二十一条 贷款人必须经中国人民银行批准经营贷款业务，持有中国人民银行颁发的《金融机构法人许可证》或《金融机构营业许可证》，并经工商行政管理部门核准登记。

第二十二条 贷款人的权利：

根据贷款条件和贷款程序自主审查和决定贷款，除国务院批准的特定贷款外，有权拒绝任何单位和个人强令其发放贷款或者提供担保。

一、要求借款人提供与借款有关的资料；

二、根据借款人的条件，决定贷与不贷、贷款金额、期限和利率等；

三、了解借款人的生产经营活动和财务活动；

四、依合同约定从借款人账户上划收贷款本金和利息；

五、借款人未能履行借款合同规定义务的，贷款人有权依合同约定要求借款人提前归还贷款或停止支付借款人尚未使用的贷款；

六、在贷款将受或已受损失时，可依据合同规定，采取使贷款免受损失的措施。

第二十三条 贷款人的义务：

一、应当公布所经营的贷款的种类、期限和利率，并向借款人提供咨询。

二、应当公开贷款审查的资信内容和发放贷款的条件。

三、贷款人应当审议借款人的借款申请，并及时答复贷与不贷。短期贷款答复时间不得超过 1 个月，中期、长期贷款答复时间不得超过 6 个月；国家另有规定者除外。

四、应当对借款人的债务、财务、生产、经营情况保密。但对依法查询者除外。

第二十四条 对贷款人的限制：

一、贷款的发放必须严格执行《中华人民共和国商业银行法》第三十九条关于资产负债比例管理的有关规定，第四十条关于不得向关系人发放信用贷款、向关系人发放担保贷款的条件不得优于其他借款人同类贷款条件的规定。

二、借款人有下列情形之一者，不得对其发放贷款：

（一）不具备本通则第四章第十七条所规定的资格和条件的；

（二）生产、经营或投资国家明文禁止的产品、项目的；

（三）违反国家外汇管理规定的；

（四）建设项目按国家规定应当报有关部门批准而未取得批准文件的；

（五）生产经营或投资项目未取得环境保护部门许可的；

（六）在实行承包、租赁、联营、合并（兼并）、合作、分立、产权有偿转让、股份制改造等体制变更过程中，未清偿原有贷款债务、落实原有贷款债务或提供相应担保的；

（七）有其他严重违法经营行为的。

三、未经中国人民银行批准，不得对自然人发放外币币种的贷款。

四、自营贷款和特定贷款，除按中国人民银行规定计收利息之外，不得收取其他任何费用；委托贷款，除按中国人民银行规定计收手续费之外，不得收取其他任何费用。

五、不得给委托人垫付资金，国家另有规定的除外。

六、严格控制信用贷款，积极推广担保贷款。

第六章　贷款程序

第二十五条　贷款申请：

借款人需要贷款，应当向主办银行或者其他银行的经办机构直接申请。

借款人应当填写包括借款金额、借款用途、偿还能力及还款方式等主要内容的《借款申请书》并提供以下资料：

一、借款人及保证人基本情况；

二、财政部门或会计（审计）事务所核准的上年度财务报告，以及申请借款前一期的财务报告；

三、原有不合理占用的贷款的纠正情况；

四、抵押物、质物清单和有处分权人的同意抵押、质押的证明及保证人拟同意保证的有关证明文件；

五、项目建议书和可行性报告；

六、贷款人认为需要提供的其他有关资料。

第二十六条　对借款人的信用等级评估：

应当根据借款人的领导者素质、经济实力、资金结构、履约情况、经营效益和发展前景等因素，评定借款人的信用等级。评级可由贷款人独立进行，内部掌握，也可由有权部门批准的评估机构进行。

第二十七条　贷款调查：

贷款人受理借款人申请后，应当对借款人的信用等级以及借款的合法性、安全性、盈利性等情况进行调查，核实抵押物、质物、保证人情况，测定贷款的风险度。

第二十八条　贷款审批：

贷款人应当建立审贷分离、分级审批的贷款管理制度。审查人员应当对调查人员提供的资料进行核实、评定、复测贷款风险度，提出意见，按规定权限报批。

第二十九条　签订借款合同：

所有贷款应当由贷款人与借款人签订借款合同。借款合同应当约定借款种类，借款用途、金额、利率，借款期限，还款方式，借、贷双方的权利、义务，违约责任和双方认为需要约定的其他事项。

保证贷款应当由保证人与贷款人签订保证合同，或保证人在借款合同上载明与贷款人协商一致的保证条款，加盖保证人的法人公章，并由保证人的法定代表人或其授权代理人签署姓名。抵押贷款、质押贷款应当由抵押人、出质人与贷款人签订抵押合同、质押合同，需要办理登记的，应依法办理登记。

第三十条　贷款发放：

贷款人要按借款合同规定按期发放贷款。贷款人不按合同约定按期发放贷款的，应偿付违约金。借款人不按合同约定用款的，应偿付违约金。

第三十一条 贷后检查：

贷款发放后，贷款人应当对借款人执行借款合同情况及借款人的经营情况进行追踪调查和检查。

第三十二条 贷款归还：

借款人应当按照借款合同规定按时足额归还贷款本息。

贷款人在短期贷款到期1个星期之前、中长期贷款到期1个月之前，应当向借款人发送还本付息通知单；借款人应当及时筹备资金，按期还本付息。

贷款人对逾期的贷款要及时发出催收通知单，做好逾期贷款本息的催收工作。

贷款人对不能按借款合同约定期限归还的贷款，应当按规定加罚利息；对不能归还或者不能落实还本付息事宜的，应当督促归还或者依法起诉。

借款人提前归还贷款，应当与贷款人协商。

第七章　不良贷款监管

第三十三条 贷款人应当建立和完善贷款的质量监管制度，对不良贷款进行分类、登记、考核和催收。

第三十四条 不良贷款系指呆账贷款、呆滞贷款、逾期贷款。

呆账贷款，系指按财政部有关规定列为呆账的贷款。

呆滞贷款，系指按财政部有关规定，逾期（含展期后到期）超过规定年限以上仍未归还的贷款，或虽未逾期或逾期不满规定年限但生产经营已终止、项目已停建的贷款（不含呆账贷款）。

逾期贷款，系指借款合同约定到期（含展期后到期）未归还的贷款（不含呆滞贷款和呆账贷款）。

第三十五条 不良贷款的登记：

不良贷款由会计、信贷部门提供数据，由稽核部门负责审核并按规定权限认定，贷款人应当按季填报不良贷款情况表。在报上级行的同时，应当报中国人民银行当地分支机构。

第三十六条 不良贷款的考核：

贷款人的呆账贷款、呆滞贷款、逾期贷款不得超过中国人民银行规定的比例。贷款人应当对所属分支机构下达和考核呆账贷款、呆滞贷款和逾期贷款的有关指标。

第三十七条 不良贷款的催收和呆账贷款的冲销：

信贷部门负责不良贷款的催收，稽核部门负责对催收情况的检查。贷款人应当按照国家有关规定提取呆账准备金，并按照呆账冲销的条件和程序冲销呆账贷款。

未经国务院批准，贷款人不得豁免贷款。除国务院批准外，任何单位和个人不得强令贷款人豁免贷款。

第八章　贷款管理责任制

第三十八条　贷款管理实行行长（经理、主任，下同）负责制。

贷款实行分级经营管理，各级行长应当在授权范围内对贷款的发放和收回负全部责任。行长可以授权副行长或贷款管理部门负责审批贷款，副行长或贷款管理部门负责人应当对行长负责。

第三十九条　贷款人各级机构应当建立有行长或副行长（经理、主任，下同）和有关部门负责人参加的贷款审查委员会（小组），负责贷款的审查。

第四十条　建立审贷分离制：

贷款调查评估人员负责贷款调查评估，承担调查失误和评估失准的责任；贷款审查人员负责贷款风险的审查，承担审查失误的责任；贷款发放人员负责贷款的检查和清收，承担检查失误、清收不力的责任。

第四十一条　建立贷款分级审批制：

贷款人应当根据业务量大小、管理水平和贷款风险度确定各级分支机构的审批权限，超过审批权限的贷款，应当报上级审批。各级分支机构应当根据贷款种类、借款人的信用等级和抵押物、质物、保证人等情况确定每一笔贷款的风险度。

第四十二条　建立和健全信贷工作岗位责任制：

各级贷款管理部门应将贷款管理的每一个环节的管理责任落实到部门、岗位、个人，严格划分各级信贷工作人员的职责。

第四十三条　贷款人对大额借款人建立驻厂信贷员制度。

第四十四条　建立离职审计制：

贷款管理人员在调离原工作岗位时，应当对其在任职期间和权限内所发放的贷款风险情况进行审计。

第九章　贷款债权保全和清偿的管理

第四十五条　借款人不得违反法律规定，借兼并、破产或者股份制改造等途径，逃避银行债务，侵吞信贷资金；不得借承包、租赁等途径逃避贷款人的信贷监管以及偿还贷款本息的责任。

第四十六条　贷款人有权参与处于兼并、破产或股份制改造等过程中的借款人的债务重组，应当要求借款人落实贷款还本付息事宜。

第四十七条　贷款人应当要求实行承包、租赁经营的借款人，在承包、租赁合同中明确落实原贷款债务的偿还责任。

第四十八条　贷款人对实行股份制改造的借款人，应当要求其重新签订借款合同，明确原贷款债务的清偿责任。

对实行整体股份制改造的借款人，应当明确其所欠贷款债务由改造后公司全部承担；对实行部分股份制改造的借款人，应当要求改造后的股份公司按占用借款人的资本金或资产的比例承担原借款人的贷款债务。

第四十九条 贷款人对联营后组成新的企业法人的借款人，应当要求其依据所占用的资本金或资产的比例将贷款债务落实到新的企业法人。

第五十条 贷款人对合并（兼并）的借款人，应当要求其在合并（兼并）前清偿贷款债务或提供相应的担保。

借款人不清偿贷款债务或未提供相应担保，贷款人应当要求合并（兼并）企业或合并后新成立的企业承担归还原借款人贷款的义务，并与之重新签订有关合同或协议。

第五十一条 贷款人对与外商合资（合作）的借款人，应当要求其继续承担合资（合作）前的贷款归还责任，并要求其将所得收益优先归还贷款。借款人用已作为贷款抵押、质押的财产与外商合资（合作）时必须征求贷款人同意。

第五十二条 贷款人对分立的借款人，应当要求其在分立前清偿贷款债务或提供相应的担保。

借款人不清偿贷款债务或未提供相应担保，贷款人应当要求分立后的各企业，按照分立时所占资本或资产比例或协议，对原借款人所欠贷款承担清偿责任。对设立子公司的借款人，应当要求其子公司按所得资本或资产的比例承担和偿还母公司相应的贷款债务。

第五十三条 贷款人对产权有偿转让或申请解散的借款人，应当要求其在产权转让或解散前必须落实贷款债务的清偿。

第五十四条 贷款人应当按照有关法律参与借款人破产财产的认定与债权债务的处置，对于破产借款人已设定财产抵押、质押或其他担保的贷款债权，贷款人依法享有优先受偿权；无财产担保的贷款债权按法定程序和比例受偿。

第十章　贷款管理特别规定

第五十五条 建立贷款主办行制度：

借款人应按中国人民银行的规定与其开立基本账户的贷款人建立贷款主办行关系。

借款人发生企业分立、股份制改造、重大项目建设等涉及信贷资金使用和安全的重大经济活动，事先应当征求主办行的意见。一个借款人只能有一个贷款主办行，主办行应当随基本账户的变更而变更。

主办行不包资金，但应当按规定有计划地对借款人提供贷款，为借款人提供必要的信息咨询、代理等金融服务。

贷款主办行制度与实施办法，由中国人民银行另行规定。

第五十六条　银团贷款应当确定一个贷款人为牵头行，并签订银团贷款协议，明确各贷款人的权利和义务，共同评审贷款项目。牵头行应当按协议确定的比例监督贷款的偿还。银团贷款管理办法由中国人民银行另行规定。

第五十七条　特定贷款管理：

国有独资商业银行应当按国务院规定发放和管理特定贷款。

特定贷款管理办法另行规定。

第五十八条　非银行金融机构贷款的种类、对象、范围，应当符合中国人民银行规定。

第五十九条　贷款人发放异地贷款，或者接受异地存款，应当报中国人民银行当地分支机构备案。

第六十条　信贷资金不得用于财政支出。

第六十一条　各级行政部门和企事业单位、供销合作社等合作经济组织、农村合作基金会和其他基金会，不得经营存贷款等金融业务。企业之间不得违反国家规定办理借贷或者变相借贷融资业务。

第十一章　罚　则

第六十二条　贷款人违反资产负债比例管理有关规定发放贷款的，应当依照《中华人民共和国商业银行法》第七十五条，由中国人民银行责令改正，处以罚款，有违法所得的没收违法所得，并且应当依照第七十六条对直接负责的主管人员和其他直接责任人员给予处罚。

第六十三条　贷款人违反规定向关系人发放信用贷款或者发放担保贷款的条件优于其他借款人同类贷款条件的，应当依照《中华人民共和国商业银行法》第七十四条处罚，并且应当依照第七十六条对有关直接责任人员给予处罚。

第六十四条　贷款人的工作人员对单位或者个人强令其发放贷款或者提供担保未予拒绝的，应当依照《中华人民共和国商业银行法》第八十五条给予纪律处分，造成损失的应当承担相应的赔偿责任。

第六十五条　贷款人的有关责任人员违反本通则有关规定，应当给予纪律处分和罚款；情节严重或屡次违反的，应当调离工作岗位，取消任职资格；造成严重经济损失或者构成其他经济犯罪的，应当依照有关法律规定追究刑事责任。

第六十六条　贷款人有下列情形之一，由中国人民银行责令改正；逾期不改正的，中国人民银行可以处以 5 千元以上 1 万元以下罚款：

一、没有公布所经营贷款的种类、期限、利率的；

二、没有公开贷款条件和发放贷款时要审查的内容的；

三、没有在规定期限内答复借款人贷款申请的。

第六十七条　贷款人有下列情形之一，由中国人民银行责令改正；有违法所得

的，没收违法所得，并处以违法所得 1 倍以上 3 倍以下罚款；没有违法所得的，处以 5 万元以上 30 万元以下罚款；构成犯罪的，依法追究刑事责任：

一、贷款人违反规定代垫委托贷款资金的；

二、未经中国人民银行批准，对自然人发放外币贷款的；

三、贷款人违反中国人民银行规定，对自营贷款或者特定贷款在计收利息之外收取其他任何费用的，或者对委托贷款在计收手续费之外收取其他任何费用的。

第六十八条 任何单位和个人强令银行发放贷款或者提供担保的，应当依照《中华人民共和国商业银行法》第八十五条，对直接负责的主管人员和其他直接责任人员或者个人给予纪律处分；造成经济损失的，承担全部或者部分赔偿责任。

第六十九条 借款人采取欺诈手段骗取贷款，构成犯罪的，应当依照《中华人民共和国商业银行法》第八十条等法律规定处以罚款并追究刑事责任。

第七十条 借款人违反本通则第九章第四十五条规定，蓄意通过兼并、破产或者股份制改造等途径侵吞信贷资金的，应当依据有关法律规定承担相应部分的赔偿责任并处以罚款；造成贷款人重大经济损失的，应当依照有关法律规定追究直接责任人员的刑事责任。

借款人违反本通则第九章其他条款规定，致使贷款债务落空，由贷款人停止发放新贷款，并提前收回原发放的贷款。造成信贷资产损失的，借款人及其主管人员或其他个人，应当承担部分或全部赔偿责任。在未履行赔偿责任之前，其他任何贷款人不得对其发放贷款。

第七十一条 借款人有下列情形之一，由贷款人对其部分或全部贷款加收利息；情节特别严重的，由贷款人停止支付借款人尚未使用的贷款，并提前收回部分或全部贷款：

一、不按借款合同规定用途使用贷款的。

二、用贷款进行股本权益性投资的。

三、用贷款在有价证券、期货等方面从事投机经营的。

四、未依法取得经营房地产资格的借款人用贷款经营房地产业务的；依法取得经营房地产资格的借款人，用贷款从事房地产投机的。

五、不按借款合同规定清偿贷款本息的。

六、套取贷款相互借贷牟取非法收入的。

第七十二条 借款人有下列情形之一，由贷款人责令改正。情节特别严重或逾期不改正的，由贷款人停止支付借款人尚未使用的贷款，并提前收回部分或全部贷款：

一、向贷款人提供虚假或者隐瞒重要事实的资产负债表、利润表等资料的；

二、不如实向贷款人提供所有开户行、账号及存贷款余额等资料的；

三、拒绝接受贷款人对其使用信贷资金情况和有关生产经营、财务活动监督的。

第七十三条 行政部门、企事业单位、股份合作经济组织、供销合作社、农村合作基金会和其他基金会擅自发放贷款的；企业之间擅自办理借贷或者变相借贷的，由中国人民银行对出借方按违规收入处以 1 倍以上至 5 倍以下罚款，并由中国人民银行予以取缔。

第七十四条　当事人对中国人民银行处罚决定不服的，可按《中国人民银行行政复议办法（试行）》的规定申请复议，复议期间仍按原处罚执行。

第十二章　附　则

第七十五条　国家政策性银行、外资金融机构（含外资、中外合资、外资金融机构的分支机构等）的贷款管理办法，由中国人民银行另行制定。

第七十六条　有关外国政府贷款、出口信贷、外商贴息贷款、出口信贷项下的对外担保以及与上述贷款配套的国际商业贷款的管理办法，由中国人民银行另行制定。

第七十七条　贷款人可根据本通则制定实施细则，报中国人民银行备案。

第七十八条　本通则自实施之日起，中国人民银行和各贷款人在此以前制定的各种规定，与本通则有抵触者，以本通则为准。

第七十九条　本通则由中国人民银行负责解释。

第八十条　本通则自一九九六年八月一日起施行。

2.《商业银行授信工作尽职指引》（银监发〔2004〕51 号）

第一章　总　则

第一条　为促进商业银行审慎经营，进一步完善授信工作机制，规范授信管理，明确授信工作尽职要求，依据《中华人民共和国商业银行法》、《中华人民共和国银行业监督管理法》和《贷款通则》等法律法规，制定本指引。

第二条　本指引中的授信指对非自然人客户的表内外授信。表内授信包括贷款、项目融资、贸易融资、贴现、透支、保理、拆借和回购等；表外授信包括贷款承诺、保证、信用证、票据承兑等。

授信按期限分为短期授信和中长期授信。短期授信指一年以内（含一年）的授信，中长期授信指一年以上的授信。

第三条　本指引中的授信工作、授信工作人员、授信工作尽职和授信工作尽职调查是指：

（一）授信工作指商业银行从事客户调查、业务受理、分析评价、授信决策与实施、授信后管理与问题授信管理等各项授信业务活动。

（二）授信工作人员指商业银行参与授信工作的相关人员。

（三）授信工作尽职指商业银行授信工作人员按照本指引规定履行了最基本的尽职要求。

（四）授信工作尽职调查指商业银行总行及分支机构授信工作尽职调查人员对授信工作人员的尽职情况进行独立地验证、评价和报告。

第四条 授信工作人员对《中华人民共和国商业银行法》规定的关系人申请的客户授信业务，应申请回避。

第五条 商业银行应建立严格的授信风险垂直管理体制，对授信进行统一管理。

第六条 商业银行应建立完整的授信政策、决策机制、管理信息系统和统一的授信业务操作程序，明确尽职要求，定期或在有关法律法规发生变化时，及时对授信业务规章制度进行评审和修订。

第七条 商业银行应创造良好的授信工作环境，采取各种有效方式和途径，使授信工作人员明确授信风险控制要求，熟悉授信工作职责和尽职要求，不断提高授信工作能力，并确保授信工作人员独立履行职责。

第八条 商业银行应加强授信文档管理，对借贷双方的权利、义务、约定、各种形式的往来及违约纠正措施记录并存档。

第九条 商业银行应建立授信工作尽职问责制，明确规定各个授信部门、岗位的职责，对违法、违规造成的授信风险进行责任认定，并按规定对有关责任人进行处理。

第十条 本指引的《附录》列举了有关风险提示，商业银行应结合实际参照制定相应的风险防范工作要求。

第二章　客户调查和业务受理尽职要求

第十一条 商业银行应根据本行确定的业务发展规划及风险战略，拟定明确的目标客户，包括已建立业务关系的客户和潜在客户。

第十二条 商业银行确定目标客户时应明确所期望的客户特征，并确定可受理客户的基本要求。商业银行受理的所有客户原则上必须满足或高于这些要求。

第十三条 商业银行客户调查应根据授信种类搜集客户基本资料，建立客户档案。资料清单提示参见《附录》中的"客户基本资料清单提示"。

第十四条 商业银行应关注和搜集集团客户及关联客户的有关信息，有效识别授信集中风险及关联客户授信风险。

第十五条 商业银行应对客户提供的身份证明、授信主体资格、财务状况等资料的合法性、真实性和有效性进行认真核实，并将核实过程和结果以书面形式记载。

第十六条 商业银行对客户调查和客户资料的验证应以实地调查为主，间接调查为辅。必要时，可通过外部征信机构对客户资料的真实性进行核实。

第十七条 商业银行应酌情、主动向政府有关部门及社会中介机构索取相关资料，以验证客户提供材料的真实性，并作备案。

第十八条 客户资料如有变动，商业银行应要求客户提供书面报告，进一步核实后在档案中重新记载。

第十九条　对客户资料补充或变更时，授信工作人员之间应主动进行沟通，确保各方均能够及时得到相关信息。

授信业务部门授信工作人员和授信管理部门授信工作人员任何一方需对客户资料进行补充时，须通知另外一方，但原则上须由业务部门授信工作人员办理。

第二十条　商业银行应了解和掌握客户的经营管理状况，督促客户不断提高经营管理效益，保证授信安全。

第二十一条　当客户发生突发事件时，商业银行应立即派员实地调查，并依法及时做出是否更改原授信资料的意见。必要时，授信管理部门应及时会同授信业务部门派员实地调查。

第二十二条　商业银行应督促授信管理部门与其他商业银行之间就客户调查资料的完整性、真实性建立相互沟通机制。对从其他商业银行获得的授信信息，授信工作人员应注意保密，不得用于不正当业务竞争。

第三章　分析与评价尽职要求

第二十三条　商业银行应根据不同授信品种的特点，对客户申请的授信业务进行分析评价，重点关注可能影响授信安全的因素，有效识别各类风险。主要授信品种的风险提示参见《附录》中的"主要授信品种风险分析提示"。

第二十四条　商业银行应认真评估客户的财务报表，对影响客户财务状况的各项因素进行分析评价，预测客户未来的财务和经营情况。必要时应进行利率、汇率等的敏感度分析。

第二十五条　商业银行应对客户的非财务因素进行分析评价，对客户公司治理、管理层素质、履约记录、生产装备和技术能力、产品和市场、行业特点以及宏观经济环境等方面的风险进行识别，风险提示参见《附录》中的"非财务因素分析风险提示"。

第二十六条　商业银行应对客户的信用等级进行评定并予以记载。必要时可委托独立的、资质和信誉较高的外部评级机构完成。

第二十七条　商业银行应根据国家法律、法规、有关方针政策以及本行信贷制度，对授信项目的技术、市场、财务等方面的可行性进行评审，并以书面形式予以记载。

第二十八条　商业银行应对第二还款来源进行分析评价，确认保证人的保证主体资格和代偿能力，以及抵押、质押的合法性、充分性和可实现性。

第二十九条　商业银行应根据各环节授信分析评价的结果，形成书面的分析评价报告。

分析评价报告应详细注明客户的经营、管理、财务、行业和环境等状况，内容应

真实、简洁、明晰。分析评价报告报出后，不得在原稿上作原则性更改；如需作原则性更改，应另附说明。

第三十条 在客户信用等级和客户评价报告的有效期内，对发生影响客户资信的重大事项，商业银行应重新进行授信分析评价。重大事项包括：

（一）外部政策变动；

（二）客户组织结构、股权或主要领导人发生变动；

（三）客户的担保超过所设定的担保警戒线；

（四）客户财务收支能力发生重大变化；

（五）客户涉及重大诉讼；

（六）客户在其他银行交叉违约的历史记录；

（七）其他。

第三十一条 商业银行对发生变动或信用等级已失效的客户评价报告，应随时进行审查，及时做出相应的评审意见。

第四章 授信决策与实施尽职要求

第三十二条 商业银行授信决策应在书面授权范围内进行，不得超越权限进行授信。

第三十三条 商业银行授信决策应依据规定的程序进行，不得违反程序或减少程序进行授信。

第三十四条 商业银行在授信决策过程中，应严格要求授信工作人员遵循客观、公正的原则，独立发表决策意见，不受任何外部因素的干扰。

第三十五条 商业银行不得对以下用途的业务进行授信：

（一）国家明令禁止的产品或项目；

（二）违反国家有关规定从事股本权益性投资，以授信作为注册资本金、注册验资和增资扩股；

（三）违反国家有关规定从事股票、期货、金融衍生产品等投资；

（四）其他违反国家法律法规和政策的项目。

第三十六条 客户未按国家规定取得以下有效批准文件之一的，或虽然取得，但属于化整为零、越权或变相越权和超授权批准的，商业银行不得提供授信：

（一）项目批准文件；

（二）环保批准文件；

（三）土地批准文件；

（四）其他按国家规定需具备的批准文件。

第三十七条 商业银行授信决策做出后，授信条件发生变更的，商业银行应依有关法律、法规或相应的合同条款重新决策或变更授信。

第三十八条　商业银行实施有条件授信时应遵循"先落实条件，后实施授信"的原则，授信条件未落实或条件发生变更未重新决策的，不得实施授信。

第三十九条　商业银行对拟实施的授信应制作相应的法律文件并审核法律文件的合法合规性，法律文件的主要条款提示参见《附录》中的"格式合同文本主要条款提示"。

第四十条　商业银行授信实施时，应关注借款合同的合法性。被授权签署借款合同的授信工作人员在签字前应对借款合同进行逐项审查，并对客户确切的法律名称、被授权代表客户签名者的授权证明文件、签名者身份以及所签署的授信法律文件合法性等进行确认。

第五章　授信后管理和问题授信处理尽职要求

第四十一条　商业银行授信实施后，应对所有可能影响还款的因素进行持续监测，并形成书面监测报告。重点监测以下内容：

（一）客户是否按约定用途使用授信，是否诚实地全面履行合同；

（二）授信项目是否正常进行；

（三）客户的法律地位是否发生变化；

（四）客户的财务状况是否发生变化；

（五）授信的偿还情况；

（六）抵押品可获得情况和质量、价值等情况。

第四十二条　商业银行应严格按照风险管理的原则，对已实施授信进行准确分类，并建立客户情况变化报告制度。

第四十三条　商业银行应通过非现场和现场检查，及时发现授信主体的潜在风险并发出预警风险提示。风险提示参见《附录》中的"预警信号风险提示"，授信工作人员应及时对授信情况进行分析，发现客户违约时应及时制止并采取补救措施。

第四十四条　商业银行应根据客户偿还能力和现金流量，对客户授信进行调整，包括展期，增加或缩减授信，要求借款人提前还款，并决定是否将该笔授信列入观察名单或划入问题授信。

第四十五条　商业银行对列入观察名单的授信应设立明确的指标，进一步观察判断是否将该笔授信从观察名单中删去或降级；对划入问题授信的，应指定专人管理。

第四十六条　商业银行对问题授信应采取以下措施：

（一）确认实际授信余额；

（二）重新审核所有授信文件，征求法律、审计和问题授信管理等方面专家的意见；

（三）对于没有实施的授信额度，依照约定条件和规定予以终止。依法难以终止或因终止将造成客户经营困难的，应对未实施的授信额度专户管理，未经有权部门批准，不得使用；

（四）书面通知所有可能受到影响的分支机构并要求承诺落实必要的措施；

（五）要求保证人履行保证责任，追加担保或行使担保权；

（六）向所在地司法部门申请冻结问题授信客户的存款账户以减少损失；

（七）其他必要的处理措施。

第六章　授信工作尽职调查要求

第四十七条　商业银行应设立独立的授信工作尽职调查岗位，明确岗位职责和工作要求。

从事授信尽职调查的人员应具备较完备的授信、法律、财务等知识，接受相关培训，并依诚信和公正原则开展工作。

第四十八条　商业银行应支持授信工作尽职调查人员独立行使尽职调查职能，调查可采取现场或非现场的方式进行。必要时，可聘请外部专家或委托专业机构开展特定的授信尽职调查工作。

第四十九条　商业银行对授信业务流程的各项活动都须进行尽职调查，评价授信工作人员是否勤勉尽责，确定授信工作人员是否免责。被调查人员应积极配合调查人员的工作。

授信工作尽职调查人员应及时报告尽职调查结果。

第五十条　商业银行对授信工作尽职调查人员发现的问题，经过确认的程序，应责成相关授信工作人员及时进行纠正。

第五十一条　商业银行应根据授信工作尽职调查人员的调查结果，对具有以下情节的授信工作人员依法、依规追究责任。

（一）进行虚假记载、误导性陈述或重大疏漏的；

（二）未对客户资料进行认真和全面核实的；

（三）授信决策过程中超越权限、违反程序审批的；

（四）未按照规定时间和程序对授信和担保物进行授信后检查的；

（五）授信客户发生重大变化和突发事件时，未及时实地调查的；

（六）未根据预警信号及时采取必要保全措施的；

（七）故意隐瞒真实情况的；

（八）不配合授信尽职调查人员工作或提供虚假信息的；

（九）其他。

第五十二条　对于严格按照授信业务流程及有关法规，在客户调查和业务受理、授信分析与评价、授信决策与实施、授信后管理和问题授信管理等环节都勤勉尽职地履行职责的授信工作人员，授信一旦出现问题，可视情况免除相关责任。

第七章　附　则

第五十三条　本指引适用于在中华人民共和国境内依法设立的中资商业银行。其他银行业金融机构可参照执行。

第五十四条　商业银行应根据本指引制定相应的实施细则并报中国银行业监督管理委员会或其派出机构备案。

第五十五条　中国银行业监督管理委员会及其派出机构应依据本指引加强对商业银行授信工作监管。

第五十六条　本指引由中国银行业监督管理委员会负责解释。

第五十七条　本指引自发布之日起施行。

附录：

一、主要授信种类的风险提示

（一）票据承兑是否对真实贸易背景进行核实；是否取得或核实税收证明等相关文件；是否严格按要求履行了票据承兑的相关程序。

（二）贴现票据是否符合票据法规定的形式和实质要件；是否对真实贸易背景及相关证明文件进行核实；是否对贴现票据信用状况进行评估；是否对客户有无背书及付款人的承兑予以查实。

（三）开立信用证是否对信用证受益人与开证申请人之间的贸易关系予以核实；申请人是否按照信用证开立要求填写有关书面材料；受理因申请人开立信用证而产生的汇票时，是否按照票据法和监管部门要求对汇票本身的形式和实质要件进行审核。

（四）公司贷款是否严格审查客户的资产负债状况，认真独立计算客户的现金流量，并将有关情况存入档案，提示全部问题。

（五）项目融资除评估授信项目建议书、可行性研究报告及未来现金流量预测情况外，是否对质押权、抵押权以及保证或保险等严格调查，防止关联客户无交叉互保。

（六）关联企业授信是否了解统一授信的科学性、合理性和安全性，认真实施统一授信，及时调整额度并紧密跟踪。

（七）担保授信是否对保证人的偿还能力，违反国家规定担当保证人，抵押物、质押物的权属和价值以及实现抵押权、质押权的可行性进行严格审查；是否就开设担保扣款账户的余额控制及银行授权主动划账办法达成书面协议；是否对抵（质）押权的行使和过户制定可操作的办法。

二、客户基本信息提示

（一）营业执照（副本及影印件）和年检证明。

（二）法人代码证书（副本及影印件）。

（三）法定代表人身份证明及其必要的个人信息。

（四）近三年经审计的资产负债表、损益表、业主权益变动表以及销量情况。成立不足三年的客户，提交自成立以来年度的报表。

（五）本年度及最近月份存借款及对外担保情况。

（六）税务部门年检合格的税务登记证明和近二年税务部门纳税证明资料复印件。

（七）合同或章程（原件及影印件）。

（八）董事会成员和主要负责人、财务负责人名单和签字样本等。

（九）若为有限责任客户、股份有限客户、合资合作客户或承包经营客户，要求提供董事会或发包人同意申请授信业务的决议、文件或具有同等法律效力的文件或证明。

（十）股东大会关于利润分配的决议。

（十一）现金流量预测及营运计划。

（十二）授信业务由授权委托人办理的，需提供客户法定代表人授权委托书（原件）。

（十三）其他必要的资料（如海关等部门出具的相关文件等）。

对于中长期授信，还须有各类合格、有效的相关批准文件，预计资金来源及使用情况、预计的资产负债情况、损益情况、项目建设进度及营运计划。

三、主要授信品种风险分析提示

（一）流动性短期资金需求应关注：

1. 融资需求的时间性（常年性还是季节性）；

2. 对存货融资，要充分考虑当实际销售已经小于或将小于所预期的销售量时的风险和对策，以及存货本身的风险，如过时或变质；

3. 应收账款的质量与坏账准备情况；

4. 存货的周期。

（二）设备采购和更新融资需求应关注：

1. 时机选择，宏观经济情况和行业展望；

2. 未实现的生产能力；

3. 其他提供资金的途径：长期授信、资本注入、出售资产；

4. 其他因素可能对资金的影响。

（三）项目融资需求应关注：

1. 项目可行性；

2. 项目批准；

3. 项目完工时限。

（四）中长期授信需求应关注：

1. 客户当前的现金流量；

2. 利率风险；

3. 客户的劳资情况；

4. 法规和政策变动可能给客户带来的影响；

5. 客户的投资或负债率过大，影响其还款能力；

6. 原材料短缺或变质；

7. 第二还款来源情况恶化；

8. 市场变化；

9. 竞争能力及其变化；

10. 高管层组成及变化；

11. 产品质量可能导致产品销售的下降；

12. 汇率波动对进出口原辅料及产成品带来的影响；

13. 经营不善导致的盈利下降。

（五）对现有债务的再融资需求。

（六）贸易融资需求应关注：

1. 汇率风险；

2. 国家风险；

3. 法律风险；

4. 付款方式。

四、非财务因素分析风险提示

（一）客户管理者：

重点考核客户管理者的人品、诚信度、授信动机、赢利能力以及其道德水准。

对客户的管理者风险应关注：

1. 历史经营记录及其经验；

2. 经营者相对于所有者的独立性；

3. 品德与诚信度；

4. 影响其决策的相关人员的情况；

5. 决策过程；

6. 所有者关系、组织结构和法律结构；

7. 领导后备力量和中层主管人员的素质；

8. 管理的政策、计划、实施和控制。

（二）识别客户的产品风险应关注：

1. 产品定位、分散度与集中度、产品研发；

2. 产品实际销售，潜在销售和库存变化；

3. 核心产品和非核心产品，对市场变化的应变能力。

（三）识别客户生产过程的风险应关注：

1. 原材料来源，对供应商的依赖度；

2. 劳动密集型还是资本密集型；

3. 设备状况；

4. 技术状况。

（四）对客户的行业风险应关注：

1. 行业定位；

2. 竞争力和结构；

3. 行业特征；

4. 行业管制；

5. 行业成功的关键因素。

（五）对宏观经济环境的风险应关注：

1. 通货膨胀；

2. 社会购买力；

3. 汇率；

4. 货币供应量；

5. 税收；

6. 政府财政支出；

7. 价格控制；

8. 工资调整；

9. 贸易平衡；

10. 失业；

11. GDP 增长；

12. 外汇来源；

13. 外汇管制规定；

14. 利率；

15. 政府的其他管制。

五、格式合同文本主要条款提示

（一）客户必须提供的年度财务报告。

（二）客户必须持续保持银行要求的各项财务指标。

（三）未经银行允许，合同期内客户不得因主观原因关闭。

（四）未经银行允许，客户分红不得超过税后净收入的一定比例。

（五）客户的资本支出不得超过银行要求的一定数额。

（六）未经银行允许，客户不得出售特定资产（主要指固定资产）。

（七）未经银行同意，客户不得向其他授信人申请授信。

（八）未经银行允许，客户不得更改与其他授信人的债务条款。

（九）未经银行允许，客户不得提前清偿其他长期债务。

（十）未经银行允许，客户不得进行兼并收购等活动。

（十一）未经银行允许，客户不得为第三方提供额外债务担保。

（十二）未经银行允许，客户不得向其他债权人或授信人抵押资产。

六、预警信号风险提示

（一）与客户品质有关的信号：

1. 企业负责人失踪或无法联系；

2. 客户不愿意提供与信用审核有关的文件；

3. 在没有正当理由的情况下撤回或延迟提供与财务、业务、税收或抵押担保有关的信息或要求提供的其他文件；

4. 资产或抵押品高估；

5. 客户不愿意提供过去的所得税纳税单；

6. 客户的竞争者、供货商或其他客户对授信客户产生负面评价；

7. 改变主要授信银行，向许多银行借款或不断在这些银行中间借新还旧；

8. 客户频繁更换会计人员或主要管理人员；

9. 作为被告卷入法律纠纷；

10. 有破产经历；

11. 有些债务未在资产负债表上反映或列示；

12. 客户内部或客户的审计机构使用的会计政策不够审慎。

（二）客户在银行账户变化的信号：

1. 客户在银行的头寸不断减少；

2. 对授信的长期占用；

3. 缺乏财务计划，如总是突然向银行提出借款需求；

4. 短期授信和长期授信错配；

5. 在银行存款变化出现异常；

6. 经常接到供货商查询核实头寸情况的电话；

7. 突然出现大额资金向新交易商转移；

8. 对授信的需求增长异常。

（三）客户管理层变化的信号：

1. 管理层行为异常；

2. 财务计划和报告质量下降；

3. 业务战略频繁变化；

4. 对竞争变化或其他外部条件变化缺少对策；

5. 核心盈利业务削弱和偏离；

6. 管理层主要成员家庭出现问题；

7. 与以往合作的伙伴不再进行合作；

8. 不遵守授信的承诺；

9. 管理层能力不足或构成缺乏代表性；

10. 缺乏技术工人或有劳资争议。

（四）业务运营环境变化的信号：

1. 库存水平的异常变化；

2. 工厂维护或设备管理落后；

3. 核心业务发生变动；

4. 缺乏操作控制、程序、质量控制等；

5. 主要产品线上的供货商或客户流失。

（五）财务状况变化信号：

1. 付息或还本拖延，不断申请延期支付或申请实施新的授信或不断透支；

2. 申请实施授信支付其他银行的债务，不交割抵押品，授信抵押品情况恶化；

3. 违反合同规定；

4. 支票收益人要求核实客户支票账户的余额；

5. 定期存款账户余额减少；

6. 授信需求增加，短期债务超常增加；

7. 客户自身的配套资金不到位或不充足；

8. 杠杆率过高，经常用短期债务支付长期债务；

9. 现金流不足以支付利息；

10. 其他银行提高对同一客户的利率；

11. 客户申请无抵押授信产品或申请特殊还款方式；

12. 交易和文件过于复杂；

13. 银行无法控制抵押品和质押权。

（六）其他预警信号：

1. 业务领域收缩；

2. 无核心业务并过分追求多样化；

3. 业务增长过快；

4. 市场份额下降。

七、客户履约能力风险提示

（一）成本和费用失控。

（二）客户现金流出现问题。

（三）客户产品或服务的市场需求下降。

（四）还款记录不正常。

（五）欺诈，如在对方付款后故意不提供相应的产品或服务。

（六）弄虚作假（如伪造或涂改各种批准文件或相关业务凭证）。

（七）对传统财务分析的某些趋势，例如市场份额的快速下降未作解释。

（八）客户战略、业务或环境的重大变动。

（九）某些欺诈信号，如无法证明财务记录的合法性。

（十）财务报表披露延迟。

（十一）未按合同还款。

（十二）未作客户破产的应急预案。

（十三）对于信息的反应迟缓。

3. 《商业银行集团客户授信业务风险管理指引》（中国银行业监督管理委员会令 2010 年第 4 号）

第一章　总　则

第一条　为切实防范风险，促进商业银行加强对集团客户授信业务的风险管理，根据《中华人民共和国银行业监督管理法》、《中华人民共和国商业银行法》，制定本指引。

第二条　本指引所称商业银行是指在中华人民共和国境内依法设立的中资、中外合资、外商独资商业银行等。

第三条　本指引所称集团客户是指具有以下特征的商业银行的企事业法人授信对象：

（一）在股权上或者经营决策上直接或间接控制其他企事业法人或被其他企事业法人控制的；

（二）共同被第三方企事业法人所控制的；

（三）主要投资者个人、关键管理人员或与其近亲属（包括三代以内直系亲属关系和二代以内旁系亲属关系）共同直接控制或间接控制的；

（四）存在其他关联关系，可能不按公允价格原则转移资产和利润，商业银行认为应当视同集团客户进行授信管理的。

前款所指企事业法人包括除商业银行外的其他金融机构。

商业银行应当根据上述四个特征结合本行授信业务风险管理的实际需要确定单一集团客户的范围。

第四条　授信是指商业银行向客户直接提供资金支持，或者对客户在有关经济活动中可能产生的赔偿、支付责任做出保证。包括但不限于：贷款、贸易融资、票据承兑和贴现、透支、保理、担保、贷款承诺、开立信用证等表内外业务。

商业银行持有的集团客户成员企业发行的公司债券、企业债券、短期融资券、中期票据等债券资产以及通过衍生产品等交易行为所产生的信用风险暴露应纳入集团客户授信业务进行风险管理。

第五条 本指引所称集团客户授信业务风险是指由于商业银行对集团客户多头授信、过度授信和不适当分配授信额度，或集团客户经营不善以及集团客户通过关联交易、资产重组等手段在内部关联方之间不按公允价格原则转移资产或利润等情况，导致商业银行不能按时收回由于授信产生的贷款本金及利息，或给商业银行带来其他损失的可能性。

第六条 商业银行对集团客户授信应当遵循以下原则：

（一）统一原则。商业银行对集团客户授信实行统一管理，集中对集团客户授信进行风险控制。

（二）适度原则。商业银行应当根据授信客体风险大小和自身风险承担能力，合理确定对集团客户的总体授信额度，防止过度集中风险。

（三）预警原则。商业银行应当建立风险预警机制，及时防范和化解集团客户授信风险。

第二章　授信业务风险管理

第七条 商业银行应当根据本指引的规定，结合自身的经营管理水平和信贷管理信息系统的状况，制定集团客户授信业务风险管理制度，其内容应包括集团客户授信业务风险管理的组织建设、风险管理与防范的具体措施、确定单一集团客户的范围所依据的准则、对单一集团客户的授信限额标准、内部报告程序以及内部责任分配等。

商业银行制定的集团客户授信业务风险管理制度应当报银行业监督管理机构备案。

第八条 商业银行应当建立与集团客户授信业务风险管理特点相适应的管理机制，各级行应当指定部门负责全行集团客户授信活动的组织管理，负责组织对集团客户授信的信息收集、信息服务和信息管理。

第九条 商业银行对集团客户授信，应当由集团客户总部（或核心企业）所在地的分支机构或总行指定机构为主管机构。主管机构应当负责集团客户统一授信的限额设定和调整或提出相应方案，按规定程序批准后执行，同时应当负责集团客户经营管理信息的跟踪收集和风险预警通报等工作。

第十条 商业银行对集团客户授信应当实行客户经理制。商业银行对集团客户授信的主管机构，要指定专人负责集团客户授信的日常管理工作。

第十一条 商业银行对集团客户内各个授信对象核定最高授信额度时，在充分考虑各个授信对象自身的信用状况、经营状况和财务状况的同时，还应当充分考虑集团客户的整体信用状况、经营状况和财务状况。最高授信额度应当根据集团客户的经营和财务状况变化及时做出调整。

　　第十二条　一家商业银行对单一集团客户授信余额（包括第四条第二款所列各类信用风险暴露）不得超过该商业银行资本净额的15%。否则将视为超过其风险承受能力。

　　当一个集团客户授信需求超过一家银行风险的承受能力时，商业银行应当采取组织银团贷款、联合贷款和贷款转让等措施分散风险。

　　计算授信余额时，可扣除客户提供的保证金存款及质押的银行存单和国债金额。

　　根据审慎监管的要求，银行业监管机构可以调低单个商业银行单一集团客户授信余额与资本净额的比例。

　　第十三条　商业银行在对集团客户授信时，应当要求集团客户提供真实、完整的信息资料，包括但不限于集团客户各成员的名称、相互之间的关联关系、组织机构代码、法定代表人及证件、实际控制人及证件、注册地、注册资本、主营业务、股权结构、高级管理人员情况、财务状况、重大资产项目、担保情况和重大诉讼情况以及在其他金融机构授信情况等。

　　必要时，商业银行可要求集团客户聘请独立的具有公证效力的第三方出具资料真实性证明。

　　第十四条　商业银行在给集团客户授信时，应当进行充分的资信尽职调查，要对照授信对象提供的资料，对重点内容或存在疑问的内容进行实地核查，并在授信调查报告中反映出来。调查人员应当对调查报告的真实性负责。

　　第十五条　商业银行对跨国集团客户在境内机构授信时，除了要对其境内机构进行调查外，还要关注其境外公司的背景、信用评级、经营和财务、担保和重大诉讼等情况，并在调查报告中记录相关情况。

　　第十六条　商业银行在给集团客户授信时，应当注意防范集团客户内部关联方之间互相担保的风险。对于集团客户内部直接控股或间接控股关联方之间互相担保，商业银行应当严格审核其资信情况，并严格控制。

　　第十七条　商业银行在对集团客户授信时，应当在授信协议中约定，要求集团客户及时报告被授信人净资产10%以上关联交易的情况，包括但不限于：

　　（一）交易各方的关联关系；

　　（二）交易项目和交易性质；

　　（三）交易的金额或相应的比例；

　　（四）定价政策（包括没有金额或只有象征性金额的交易）。

　　第十八条　商业银行给集团客户贷款时，应当在贷款合同中约定，贷款对象有下列情形之一的，贷款人有权单方决定停止支付借款人尚未使用的贷款，并提前收回部分或全部贷款本息，并依法采取其他措施：

　　（一）提供虚假材料或隐瞒重要经营财务事实的；

（二）未经贷款人同意擅自改变贷款原定用途，挪用贷款或用银行贷款从事非法、违规交易的；

（三）利用与关联方之间的虚假合同，以无真实贸易背景的应收票据、应收账款等债权到银行贴现或质押，套取银行资金或授信的；

（四）拒绝接受贷款人对其信贷资金使用情况和有关经营财务活动进行监督和检查的；

（五）出现重大兼并、收购重组等情况，贷款人认为可能影响到贷款安全的；

（六）通过关联交易，有意逃废银行债权的；

（七）商业银行认定的其他重大违约行为。

第十九条　商业银行应当加强对集团客户授信后的风险管理，定期或不定期开展针对整个集团客户的联合调查，掌握其整体经营和财务变化情况，并把重大变化的情况登录到全行的信贷管理信息系统中。

第二十条　集团客户授信风险暴露后，商业银行在对授信对象采取清收措施的同时，应当特别关注集团客户内部关联方之间的关联交易。有多家商业银行贷款的，商业银行之间可采取行动联合清收，必要时可组织联合清收小组，统一清收贷款。

第二十一条　商业银行总行每年应对全行集团客户授信风险作一次综合评估，同时应当检查分支机构对相关制度的执行情况，对违反规定的行为应当严肃查处。商业银行每年应至少向银行业监督管理机构提交一次相关风险评估报告。

第二十二条　银行业监督管理机构按本指引的要求加强对商业银行集团客户授信业务的监管，定期或不定期进行检查，重点检查商业银行对集团客户授信管理制度的建设、执行情况和信贷信息系统的建设情况。

第三章　信息管理和风险预警

第二十三条　商业银行应当建立健全信贷管理信息系统，为对集团客户授信业务的管理提供有效的信息支持。商业银行通过信贷管理信息系统应当能够有效识别集团客户的各关联方，能够使商业银行各个机构共享集团客户的信息，能够支持商业银行全系统的集团客户贷款风险预警。

第二十四条　商业银行在给集团客户授信前，应当通过查询贷款卡信息及其他合法途径，充分掌握集团客户的负债信息、关联方信息、对外对内担保信息和诉讼情况等重大事项，防止对集团客户过度授信。

第二十五条　商业银行给集团客户授信后，应当及时将授信总额、期限和被授信人的法定代表人、关联方等信息登录到银行业监督管理机构或其他相关部门的信贷登记系统，同时应做好集团客户授信后信息收集与整理工作，集团客户贷款的变化、经营财务状况的异常变化、关键管理人员的变动以及集团客户的违规经营、被起诉、欠息、逃废债、提供虚假资料等重大事项必须及时登录到本行信贷信息管理系统。

第二十六条　商业银行应当根据集团客户所处的行业和经营能力，对集团客户的授信总额、资产负债指标、盈利指标、流动性指标、贷款本息偿还情况和关键管理人员的信用状况等，设置授信风险预警线。

第二十七条　银监会建立大额集团客户授信业务统计和风险分析制度，并视个别集团客户风险状况进行通报。

第二十八条　各商业银行之间应当加强合作，相互征询集团客户的资信时，应当按商业原则依法提供必要的信息和查询协助。

第二十九条　商业银行应当与信誉好的会计师事务所、律师事务所等中介机构建立稳定的业务合作关系，必要时应当要求授信对象出具经商业银行认可的中介机构的相关意见。

第四章　附　则

第三十条　政策性银行、农村合作银行、城市信用社、农村信用社、信托公司、金融租赁公司、汽车金融公司、外国银行分行等对集团客户授信业务风险管理参照本指引执行。

第三十一条　本指引由中国银行业监督管理委员会负责解释。

4.《绿色信贷指引》（银监发〔2012〕4号）

第一章　总　则

第一条　为促进银行业金融机构发展绿色信贷，根据《中华人民共和国银行业监督管理法》、《中华人民共和国商业银行法》等法律法规，制定本指引。

第二条　本指引所称银行业金融机构，包括在中华人民共和国境内依法设立的政策性银行、商业银行、农村合作银行、农村信用社。

第三条　银行业金融机构应当从战略高度推进绿色信贷，加大对绿色经济、低碳经济、循环经济的支持，防范环境和社会风险，提升自身的环境和社会表现，并以此优化信贷结构，提高服务水平，促进发展方式转变。

第四条　银行业金融机构应当有效识别、计量、监测、控制信贷业务活动中的环境和社会风险，建立环境和社会风险管理体系，完善相关信贷政策制度和流程管理。

本指引所称环境和社会风险是指银行业金融机构的客户及其重要关联方在建设、生产、经营活动中可能给环境和社会带来的危害及相关风险，包括与耗能、污染、土地、健康、安全、移民安置、生态保护、气候变化等有关的环境与社会问题。

第五条　中国银监会依法负责对银行业金融机构的绿色信贷业务及其环境和社会风险管理实施监督管理。

第二章　组织管理

第六条　银行业金融机构董事会或理事会应当树立并推行节约、环保、可持续发展等绿色信贷理念，重视发挥银行业金融机构在促进经济社会全面、协调、可持续发展中的作用，建立与社会共赢的可持续发展模式。

第七条　银行业金融机构董事会或理事会负责确定绿色信贷发展战略，审批高级管理层制定的绿色信贷目标和提交的绿色信贷报告，监督、评估本机构绿色信贷发展战略执行情况。

第八条　银行业金融机构高级管理层应当根据董事会或理事会的决定，制定绿色信贷目标，建立机制和流程，明确职责和权限，开展内控检查和考核评价，每年度向董事会或理事会报告绿色信贷发展情况，并及时向监管机构报送相关情况。

第九条　银行业金融机构高级管理层应当明确一名高管人员及牵头管理部门，配备相应资源，组织开展并归口管理绿色信贷各项工作。必要时可以设立跨部门的绿色信贷委员会，协调相关工作。

第三章　政策制度及能力建设

第十条　银行业金融机构应当根据国家环保法律法规、产业政策、行业准入政策等规定，建立并不断完善环境和社会风险管理的政策、制度和流程，明确绿色信贷的支持方向和重点领域，对国家重点调控的限制类以及有重大环境和社会风险的行业制定专门的授信指引，实行有差别、动态的授信政策，实施风险敞口管理制度。

第十一条　银行业金融机构应当制定针对客户的环境和社会风险评估标准，对客户的环境和社会风险进行动态评估与分类，相关结果应当作为其评级、信贷准入、管理和退出的重要依据，并在贷款"三查"、贷款定价和经济资本分配等方面采取差别化的风险管理措施。

银行业金融机构应当对存在重大环境和社会风险的客户实行名单制管理，要求其采取风险缓释措施，包括制订并落实重大风险应对预案，建立充分、有效的利益相关方沟通机制，寻求第三方分担环境和社会风险等。

第十二条　银行业金融机构应当建立有利于绿色信贷创新的工作机制，在有效控制风险和商业可持续的前提下，推动绿色信贷流程、产品和服务创新。

第十三条　银行业金融机构应当重视自身的环境和社会表现，建立相关制度，加强绿色信贷理念宣传教育，规范经营行为，推行绿色办公，提高集约化管理水平。

第十四条　银行业金融机构应当加强绿色信贷能力建设，建立健全绿色信贷标识和统计制度，完善相关信贷管理系统，加强绿色信贷培训，培养和引进相关专业人才。必要时可以借助合格、独立的第三方对环境和社会风险进行评审或通过其他有效的服务外包方式，获得相关专业服务。

第四章　流程管理

第十五条　银行业金融机构应当加强授信尽职调查，根据客户及其项目所处行业、区域特点，明确环境和社会风险尽职调查的内容，确保调查全面、深入、细致。必要时可以寻求合格、独立的第三方和相关主管部门的支持。

第十六条　银行业金融机构应当对拟授信客户进行严格的合规审查，针对不同行业的客户特点，制定环境和社会方面的合规文件清单和合规风险审查清单，确保客户提交的文件和相关手续的合规性、有效性和完整性，确信客户对相关风险点有足够的重视和有效的动态控制，符合实质合规要求。

第十七条　银行业金融机构应当加强授信审批管理，根据客户面临的环境和社会风险的性质和严重程度，确定合理的授信权限和审批流程。对环境和社会表现不合规的客户，应当不予授信。

第十八条　银行业金融机构应当通过完善合同条款督促客户加强环境和社会风险管理。对涉及重大环境和社会风险的客户，在合同中应当要求客户提交环境和社会风险报告，订立客户加强环境和社会风险管理的声明和保证条款，设定客户接受贷款人监督等承诺条款，以及客户在管理环境和社会风险方面违约时银行业金融机构的救济条款。

第十九条　银行业金融机构应当加强信贷资金拨付管理，将客户对环境和社会风险的管理状况作为决定信贷资金拨付的重要依据。在已授信项目的设计、准备、施工、竣工、运营、关停等各环节，均应当设置环境和社会风险评估关卡，对出现重大风险隐患的，可以中止直至终止信贷资金拨付。

第二十条　银行业金融机构应当加强贷后管理，对有潜在重大环境和社会风险的客户，制定并实行有针对性的贷后管理措施。密切关注国家政策对客户经营状况的影响，加强动态分析，并在资产风险分类、准备计提、损失核销等方面及时做出调整。建立健全客户重大环境和社会风险的内部报告制度和责任追究制度。在客户发生重大环境和社会风险事件时，应当及时采取相关的风险处置措施，并就该事件可能对银行业金融机构造成的影响向监管机构报告。

第二十一条　银行业金融机构应当加强对拟授信的境外项目的环境和社会风险管理，确保项目发起人遵守项目所在国家或地区有关环保、土地、健康、安全等相关法律法规。对拟授信的境外项目公开承诺采用相关国际惯例或国际准则，确保对拟授信项目的操作与国际良好做法在实质上保持一致。

第五章　内控管理与信息披露

第二十二条　银行业金融机构应当将绿色信贷执行情况纳入内控合规检查范围，定期组织实施绿色信贷内部审计。检查发现重大问题的，应当依据规定进行问责。

第二十三条　银行业金融机构应当建立有效的绿色信贷考核评价体系和奖惩机制，落实激励约束措施，确保绿色信贷持续有效开展。

第二十四条　银行业金融机构应当公开绿色信贷战略和政策，充分披露绿色信贷发展情况。对涉及重大环境与社会风险影响的授信情况，应当依据法律法规披露相关信息，接受市场和利益相关方的监督。必要时可以聘请合格、独立的第三方，对银行业金融机构履行环境和社会责任的活动进行评估或审计。

第六章　监督检查

第二十五条　各级银行业监管机构应当加强与相关主管部门的协调配合，建立健全信息共享机制，完善信息服务，向银行业金融机构提示相关环境和社会风险。

第二十六条　各级银行业监管机构应当加强非现场监管，完善非现场监管指标体系，强化对银行业金融机构面临的环境和社会风险的监测分析，及时引导其加强风险管理，调整信贷投向。

银行业金融机构应当根据本指引要求，至少每两年开展一次绿色信贷的全面评估工作，并向银行业监管机构报送自我评估报告。

第二十七条　银行业监管机构组织开展现场检查，应当充分考虑银行业金融机构面临的环境和社会风险，明确相关检查内容和要求。对环境和社会风险突出的地区或银行业金融机构，应当开展专项检查，并根据检查结果督促其整改。

第二十八条　银行业监管机构应当加强对银行业金融机构绿色信贷自我评估的指导，并结合非现场监管和现场检查情况，全面评估银行业金融机构的绿色信贷成效，按照相关法律法规将评估结果作为银行业金融机构监管评级、机构准入、业务准入、高管人员履职评价的重要依据。

第七章　附　则

第二十九条　本指引自公布之日起施行。村镇银行、贷款公司、农村资金互助社、非银行金融机构参照本指引执行。

第三十条　本指引由中国银监会负责解释。

5.《流动资金贷款管理暂行办法》（中国银行业监督管理委员会令 2010 年第 1 号）

第一章　总　则

第一条　为规范银行业金融机构流动资金贷款业务经营行为，加强流动资金贷款审慎经营管理，促进流动资金贷款业务健康发展，依据《中华人民共和国银行业监督管理法》、《中华人民共和国商业银行法》等有关法律法规，制定本办法。

第二条　中华人民共和国境内经中国银行业监督管理委员会批准设立的银行业金融机构（以下简称贷款人）经营流动资金贷款业务，应遵守本办法。

第三条　本办法所称流动资金贷款，是指贷款人向企（事）业法人或国家规定可以作为借款人的其他组织发放的用于借款人日常生产经营周转的本外币贷款。

第四条　贷款人开展流动资金贷款业务，应当遵循依法合规、审慎经营、平等自愿、公平诚信的原则。

第五条　贷款人应完善内部控制机制，实行贷款全流程管理，全面了解客户信息，建立流动资金贷款风险管理制度和有效的岗位制衡机制，将贷款管理各环节的责任落实到具体部门和岗位，并建立各岗位的考核和问责机制。

第六条　贷款人应合理测算借款人营运资金需求，审慎确定借款人的流动资金授信总额及具体贷款的额度，不得超过借款人的实际需求发放流动资金贷款。

贷款人应根据借款人生产经营的规模和周期特点，合理设定流动资金贷款的业务品种和期限，以满足借款人生产经营的资金需求，实现对贷款资金回笼的有效控制。

第七条　贷款人应将流动资金贷款纳入对借款人及其所在集团客户的统一授信管理，并按区域、行业、贷款品种等维度建立风险限额管理制度。

第八条　贷款人应根据经济运行状况、行业发展规律和借款人的有效信贷需求等，合理确定内部绩效考核指标，不得制订不合理的贷款规模指标，不得恶性竞争和突击放贷。

第九条　贷款人应与借款人约定明确、合法的贷款用途。

流动资金贷款不得用于固定资产、股权等投资，不得用于国家禁止生产、经营的领域和用途。

流动资金贷款不得挪用，贷款人应按照合同约定检查、监督流动资金贷款的使用情况。

第十条　中国银行业监督管理委员会依照本办法对流动资金贷款业务实施监督管理。

第二章　受理与调查

第十一条　流动资金贷款申请应具备以下条件：

（一）借款人依法设立；

（二）借款用途明确、合法；

（三）借款人生产经营合法、合规；

（四）借款人具有持续经营能力，有合法的还款来源；

（五）借款人信用状况良好，无重大不良信用记录；

（六）贷款人要求的其他条件。

第十二条　贷款人应对流动资金贷款申请材料的方式和具体内容提出要求，并要

求借款人恪守诚实守信原则，承诺所提供材料真实、完整、有效。

第十三条 贷款人应采取现场与非现场相结合的形式履行尽职调查，形成书面报告，并对其内容的真实性、完整性和有效性负责。尽职调查包括但不限于以下内容：

（一）借款人的组织架构、公司治理、内部控制及法定代表人和经营管理团队的资信等情况；

（二）借款人的经营范围、核心主业、生产经营、贷款期内经营规划和重大投资计划等情况；

（三）借款人所在行业状况；

（四）借款人的应收账款、应付账款、存货等真实财务状况；

（五）借款人营运资金总需求和现有融资性负债情况；

（六）借款人关联方及关联交易等情况；

（七）贷款具体用途及与贷款用途相关的交易对手资金占用等情况；

（八）还款来源情况，包括生产经营产生的现金流、综合收益及其他合法收入等；

（九）对有担保的流动资金贷款，还需调查抵（质）押物的权属、价值和变现难易程度，或保证人的保证资格和能力等情况。

第三章　风险评价与审批

第十四条 贷款人应建立完善的风险评价机制，落实具体的责任部门和岗位，全面审查流动资金贷款的风险因素。

第十五条 贷款人应建立和完善内部评级制度，采用科学合理的评级和授信方法，评定客户信用等级，建立客户资信记录。

第十六条 贷款人应根据借款人经营规模、业务特征及应收账款、存货、应付账款、资金循环周期等要素测算其营运资金需求（测算方法参考附件），综合考虑借款人现金流、负债、还款能力、担保等因素，合理确定贷款结构，包括金额、期限、利率、担保和还款方式等。

第十七条 贷款人应根据贷审分离、分级审批的原则，建立规范的流动资金贷款评审制度和流程，确保风险评价和信贷审批的独立性。

贷款人应建立健全内部审批授权与转授权机制。审批人员应在授权范围内按规定流程审批贷款，不得越权审批。

第四章　合同签订

第十八条 贷款人应和借款人及其他相关当事人签订书面借款合同及其他相关协议，需担保的应同时签订担保合同。

第十九条 贷款人应在借款合同中与借款人明确约定流动资金贷款的金额、期限、利率、用途、支付、还款方式等条款。

第二十条　前条所指支付条款，包括但不限于以下内容：

（一）贷款资金的支付方式和贷款人受托支付的金额标准；

（二）支付方式变更及触发变更条件；

（三）贷款资金支付的限制、禁止行为；

（四）借款人应及时提供的贷款资金使用记录和资料。

第二十一条　贷款人应在借款合同中约定由借款人承诺以下事项：

（一）向贷款人提供真实、完整、有效的材料；

（二）配合贷款人进行贷款支付管理、贷后管理及相关检查；

（三）进行对外投资、实质性增加债务融资，以及进行合并、分立、股权转让等重大事项前征得贷款人同意；

（四）贷款人有权根据借款人资金回笼情况提前收回贷款；

（五）发生影响偿债能力的重大不利事项时及时通知贷款人。

第二十二条　贷款人应与借款人在借款合同中约定，出现以下情形之一时，借款人应承担的违约责任和贷款人可采取的措施：

（一）未按约定用途使用贷款的；

（二）未按约定方式进行贷款资金支付的；

（三）未遵守承诺事项的；

（四）突破约定财务指标的；

（五）发生重大交叉违约事件的；

（六）违反借款合同约定的其他情形的。

第五章　发放和支付

第二十三条　贷款人应设立独立的责任部门或岗位，负责流动资金贷款发放和支付审核。

第二十四条　贷款人在发放贷款前应确认借款人满足合同约定的提款条件，并按照合同约定通过贷款人受托支付或借款人自主支付的方式对贷款资金的支付进行管理与控制，监督贷款资金按约定用途使用。

贷款人受托支付是指贷款人根据借款人的提款申请和支付委托，将贷款通过借款人账户支付给符合合同约定用途的借款人交易对象。

借款人自主支付是指贷款人根据借款人的提款申请将贷款资金发放至借款人账户后，由借款人自主支付给符合合同约定用途的借款人交易对象。

第二十五条　贷款人应根据借款人的行业特征、经营规模、管理水平、信用状况等因素和贷款业务品种，合理约定贷款资金支付方式及贷款人受托支付的金额标准。

第二十六条　具有以下情形之一的流动资金贷款，原则上应采用贷款人受托支付方式：

（一）与借款人新建立信贷业务关系且借款人信用状况一般；

（二）支付对象明确且单笔支付金额较大；

（三）贷款人认定的其他情形。

第二十七条　采用贷款人受托支付的，贷款人应根据约定的贷款用途，审核借款人提供的支付申请所列支付对象、支付金额等信息是否与相应的商务合同等证明材料相符。审核同意后，贷款人应将贷款资金通过借款人账户支付给借款人交易对象。

第二十八条　采用借款人自主支付的，贷款人应按借款合同约定要求借款人定期汇总报告贷款资金支付情况，并通过账户分析、凭证查验或现场调查等方式核查贷款支付是否符合约定用途。

第二十九条　贷款支付过程中，借款人信用状况下降、主营业务盈利能力不强、贷款资金使用出现异常的，贷款人应与借款人协商补充贷款发放和支付条件，或根据合同约定变更贷款支付方式、停止贷款资金的发放和支付。

第六章　贷后管理

第三十条　贷款人应加强贷款资金发放后的管理，针对借款人所属行业及经营特点，通过定期与不定期现场检查与非现场监测，分析借款人经营、财务、信用、支付、担保及融资数量和渠道变化等状况，掌握各种影响借款人偿债能力的风险因素。

第三十一条　贷款人应通过借款合同的约定，要求借款人指定专门资金回笼账户并及时提供该账户资金进出情况。

贷款人可根据借款人信用状况、融资情况等，与借款人协商签订账户管理协议，明确约定对指定账户回笼资金进出的管理。贷款人应关注大额及异常资金流入流出情况，加强对资金回笼账户的监控。

第三十二条　贷款人应动态关注借款人经营、管理、财务及资金流向等重大预警信号，根据合同约定及时采取提前收贷、追加担保等有效措施防范化解贷款风险。

第三十三条　贷款人应评估贷款品种、额度、期限与借款人经营状况、还款能力的匹配程度，作为与借款人后续合作的依据，必要时及时调整与借款人合作的策略和内容。

第三十四条　贷款人应根据法律法规规定和借款合同的约定，参与借款人大额融资、资产出售以及兼并、分立、股份制改造、破产清算等活动，维护贷款人债权。

第三十五条　流动资金贷款需要展期的，贷款人应审查贷款所对应的资产转换周期的变化原因和实际需要，决定是否展期，并合理确定贷款展期期限，加强对展期贷款的后续管理。

第三十六条　流动资金贷款形成不良的，贷款人应对其进行专门管理，及时制订清收处置方案。对借款人确因暂时经营困难不能按期归还贷款本息的，贷款人可与其协商重组。

第三十七条　对确实无法收回的不良贷款，贷款人按照相关规定对贷款进行核销后，应继续向债务人追索或进行市场化处置。

第七章　法律责任

第三十八条　贷款人违反本办法规定经营流动资金贷款业务的，中国银行业监督管理委员会应当责令其限期改正。贷款人有下列情形之一的，中国银行业监督管理委员会可采取《中华人民共和国银行业监督管理法》第三十七条规定的监管措施：

（一）流动资金贷款业务流程有缺陷的；

（二）未将贷款管理各环节的责任落实到具体部门和岗位的；

（三）贷款调查、风险评价、贷后管理未尽职的；

（四）对借款人违反合同约定的行为应发现而未发现，或虽发现但未及时采取有效措施的。

第三十九条　贷款人有下列情形之一的，中国银行业监督管理委员会除按本办法第三十八条采取监管措施外，还可根据《中华人民共和国银行业监督管理法》第四十六条、第四十八条对其进行处罚：

（一）以降低信贷条件或超过借款人实际资金需求发放贷款的；

（二）未按本办法规定签订借款合同的；

（三）与借款人串通违规发放贷款的；

（四）放任借款人将流动资金贷款用于固定资产投资、股权投资以及国家禁止生产、经营的领域和用途的；

（五）超越或变相超越权限审批贷款的；

（六）未按本办法规定进行贷款资金支付管理与控制的；

（七）严重违反本办法规定的审慎经营规则的其他情形的。

第八章　附　则

第四十条　贷款人应依据本办法制定流动资金贷款管理实施细则及操作规程。

第四十一条　本办法由中国银行业监督管理委员会负责解释。

第四十二条　本办法自发布之日起施行。

附录：

流动资金贷款需求量的测算参考

流动资金贷款需求量应基于借款人日常生产经营所需营运资金与现有流动资金的差额（即流动资金缺口）确定。一般来讲，影响流动资金需求的关键因素为存货（原材料、半成品、产成品）、现金、应收账款和应付账款。同时，还会受到借款人所属

行业、经营规模、发展阶段、谈判地位等重要因素的影响。银行业金融机构根据借款人当期财务报告和业务发展预测，按以下方法测算其流动资金贷款需求量：

一、估算借款人营运资金量

借款人营运资金量影响因素主要包括现金、存货、应收账款、应付账款、预收账款、预付账款等。在调查基础上，预测各项资金周转时间变化，合理估算借款人营运资金量。在实际测算中，借款人营运资金需求可参考如下公式：

营运资金量＝上年度销售收入×（1－上年度销售利润率）×（1＋预计销售收入年增长率）/营运资金周转次数

其中：营运资金周转次数＝360/（存货周转天数＋应收账款周转天数－应付账款周转天数＋预付账款周转天数－预收账款周转天数）

周转天数＝360/周转次数

应收账款周转次数＝销售收入/平均应收账款余额

预收账款周转次数＝销售收入/平均预收账款余额

存货周转次数＝销售成本/平均存货余额

预付账款周转次数＝销售成本/平均预付账款余额

应付账款周转次数＝销售成本/平均应付账款余额

二、估算新增流动资金贷款额度

将估算出的借款人营运资金需求量扣除借款人自有资金、现有流动资金贷款以及其他融资，即可估算出新增流动资金贷款额度。

新增流动资金贷款额度＝营运资金量－借款人自有资金－现有流动资金贷款－其他渠道提供的营运资金

三、需要考虑的其他因素

（一）各银行业金融机构应根据实际情况和未来发展情况（如借款人所属行业、规模、发展阶段、谈判地位等）分别合理预测借款人应收账款、存货和应付账款的周转天数，并可考虑一定的保险系数。

（二）对集团关联客户，可采用合并报表估算流动资金贷款额度，原则上纳入合并报表范围内的成员企业流动资金贷款总和不能超过估算值。

（三）对小企业融资、订单融资、预付租金或者临时大额债项融资等情况，可在交易真实性的基础上，确保有效控制用途和回款情况下，根据实际交易需求确定流动资金额度。

（四）对季节性生产借款人，可按每年的连续生产时段作为计算周期估算流动资金需求，贷款期限应根据回款周期合理确定。

6. 《固定资产贷款管理暂行办法》（中国银行业监督管理委员会令 2009 年第 2 号）

第一章　总　则

第一条　为规范银行业金融机构固定资产贷款业务经营行为，加强固定资产贷款审慎经营管理，促进固定资产贷款业务健康发展，依据《中华人民共和国银行业监督管理法》、《中华人民共和国商业银行法》等法律法规，制定本办法。

第二条　中华人民共和国境内经国务院银行业监督管理机构批准设立的银行业金融机构（以下简称贷款人），经营固定资产贷款业务应遵守本办法。

第三条　本办法所称固定资产贷款，是指贷款人向企（事）业法人或国家规定可以作为借款人的其他组织发放的，用于借款人固定资产投资的本外币贷款。

第四条　贷款人开展固定资产贷款业务应当遵循依法合规、审慎经营、平等自愿、公平诚信的原则。

第五条　贷款人应完善内部控制机制，实行贷款全流程管理，全面了解客户和项目信息，建立固定资产贷款风险管理制度和有效的岗位制衡机制，将贷款管理各环节的责任落实到具体部门和岗位，并建立各岗位的考核和问责机制。

第六条　贷款人应将固定资产贷款纳入对借款人及借款人所在集团客户的统一授信额度管理，并按区域、行业、贷款品种等维度建立固定资产贷款的风险限额管理制度。

第七条　贷款人应与借款人约定明确、合法的贷款用途，并按照约定检查、监督贷款的使用情况，防止贷款被挪用。

第八条　银行业监督管理机构依照本办法对贷款人固定资产贷款业务实施监督管理。

第二章　受理与调查

第九条　贷款人受理的固定资产贷款申请应具备以下条件：

（一）借款人依法经工商行政管理机关或主管机关核准登记；

（二）借款人信用状况良好，无重大不良记录；

（三）借款人为新设项目法人的，其控股股东应有良好的信用状况，无重大不良记录；

（四）国家对拟投资项目有投资主体资格和经营资质要求的，符合其要求；

（五）借款用途及还款来源明确、合法；

（六）项目符合国家的产业、土地、环保等相关政策，并按规定履行了固定资产投资项目的合法管理程序；

（七）符合国家有关投资项目资本金制度的规定；

（八）贷款人要求的其他条件。

第十条 贷款人应对借款人提供申请材料的方式和具体内容提出要求，并要求借款人恪守诚实守信原则，承诺所提供材料真实、完整、有效。

第十一条 贷款人应落实具体的责任部门和岗位，履行尽职调查并形成书面报告。尽职调查的主要内容包括：

（一）借款人及项目发起人等相关关系人的情况；

（二）贷款项目的情况；

（三）贷款担保情况；

（四）需要调查的其他内容。

尽职调查人员应当确保尽职调查报告内容的真实性、完整性和有效性。

第三章　风险评价与审批

第十二条 贷款人应落实具体的责任部门和岗位，对固定资产贷款进行全面的风险评价，并形成风险评价报告。

第十三条 贷款人应建立完善的固定资产贷款风险评价制度，设置定量或定性的指标和标准，从借款人、项目发起人、项目合规性、项目技术和财务可行性、项目产品市场、项目融资方案、还款来源可靠性、担保、保险等角度进行贷款风险评价。

第十四条 贷款人应按照审贷分离、分级审批的原则，规范固定资产贷款审批流程，明确贷款审批权限，确保审批人员按照授权独立审批贷款。

第四章　合同签订

第十五条 贷款人应与借款人及其他相关当事人签订书面借款合同、担保合同等相关合同。合同中应详细规定各方当事人的权利、义务及违约责任，避免对重要事项未约定、约定不明或约定无效。

第十六条 贷款人应在合同中与借款人约定具体的贷款金额、期限、利率、用途、支付、还贷保障及风险处置等要素和有关细节。

第十七条 贷款人应在合同中与借款人约定提款条件以及贷款资金支付接受贷款人管理和控制等与贷款使用相关的条款，提款条件应包括与贷款同比例的资本金已足额到位、项目实际进度与已投资额相匹配等要求。

第十八条 贷款人应在合同中与借款人约定对借款人相关账户实施监控，必要时可约定专门的贷款发放账户和还款准备金账户。

第十九条 贷款人应要求借款人在合同中对与贷款相关的重要内容作出承诺，承诺内容应包括：贷款项目及其借款事项符合法律法规的要求；及时向贷款人提供完整、真实、有效的材料；配合贷款人对贷款的相关检查；发生影响其偿债能力的重大不利事项及时通知贷款人；进行合并、分立、股权转让、对外投资、实质性增加债务融资等重大事项前征得贷款人同意等。

第二十条　贷款人应在合同中与借款人约定，借款人出现未按约定用途使用贷款、未按约定方式支用贷款资金、未遵守承诺事项、申贷文件信息失真、突破约定的财务指标约束等情形时借款人应承担的违约责任和贷款人可采取的措施。

<h2 align="center">第五章　发放与支付</h2>

第二十一条　贷款人应设立独立的责任部门或岗位，负责贷款发放和支付审核。

第二十二条　贷款人在发放贷款前应确认借款人满足合同约定的提款条件，并按照合同约定的方式对贷款资金的支付实施管理与控制，监督贷款资金按约定用途使用。

第二十三条　合同约定专门贷款发放账户的，贷款发放和支付应通过该账户办理。

第二十四条　贷款人应通过贷款人受托支付或借款人自主支付的方式对贷款资金的支付进行管理与控制。

贷款人受托支付是指贷款人根据借款人的提款申请和支付委托，将贷款资金支付给符合合同约定用途的借款人交易对手。

借款人自主支付是指贷款人根据借款人的提款申请将贷款资金发放至借款人账户后，由借款人自主支付给符合合同约定用途的借款人交易对手。

第二十五条　单笔金额超过项目总投资5%或超过500万元人民币的贷款资金支付，应采用贷款人受托支付方式。

第二十六条　采用贷款人受托支付的，贷款人应在贷款资金发放前审核借款人相关交易资料是否符合合同约定条件。贷款人审核同意后，将贷款资金通过借款人账户支付给借款人交易对手，并应做好有关细节的认定记录。

第二十七条　采用借款人自主支付的，贷款人应要求借款人定期汇总报告贷款资金支付情况，并通过账户分析、凭证查验、现场调查等方式核查贷款支付是否符合约定用途。

第二十八条　固定资产贷款发放和支付过程中，贷款人应确认与拟发放贷款同比例的项目资本金足额到位，并与贷款配套使用。

第二十九条　在贷款发放和支付过程中，借款人出现以下情形的，贷款人应与借款人协商补充贷款发放和支付条件，或根据合同约定停止贷款资金的发放和支付：

（一）信用状况下降；

（二）不按合同约定支付贷款资金；

（三）项目进度落后于资金使用进度；

（四）违反合同约定，以化整为零方式规避贷款人受托支付。

第六章　贷后管理

第三十条　贷款人应定期对借款人和项目发起人的履约情况及信用状况、项目的建设和运营情况、宏观经济变化和市场波动情况、贷款担保的变动情况等内容进行检查与分析，建立贷款质量监控制度和贷款风险预警体系。

出现可能影响贷款安全的不利情形时，贷款人应对贷款风险进行重新评价并采取针对性措施。

第三十一条　项目实际投资超过原定投资金额，贷款人经重新风险评价和审批决定追加贷款的，应要求项目发起人配套追加不低于项目资本金比例的投资和相应担保。

第三十二条　贷款人应对抵（质）押物的价值和担保人的担保能力建立贷后动态监测和重估制度。

第三十三条　贷款人应对固定资产投资项目的收入现金流以及借款人的整体现金流进行动态监测，对异常情况及时查明原因并采取相应措施。

第三十四条　合同约定专门还款准备金账户的，贷款人应按约定根据需要对固定资产投资项目或借款人的收入现金流进入该账户的比例和账户内的资金平均存量提出要求。

第三十五条　借款人出现违反合同约定情形的，贷款人应及时采取有效措施，必要时应依法追究借款人的违约责任。

第三十六条　固定资产贷款形成不良贷款的，贷款人应对其进行专门管理，并及时制定清收或盘活措施。

对借款人确因暂时经营困难不能按期归还贷款本息的，贷款人可与借款人协商进行贷款重组。

第三十七条　对确实无法收回的固定资产不良贷款，贷款人按照相关规定对贷款进行核销后，应继续向债务人追索或进行市场化处置。

第七章　法律责任

第三十八条　贷款人违反本办法规定经营固定资产贷款业务的，银行业监督管理机构应当责令其限期改正。贷款人有下列情形之一的，银行业监督管理机构可根据《中华人民共和国银行业监督管理法》第三十七条的规定采取监管措施：

（一）固定资产贷款业务流程有缺陷的；

（二）未按本办法要求将贷款管理各环节的责任落实到具体部门和岗位的；

（三）贷款调查、风险评价未尽职的；

（四）未按本办法规定对借款人和项目的经营情况进行持续有效监控的；

（五）对借款人违反合同约定的行为未及时采取有效措施的。

第三十九条　贷款人有下列情形之一的，银行业监督管理机构除按本办法第三十八条规定采取监管措施外，还可根据《中华人民共和国银行业监督管理法》第四十六条、第四十八条规定对其进行处罚：

（一）受理不符合条件的固定资产贷款申请并发放贷款的；

（二）与借款人串通，违法违规发放固定资产贷款的；

（三）超越、变相超越权限或不按规定流程审批贷款的；

（四）未按本办法规定签订贷款协议的；

（五）与贷款同比例的项目资本金到位前发放贷款的；

（六）未按本办法规定进行贷款资金支付管理与控制的；

（七）有其他严重违反本办法规定的行为的。

第八章　附　则

第四十条　全额保证金类质押项下的固定资产贷款参照本办法执行。

第四十一条　贷款人应依照本办法制定固定资产贷款管理细则及操作规程。

第四十二条　本办法由中国银行业监督管理委员会负责解释。

第四十三条　本办法自发布之日起三个月后施行。

7.《项目融资业务指引》（银监发〔2009〕71号）

第一条　为促进银行业金融机构项目融资业务健康发展，有效管理项目融资风险，依据《中华人民共和国银行业监督管理法》、《中华人民共和国商业银行法》、《固定资产贷款管理暂行办法》以及其他有关法律法规，制定本指引。

第二条　中华人民共和国境内经国务院银行业监督管理机构批准设立的银行业金融机构（以下简称贷款人）开展项目融资业务，适用本指引。

第三条　本指引所称项目融资，是指符合以下特征的贷款：

（一）贷款用途通常是用于建造一个或一组大型生产装置、基础设施、房地产项目或其他项目，包括对在建或已建项目的再融资；

（二）借款人通常是为建设、经营该项目或为该项目融资而专门组建的企事业法人，包括主要从事该项目建设、经营或融资的既有企事业法人；

（三）还款资金来源主要依赖该项目产生的销售收入、补贴收入或其他收入，一般不具备其他还款来源。

第四条　贷款人从事项目融资业务，应当具备对所从事项目的风险识别和管理能力，配备业务开展所需要的专业人员，建立完善的操作流程和风险管理机制。

贷款人可以根据需要，委托或者要求借款人委托具备相关资质的独立中介机构为项目提供法律、税务、保险、技术、环保和监理等方面的专业意见或服务。

第五条　贷款人提供项目融资的项目，应当符合国家产业、土地、环保和投资管理等相关政策。

第六条　贷款人从事项目融资业务，应当充分识别和评估融资项目中存在的建设期风险和经营期风险，包括政策风险、筹资风险、完工风险、产品市场风险、超支风险、原材料风险、营运风险、汇率风险、环保风险和其他相关风险。

第七条　贷款人从事项目融资业务，应当以偿债能力分析为核心，重点从项目技术可行性、财务可行性和还款来源可靠性等方面评估项目风险，充分考虑政策变化、市场波动等不确定因素对项目的影响，审慎预测项目的未来收益和现金流。

第八条　贷款人应当按照国家关于固定资产投资项目资本金制度的有关规定，综合考虑项目风险水平和自身风险承受能力等因素，合理确定贷款金额。

第九条　贷款人应当根据项目预测现金流和投资回收期等因素，合理确定贷款期限和还款计划。

第十条　贷款人应当按照中国人民银行关于利率管理的有关规定，根据风险收益匹配原则，综合考虑项目风险、风险缓释措施等因素，合理确定贷款利率。

贷款人可以根据项目融资在不同阶段的风险特征和水平，采用不同的贷款利率。

第十一条　贷款人应当要求将符合抵质押条件的项目资产和/或项目预期收益等权利为贷款设定担保，并可以根据需要，将项目发起人持有的项目公司股权为贷款设定质押担保。

贷款人应当要求成为项目所投保商业保险的第一顺位保险金请求权人，或采取其他措施有效控制保险赔款权益。

第十二条　贷款人应当采取措施有效降低和分散融资项目在建设期和经营期的各类风险。

贷款人应当以要求借款人或者通过借款人要求项目相关方签订总承包合同、投保商业保险、建立完工保证金、提供完工担保和履约保函等方式，最大限度降低建设期风险。

贷款人可以以要求借款人签订长期供销合同、使用金融衍生工具或者发起人提供资金缺口担保等方式，有效分散经营期风险。

第十三条　贷款人可以通过为项目提供财务顾问服务，为项目设计综合金融服务方案，组合运用各种融资工具，拓宽项目资金来源渠道，有效分散风险。

第十四条　贷款人应当按照《固定资产贷款管理暂行办法》的有关规定，恰当设计账户管理、贷款资金支付、借款人承诺、财务指标控制、重大违约事项等项目融资合同条款，促进项目正常建设和运营，有效控制项目融资风险。

第十五条　贷款人应当根据项目的实际进度和资金需求，按照合同约定的条件发放贷款资金。贷款发放前，贷款人应当确认与拟发放贷款同比例的项目资本金足额到位，并与贷款配套使用。

第十六条　贷款人应当按照《固定资产贷款管理暂行办法》关于贷款发放与支付的有关规定，对贷款资金的支付实施管理和控制，必要时可以与借款人在借款合同中约定专门的贷款发放账户。

采用贷款人受托支付方式的，贷款人在必要时可以要求借款人、独立中介机构和承包商等共同检查设备建造或者工程建设进度，并根据出具的、符合合同约定条件的共同签证单，进行贷款支付。

第十七条　贷款人应当与借款人约定专门的项目收入账户，并要求所有项目收入进入约定账户，并按照事先约定的条件和方式对外支付。

贷款人应当对项目收入账户进行动态监测，当账户资金流动出现异常时，应当及时查明原因并采取相应措施。

第十八条　在贷款存续期间，贷款人应当持续监测项目的建设和经营情况，根据贷款担保、市场环境、宏观经济变动等因素，定期对项目风险进行评价，并建立贷款质量监控制度和风险预警体系。出现可能影响贷款安全情形的，应当及时采取相应措施。

第十九条　多家银行业金融机构参与同一项目融资的，原则上应当采用银团贷款方式。

第二十条　对文化创意、新技术开发等项目发放的符合项目融资特征的贷款，参照本指引执行。

第二十一条　本指引由中国银行业监督管理委员会负责解释。

第二十二条　本指引自发布之日起三个月后施行。

8.《银团贷款业务指引》（银监发〔2011〕85号）

第一章　总　则

第一条　为促进和规范银团贷款业务，分散授信风险，推动银行同业合作，根据《中华人民共和国银行业监督管理法》、《中华人民共和国商业银行法》等法律法规，制定本指引。

第二条　本指引适用于在中国境内依法设立并经营贷款业务的银行业金融机构（以下简称银行）。

第三条　银团贷款是指由两家或两家以上银行基于相同贷款条件，依据同一贷款合同，按约定时间和比例，通过代理行向借款人提供的本外币贷款或授信业务。

第四条　银行开办银团贷款业务，应当遵守国家有关法律法规，符合国家信贷政策，坚持平等互利、公平协商、诚实履约、风险自担的原则。

第五条　银行业协会负责维护银团贷款市场秩序，推进市场标准化建设，推动银

团贷款与交易系统平台搭建，协调银团贷款与交易中发生的问题，收集和披露有关银团贷款信息，制定行业公约等行业自律工作。

第二章　银团成员

第六条　参与银团贷款的银行均为银团成员。银团成员应按照"信息共享、独立审批、自主决策、风险自担"的原则自主确定各自授信行为，并按实际承担份额享有银团贷款项下相应的权利，履行相应的义务。

第七条　按照在银团贷款中的职能和分工，银团成员通常分为牵头行、代理行和参加行等角色，也可根据实际规模与需要在银团内部增设副牵头行、联合牵头行等，并按照银团贷款合同履行相应职责。

第八条　银团贷款牵头行是指经借款人同意，负责发起组织银团、分销银团贷款份额的银行。牵头行主要履行以下职责：

（一）发起和筹组银团贷款，分销银团贷款份额；

（二）对借款人进行贷前尽职调查，草拟银团贷款信息备忘录，并向潜在的参加行推荐；

（三）代表银团与借款人谈判确定银团贷款条件；

（四）代表银团聘请相关中介机构起草银团贷款法律文本；

（五）组织银团成员与借款人签订书面银团贷款合同；

（六）银团贷款合同确定的其他职责。

第九条　单家银行担任牵头行时，其承贷份额原则上不得少于银团融资总金额的20%；分销给其他银团成员的份额原则上不得低于50%。

第十条　按照牵头行对贷款最终安排额所承担的责任，银团牵头行分销银团贷款可以分为全额包销、部分包销和尽最大努力推销三种类型。

第十一条　银团代理行是指银团贷款合同签订后，按相关贷款条件确定的金额和进度归集资金向借款人提供贷款，并接受银团委托按银团贷款合同约定进行银团贷款事务管理和协调活动的银行。对担保结构比较复杂的银团贷款，可以指定担保代理行，由其负责落实银团贷款的各项担保及抵（质）押物登记、管理等工作。代理行经银团成员协商确定，可以由牵头行或者其他银行担任。银团代理行应当代表银团利益，借款人的附属机构或关联机构不得担任代理行。

第十二条　代理行应当依据银团贷款合同的约定履行代理行职责。其主要职责包括：

（一）审查、督促借款人落实贷款条件，提供贷款或办理其他授信业务；

（二）办理银团贷款的担保抵押手续，负责抵（质）押物的日常管理工作；

（三）制订账户管理方案，开立专门账户管理银团贷款资金，对专户资金的变动情况进行逐笔登记；

（四）根据约定用款日期或借款人的用款申请，按照银团贷款合同约定的承贷份额比例，通知银团成员将款项划到指定账户；

（五）划收银团贷款本息和代收相关费用，并按承贷比例和银团贷款合同约定及时划转到银团成员指定账户；

（六）根据银团贷款合同，负责银团贷款资金支付管理、贷后管理和贷款使用情况的监督检查，并定期向银团成员通报；

（七）密切关注借款人财务状况，对贷款期间发生的企业并购、股权分红、对外投资、资产转让、债务重组等影响借款人还款能力的重大事项，在借款人通知后按银团贷款合同约定尽早通知各银团成员；

（八）根据银团贷款合同，在借款人出现违约事项时，及时组织银团成员对违约贷款进行清收、保全、追偿或其他处置；

（九）根据银团贷款合同，负责组织召开银团会议，协调银团成员之间的关系；

（十）接受各银团成员不定期的咨询与核查，办理银团会议委托的其他事项等。

第十三条　代理行应当勤勉尽责。因代理行行为导致银团利益受损的，银团成员有权根据银团贷款合同约定的方式更换代理行，并要求代理行赔偿相关损失。

第十四条　参加行是指接受牵头行邀请，参加银团并按照协商确定的承贷份额向借款人提供贷款的银行。参加行应当按照约定及时足额划拨资金至代理行指定的账户，参加银团会议，做好贷后管理，了解掌握借款人日常经营与信用状况的变化情况，及时向代理行通报借款人的异常情况。

第三章　银团贷款的发起和筹组

第十五条　有下列情形之一的大额贷款，鼓励采取银团贷款方式：

（一）大型集团客户、大型项目融资和大额流动资金融资；

（二）单一企业或单一项目融资总额超过贷款行资本净额 10% 的；

（三）单一集团客户授信总额超过贷款行资本净额 15% 的；

（四）借款人以竞争性谈判选择银行业金融机构进行项目融资的。

各地银行业协会可以根据以上原则，结合本地区实际情况，组织辖内会员银行共同确定银团贷款额度的具体下限。

第十六条　银团贷款由借款人或银行发起。牵头行应当与借款人谈妥银团贷款的初步条件，并获得借款人签署的银团贷款委任书。

第十七条　牵头行应当按照授信工作尽职的相关要求，对借款人或贷款项目进行贷前尽职调查，并在此基础上与借款人进行前期谈判，商谈贷款的用途、额度、利率、期限、担保形式、提款条件、还款方式和相关费用等，并据此编制银团贷款信息备忘录。

第十八条　银团贷款信息备忘录由牵头行分发给潜在参加行，作为潜在参加行审

贷和提出修改建议的重要依据。银团贷款信息备忘录内容主要包括：银团贷款的基本条件、借款人的法律地位及概况、借款人的财务状况、项目概况及市场分析、项目财务现金流量分析、担保人和担保物介绍、风险因素及避险措施、项目的准入审批手续及有资质环保机构出具的环境影响监测评估文件等。

第十九条 牵头行在编制银团贷款信息备忘录过程中，应如实向潜在参加行披露其知悉的借款人全部真实信息。牵头行在向其他银行发送银团贷款信息备忘录前，应要求借款人审阅该银团贷款信息备忘录，并由借款人签署"对信息备忘录所载内容的真实性、完整性负责"的声明。必要时，牵头行也可以要求担保人审阅银团贷款信息备忘录并签署上述声明。

第二十条 为提高银团贷款信息备忘录等银团贷款资料的独立性、公正性和真实性，牵头行可以聘请外部中介机构如会计师事务所、资产评估事务所、律师事务所及相关技术专家负责评审编写有关信息及资料、出具意见书。

第二十一条 牵头行与借款人协商后，向潜在参加行发出银团贷款邀请函，并随附贷款条件清单、信息备忘录、保密承诺函、贷款承诺函等文件。

第二十二条 收到银团贷款邀请函的银行应按照"信息共享、独立审贷、自主决策、风险自担"的原则，在全面掌握借款人相关信息的基础上做出是否参加银团贷款的决定。银团贷款信息备忘录信息不能满足潜在参加行审批要求的，潜在参加行可要求牵头行补充提供相关信息、提出工作建议或者直接进行调查。

第二十三条 牵头行应根据潜在参加行实际反馈情况，合理确定各银团成员的贷款份额。在超额认购或认购不足的情况下，牵头行可按事先约定的条件或与借款人协商后重新确定各银团成员的承贷份额。

第二十四条 在牵头行有效委任期间，其他未获委任的银行不得与借款人就同一项目进行委任或开展融资谈判。

第四章　银团贷款合同

第二十五条 银团贷款合同是银团成员与借款人、担保人根据有关法律法规，经过协商后共同签订，主要约定银团成员与借款人、担保人之间权利义务关系的法律文本。银团贷款合同应当包括以下主要条款：

（一）当事人基本情况；

（二）定义及解释；

（三）与贷款有关的约定，包括贷款金额与币种、贷款期限、贷款利率、贷款用途、支付方式、还款方式及还款资金来源、贷款担保组合、贷款展期条件、提前还款约定等；

（四）银团各成员承诺的贷款额度及贷款划拨的时间；

（五）提款先决条件；

（六）费用条款；

（七）税务条款；

（八）财务约束条款；

（九）非财务承诺，包括资产处置限制、业务变更和信息披露等条款；

（十）违约事件及处理；

（十一）适用法律；

（十二）其他约定及附属文件。

第二十六条　银团成员之间权利义务关系可以在银团贷款合同中约定，也可以另行签订《银团内部协议》（或称为《银团贷款银行间协议》等）加以约定。银团成员间权利义务关系主要包括：银团成员内部分工、权利与义务、银团贷款额度的分配、银团贷款额度的转让；银团会议的议事规则；银团成员的退出和银团解散；违约行为及责任；解决争议的方式；银团成员认为有必要约定的其他事项。

第二十七条　银团成员应严格按照银团贷款合同的约定，及时足额划付贷款款项，履行合同规定的职责和义务。

第二十八条　借款人应严格按照银团贷款合同的约定，保证贷款用途，及时向代理行划转贷款本息，如实向银团成员提供有关情况。

第二十九条　银行开展银团贷款业务可以依据中国银行业协会制定的银团贷款合同示范文本，制定银团贷款合同。

第五章　银团贷款管理

第三十条　银团贷款的日常管理工作主要由代理行负责。代理行应在银团贷款存续期内跟踪了解项目的进展情况，及时发现银团贷款可能出现的问题，并以书面形式尽快通报银团成员。

第三十一条　银团贷款存续期间，银团会议由代理行负责定期召集，或者根据银团贷款合同的约定由一定比例的银团成员提议召开。银团会议的主要职能是讨论、协商银团贷款管理中的重大事项。

第三十二条　银团会议商议的重大事项主要包括：修改银团贷款合同、调整贷款额度、变更担保、变动利率、终止银团贷款、通报企业并购和重大关联交易、认定借款人违约事项、贷款重组和调整代理行等。

第三十三条　银团贷款出现违约风险时，代理行应当根据银团贷款合同的约定，负责及时召集银团会议，并可成立银团债权委员会，对贷款进行清收、保全、重组和处置。必要时可以申请仲裁或向人民法院提起诉讼。

第三十四条　银团贷款存续期间，银团成员原则上不得在银团之外向同一项目提供有损银团其他成员利益的贷款或其他授信。

第三十五条　银团成员在办理银团贷款业务过程中发现借款人有下列行为，经指

正不改的，代理行应当根据银团贷款合同的约定，负责召集银团会议，追究其违约责任，并以书面形式通知借款人及其保证人：

（一）所提供的有关文件被证实无效；

（二）未能履行和遵守贷款合同约定的义务；

（三）未能按贷款合同规定支付利息和本金；

（四）以假破产等方式逃废银行债务；

（五）贷款合同约定的其他违约事项。

第三十六条 银团成员在开展银团贷款业务过程中有以下行为，经银团会议审核认定违约的，可以要求其承担违约责任：

（一）银团成员收到代理行按合同规定时间发出的通知后，未按合同约定时限足额划付款项的；

（二）银团成员擅自提前收回贷款或违约退出银团的；

（三）不执行银团会议决议的；

（四）借款人归还银团贷款本息而代理行未如约及时划付银团成员的；

（五）其他违反银团贷款合同、本业务指引以及法律法规的行为。银团成员之间的上述纠纷，不影响银团与借款人所定贷款合同的执行。

第三十七条 开办银团贷款业务的银行应当定期向当地银行业协会报送银团贷款有关信息。内容包括：银团贷款一级市场的包销量及持有量、二级市场的转让量，银团贷款的利率水平、费率水平、贷款期限、担保条件、借款人信用评级等。

第三十八条 开办银团贷款业务的银行应当依据本指引，结合自身经营管理水平制定银团贷款业务管理办法，建立与银团贷款业务风险相适应的管理机制，并指定相关部门和专人负责银团贷款的日常管理工作。

第三十九条 银行向大型集团客户发放银团贷款，应当注意防范集团客户内部关联交易及关联方之间相互担保的风险。对集团客户内部关联交易频繁、互相担保严重的，应当加强对其资信的审核，并严格控制贷款发放。

第六章 银团贷款收费

第四十条 银团贷款收费是指银团成员接受借款人委托，为借款人提供银团筹组、包销安排、贷款承诺、银团事务管理等服务而收取的相关中间业务费用，纳入商业银行中间业务收费管理。银团贷款收费应当按照"自愿协商、公平合理、质价相符"的原则由银团成员和借款人协商确定，并在银团贷款合同或费用函中载明。

第四十一条 银团贷款收费的具体项目可以包括安排费、承诺费、代理费等。银团费用仅限为借款人提供相应服务的银团成员享有。安排费一般按银团贷款总额的一定比例一次性支付；承诺费一般按未用余额的一定比例每年根据银团贷款合同约定的方式收取；代理费可以根据代理行的工作量按年支付。

第四十二条　银团贷款的收费应当遵循"谁借款、谁付费"的原则，由借款人支付。

第四十三条　牵头行不得向银团成员提出任何不合理条件，不得以免予收费的手段，开展银团贷款业务竞争，不得借筹组银团贷款向银团成员和借款人搭售其他金融产品或收取其他费用。

第七章　银团贷款转让交易

第四十四条　银团贷款转让交易是指银团贷款项下的贷款人作为出让方，将其持有的银团贷款份额转让给作为受让方的其他贷款人或第三方，并由受让方向出让方支付转让价款的交易。银团贷款转让交易不得违反贷款转让的相关监管规定。

第四十五条　转让交易的定价由交易双方根据转让标的、市场等情况自行协商、自主定价。

第四十六条　转让交易的出让方应当确保与转让标的相关的贷款合同及其他文件已由各方有效签署，其对转让的份额拥有合法的处分权，且转让标的之上不存在包括债务人抵销权在内的任何可能造成转让标的的价值减损的其他权利。出让方应当为转让交易之目的向受让方充分披露信息，不得提供明知为虚假或具有误导性的信息，不得隐瞒转让标的的相关负面信息。

第四十七条　转让交易的受让方应当按照转让合同的约定，受让转让标的并支付转让价款，不得将出让方提供的相关信息用于任何非法目的，或违反保密义务使用该信息。

第四十八条　代理行应当按照银团贷款合同的约定及时履行转让交易相关义务；其他银团成员、担保人等相关各方应当按照银团贷款合同的约定履行相关义务，协助转让交易的顺利进行。

第八章　附　则

第四十九条　依法设立的非银行金融机构开办银团贷款业务适用本指引。

第五十条　本指引由银监会负责解释。

第五十一条　本指引自公布之日起实施。2007 年 8 月 11 日印发的《银团贷款业务指引》（银监发〔2007〕68 号）同时废止。

9. 《商业银行并购贷款风险管理指引》（银监发〔2015〕5 号）

第一章　总　则

第一条　为规范商业银行并购贷款经营行为，提高商业银行并购贷款风险管理能力，加强商业银行对经济结构调整和资源优化配置的支持力度，促进银行业公平竞

争，维护银行业合法稳健运行，根据《中华人民共和国银行业监督管理法》、《中华人民共和国商业银行法》等法律法规，制定本指引。

第二条　本指引所称商业银行是指依照《中华人民共和国商业银行法》设立的商业银行法人机构。

第三条　本指引所称并购，是指境内并购方企业通过受让现有股权、认购新增股权，或收购资产、承接债务等方式以实现合并或实际控制已设立并持续经营的目标企业或资产的交易行为。

并购可由并购方通过其专门设立的无其他业务经营活动的全资或控股子公司（以下称子公司）进行。

第四条　本指引所称并购贷款，是指商业银行向并购方或其子公司发放的，用于支付并购交易价款和费用的贷款。

第五条　开办并购贷款业务的商业银行法人机构应当符合以下条件：

（一）有健全的风险管理和有效的内控机制；

（二）资本充足率不低于10%；

（三）其他各项监管指标符合监管要求；

（四）有并购贷款尽职调查和风险评估的专业团队。

商业银行开办并购贷款业务前，应当制定并购贷款业务流程和内控制度，并向监管机构报告。商业银行开办并购贷款业务后，如发生不能持续满足上述条件之一的情况，应当停止办理新的并购贷款业务。

第六条　商业银行开办并购贷款业务应当遵循依法合规、审慎经营、风险可控、商业可持续的原则。

第七条　商业银行应制定并购贷款业务发展策略，充分考虑国家产业、土地、环保等相关政策，明确发展并购贷款业务的目标、客户范围、风险承受限额及其主要风险特征，合理满足企业兼并重组融资需求。

第八条　商业银行应按照管理强度高于其他贷款种类的原则建立相应的并购贷款管理制度和管理信息系统，确保业务流程、内控制度以及管理信息系统能够有效地识别、计量、监测和控制并购贷款的风险。

商业银行应按照监管要求建立并购贷款统计制度，做好并购贷款的统计、汇总、分析等工作。

第九条　银监会及其派出机构依法对商业银行并购贷款业务实施监督管理，发现商业银行不符合业务开办条件或违反本指引有关规定，不能有效控制并购贷款风险的，可根据有关法律法规采取责令商业银行暂停并购贷款业务等监管措施。

第二章　风险评估

第十条　商业银行应在全面分析战略风险、法律与合规风险、整合风险、经营风险以及财务风险等与并购有关的各项风险的基础上评估并购贷款的风险。商业银行并购贷款涉及跨境交易的，还应分析国别风险、汇率风险和资金过境风险等。

第十一条　商业银行评估战略风险，应从并购双方行业前景、市场结构、经营战略、管理团队、企业文化和股东支持等方面进行分析，包括但不限于以下内容：

（一）并购双方的产业相关度和战略相关性，以及可能形成的协同效应；

（二）并购双方从战略、管理、技术和市场整合等方面取得额外回报的机会；

（三）并购后的预期战略成效及企业价值增长的动力来源；

（四）并购后新的管理团队实现新战略目标的可能性；

（五）并购的投机性及相应风险控制对策；

（六）协同效应未能实现时，并购方可能采取的风险控制措施或退出策略。

第十二条　商业银行评估法律与合规风险，包括但不限于分析以下内容：

（一）并购交易各方是否具备并购交易主体资格；

（二）并购交易是否按有关规定已经或即将获得批准，并履行必要的登记、公告等手续；

（三）法律法规对并购交易的资金来源是否有限制性规定；

（四）担保的法律结构是否合法有效并履行了必要的法定程序；

（五）借款人对还款现金流的控制是否合法合规；

（六）贷款人权利能否获得有效的法律保障；

（七）与并购、并购融资法律结构有关的其他方面的合规性。

第十三条　商业银行评估整合风险，包括但不限于分析并购双方是否有能力通过以下方面的整合实现协同效应：

（一）发展战略整合；

（二）组织整合；

（三）资产整合；

（四）业务整合；

（五）人力资源及文化整合。

第十四条　商业银行评估经营及财务风险，包括但不限于分析以下内容：

（一）并购后企业经营的主要风险，如行业发展和市场份额是否能保持稳定或增长趋势，公司治理是否有效，管理团队是否稳定并且具有足够能力，技术是否成熟并能提高企业竞争力，财务管理是否有效等；

（二）并购双方的未来现金流及其稳定程度；

（三）并购股权（或资产）定价高于目标企业股权（或资产）合理估值的风险；

（四）并购双方的分红策略及其对并购贷款还款来源造成的影响；

（五）并购中使用的债务融资工具及其对并购贷款还款来源造成的影响；

（六）汇率和利率等因素变动对并购贷款还款来源造成的影响。

商业银行应当综合考虑上述风险因素，根据并购双方经营和财务状况、并购融资方式和金额等情况，合理测算并购贷款还款来源，审慎确定并购贷款所支持的并购项目的财务杠杆率，确保并购的资金来源中含有合理比例的权益性资金，防范高杠杆并购融资带来的风险。

第十五条　商业银行应在全面分析与并购有关的各项风险的基础上，建立审慎的财务模型，测算并购双方未来财务数据，以及对并购贷款风险有重要影响的关键财务杠杆和偿债能力指标。

第十六条　商业银行应在财务模型测算的基础上，充分考虑各种不利情形对并购贷款风险的影响。不利情形包括但不限于：

（一）并购双方的经营业绩（包括现金流）在还款期内未能保持稳定或增长趋势；

（二）并购双方的治理结构不健全，管理团队不稳定或不能胜任；

（三）并购后并购方与目标企业未能产生协同效应；

（四）并购方与目标企业存在关联关系，尤其是并购方与目标企业受同一实际控制人控制的情形。

第十七条　商业银行应在全面评估并购贷款风险的基础上，确认并购交易的真实性，综合判断借款人的还款资金来源是否充足，还款来源与还款计划是否匹配，借款人是否能够按照合同约定支付贷款利息和本金等，并提出并购贷款质量下滑时可采取的应对措施或退出策略，形成贷款评审报告。

第三章　风险管理

第十八条　商业银行全部并购贷款余额占同期本行一级资本净额的比例不应超过50%。

第十九条　商业银行应按照本行并购贷款业务发展策略，分别按单一借款人、集团客户、行业类别、国家或地区对并购贷款集中度建立相应的限额控制体系，并向银监会或其派出机构报告。

第二十条　商业银行对单一借款人的并购贷款余额占同期本行一级资本净额的比例不应超过5%。

第二十一条　并购交易价款中并购贷款所占比例不应高于60%。

第二十二条　并购贷款期限一般不超过七年。

第二十三条　商业银行应具有与本行并购贷款业务规模和复杂程度相适应的熟悉并购相关法律、财务、行业等知识的专业人员。

第二十四条　商业银行应在内部组织并购贷款尽职调查和风险评估的专业团队，对本指引第十一条到第十七条的内容进行调查、分析和评估，并形成书面报告。

前款所称专业团队的负责人应有3年以上并购从业经验，成员可包括但不限于并购专家、信贷专家、行业专家、法律专家和财务专家等。

第二十五条　商业银行应在并购贷款业务受理、尽职调查、风险评估、合同签订、贷款发放、贷后管理等主要业务环节以及内部控制体系中加强专业化的管理与控制。

第二十六条　商业银行受理的并购贷款申请应符合以下基本条件：

（一）并购方依法合规经营，信用状况良好，没有信贷违约、逃废银行债务等不良记录；

（二）并购交易合法合规，涉及国家产业政策、行业准入、反垄断、国有资产转让等事项的，应按相关法律法规和政策要求，取得有关方面的批准和履行相关手续；

（三）并购方与目标企业之间具有较高的产业相关度或战略相关性，并购方通过并购能够获得目标企业的研发能力、关键技术与工艺、商标、特许权、供应或分销网络等战略性资源以提高其核心竞争能力。

第二十七条　商业银行可根据并购交易的复杂性、专业性和技术性，聘请中介机构进行有关调查并在风险评估时使用该中介机构的调查报告。

有前款所述情形的，商业银行应建立相应的中介机构管理制度，并通过书面合同明确中介机构的法律责任。

第二十八条　并购方与目标企业存在关联关系的，商业银行应当加强贷前调查，了解和掌握并购交易的经济动机、并购双方整合的可行性、协同效应的可能性等相关情况，核实并购交易的真实性以及并购交易价格的合理性，防范关联企业之间利用虚假并购交易套取银行信贷资金的行为。

第二十九条　商业银行原则上应要求借款人提供充足的能够覆盖并购贷款风险的担保，包括但不限于资产抵押、股权质押、第三方保证，以及符合法律规定的其他形式的担保。以目标企业股权质押时，商业银行应采用更为审慎的方法评估其股权价值和确定质押率。

第三十条　商业银行应根据并购贷款风险评估结果，审慎确定借款合同中贷款金额、期限、利率、分期还款计划、担保方式等基本条款的内容。

第三十一条　商业银行应在借款合同中约定保护贷款人利益的关键条款，包括但不限于：

（一）对借款人或并购后企业重要财务指标的约束性条款；

（二）对借款人特定情形下获得的额外现金流用于提前还款的强制性条款；

（三）对借款人或并购后企业的主要或专用账户的监控条款；

（四）确保贷款人对重大事项知情权或认可权的借款人承诺条款。

第三十二条　商业银行应通过本指引第三十一条所述的关键条款约定在并购双方出现以下情形时可采取的风险控制措施：

（一）重要股东的变化；

（二）经营战略的重大变化；

（三）重大投资项目变化；

（四）营运成本的异常变化；

（五）品牌、客户、市场渠道等的重大不利变化；

（六）产生新的重大债务或对外担保；

（七）重大资产出售；

（八）分红策略的重大变化；

（九）担保人的担保能力或抵质押物发生重大变化；

（十）影响企业持续经营的其他重大事项。

第三十三条 商业银行应在借款合同中约定提款条件以及与贷款支付使用相关的条款，提款条件应至少包括并购方自筹资金已足额到位和并购合规性条件已满足等内容。

商业银行应按照借款合同约定，加强对贷款资金的提款和支付管理，做好资金流向监控，防范关联企业借助虚假并购交易套取贷款资金，确保贷款资金不被挪用。

第三十四条 商业银行应在借款合同中约定，借款人有义务在贷款存续期间定期报送并购双方、担保人的财务报表以及贷款人需要的其他相关资料。

第三十五条 商业银行在贷款存续期间，应加强贷后检查，及时跟踪并购实施情况，定期评估并购双方未来现金流的可预测性和稳定性，定期评估借款人的还款计划与还款来源是否匹配，对并购交易或者并购双方出现异常情况的，及时采取有效措施保障贷款安全。

并购方与目标企业存在关联关系的，商业银行应加大贷后管理力度，特别是应确认并购交易得到实际执行以及并购方对目标企业真正实施整合。

第三十六条 商业银行在贷款存续期间，应密切关注借款合同中关键条款的履行情况。

第三十七条 商业银行应按照不低于其他贷款种类的频率和标准对并购贷款进行风险分类和计提拨备。

第三十八条 并购贷款出现不良时，商业银行应及时采取贷款清收、保全，以及处置抵质押物、依法接管企业经营权等风险控制措施。

第三十九条 商业银行应明确并购贷款业务内部报告的内容、路线和频率，并应至少每年对并购贷款业务的合规性和资产价值变化进行内部检查和独立的内部审计，对其风险状况进行全面评估。当出现并购贷款集中度趋高、贷款风险分类趋降等情形时，商业银行应提高内部报告、检查和评估的频率。

第四十条 商业银行在并购贷款的不良贷款额或不良率上升时应加强对以下内容的报告、检查和评估：

（一）并购贷款担保的方式、构成和覆盖贷款本息的情况；

（二）针对不良贷款所采取的清收和保全措施；

（三）处置质押股权的情况；

（四）依法接管企业经营权的情况；

（五）并购贷款的呆账核销情况。

第四章　附　则

第四十一条　商业银行贷款支持已获得目标企业控制权的并购方企业，为维持对目标企业的控制权而受让或者认购目标企业股权的，适用本指引。

第四十二条　政策性银行、外国银行分行和企业集团财务公司开办并购贷款业务的，参照本指引执行。

第四十三条　本指引所称并购双方是指并购方与目标企业。

第四十四条　本指引由中国银监会负责解释。

第四十五条　本指引自印发之日起施行。《中国银监会关于印发〈商业银行并购贷款风险管理指引〉的通知》（银监发〔2008〕84号）同时废止。

10. 《国务院关于加强固定资产投资项目资本金管理的通知》（国发〔2019〕26号）

各省、自治区、直辖市人民政府，国务院各部委、各直属机构：

对固定资产投资项目（以下简称投资项目）实行资本金制度，合理确定并适时调整资本金比例，是促进有效投资、防范风险的重要政策工具，是深化投融资体制改革、优化投资供给结构的重要手段。为更好发挥投资项目资本金制度的作用，做到有保有控、区别对待，促进有效投资和风险防范紧密结合、协同推进，现就加强投资项目资本金管理工作通知如下：

一、进一步完善投资项目资本金制度

（一）明确投资项目资本金制度的适用范围和性质。该制度适用于我国境内的企业投资项目和政府投资的经营性项目。投资项目资本金作为项目总投资中由投资者认缴的出资额，对投资项目来说必须是非债务性资金，项目法人不承担这部分资金的任何债务和利息；投资者可按其出资比例依法享有所有者权益，也可转让其出资，但不得以任何方式抽回。党中央、国务院另有规定的除外。

（二）分类实施投资项目资本金核算管理。设立独立法人的投资项目，其所有者权益可以全部作为投资项目资本金。对未设立独立法人的投资项目，项目单位应设立专门账户，规范设置和使用会计科目，按照国家有关财务制度、会计制度对拨入的资金和投资项目的资产、负债进行独立核算，并据此核定投资项目资本金的额度和比例。

（三）按照投资项目性质，规范确定资本金比例。适用资本金制度的投资项目，

属于政府投资项目的，有关部门在审批可行性研究报告时要对投资项目资本金筹措方式和有关资金来源证明文件的合规性进行审查，并在批准文件中就投资项目资本金比例、筹措方式予以确认；属于企业投资项目的，提供融资服务的有关金融机构要加强对投资项目资本金来源、比例、到位情况的审查监督。

二、适当调整基础设施项目最低资本金比例

（四）港口、沿海及内河航运项目，项目最低资本金比例由25%调整为20%。

（五）机场项目最低资本金比例维持25%不变，其他基础设施项目维持20%不变。其中，公路（含政府收费公路）、铁路、城建、物流、生态环保、社会民生等领域的补短板基础设施项目，在投资回报机制明确、收益可靠、风险可控的前提下，可以适当降低项目最低资本金比例，但下调不得超过5个百分点。实行审批制的项目，审批部门可以明确项目单位按此规定合理确定的投资项目资本金比例。实行核准或备案制的项目，项目单位与金融机构可以按此规定自主调整投资项目资本金比例。

（六）法律、行政法规和国务院对有关投资项目资本金比例另有规定的，从其规定。

三、鼓励依法依规筹措重大投资项目资本金

（七）对基础设施领域和国家鼓励发展的行业，鼓励项目法人和项目投资方通过发行权益型、股权类金融工具，多渠道规范筹措投资项目资本金。

（八）通过发行金融工具等方式筹措的各类资金，按照国家统一的会计制度应当分类为权益工具的，可以认定为投资项目资本金，但不得超过资本金总额的50%。存在下列情形之一的，不得认定为投资项目资本金：

1. 存在本息回购承诺、兜底保障等收益附加条件；
2. 当期债务性资金偿还前，可以分红或取得收益；
3. 在清算时受偿顺序优先于其他债务性资金。

（九）地方各级政府及其有关部门可统筹使用本级预算资金、上级补助资金等各类财政资金筹集项目资本金，可按有关规定将政府专项债券作为符合条件的重大项目资本金。

四、严格规范管理，加强风险防范

（十）项目借贷资金和不符合国家规定的股东借款、"名股实债"等资金，不得作为投资项目资本金。筹措投资项目资本金，不得违规增加地方政府隐性债务，不得违反国家关于国有企业资产负债率相关要求。不得拖欠工程款。

（十一）金融机构在认定投资项目资本金时，应严格区分投资项目与项目投资方，依据不同的资金来源与投资项目的权责关系判定其权益或债务属性，对资本金的真实性、合规性和投资收益、贷款风险进行全面审查，并自主决定是否发放贷款以及贷款

数量和比例。项目单位应当配合金融机构开展投资项目资本金审查工作，提供有关资本金真实性和资金来源的证明材料，并对证明材料的真实性负责。

（十二）自本通知印发之日起，凡尚未经有关部门审批可行性研究报告、核准项目申请报告、办理备案手续的投资项目，均按本通知执行。已经办理相关手续、尚未开工、金融机构尚未发放贷款的投资项目，可以按本通知调整资金筹措方案，并重新办理审批、核准或备案手续。已与金融机构签订相关贷款合同的投资项目，可按照原合同执行。

国务院
2019 年 11 月 20 日

11.《银行业金融机构国别风险管理指引》（银监发〔2010〕45 号）

第一章　总　则

第一条　为加强银行业金融机构国别风险管理，根据《中华人民共和国银行业监督管理法》、《中华人民共和国商业银行法》以及其他有关法律和行政法规，制定本指引。

第二条　在中华人民共和国境内依法设立的商业银行、邮政储蓄银行、城市信用合作社、农村信用合作社等吸收公众存款的银行业金融机构、政策性银行以及国家开发银行适用本指引。

第三条　本指引所称国别风险，是指由于某一国家或地区经济、政治、社会变化及事件，导致该国家或地区借款人或债务人没有能力或者拒绝偿付银行业金融机构债务，或使银行业金融机构在该国家或地区的商业存在遭受损失，或使银行业金融机构遭受其他损失的风险。

国别风险可能由一国或地区经济状况恶化、政治和社会动荡、资产被国有化或被征用、政府拒付对外债务、外汇管制或货币贬值等情况引发。

转移风险是国别风险的主要类型之一，是指借款人或债务人由于本国外汇储备不足或外汇管制等原因，无法获得所需外汇偿还其境外债务的风险。

第四条　本指引所称国家或地区，是指不同的司法管辖区或经济体。如银行业金融机构在进行国别风险管理时，应当视中国香港、中国澳门和中国台湾为不同的司法管辖区或经济体。

第五条　本指引所称重大国别风险暴露，是指对单一国家或地区超过银行业金融机构净资本 25％ 的风险暴露。

第六条　本指引所称国别风险准备金，是指银行业金融机构为吸收国别风险导致

337

的潜在损失计提的准备金。

第七条　银行业金融机构应当有效识别、计量、监测和控制国别风险，在计提准备金时充分考虑国别风险。

第八条　中国银行业监督管理委员会（以下简称银监会）及其派出机构依法对银行业金融机构的国别风险管理实施监督检查，及时获得银行业金融机构国别风险信息，评价银行业金融机构国别风险管理的有效性。

第二章　国别风险管理

第九条　银行业金融机构应当按照本指引要求，将国别风险管理纳入全面风险管理体系，建立与本机构战略目标、国别风险暴露规模和复杂程度相适应的国别风险管理体系。国别风险管理体系包括以下基本要素：

（一）董事会和高级管理层的有效监控；

（二）完善的国别风险管理政策和程序；

（三）完善的国别风险识别、计量、监测和控制过程；

（四）完善的内部控制和审计。

第十条　银行业金融机构董事会承担监控国别风险管理有效性的最终责任。主要职责包括：

（一）定期审核和批准国别风险管理战略、政策、程序和限额；

（二）确保高级管理层采取必要措施识别、计量、监测和控制国别风险；

（三）定期审阅高级管理层提交的国别风险报告，监控和评价国别风险管理有效性以及高级管理层对国别风险管理的履职情况；

（四）确定内部审计部门对国别风险管理情况的监督职责。

第十一条　银行业金融机构高级管理层负责执行董事会批准的国别风险管理政策。主要职责包括：

（一）制定、定期审查和监督执行国别风险管理的政策、程序和操作规程；

（二）及时了解国别风险水平及管理状况；

（三）明确界定各部门的国别风险管理职责以及国别风险报告的路径、频率、内容，督促各部门切实履行国别风险管理职责，确保国别风险管理体系的正常运行；

（四）确保具备适当的组织结构、管理信息系统以及足够的资源来有效地识别、计量、监测和控制各项业务所承担的国别风险。

第十二条　银行业金融机构应当指定合适的部门承担国别风险管理职责，制定适用于本机构的国别风险管理政策。

国别风险管理政策应当与本机构跨境业务性质、规模和复杂程度相适应。主要内容包括：

（一）跨境业务战略和主要承担的国别风险类型；

（二）国别风险管理组织架构、权限和责任；

（三）国别风险识别、计量、监测和控制程序；

（四）国别风险的报告体系；

（五）国别风险的管理信息系统；

（六）国别风险的内部控制和审计；

（七）国别风险准备金政策和计提方法；

（八）应急预案和退出策略。

第十三条　银行业金融机构应当充分识别业务经营中面临的潜在国别风险，了解所承担的国别风险类型，确保在单一和并表层面上，按国别识别风险。

国别风险存在于授信、国际资本市场业务、设立境外机构、代理行往来和由境外服务提供商提供的外包服务等经营活动中。

第十四条　银行业金融机构应当确保国际授信与国内授信适用同等原则，包括：严格遵循"了解你的客户"原则，对境外借款人进行充分的尽职调查，确保借款人有足够的外币资产或收入来源履行其外币债务；认真核实借款人身份及最终所有权，避免风险过度集中；尽职核查资金实际用途，防止贷款挪用；审慎评估海外抵押品的合法性及其可被强制执行的法律效力；建立完善的贷后管理制度。

第十五条　银行业金融机构在进行交易对手尽职调查时，应当严格遵守反洗钱和反恐融资法律法规，严格执行联合国安理会的有关决议，对涉及敏感国家或地区的业务及交易保持高度警惕，及时查询包括联合国制裁决议在内的与本机构经营相关的国际事件信息，建立和完善相应的管理信息系统，及时录入、更新有关制裁名单和可疑交易客户等信息，防止个别组织或个人利用本机构从事支持恐怖主义、洗钱或其他非法活动。

第十六条　银行业金融机构应当根据本机构国别风险类型、暴露规模和复杂程度选择适当的计量方法。计量方法应当至少满足以下要求：能够覆盖所有重大风险暴露和不同类型的风险；能够在单一和并表层面按国别计量风险；能够根据有风险转移及无风险转移情况分别计量国别风险。

第十七条　银行业金融机构应当建立与国别风险暴露规模和复杂程度相适应的国别风险评估体系，对已经开展和计划开展业务的国家或地区逐一进行风险评估。在评估国别风险时，银行业金融机构应当充分考虑一个国家或地区经济、政治和社会状况的定性和定量因素。在国际金融中心开展业务或设有商业存在的机构，还应当充分考虑国际金融中心的固有风险因素。在特定国家或地区出现不稳定因素或可能发生危机的情况下，应当及时更新对该国家或地区的风险评估。银行业金融机构在制定业务发展战略、审批授信、评估借款人还款能力、进行国别风险评级和设定国别风险限额时，应当充分考虑国别风险评估结果。

银行业金融机构应当建立正式的国别风险内部评级体系，反映国别风险评估结

果。国别风险应当至少划分为低、较低、中、较高、高五个等级，风险暴露较大的机构可以考虑建立更为复杂的评级体系。在存在极端风险事件情况下，银监会可以统一指定特定国家或地区的风险等级。

银行业金融机构应当建立国别风险评级和贷款分类体系的对应关系，在设立国别风险限额和确定国别风险准备金计提水平时充分考虑风险评级结果。

银行业金融机构可以合理利用内外部资源开展国别风险评估和评级，在此基础上做出独立判断。国别风险暴露较低的银行业金融机构，可以主要利用外部资源开展国别风险评估和评级，但最终应当做出独立判断。

第十八条 银行业金融机构应当对国别风险实行限额管理，在综合考虑跨境业务发展战略、国别风险评级和自身风险偏好等因素的基础上，按国别合理设定覆盖表内外项目的国别风险限额。有重大国别风险暴露的银行业金融机构应当考虑在总限额下按业务类型、交易对手类型、国别风险类型和期限等设定分类限额。

国别风险限额应当经董事会或其授权委员会批准，并传达到相关部门和人员。银行业金融机构应当至少每年对国别风险限额进行审查和批准，在特定国家或地区风险状况发生显著变化的情况下，提高审查和批准频率。

银行业金融机构应当建立国别风险限额监测、超限报告和审批程序，至少每月监测国别风险限额遵守情况，持有较多交易资产的机构应当提高监测频率。超限额情况应当及时向相应级别的管理层或董事会报告，以获得批准或采取纠正措施。银行业金融机构管理信息系统应当能够有效监测限额遵守情况。

第十九条 银行业金融机构应当建立与国别风险暴露规模相适应的监测机制，在单一和并表层面上按国别监测风险，监测信息应当妥善保存于国别风险评估档案中。在特定国家或地区状况恶化时，应当提高监测频率。必要时，银行业金融机构还应当监测特定国际金融中心、某一区域或某组具有类似特征国家的风险状况和趋势。

银行业金融机构可以充分利用内外部资源实施监测，包括要求本机构的境外机构提供国别风险状况报告，定期走访相关国家或地区，从评级机构或其他外部机构获取有关信息等。国别风险暴露较低的银行业金融机构，可以主要利用外部资源开展国别风险监测。

第二十条 银行业金融机构应当建立与国别风险暴露规模和复杂程度相适应的国别风险压力测试方法和程序，定期测试不同假设情景对国别风险状况的潜在影响，以识别早期潜在风险，并评估业务发展策略与战略目标的一致性。

银行业金融机构应当定期向董事会和高级管理层报告测试结果，根据测试结果制订国别风险管理应急预案，及时处理对陷入困境国家的风险暴露，明确在特定风险状况下应当采取的风险缓释措施，以及必要时应当采取的市场退出策略。

第二十一条 银行业金融机构应当为国别风险的识别、计量、监测和控制建立完备、可靠的管理信息系统。管理信息系统功能至少应当包括：

（一）帮助识别不适当的客户及交易；

（二）支持不同业务领域、不同类型国别风险的计量；

（三）支持国别风险评估和风险评级；

（四）监测国别风险限额执行情况；

（五）为压力测试提供有效支持；

（六）准确、及时、持续、完整地提供国别风险信息，满足内部管理、监管报告和信息披露要求。

第二十二条　银行业金融机构应当定期、及时向董事会和高级管理层报告国别风险情况，包括但不限于国别风险暴露、风险评估和评级、风险限额遵守情况、超限额业务处理情况、压力测试、准备金计提水平等。不同层次和种类的报告应当遵循规定的发送范围、程序和频率。重大风险暴露和高风险国家暴露应当至少每季度向董事会报告。在风险暴露可能威胁到银行盈利、资本和声誉的情况下，银行业金融机构应当及时向董事会和高级管理层报告。

第二十三条　银行业金融机构应当建立完善的国别风险管理内部控制体系，确保国别风险管理政策和限额得到有效执行和遵守，相关职能适当分离，如业务经营职能和国别风险评估、风险评级、风险限额设定及监测职能应当保持独立。

第二十四条　银行业金融机构内部审计部门应当定期对国别风险管理体系的有效性进行独立审查，评估国别风险管理政策和限额执行情况，确保董事会和高级管理层获取完整、准确的国别风险管理信息。

第三章　国别风险准备金

第二十五条　银行业金融机构应当充分考虑国别风险对资产质量的影响，准确识别、合理评估、审慎预计因国别风险可能导致的资产损失。

第二十六条　银行业金融机构应当制定书面的国别风险准备金计提政策，确保所计提的资产减值准备全面、真实反映国别风险。

第二十七条　银行业金融机构计提的国别风险准备金应当作为资产减值准备的组成部分。

第二十八条　银行业金融机构应当按本指引对国别风险进行分类，并在考虑风险转移和风险缓释因素后，参照以下标准对具有国别风险的资产计提国别风险准备金：

低国别风险不低于0.5%；较低国别风险不低于1%；中等国别风险不低于15%；较高国别风险不低于25%；高国别风险不低于50%。

银行业金融机构如已建立国别风险内部评级体系，应当明确该评级体系与本指引规定的国别风险分类之间的对应关系。

第二十九条　银行业金融机构应当对资产的国别风险进行持续有效的跟踪监测，并根据国别风险的变化动态调整国别风险准备金。

第三十条　银行业金融机构应当要求外部审计机构在对本机构年度财务报告进行审计时，评估所计提资产减值准备考虑国别风险因素的充分性、合理性和审慎性，并发表审计意见。

第四章　国别风险管理的监督检查

第三十一条　银监会及其派出机构将银行业金融机构国别风险管理情况纳入持续监管框架，对银行业金融机构国别风险管理的有效性进行评估。在审核银行业金融机构设立、参股、收购境外机构的申请时，将国别风险管理状况作为重要考虑因素。

第三十二条　银行业金融机构应当每年向银监会及其派出机构报送国别风险暴露和准备金计提情况，有重大国别风险暴露的银行业金融机构应当每季度报告。

银监会及其派出机构对银行业金融机构报告内容进行审查，并可以根据审查结果要求银行业金融机构增加报告范围和频率、提供额外信息、实施压力测试等。

在特定国家或地区发生重大经济、政治、社会事件，并对本行国别风险水平及其管理状况产生重大不利影响时，银行业金融机构应当及时向银监会及其派出机构报告对该国家或地区的风险暴露情况。

第三十三条　银行业金融机构的国别风险管理政策和程序应当报银监会及其派出机构备案。银监会及其派出机构对银行业金融机构国别风险管理的政策、程序和做法进行定期检查评估，主要内容包括：

（一）董事会和高级管理层在国别风险管理中的履职情况；

（二）国别风险管理政策和程序的完善性和执行情况；

（三）国别风险识别、计量、监测和控制的有效性；

（四）国别风险管理信息系统的有效性；

（五）国别风险限额管理的有效性；

（六）国别风险内部控制的有效性。

第三十四条　银监会及其派出机构定期评估银行业金融机构国别风险准备金计提的合理性和充分性，可以要求国别风险准备金计提不充分的商业银行采取措施，减少国别风险暴露或者提高准备金水平。

第三十五条　对于银监会及其派出机构在监管中发现的有关国别风险管理的问题，银行业金融机构应当在规定时限内提交整改方案并采取整改措施。对于逾期未改正或者导致重大损失的银行业金融机构，银监会及其派出机构可以依法采取监管措施。

第三十六条　银行业金融机构应当严格按照《商业银行信息披露办法》等法律法规的有关规定，定期披露国别风险和国别风险管理情况。

第五章　附　则

第三十七条　金融资产管理公司、信托公司、企业集团财务公司、金融租赁公司、汽车金融公司、外国银行分行等其他金融机构参照本指引执行。

第三十八条　本指引由银监会负责解释。

第三十九条　银行业金融机构最迟应当于 2011 年 6 月 1 日前达到本指引要求。

第四十条　本指引自发布之日起施行。

12. 《商业银行资本管理办法（试行）》（银监会令〔2012〕1 号）

第一章　总　则

第一条　为加强商业银行资本监管，维护银行体系稳健运行，保护存款人利益，根据《中华人民共和国银行业监督管理法》、《中华人民共和国商业银行法》、《中华人民共和国外资银行管理条例》等法律法规，制定本办法。

第二条　本办法适用于在中华人民共和国境内设立的商业银行。

第三条　商业银行资本应抵御其所面临的风险，包括个体风险和系统性风险。

第四条　商业银行应当符合本办法规定的资本充足率监管要求。

第五条　本办法所称资本充足率，是指商业银行持有的符合本办法规定的资本与风险加权资产之间的比率。

一级资本充足率，是指商业银行持有的符合本办法规定的一级资本与风险加权资产之间的比率。

核心一级资本充足率，是指商业银行持有的符合本办法规定的核心一级资本与风险加权资产之间的比率。

第六条　商业银行应当按照本办法的规定计算并表和未并表的资本充足率。

第七条　商业银行资本充足率计算应当建立在充分计提贷款损失准备等各项减值准备的基础之上。

第八条　商业银行应当按照本办法建立全面风险管理架构和内部资本充足评估程序。

第九条　中国银行业监督管理委员会（以下简称银监会）依照本办法对商业银行资本充足率、资本管理状况进行监督检查，并采取相应的监管措施。

第十条　商业银行应当按照本办法披露资本充足率信息。

第二章　资本充足率计算和监管要求

第一节　资本充足率计算范围

第十一条　商业银行未并表资本充足率的计算范围应包括商业银行境内外所有分支机构。并表资本充足率的计算范围应包括商业银行以及符合本办法规定的其直接或

间接投资的金融机构。商业银行及被投资金融机构共同构成银行集团。

第十二条 商业银行计算并表资本充足率，应当将以下境内外被投资金融机构纳入并表范围：

（一）商业银行直接或间接拥有50%以上表决权的被投资金融机构。

（二）商业银行拥有50%以下（含）表决权的被投资金融机构，但与被投资金融机构之间有下列情况之一的，应将其纳入并表范围：

1. 通过与其他投资者之间的协议，拥有该金融机构50%以上的表决权。

2. 根据章程或协议，有权决定该金融机构的财务和经营政策。

3. 有权任免该金融机构董事会或类似权力机构的多数成员。

4. 在被投资金融机构董事会或类似权力机构占多数表决权。

确定对被投资金融机构表决权时，应考虑直接和间接拥有的被投资金融机构的当期可转换债券、当期可执行的认股权证等潜在表决权因素，对于当期可以实现的潜在表决权，应计入对被投资金融机构的表决权。

（三）其他证据表明商业银行实际控制被投资金融机构的情况。

控制，是指一个公司能够决定另一个公司的财务和经营政策，并据以从另一个公司的经营活动中获取利益。

第十三条 商业银行未拥有被投资金融机构多数表决权或控制权，具有下列情况之一的，应当纳入并表资本充足率计算范围：

（一）具有业务同质性的多个金融机构，虽然单个金融机构资产规模占银行集团整体资产规模的比例较小，但该类金融机构总体风险足以对银行集团的财务状况及风险水平造成重大影响。

（二）被投资金融机构所产生的合规风险、声誉风险造成的危害和损失足以对银行集团的声誉造成重大影响。

第十四条 符合本办法第十二条、第十三条规定的保险公司不纳入并表范围。

商业银行应从各级资本中对应扣除对保险公司的资本投资，若保险公司存在资本缺口的，还应当扣除相应的资本缺口。

第十五条 商业银行拥有被投资金融机构50%以上表决权或对被投资金融机构的控制权，但被投资金融机构处于以下状态之一的，可不列入并表范围：

（一）已关闭或已宣布破产。

（二）因终止而进入清算程序。

（三）受所在国外汇管制及其他突发事件的影响，资金调度受到限制的境外被投资金融机构。

商业银行对有前款规定情形的被投资金融机构资本投资的处理方法按照本办法第十四条第二款的规定执行。

第十六条 商业银行计算未并表资本充足率，应当从各级资本中对应扣除其对符合本办法第十二条和第十三条规定的金融机构的所有资本投资。若这些金融机构存在资本缺口的，还应当扣除相应的资本缺口。

第十七条　商业银行应当根据本办法制定并表和未并表资本充足率计算内部制度。商业银行调整并表和未并表资本充足率计算范围的，应说明理由，并及时报银监会备案。

第十八条　银监会有权根据商业银行及其附属机构股权结构变动、业务类别及风险状况确定和调整其并表资本充足率的计算范围。

第二节　资本充足率计算公式

第十九条　商业银行应当按照以下公式计算资本充足率：

$$资本充足率 = \frac{总资本 - 对应资本扣减项}{风险加权资产} \times 100\%$$

$$一级资本充足率 = \frac{一级资本 - 对应资本扣减项}{风险加权资产} \times 100\%$$

$$核心一级资本充足率 = \frac{核心一级资本 - 对应资本扣减项}{风险加权资产} \times 100\%$$

第二十条　商业银行总资本包括核心一级资本、其他一级资本和二级资本。商业银行应当按照本办法第三章的规定计算各级资本和扣除项。

第二十一条　商业银行风险加权资产包括信用风险加权资产、市场风险加权资产和操作风险加权资产。商业银行应当按照本办法第四章、第五章和第六章的规定分别计量信用风险加权资产、市场风险加权资产和操作风险加权资产。

第三节　资本充足率监管要求

第二十二条　商业银行资本充足率监管要求包括最低资本要求、储备资本和逆周期资本要求、系统重要性银行附加资本要求以及第二支柱资本要求。

第二十三条　商业银行各级资本充足率不得低于如下最低要求：

（一）核心一级资本充足率不得低于5%。

（二）一级资本充足率不得低于6%。

（三）资本充足率不得低于8%。

第二十四条　商业银行应当在最低资本要求的基础上计提储备资本。储备资本要求为风险加权资产的2.5%，由核心一级资本来满足。

特定情况下，商业银行应当在最低资本要求和储备资本要求之上计提逆周期资本。逆周期资本要求为风险加权资产的0～2.5%，由核心一级资本来满足。

逆周期资本的计提与运用规则另行规定。

第二十五条　除本办法第二十三条和第二十四条规定的最低资本要求、储备资本和逆周期资本要求外，系统重要性银行还应当计提附加资本。

国内系统重要性银行附加资本要求为风险加权资产的1%，由核心一级资本满足。国内系统重要性银行的认定标准另行规定。

若国内银行被认定为全球系统重要性银行，所适用的附加资本要求不得低于巴塞尔委员会的统一规定。

第二十六条 除本办法第二十三条、第二十四条和第二十五条规定的资本要求以外，银监会有权在第二支柱框架下提出更审慎的资本要求，确保资本充分覆盖风险，包括：

（一）根据风险判断，针对部分资产组合提出的特定资本要求；

（二）根据监督检查结果，针对单家银行提出的特定资本要求。

第二十七条 除上述资本充足率监管要求外，商业银行还应当满足杠杆率监管要求。

杠杆率的计算规则和监管要求另行规定。

第三章　资本定义

第一节　资本组成

第二十八条 商业银行发行的资本工具应符合本办法附件1规定的合格标准。

第二十九条 核心一级资本包括：

（一）实收资本或普通股。

（二）资本公积。

（三）盈余公积。

（四）一般风险准备。

（五）未分配利润。

（六）少数股东资本可计入部分。

第三十条 其他一级资本包括：

（一）其他一级资本工具及其溢价。

（二）少数股东资本可计入部分。

第三十一条 二级资本包括：

（一）二级资本工具及其溢价。

（二）超额贷款损失准备。

1. 商业银行采用权重法计量信用风险加权资产的，超额贷款损失准备可计入二级资本，但不得超过信用风险加权资产的1.25%。

前款所称超额贷款损失准备是指商业银行实际计提的贷款损失准备超过最低要求的部分。贷款损失准备最低要求指100%拨备覆盖率对应的贷款损失准备和应计提的贷款损失专项准备两者中的较大者。

2. 商业银行采用内部评级法计量信用风险加权资产的，超额贷款损失准备可计入二级资本，但不得超过信用风险加权资产的 0.6%。

前款所称超额贷款损失准备是指商业银行实际计提的贷款损失准备超过预期损失的部分。

（三）少数股东资本可计入部分。

第二节　资本扣除项

第三十二条　计算资本充足率时，商业银行应当从核心一级资本中全额扣除以下项目：

（一）商誉。

（二）其他无形资产（土地使用权除外）。

（三）由经营亏损引起的净递延税资产。

（四）贷款损失准备缺口。

1. 商业银行采用权重法计量信用风险加权资产的，贷款损失准备缺口是指商业银行实际计提的贷款损失准备低于贷款损失准备最低要求的部分。

2. 商业银行采用内部评级法计量信用风险加权资产的，贷款损失准备缺口是指商业银行实际计提的贷款损失准备低于预期损失的部分。

（五）资产证券化销售利得。

（六）确定受益类的养老金资产净额。

（七）直接或间接持有本银行的股票。

（八）对资产负债表中未按公允价值计量的项目进行套期形成的现金流储备，若为正值，应予以扣除；若为负值，应予以加回。

（九）商业银行自身信用风险变化导致其负债公允价值变化带来的未实现损益。

第三十三条　商业银行之间通过协议相互持有的各级资本工具，或银监会认定为虚增资本的各级资本投资，应从相应监管资本中对应扣除。

商业银行直接或间接持有本银行发行的其他一级资本工具和二级资本工具，应从相应的监管资本中对应扣除。

对应扣除是指从商业银行自身相应层级资本中扣除。商业银行某一级资本净额小于应扣除数额的，缺口部分应从更高一级的资本净额中扣除。

第三十四条　商业银行对未并表金融机构的小额少数资本投资，合计超出本银行核心一级资本净额 10% 的部分，应从各级监管资本中对应扣除。

小额少数资本投资是指商业银行对金融机构各级资本投资（包括直接和间接投资）占该被投资金融机构实收资本（普通股加普通股溢价）10%（不含）以下，且不符合本办法第十二条、第十三条规定的资本投资。

第三十五条　商业银行对未并表金融机构的大额少数资本投资中，核心一级资本

投资合计超出本行核心一级资本净额 10% 的部分应从本银行核心一级资本中扣除；其他一级资本投资和二级资本投资应从相应层级资本中全额扣除。

大额少数资本投资是指商业银行对金融机构各级资本投资（包括直接和间接投资）占该被投资金融机构实收资本（普通股加普通股溢价）10%（含）以上，且不符合本办法第十二条、第十三条规定的资本投资。

第三十六条 除本办法第三十二条第三款规定的递延税资产外，其他依赖于本银行未来盈利的净递延税资产，超出本行核心一级资本净额 10% 的部分应从核心一级资本中扣除。

第三十七条 根据本办法第三十五条、第三十六条的规定，未在商业银行核心一级资本中扣除的对金融机构的大额少数资本投资和相应的净递延税资产，合计金额不得超过本行核心一级资本净额的 15%。

第三节　少数股东资本的处理

第三十八条 商业银行附属公司适用于资本充足率监管的，附属公司直接发行且由第三方持有的少数股东资本可以部分计入监管资本。

第三十九条 附属公司核心一级资本中少数股东资本用于满足核心一级资本最低要求和储备资本要求的部分，可计入并表核心一级资本。

最低要求和储备资本要求为下面两项中较小者：

（一）附属公司核心一级资本最低要求加储备资本要求。

（二）母公司并表核心一级资本最低要求与储备资本要求归属于附属公司的部分。

第四十条 附属公司一级资本中少数股东资本用于满足一级资本最低要求和储备资本要求的部分，扣除已计入并表核心一级资本的部分后，剩余部分可以计入并表其他一级资本。

最低要求和储备资本要求为下面两项中较小者：

（一）附属公司一级资本最低要求加储备资本要求。

（二）母公司并表一级资本最低要求与储备资本要求归属于附属公司的部分。

第四十一条 附属公司总资本中少数股东资本用于满足总资本最低要求和储备资本要求的部分，扣除已计入并表一级资本的部分后，剩余部分可以计入并表二级资本。

最低要求和储备资本要求为下面两项中较小者：

（一）附属公司总资本最低要求加储备资本要求。

（二）母公司并表总资本最低要求与储备资本要求归属于附属公司的部分。

第四节　特殊规定

第四十二条 商业银行发行的二级资本工具有确定到期日的，该二级资本工具在距到期日前最后五年，可计入二级资本的金额，应当按 100%、80%、60%、40%、20% 的比例逐年减记。

第四十三条　商业银行 2010 年 9 月 12 日前发行的不合格二级资本工具，2013 年 1 月 1 日之前可计入监管资本，2013 年 1 月 1 日起按年递减 10%，2022 年 1 月 1 日起不得计入监管资本。

前款所称不合格二级资本工具按年递减数量的计算以 2013 年 1 月 1 日的数量为基数。

带有利率跳升机制或其他赎回激励的二级资本工具，若行权日期在 2013 年 1 月 1 日之后，且在行权日未被赎回，并满足本办法附件 1 规定的其他所有合格标准，可继续计入监管资本。

第四十四条　商业银行 2010 年 9 月 12 日至 2013 年 1 月 1 日之间发行的二级资本工具，若不含有减记或转股条款，但满足本办法附件 1 规定的其他合格标准，2013 年 1 月 1 日之前可计入监管资本，2013 年 1 月 1 日起按年递减 10%，2022 年 1 月 1 日起不得计入监管资本。

前款所称不合格二级资本工具按年递减数量的计算以 2013 年 1 月 1 日的数量为基数。

第四十五条　2013 年 1 月 1 日之后发行的不合格资本工具不再计入监管资本。

第四章　信用风险加权资产计量

第一节　一般规定

第四十六条　商业银行可以采用权重法或内部评级法计量信用风险加权资产。商业银行采用内部评级法计量信用风险加权资产的，应当符合本办法的规定，并经银监会核准。内部评级法未覆盖的风险暴露应采用权重法计量信用风险加权资产。

未经银监会核准，商业银行不得变更信用风险加权资产计量方法。

第四十七条　商业银行申请采用内部评级法计量信用风险加权资产的，提交申请时内部评级法资产覆盖率应不低于 50%，并在三年内达到 80%。

前款所称内部评级法资产覆盖率按以下公式确定：

内部评级法资产覆盖率 = 按内部评级法计量的风险加权资产 /（按内部评级法计量的风险加权资产 + 按权重法计量的内部评级法未覆盖信用风险暴露的风险加权资产）×100%

第四十八条　商业银行采用内部评级法，应当按照本办法附件 3 的规定计量信用风险加权资产，按照本办法附件 4 的规定对银行账户信用风险暴露进行分类，按照本办法附件 5 的规定建立内部评级体系。

商业银行采用内部评级法，可以按照本办法附件 6 的规定审慎考虑信用风险缓释工具的风险抵补作用。

商业银行采用内部评级法，可以按照本办法附件 7 的规定采用监管映射法计量专业贷款信用风险加权资产。

第四十九条 商业银行应当按照本办法附件 8 的规定计量银行账户和交易账户的交易对手信用风险加权资产。

第五十条 商业银行应当按照本办法附件 9 的规定计量资产证券化风险暴露的信用风险加权资产。

第二节 权重法

第五十一条 权重法下信用风险加权资产为银行账户表内资产信用风险加权资产与表外项目信用风险加权资产之和。

第五十二条 商业银行计量各类表内资产的风险加权资产，应首先从资产账面价值中扣除相应的减值准备，然后乘以风险权重。

第五十三条 商业银行计量各类表外项目的风险加权资产，应将表外项目名义金额乘以信用转换系数得到等值的表内资产，再按表内资产的处理方式计量风险加权资产。

第五十四条 现金及现金等价物的风险权重为 0%。

第五十五条 商业银行对境外主权和金融机构债权的风险权重，以所在国家或地区的外部信用评级结果为基准。

（一）对其他国家或地区政府及其中央银行债权，该国家或地区的评级为 AA－（含）以上的，风险权重为 0%；AA－以下，A－（含）以上的，风险权重为 20%；A－以下，BBB－（含）以上的，风险权重为 50%；BBB－以下，B－（含）以上的，风险权重为 100%；B－以下的，风险权重为 150%；未评级的，风险权重为 100%。

（二）对公共部门实体债权的风险权重与对所在国家或地区注册的商业银行债权的风险权重相同。

（三）对境外商业银行债权，注册地所在国家或地区的评级为 AA－（含）以上的，风险权重为 25%；AA－以下，A－（含）以上的，风险权重为 50%；A－以下，B－（含）以上的，风险权重为 100%；B－以下的，风险权重为 150%；未评级的，风险权重为 100%。

（四）对境外其他金融机构债权的风险权重为 100%。

第五十六条 商业银行对多边开发银行、国际清算银行和国际货币基金组织债权的风险权重为 0%。

多边开发银行包括世界银行集团、亚洲开发银行、非洲开发银行、欧洲复兴开发银行、泛美开发银行、欧洲投资银行、欧洲投资基金、北欧投资银行、加勒比海开发银行、伊斯兰开发银行和欧洲开发银行理事会。

第五十七条 商业银行对我国中央政府和中国人民银行债权的风险权重为 0%。

第五十八条　商业银行对我国公共部门实体债权的风险权重为 20%。我国公共部门实体包括：

（一）除财政部和中国人民银行以外，其他收入主要源于中央财政的公共部门。

（二）省级（直辖区、自治区）以及计划单列市人民政府。

商业银行对前款所列公共部门实体投资的工商企业的债权不适用 20% 的风险权重。

第五十九条　商业银行对我国政策性银行债权的风险权重为 0%。

商业银行对我国政策性银行的次级债权（未扣除部分）的风险权重为 100%。

第六十条　商业银行持有我国中央政府投资的金融资产管理公司为收购国有银行不良贷款而定向发行的债券的风险权重为 0%。

商业银行对我国中央政府投资的金融资产管理公司其他债权的风险权重为 100%。

第六十一条　商业银行对我国其他商业银行债权的风险权重为 25%，其中原始期限三个月以内（含）债权的风险权重为 20%。

以风险权重为 0% 的金融资产作为质押的债权，其覆盖部分的风险权重为 0%。

商业银行对我国其他商业银行的次级债权（未扣除部分）的风险权重为 100%。

第六十二条　商业银行对我国其他金融机构债权的风险权重为 100%。

第六十三条　商业银行对一般企业债权的风险权重为 100%。

第六十四条　商业银行对同时符合以下条件的微型和小型企业债权的风险权重为 75%：

（一）企业符合国家相关部门规定的微型和小型企业认定标准。

（二）商业银行对单家企业（或企业集团）的风险暴露不超过 500 万元。

（三）商业银行对单家企业（或企业集团）的风险暴露占本行信用风险暴露总额的比例不高于 0.5%。

第六十五条　商业银行对个人债权的风险权重。

（一）个人住房抵押贷款的风险权重为 50%。

（二）对已抵押房产，在购房人没有全部归还贷款前，商业银行以再评估后的净值为抵押追加贷款的，追加部分的风险权重为 150%。

（三）对个人其他债权的风险权重为 75%。

第六十六条　租赁业务的租赁资产余值的风险权重为 100%。

第六十七条　下列资产适用 250% 风险权重：

（一）对金融机构的股权投资（未扣除部分）。

（二）依赖于银行未来盈利的净递延税资产（未扣除部分）。

第六十八条　商业银行对工商企业股权投资的风险权重。

（一）商业银行被动持有的对工商企业股权投资在法律规定处分期限内的风险权重为 400%。

（二）商业银行因政策性原因并经国务院特别批准的对工商企业股权投资的风险权重为 400%。

（三）商业银行对工商企业其他股权投资的风险权重为 1250%。

第六十九条 商业银行非自用不动产的风险权重为 1250%。

商业银行因行使抵押权而持有的非自用不动产在法律规定处分期限内的风险权重为 100%。

第七十条 商业银行其他资产的风险权重为 100%。

第七十一条 商业银行各类表外项目的信用转换系数。

（一）等同于贷款的授信业务的信用转换系数为 100%。

（二）原始期限不超过 1 年和 1 年以上的贷款承诺的信用转换系数分别为 20% 和 50%；可随时无条件撤销的贷款承诺的信用转换系数为 0%。

（三）未使用的信用卡授信额度的信用转换系数为 50%，但同时符合以下条件的未使用的信用卡授信额度的信用转换系数为 20%：

1. 授信对象为自然人，授信方式为无担保循环授信。

2. 对同一持卡人的授信额度不超过 100 万元人民币。

3. 商业银行应至少每年一次评估持卡人的信用程度，按季监控授信额度的使用情况；若持卡人信用状况恶化，商业银行有权降低甚至取消授信额度。

（四）票据发行便利和循环认购便利的信用转换系数为 50%。

（五）银行借出的证券或用作抵押物的证券，包括回购交易中的证券借贷，信用转换系数为 100%。

（六）与贸易直接相关的短期或有项目，信用转换系数为 20%。

（七）与交易直接相关的或有项目，信用转换系数为 50%。

（八）信用风险仍在银行的资产销售与购买协议，信用转换系数为 100%。

（九）远期资产购买、远期定期存款、部分交款的股票及证券，信用转换系数为 100%。

（十）其他表外项目的信用转换系数均为 100%。

第七十二条 商业银行应当按照本办法附件 2 的规定对因证券、商品、外汇清算形成的风险暴露计量信用风险加权资产。

第七十三条 商业银行采用权重法计量信用风险加权资产时，可按照本办法附件 2 的规定考虑合格质物质押或合格保证主体提供保证的风险缓释作用。

合格质物质押的债权（含证券融资类交易形成的债权），取得与质物相同的风险权重，或取得对质物发行人或承兑人直接债权的风险权重。部分质押的债权（含证券融资类交易形成的债权），受质物保护的部分获得相应的较低风险权重。

合格保证主体提供全额保证的贷款，取得对保证人直接债权的风险权重。部分保证的贷款，被保证部分获得相应的较低风险权重。

第七十四条　商业银行采用权重法的，质物或保证的担保期限短于被担保债权期限的，不具备风险缓释作用。

第三节　内部评级法

第七十五条　商业银行应对银行账户信用风险暴露进行分类，并至少分为以下六类：

（一）主权风险暴露。

（二）金融机构风险暴露，包括银行类金融机构风险暴露和非银行类金融机构风险暴露。

（三）公司风险暴露，包括中小企业风险暴露、专业贷款和一般公司风险暴露。

（四）零售风险暴露，包括个人住房抵押贷款、合格循环零售风险暴露和其他零售风险暴露。

（五）股权风险暴露。

（六）其他风险暴露，包括购入应收款及资产证券化风险暴露。

主权风险暴露、金融机构风险暴露和公司风险暴露统称为非零售风险暴露。

第七十六条　商业银行应分别计量未违约和已违约风险暴露的风险加权资产：

（一）未违约非零售风险暴露的风险加权资产计量基于单笔信用风险暴露的违约概率、违约损失率、违约风险暴露、相关性和有效期限。

未违约零售类风险暴露的风险加权资产计量基于单个资产池风险暴露的违约概率、违约损失率、违约风险暴露和相关性。

（二）已违约风险暴露的风险加权资产计量基于违约损失率、预期损失率和违约风险暴露。

第七十七条　商业银行应当按照以下方法确定违约概率：

（一）主权风险暴露的违约概率为商业银行内部估计的1年期违约概率。

（二）公司、金融机构和零售风险暴露的违约概率为商业银行内部估计的1年期违约概率与0.03%中的较大值。

（三）对于提供合格保证或信用衍生工具的风险暴露，商业银行可以使用保证人的违约概率替代债务人的违约概率。

第七十八条　商业银行应当按照以下方法确定违约损失率：

（一）商业银行采用初级内部评级法，非零售风险暴露中没有合格抵质押品的高级债权和次级债权的违约损失率分别为45%和75%。对于提供合格抵质押品的高级债权和从属于净额结算主协议的回购交易，商业银行可以根据风险缓释效应调整违约损失率。

（二）商业银行采用高级内部评级法，应使用内部估计的单笔非零售风险暴露的违约损失率。

（三）商业银行应使用内部估计的零售资产池的违约损失率。

第七十九条 商业银行应当按照以下方法确定违约风险暴露：

违约风险暴露应不考虑专项准备和部分核销的影响。表内资产的违约风险暴露应不小于以下两项之和：（1）违约风险暴露被完全核销后，银行监管资本下降的数量；（2）各项专项准备金和部分核销的数量。如果商业银行估计的违约风险暴露超过以上两项之和，超过部分可视为折扣。风险加权资产的计量不受该折扣的影响，但比较预期损失和合格准备金时，可将该折扣计入准备金。

（一）商业银行采用初级内部评级法，应当按风险暴露名义金额计量表内资产的违约风险暴露，但可以考虑合格净额结算的风险缓释效应。

（二）商业银行采用初级内部评级法，贷款承诺、票据发行便利、循环认购便利等表外项目的信用转换系数为75%；可随时无条件撤销的贷款承诺信用转换系数为0%；其他各类表外项目的信用转换系数按照本办法第七十一条的规定。

（三）商业银行采用高级内部评级法，应当使用内部估计的非零售违约风险暴露。对于按照本办法第七十一条规定信用转换系数为100%的表外项目，应使用100%的信用转换系数估计违约风险暴露。

（四）商业银行应当使用内部估计的零售违约风险暴露。对于表外零售风险暴露，商业银行应按照内部估计的信用转换系数计量违约风险暴露。

第八十条 商业银行应当按照以下方法确定有效期限：

（一）商业银行采用初级内部评级法，非零售风险暴露的有效期限为2.5年。回购类交易的有效期限为0.5年。

（二）商业银行采用高级内部评级法，有效期限为1年和内部估计的有效期限两者之间的较大值，但最大不超过5年。中小企业风险暴露的有效期限可以采用2.5年。

（三）对于下列短期风险暴露，有效期限为内部估计的有效期限与1天中的较大值：

1. 原始期限1年以内全额抵押的场外衍生品交易、保证金贷款、回购交易和证券借贷交易。交易文件中必须包括按日重新估值并调整保证金，且在交易对手违约或未能补足保证金时可以及时平仓或处置抵押品的条款。

2. 原始期限1年以内自我清偿性的贸易融资，包括开立的和保兑的信用证。

3. 原始期限3个月以内的其他短期风险暴露，包括：场外衍生品交易、保证金贷款、回购交易、证券借贷，短期贷款和存款，证券和外汇清算而产生的风险暴露，以电汇方式进行现金清算产生的风险暴露等。

第五章 市场风险加权资产计量

第一节 一般规定

第八十一条 本办法所称市场风险是指因市场价格（利率、汇率、股票价格和商品价格）的不利变动而使商业银行表内和表外业务发生损失的风险。

第八十二条　市场风险资本计量应覆盖商业银行交易账户中的利率风险和股票风险，以及全部汇率风险和商品风险。

商业银行可以不对结构性外汇风险暴露计提市场风险资本。

第八十三条　本办法所称交易账户包括为交易目的或对冲交易账户其他项目的风险而持有的金融工具和商品头寸。

前款所称为交易目的而持有的头寸是指短期内有目的地持有以便出售，或从实际或预期的短期价格波动中获利，或锁定套利的头寸，包括自营业务、做市业务和为执行客户买卖委托的代客业务而持有的头寸。交易账户中的金融工具和商品头寸原则上还应满足以下条件：

（一）在交易方面不受任何限制，可以随时平盘。

（二）能够完全对冲以规避风险。

（三）能够准确估值。

（四）能够进行积极的管理。

第八十四条　商业银行应当制定清晰的银行账户和交易账户划分标准，明确纳入交易账户的金融工具和商品头寸以及在银行账户和交易账户间划转的条件，确保执行的一致性。

第八十五条　商业银行可以采用标准法或内部模型法计量市场风险资本要求。未经银监会核准，商业银行不得变更市场风险资本计量方法。

第八十六条　商业银行采用内部模型法，若未覆盖所有市场风险，经银监会核准，可组合采用内部模型法和标准法计量市场风险资本要求，但银行集团内部同一机构不得对同一种市场风险采用不同方法计量市场风险资本要求。

第八十七条　商业银行采用内部模型法，内部模型法覆盖率应不低于50%。

前款所称内部模型法覆盖率按以下公式确定：

内部模型法覆盖率＝按内部模型法计量的资本要求／（按内部模型法计量的资本要求＋按标准法计量的资本要求）×100%

第八十八条　商业银行市场风险加权资产为市场风险资本要求的12.5倍，即市场风险加权资产＝市场风险资本要求×12.5。

第二节　标准法

第八十九条　商业银行采用标准法，应当按照本办法附件10的规定分别计量利率风险、汇率风险、商品风险和股票风险的资本要求，并单独计量以各类风险为基础的期权风险的资本要求。

第九十条　市场风险资本要求为利率风险、汇率风险、商品风险、股票风险和期权风险的资本要求之和。

利率风险资本要求和股票风险资本要求为一般市场风险资本要求和特定风险资本要求之和。

第三节　内部模型法

第九十一条　商业银行采用内部模型法的，应当符合本办法附件 11 的规定，并经银监会核准。

第九十二条　商业银行采用内部模型法，其一般市场风险资本要求为一般风险价值与压力风险价值之和，即

$$K = \text{Max}(VaRt - 1, mc \times VaRavg) + \text{Max}(sVaRt - 1, mS \times sVaRavg)$$

其中：

（一）VaR 为一般风险价值，为以下两项中的较大值：

1. 根据内部模型计量的上一交易日的风险价值（$VaRt - 1$）。

2. 最近 60 个交易日风险价值的均值（$VaRavg$）乘以 mC。mC 最小为 3，根据返回检验的突破次数可以增加附加因子。

（二）$sVaR$ 为压力风险价值，为以下两项中的较大值：

1. 根据内部模型计量的上一交易日的压力风险价值（$sVaRt - 1$）。

2. 最近 60 个交易日压力风险价值的均值（$sVaRavg$）乘以 ms。ms 最小为 3。

第九十三条　商业银行采用内部模型法计量特定风险资本要求的，应当按照本办法附件 11 的规定使用内部模型计量新增风险资本要求。

商业银行内部模型未达到计量特定市场风险要求的合格标准，或内部模型未覆盖新增风险，应当按标准法计量特定市场风险资本要求。

第六章　操作风险加权资产计量

第一节　一般规定

第九十四条　本办法所称的操作风险是指由不完善或有问题的内部程序、员工和信息科技系统，以及外部事件所造成损失的风险，包括法律风险，但不包括策略风险和声誉风险。

第九十五条　商业银行可采用基本指标法、标准法或高级计量法计量操作风险资本要求。

商业银行采用标准法或高级计量法计量操作风险资本要求，应符合本办法附件 12 的规定，并经银监会核准。

未经银监会核准，商业银行不得变更操作风险资本计量方法。

第九十六条　商业银行操作风险加权资产为操作风险资本要求的 12.5 倍，即操作风险加权资产 = 操作风险资本要求 ×12.5。

第二节　基本指标法

第九十七条　商业银行采用基本指标法，应当以总收入为基础计量操作风险资本要求。商业银行应当按照本办法附件 12 的规定确认总收入。

总收入为净利息收入与净非利息收入之和。

第九十八条　商业银行采用基本指标法，应当按照以下公式计量操作风险资本要求：

$$K_{BIA} = \frac{\sum_{i=1}^{n} (GI_i \times \alpha)}{n}$$

其中：K_{BIA} 为按基本指标法计量的操作风险资本要求。

GI 为过去三年中每年正的总收入。

n 为过去三年中总收入为正的年数。

α 为 15%。

第三节　标准法

第九十九条　商业银行采用标准法，应当以各业务条线的总收入为基础计量操作风险资本要求。

第一百条　商业银行采用标准法，应当按照本办法附件 12 的规定将全部业务划分为公司金融、交易和销售、零售银行、商业银行、支付和清算、代理服务、资产管理、零售经纪和其他业务等 9 个业务条线。

第一百零一条　商业银行采用标准法，应当按照以下公式计量操作风险资本要求：

$$K_{TSA} = \left\{ \sum_{i=1}^{3} \text{Max} \left[\sum_{i=1}^{9} (GI_i \times \beta_i), 0 \right] \right\} / 3$$

其中：K_{TSA} 为按标准法计量的操作风险资本要求。

$\text{Max} \left[\sum_{i=1}^{9} (GI_i \times \beta_i), 0 \right]$ 是指各年为正的操作风险资本要求。

GI_i 为各业务条线总收入。

β_i 为各业务条线的操作风险资本系数。

第一百零二条　各业务条线的操作风险资本系数（β）如下：

（一）零售银行、资产管理和零售经纪业务条线的操作风险资本系数为 12%。

（二）商业银行和代理服务业务条线的操作风险资本系数为 15%。

（三）公司金融、支付和清算、交易和销售以及其他业务条线的操作风险资本系数为 18%。

第四节　高级计量法

第一百零三条　商业银行采用高级计量法，可根据业务性质、规模和产品复杂程

度以及风险管理水平选择操作风险计量模型。

第一百零四条 商业银行采用高级计量法，应当基于内部损失数据、外部损失数据、情景分析、业务经营环境和内部控制因素建立操作风险计量模型。建立模型使用的内部损失数据应充分反映本行操作风险的实际情况。

第七章 商业银行内部资本充足评估程序

第一节 一般规定

第一百零五条 商业银行应当建立完善的风险管理框架和稳健的内部资本充足评估程序，明确风险治理结构，审慎评估各类风险、资本充足水平和资本质量，制定资本规划和资本充足率管理计划，确保银行资本能够充分抵御其所面临的风险，满足业务发展的需要。

第一百零六条 商业银行内部资本充足评估程序应实现以下目标：

（一）确保主要风险得到识别、计量或评估、监测和报告。

（二）确保资本水平与风险偏好及风险管理水平相适应。

（三）确保资本规划与银行经营状况、风险变化趋势及长期发展战略相匹配。

第一百零七条 商业银行应当将压力测试作为内部资本充足评估程序的重要组成部分，结合压力测试结果确定内部资本充足率目标。压力测试应覆盖各业务条线的主要风险，并充分考虑经济周期对资本充足率的影响。

第一百零八条 商业银行应当将内部资本充足评估程序作为内部管理和决策的组成部分，并将内部资本充足评估结果运用于资本预算与分配、授信决策和战略规划。

第一百零九条 商业银行应当制定合理的薪酬政策，确保薪酬水平、结构和发放时间安排与风险大小和风险存续期限一致，反映风险调整后的长期收益水平，防止过度承担风险，维护财务稳健性。

第一百一十条 商业银行应当至少每年一次实施内部资本充足评估程序，在银行经营情况、风险状况和外部环境发生重大变化时，应及时进行调整和更新。

第二节 治理结构

第一百一十一条 商业银行董事会承担本行资本管理的首要责任，履行以下职责：

（一）设定与银行发展战略和外部环境相适应的风险偏好和资本充足目标，审批银行内部资本充足评估程序，确保资本充分覆盖主要风险。

（二）审批资本管理制度，确保资本管理政策和控制措施有效。

（三）监督内部资本充足评估程序的全面性、前瞻性和有效性。

（四）审批并监督资本规划的实施，满足银行持续经营和应急性资本补充需要。

（五）至少每年一次审批资本充足率管理计划，审议资本充足率管理报告及内部资本充足评估报告，听取对资本充足率管理和内部资本充足评估程序执行情况的审计报告。

（六）审批资本充足率信息披露政策、程序和内容，并保证披露信息的真实、准确和完整。

（七）确保商业银行有足够的资源，能够独立、有效地开展资本管理工作。

第一百一十二条　商业银行采用资本计量高级方法的，董事会还应负责审批资本计量高级方法的管理体系实施规划和重大管理政策，监督高级管理层制定并实施资本计量高级方法的管理政策和流程，确保商业银行有足够资源支持资本计量高级方法管理体系的运行。

第一百一十三条　商业银行高级管理层负责根据业务战略和风险偏好组织实施资本管理工作，确保资本与业务发展、风险水平相适应，落实各项监控措施。具体履行以下职责：

（一）制定并组织执行资本管理的规章制度。

（二）制定并组织实施内部资本充足评估程序，明确相关部门的职责分工，建立健全评估框架、流程和管理制度，确保与商业银行全面风险管理、资本计量及分配等保持一致。

（三）制定和组织实施资本规划和资本充足率管理计划。

（四）定期和不定期评估资本充足率，向董事会报告资本充足率水平、资本充足率管理情况和内部资本充足评估结果。

（五）组织开展压力测试，参与压力测试目标、方案及重要假设的确定，推动压力测试结果在风险评估和资本规划中的运用，确保资本应急补充机制的有效性。

（六）组织内部资本充足评估信息管理系统的开发和维护工作，确保信息管理系统及时、准确地提供评估所需信息。

第一百一十四条　商业银行采用资本计量高级方法的，高级管理层还应定期评估方法和工具的合理性和有效性，定期听取资本计量高级方法验证工作的汇报，履行资本计量高级方法体系的建设、验证和持续优化等职责。

第一百一十五条　商业银行监事会应当对董事会及高级管理层在资本管理和资本计量高级方法管理中的履职情况进行监督评价，并至少每年一次向股东大会报告董事会及高级管理层的履职情况。

第一百一十六条　商业银行应当指定相关部门履行以下资本管理职责：

（一）制订资本总量、结构和质量管理计划，编制并实施资本规划和资本充足率管理计划，向高级管理层报告资本规划和资本充足率管理计划执行情况。

（二）持续监控并定期测算资本充足率水平，开展资本充足率压力测试。

（三）组织建立内部资本计量、配置和风险调整资本收益的评价管理体系。

（四）组织实施内部资本充足评估程序。

（五）建立资本应急补充机制，参与或组织筹集资本。

（六）编制或参与编制资本充足率信息披露文件。

第一百一十七条 商业银行采用资本计量高级方法的，相关部门还应履行以下职责：

（一）设计、实施、监控和维护资本计量高级方法。

（二）健全资本计量高级方法管理机制。

（三）向高级管理层报告资本计量高级方法的计量结果。

（四）组织开展各类风险压力测试。

第一百一十八条 商业银行采用资本计量高级方法的，应当建立验证部门（团队），负责资本计量高级方法的验证工作。验证部门（团队）应独立于资本计量高级方法的开发和运行部门（团队）。

第一百一十九条 商业银行应当明确内部审计部门在资本管理中的职责。内部审计部门应当履行以下职责：

（一）评估资本管理的治理结构和相关部门履职情况，以及相关人员的专业技能和资源充分性。

（二）至少每年一次检查内部资本充足评估程序相关政策和执行情况。

（三）至少每年一次评估资本规划的执行情况。

（四）至少每年一次评估资本充足率管理计划的执行情况。

（五）检查资本管理的信息系统和数据管理的合规性和有效性。

（六）向董事会提交资本充足率管理审计报告、内部资本充足评估程序执行情况审计报告、资本计量高级方法管理审计报告。

第一百二十条 商业银行采用资本计量高级方法的，内部审计部门还应评估资本计量高级方法的适用性和有效性，检查计量结果的可靠性和准确性，检查资本计量高级方法的验证政策和程序，评估验证工作的独立性和有效性。

第三节 风险评估

第一百二十一条 商业银行应当按照银监会相关要求和本办法附件13的规定，设立主要风险的识别和评估标准，确保主要风险得到及时识别、审慎评估和有效监控。

主要风险包括可能导致重大损失的单一风险，以及单一风险程度不高、但与其他风险相互作用可能导致重大损失的风险。风险评估应至少覆盖以下各类风险：

（一）本办法第四章、第五章和第六章中涉及且已覆盖的风险，包括信用风险、市场风险和操作风险。

（二）本办法第四章、第五章和第六章中涉及但没有完全覆盖的风险，包括集中度风险、剩余操作风险等。

（三）本办法第四章、第五章和第六章中未涉及的风险，包括银行账户利率风险、流动性风险、声誉风险、战略风险和对商业银行有实质性影响的其他风险。

（四）外部经营环境变化引发的风险。

第一百二十二条　商业银行应当有效评估和管理各类主要风险。

（一）对能够量化的风险，商业银行应当开发和完善风险计量技术，确保风险计量的一致性、客观性和准确性，在此基础上加强对相关风险的缓释、控制和管理。

（二）对难以量化的风险，商业银行应当建立风险识别、评估、控制和报告机制，确保相关风险得到有效管理。

第一百二十三条　商业银行应当建立风险加总的政策和程序，确保在不同层次上及时识别风险。商业银行可以采用多种风险加总方法，但应至少采取简单加总法，并判断风险加总结果的合理性和审慎性。

第一百二十四条　商业银行进行风险加总，应当充分考虑集中度风险及风险之间的相互传染。若考虑风险分散化效应，应基于长期实证数据，且数据观察期至少覆盖一个完整的经济周期。否则，商业银行应对风险加总方法和假设进行审慎调整。

第四节　资本规划

第一百二十五条　商业银行制定资本规划，应当综合考虑风险评估结果、未来资本需求、资本监管要求和资本可获得性，确保资本水平持续满足监管要求。资本规划应至少设定内部资本充足率三年目标。

第一百二十六条　商业银行制定资本规划，应当确保目标资本水平与业务发展战略、风险偏好、风险管理水平和外部经营环境相适应，兼顾短期和长期资本需求，并考虑各种资本补充来源的长期可持续性。

第一百二十七条　商业银行制定资本规划，应当审慎估计资产质量、利润增长及资本市场的波动性，充分考虑对银行资本水平可能产生重大负面影响的因素，包括或有风险暴露，严重且长期的市场衰退，以及突破风险承受能力的其他事件。

第一百二十八条　商业银行应当优先考虑补充核心一级资本，增强内部资本积累能力，完善资本结构，提高资本质量。

第一百二十九条　商业银行应当通过严格和前瞻性的压力测试，测算不同压力条件下的资本需求和资本可获得性，并制定资本应急预案以满足计划外的资本需求，确保银行具备充足资本应对不利的市场条件变化。

对于重度压力测试结果，商业银行应当在应急预案中明确相应的资本补充政策安排和应对措施，并充分考虑融资市场流动性变化，合理设计资本补充渠道。商业银行的资本应急预案应包括紧急筹资成本分析和可行性分析、限制资本占用程度高的业务

**公司信贷**

发展、采用风险缓释措施等。

商业银行高级管理层应当充分理解压力条件下商业银行所面临的风险及风险间的相互作用、资本工具吸收损失和支持业务持续运营的能力，并判断资本管理目标、资本补充政策安排和应对措施的合理性。

第五节　监测和报告

第一百三十条　商业银行应当建立内部资本充足评估程序的报告体系，定期监测和报告银行资本水平和主要影响因素的变化趋势。报告应至少包括以下内容：

（一）评估主要风险状况及发展趋势、战略目标和外部环境对资本水平的影响。

（二）评估实际持有的资本是否足以抵御主要风险。

（三）提出确保资本能够充分覆盖主要风险的建议。

根据重要性和报告用途不同，商业银行应当明确各类报告的发送范围、报告内容及详略程度，确保报告信息与报送频率满足银行资本管理的需要。

第一百三十一条　商业银行应当建立用于风险和资本的计量和管理的信息管理系统。商业银行的信息管理系统应具备以下功能：

（一）清晰、及时地向董事会和高级管理层提供总体风险信息。

（二）准确、及时地加总各业务条线的风险暴露和风险计量结果。

（三）动态支持集中度风险和潜在风险的识别。

（四）识别、计量并管理各类风险缓释工具以及因风险缓释带来的风险。

（五）为多角度评估风险计量的不确定性提供支持，分析潜在风险假设条件变化带来的影响。

（六）支持前瞻性的情景分析，评估市场变化和压力情形对银行资本的影响。

（七）监测、报告风险限额的执行情况。

第一百三十二条　商业银行应当系统性地收集、整理、跟踪和分析各类风险相关数据，建立数据仓库、风险数据集市和数据管理系统，以获取、清洗、转换和存储数据，并建立数据质量控制政策和程序，确保数据的完整性、全面性、准确性和一致性，满足资本计量和内部资本充足评估等工作的需要。

第一百三十三条　商业银行的数据管理系统应当达到资本充足率非现场监管报表和资本充足率信息披露的有关要求。

第一百三十四条　商业银行应当建立完整的文档管理平台，为内部审计部门及银监会对资本管理的评估提供支持。文档应至少包括：

（一）董事会、高级管理层和相关部门的职责、独立性以及履职情况。

（二）关于资本管理、风险管理等政策流程的制度文件。

（三）资本规划、资本充足率管理计划、内部资本充足评估报告、风险计量模型验证报告、压力测试报告、审计报告以及上述报告的相关重要文档。

（四）关于资本管理的会议纪要和重要决策意见。

第八章　监督检查

第一节　监督检查内容

第一百三十五条　资本充足率监督检查是银监会审慎风险监管体系的重要组成部分。

第一百三十六条　银监会根据宏观经济运行、产业政策和信贷风险变化，识别银行业重大系统性风险，对相关资产组合提出特定资本要求。

第一百三十七条　银监会对商业银行实施资本充足率监督检查，确保资本能够充分覆盖所面临的各类风险。资本充足率监督检查包括但不限于以下内容：

（一）评估商业银行全面风险管理框架。

（二）审查商业银行对合格资本工具的认定，以及各类风险加权资产的计量方法和结果，评估资本充足率计量结果的合理性和准确性。

（三）检查商业银行内部资本充足评估程序，评估公司治理、资本规划、内部控制和审计等。

（四）对商业银行的信用风险、市场风险、操作风险、银行账户利率风险、流动性风险、声誉风险以及战略风险等各类风险进行评估，并对压力测试工作开展情况进行检查。

第一百三十八条　商业银行采用资本计量高级方法，应按本办法附件14的规定向银监会提出申请。

第一百三十九条　银监会依照本办法附件14的规定对商业银行进行评估，根据评估结果决定是否核准商业银行采用资本计量高级方法；并对商业银行资本计量高级方法的使用情况和验证工作进行持续监督检查。

第一百四十条　商业银行不能持续达到本办法规定的资本计量高级方法的运用要求，银监会有权要求其限期整改。商业银行在规定期限内未达标，银监会有权取消其采用资本计量高级方法的资格。

第二节　监督检查程序

第一百四十一条　银监会建立资本监管工作机制，履行以下职责：

（一）评估银行业面临的重大系统性风险，提出针对特定资产组合的第二支柱资本要求的建议。

（二）制定商业银行资本充足率监督检查总体规划，协调和督促对商业银行资本充足率监督检查的实施。

（三）审议并决定对商业银行的监管资本要求。

（四）受理商业银行就资本充足率监督检查结果提出的申辩，确保监督检查过程以及评价结果的公正和准确。

第一百四十二条 银监会通过非现场监管和现场检查的方式对商业银行资本充足率进行监督检查。

除对资本充足率的常规监督检查外，银监会可根据商业银行内部情况或外部市场环境的变化实施资本充足率的临时监督检查。

第一百四十三条 商业银行应当在年度结束后的四个月内向银监会提交内部资本充足评估报告。

第一百四十四条 银监会实施资本充足率监督检查应遵循以下程序：

（一）审查商业银行内部资本充足评估报告，制订资本充足率检查计划。

（二）依据本办法附件 13 规定的风险评估标准，实施资本充足率现场检查。

（三）根据检查结果初步确定商业银行的监管资本要求。

（四）与商业银行高级管理层就资本充足率检查情况进行沟通，并将评价结果书面发送商业银行董事会。

（五）监督商业银行持续满足监管资本要求的情况。

第一百四十五条 商业银行可以在接到资本充足率监督检查评价结果后 60 日内，以书面形式向银监会提出申辩。在接到评价结果后 60 日内未进行书面申辩的，将被视为接受评价结果。

商业银行提出书面申辩的，应当提交董事会关于进行申辩的决议，并对申辩理由进行详细说明，同时提交能够证明申辩理由充分性的相关资料。

第一百四十六条 银监会受理并审查商业银行提交的书面申辩，视情况对有关问题进行重点核查。

银监会在受理书面申辩后的 60 日内做出是否同意商业银行申辩的书面答复，并说明理由。

第一百四十七条 银监会审查商业银行的书面申辩期间，商业银行应当执行资本充足率监督检查所确定的监管资本要求，并落实银监会采取的相关监管措施。

第一百四十八条 商业银行应当向银监会报告未并表和并表后的资本充足率。并表后的资本充足率每半年报送一次，未并表的资本充足率每季报送一次。

如遇影响资本充足率的特别重大事项，商业银行应当及时向银监会报告。

第三节　第二支柱资本要求

第一百四十九条 商业银行已建立内部资本充足评估程序且评估程序达到本办法要求的，银监会根据其内部资本评估结果确定监管资本要求；商业银行未建立内部资本充足评估程序，或评估程序未达到本办法要求的，银监会根据对商业银行风险状况的评估结果，确定商业银行的监管资本要求。

第一百五十条　银监会有权根据单家商业银行操作风险管理水平及操作风险事件发生情况，提高操作风险的监管资本要求。

第一百五十一条　银监会有权通过调整风险权重、相关性系数、有效期限等方法，提高特定资产组合的资本要求，包括但不限于以下内容：

（一）根据现金流覆盖比例、区域风险差异，确定地方政府融资平台贷款的集中度风险资本要求。

（二）通过期限调整因子，确定中长期贷款的资本要求。

（三）针对贷款行业集中度风险状况，确定部分行业的贷款集中度风险资本要求。

（四）根据个人住房抵押贷款用于购买非自住用房的风险状况，提高个人住房抵押贷款资本要求。

第四节　监管措施

第一百五十二条　银监会有权对资本充足率未达到监管要求的商业银行采取监管措施，督促其提高资本充足水平。

第一百五十三条　根据资本充足状况，银监会将商业银行分为四类：

（一）第一类商业银行：资本充足率、一级资本充足率和核心一级资本充足率均达到本办法规定的各级资本要求。

（二）第二类商业银行：资本充足率、一级资本充足率和核心一级资本充足率未达到第二支柱资本要求，但均不低于其他各级资本要求。

（三）第三类商业银行：资本充足率、一级资本充足率和核心一级资本充足率均不低于最低资本要求，但未达到其他各级资本要求。

（四）第四类商业银行：资本充足率、一级资本充足率和核心一级资本充足率任意一项未达到最低资本要求。

第一百五十四条　对第一类商业银行，银监会支持其稳健发展业务。为防止其资本充足率水平快速下降，银监会可以采取下列预警监管措施：

（一）要求商业银行加强对资本充足率水平下降原因的分析及预测。

（二）要求商业银行制订切实可行的资本充足率管理计划。

（三）要求商业银行提高风险控制能力。

第一百五十五条　对第二类商业银行，除本办法第一百五十四条规定的监管措施外，银监会还可以采取下列监管措施：

（一）与商业银行董事会、高级管理层进行审慎性会谈。

（二）下发监管意见书，监管意见书内容包括：商业银行资本管理存在的问题、拟采取的纠正措施和限期达标意见等。

（三）要求商业银行制订切实可行的资本补充计划和限期达标计划。

（四）增加对商业银行资本充足的监督检查频率。

（五）要求商业银行对特定风险领域采取风险缓释措施。

第一百五十六条 对第三类商业银行，除本办法第一百五十四条、第一百五十五条规定的监管措施外，银监会还可以采取下列监管措施：

（一）限制商业银行分配红利和其他收入。

（二）限制商业银行向董事、高级管理人员实施任何形式的激励。

（三）限制商业银行进行股权投资或回购资本工具。

（四）限制商业银行重要资本性支出。

（五）要求商业银行控制风险资产增长。

第一百五十七条 对第四类商业银行，除本办法第一百五十四条、第一百五十五条和第一百五十六条规定的监管措施外，银监会还可以采取以下监管措施：

（一）要求商业银行大幅降低风险资产的规模。

（二）责令商业银行停办一切高风险资产业务。

（三）限制或禁止商业银行增设新机构、开办新业务。

（四）强制要求商业银行对二级资本工具进行减记或转为普通股。

（五）责令商业银行调整董事、高级管理人员或限制其权利。

（六）依法对商业银行实行接管或者促成机构重组，直至予以撤销。

在处置此类商业银行时，银监会还将综合考虑外部因素，采取其他必要措施。

第一百五十八条 商业银行未按本办法规定提供资本充足率报表或报告、未按规定进行信息披露或提供虚假的或者隐瞒重要事实的报表和统计报告的，银监会依据《中华人民共和国银行业监督管理法》的相关规定实施行政处罚。

第一百五十九条 除上述监管措施外，银监会可依据《中华人民共和国银行业监督管理法》以及相关法律、行政法规和部门规章的规定，采取其他监管措施。

第九章　信息披露

第一百六十条 商业银行应当通过公开渠道，向投资者和社会公众披露相关信息，确保信息披露的集中性、可访问性和公开性。

第一百六十一条 资本充足率的信息披露应至少包括以下内容：

（一）风险管理体系：信用风险、市场风险、操作风险、流动性风险及其他重要风险的管理目标、政策、流程以及组织架构和相关部门的职能。

（二）资本充足率计算范围。

（三）资本数量、构成及各级资本充足率。

（四）信用风险、市场风险、操作风险的计量方法，风险计量体系的重大变更，以及相应的资本要求变化。

（五）信用风险、市场风险、操作风险及其他重要风险暴露和评估的定性和定量信息。

（六）内部资本充足评估方法以及影响资本充足率的其他相关因素。

（七）薪酬的定性信息和相关定量信息。

商业银行应当按照本办法附件 15 的要求充分披露资本充足率相关信息。

第一百六十二条　商业银行应当保证披露信息的真实性、准确性和完整性。

第一百六十三条　本办法规定的披露内容是资本充足率信息披露的最低要求，商业银行应当遵循充分披露的原则，并根据监管政策变化及时调整披露事项。

第一百六十四条　商业银行采用资本计量高级方法的，并行期内应至少披露本办法规定的定性信息和资本底线的定量信息。

第一百六十五条　商业银行可以不披露专有信息或保密信息的具体内容，但应进行一般性披露，并解释原因。

第一百六十六条　商业银行信息披露频率分为临时、季度、半年及年度披露，其中，临时信息应及时披露，季度、半年度信息披露时间为期末后 30 个工作日内，年度信息披露时间为会计年度终了后四个月内。因特殊原因不能按时披露的，应至少提前 15 个工作日向银监会申请延迟披露。

第一百六十七条　商业银行应当分别按照以下频率披露相关信息：

（一）实收资本或普通股及其他资本工具的变化情况应及时披露。

（二）核心一级资本净额、一级资本净额、资本净额、最低资本要求、储备资本和逆周期资本要求、附加资本要求、核心一级资本充足率、一级资本充足率以及资本充足率等重要信息应按季披露。

（三）资本充足率计算范围、信用风险暴露总额、逾期及不良贷款总额、贷款损失准备、信用风险资产组合缓释后风险暴露余额、资产证券化风险暴露余额、市场风险资本要求、市场风险期末风险价值及平均风险价值、操作风险情况、股权投资及其损益、银行账户利率风险情况等相关重要信息应每半年披露一次。

第一百六十八条　经银监会同意，在满足信息披露总体要求的基础上，同时符合以下条件的商业银行可以适当简化信息披露的内容：

（一）存款规模小于 2000 亿元人民币。

（二）未在境内外上市。

（三）未跨区域经营。

第十章　附　则

第一百六十九条　农村合作银行、村镇银行、农村信用合作社、农村资金互助社、贷款公司、企业集团财务公司、消费金融公司、金融租赁公司、汽车金融公司参照本办法执行。外国银行在华分行参照本办法规定的风险权重计量人民币风险加权资产。

第一百七十条　本办法所称的资本计量高级方法包括信用风险内部评级法、市场

风险内部模型法和操作风险高级计量法。商业银行采用资本计量高级方法，应当按照本办法附件16的规定建立资本计量高级方法验证体系。

第一百七十一条　银监会对获准采用资本计量高级方法的商业银行设立并行期，并行期自获准采用资本计量高级方法当年底开始，至少持续三年。并行期内，商业银行应按照本办法规定的资本计量高级方法和其他方法并行计量资本充足率，并遵守本办法附件14规定的资本底线要求。

并行期第一年、第二年和第三年的资本底线调整系数分别为95%、90%和80%。

并行期内，商业银行实际计提的贷款损失准备超过预期损失的，低于150%拨备覆盖率的超额贷款损失准备计入二级资本的数量不得超过信用风险加权资产的0.6%；高于150%拨备覆盖率的超额贷款损失准备可全部计入二级资本。

第一百七十二条　商业银行应在2018年底前达到本办法规定的资本充足率监管要求，鼓励有条件的商业银行提前达标。

第一百七十三条　达标过渡期内，商业银行应当制定并实施切实可行的资本充足率分步达标规划，并报银监会批准。银监会根据商业银行资本充足率达标规划实施情况，采取相应的监管措施。

第一百七十四条　达标过渡期内，商业银行应当同时按照《商业银行资本充足率管理办法》和本办法计量并披露并表和非并表资本充足率。

第一百七十五条　达标过渡期内，商业银行可以简化信息披露内容，但应当至少披露资本充足率计算范围、各级资本及扣减项、资本充足率水平、信用风险加权资产、市场风险加权资产、操作风险加权资产和薪酬的重要信息，以及享受过渡期优惠政策的资本工具和监管调整项目。

第一百七十六条　商业银行计算并表资本充足率，因新旧计量规则差异导致少数股东资本可计入资本的数量下降，减少部分从本办法施行之日起分五年逐步实施，即第一年加回80%，第二年加回60%，第三年加回40%，第四年加回20%，第五年不再加回。

第一百七十七条　本办法中采用标准普尔的评级符号，但对商业银行选用外部信用评级公司不做规定；商业银行使用外部评级公司的评级结果应符合本办法附件17的规定，并保持连续性。

第一百七十八条　附件1、附件2、附件3、附件4、附件5、附件6、附件7、附件8、附件9、附件10、附件11、附件12、附件13、附件14、附件15、附件16、附件17是本办法的组成部分。

（一）附件1：资本工具合格标准。

（二）附件2：信用风险权重法表内资产风险权重、表外项目信用转换系数及合格信用风险缓释工具。

（三）附件3：信用风险内部评级法风险加权资产计量规则。

（四）附件 4：信用风险内部评级法风险暴露分类标准。

（五）附件 5：信用风险内部评级体系监管要求。

（六）附件 6：信用风险内部评级法风险缓释监管要求。

（七）附件 7：专业贷款风险加权资产计量规则。

（八）附件 8：交易对手信用风险加权资产计量规则。

（九）附件 9：资产证券化风险加权资产计量规则。

（十）附件 10：市场风险标准法计量规则。

（十一）附件 11：市场风险内部模型法监管要求。

（十二）附件 12：操作风险资本计量监管要求。

（十三）附件 13：商业银行风险评估标准。

（十四）附件 14：资本计量高级方法监督检查。

（十五）附件 15：信息披露要求。

（十六）附件 16：资本计量高级方法验证要求。

（十七）附件 17：外部评级使用规范。

第一百七十九条　本办法由银监会负责解释。

第一百八十条　本办法自 2013 年 1 月 1 日起施行。《商业银行资本充足率管理办法》（中国银行业监督管理委员会 2004 年第 2 号令颁布实施，根据 2006 年 12 月 28 日中国银行业监督管理委员会第五十五次主席会议《关于修改〈商业银行资本充足率管理办法〉的决定》修正），《商业银行银行账户信用风险暴露分类指引》、《商业银行信用风险内部评级体系监管指引》、《商业银行专业贷款监管资本计量指引》、《商业银行信用风险缓释监管资本计量指引》、《商业银行操作风险监管资本计量指引》（银监发〔2008〕69 号），《商业银行资本充足率信息披露指引》（银监发〔2009〕97 号），《商业银行资本计量高级方法验证指引》（银监发〔2009〕104 号），《商业银行资本充足率监督检查指引》（银监发〔2009〕109 号），《商业银行资产证券化风险暴露监管资本计量指引》（银监发〔2009〕116 号），《商业银行市场风险资本计量内部模型法监管指引》（银监发〔2010〕13 号），《商业银行资本计量高级方法实施申请和审批指引》（银监发〔2010〕114 号）同时废止。本办法施行前出台的有关规章及规范性文件如与本办法不一致的，按照本办法执行。

附件 1 ～ 附件 17（略）

13.《商业银行押品管理指引》（银监发〔2017〕16 号）

第一章　总　　则

第一条　为规范商业银行押品管理，根据《中华人民共和国银行业监督管理法》、

《中华人民共和国商业银行法》、《中华人民共和国物权法》和《中华人民共和国担保法》等法律法规，制定本指引。

第二条 中华人民共和国境内依法设立的商业银行适用本指引。

第三条 本指引所称押品是指债务人或第三方为担保商业银行相关债权实现，抵押或质押给商业银行，用于缓释信用风险的财产或权利。

第四条 商业银行应将押品管理纳入全面风险管理体系，完善与押品管理相关的治理架构、管理制度、业务流程、信息系统等。

第五条 商业银行押品管理应遵循以下原则：

（一）合法性原则。押品管理应符合法律法规规定。

（二）有效性原则。抵质押担保手续完备，押品估值合理并易于处置变现，具有较好的债权保障作用。

（三）审慎性原则。充分考虑押品本身可能存在的风险因素，审慎制定押品管理政策，动态评估押品价值及风险缓释作用。

（四）从属性原则。商业银行使用押品缓释信用风险应以全面评估债务人的偿债能力为前提。

第六条 中国银监会对商业银行押品管理进行监督检查，对不能满足本指引要求的商业银行，视情况采取相应的监管措施。

第二章 管理体系

第七条 商业银行应健全押品管理的治理架构，明确董事会、高级管理层、相关部门和岗位人员的押品管理职责。

第八条 董事会应督促高级管理层在全面风险管理体系框架下构建押品管理体系，切实履行押品管理职责。

第九条 高级管理层应规范押品管理制度流程，落实各项押品管理措施，确保押品管理体系与业务发展、风险管理水平相适应。

第十条 商业银行应明确前、中、后台各业务部门的押品管理职责，内审部门应将押品管理纳入内部审计范畴定期进行审计。

商业银行应确定押品管理牵头部门，统筹协调押品管理，包括制定押品管理制度、推动信息化建设、开展风险监测、组织业务培训等。

第十一条 商业银行应根据需要，设置押品价值评估、抵质押登记、保管等相关业务岗位，明确岗位职责，配备充足人员，确保相关人员具备必要的专业知识和业务能力。同时，应采取建立回避制度、流程化管理等措施防范操作风险。

第十二条 商业银行应健全押品管理制度和流程，明确可接受的押品类型、目录、抵质押率、估值方法及频率、担保设立及变更、存续期管理、返还和处置等相关要求。

第十三条　商业银行应建立押品管理信息系统，持续收集押品类型、押品估值、抵质押率等相关信息，支持对押品及相关担保业务开展统计分析，动态监控押品债权保障作用和风险缓释能力，将业务管控规则嵌入信息系统，加强系统制约，防范抵质押业务风险。

第十四条　商业银行应真实、完整保存押品管理过程中产生的各类文档，包括押品调查文档、估值文档、存续期管理记录等相关资料，并易于检索和查询。

第三章　风险管理

第十五条　商业银行接受的押品应符合以下基本条件：

（一）押品真实存在；

（二）押品权属关系清晰，抵押（出质）人对押品具有处分权；

（三）押品符合法律法规规定或国家政策要求；

（四）押品具有良好的变现能力。

第十六条　商业银行应至少将押品分为金融质押品、房地产、应收账款和其他押品等类别，并在此基础上进一步细分。同时，应结合本行业务实践和风控水平，确定可接受的押品目录，且至少每年更新一次。

第十七条　商业银行应遵循客观、审慎原则，依据评估准则及相关规程、规范，明确各类押品的估值方法，并保持连续性。原则上，对于有活跃交易市场、有明确交易价格的押品，应参考市场价格确定押品价值。采用其他方法估值时，评估价值不能超过当前合理市场价格。

第十八条　商业银行应根据不同押品的价值波动特性，合理确定价值重估频率，每年应至少重估一次。价格波动较大的押品应适当提高重估频率，有活跃交易市场的金融质押品应进行盯市估值。

第十九条　商业银行应明确押品估值的责任主体以及估值流程，包括发起、评估、确认等相关环节。对于外部估值情形，其评估结果应由内部审核确认。

第二十条　商业银行应审慎确定各类押品的抵质押率上限，并根据经济周期、风险状况和市场环境及时调整。

抵质押率指押品担保本金余额与押品估值的比率：抵质押率＝押品担保本金余额÷押品估值×100%。

第二十一条　商业银行应建立动态监测机制，跟踪押品相关政策及行业、地区环境变化，分析其对押品价值的影响，及时发布预警信息，必要时采取相应措施。

第二十二条　商业银行应加强押品集中度管理，采取必要措施，防范因单一押品或单一种类押品占比过高产生的风险。

第二十三条　商业银行应根据押品重要程度和风险状况，定期对押品开展压力测试，原则上每年至少进行一次，并根据测试结果采取应对措施。

第四章　押品调查与评估

第二十四条　商业银行各类表内外业务采用抵质押担保的，应对押品情况进行调查与评估，主要包括受理、调查、估值、审批等环节。

第二十五条　商业银行应明确抵押（出质）人需提供的材料范围，及时、全面收集押品相关信息和材料。

第二十六条　商业银行应对抵押（出质）人以及押品情况进行调查并形成书面意见，内容包括但不限于押品权属及抵质押行为的合法性、押品及其权属证书的真实性、押品变现能力、押品与债务人风险的相关性，以及抵押（出质）人的担保意愿、与债务人的关联关系等。

第二十七条　押品调查方式包括现场调查和非现场调查，原则上以现场调查为主，非现场调查为辅。

第二十八条　商业银行应按照既定的方法、频率、流程对押品进行估值，并将评估价值和变现能力作为业务审批的参考因素。

第二十九条　下列情形下，押品应由外部评估机构进行估值：

（一）法律法规及政策规定、人民法院、仲裁机关等要求必须由外部评估机构估值的押品；

（二）监管部门要求由外部评估机构估值的押品；

（三）因估值技术性要求较高，本行不具备评估专业能力的押品；

（四）其他确需外部评估机构估值的押品。

第三十条　商业银行应明确外部评估机构的准入条件，选择符合法定要求、取得相应专业资质的评估机构，实行名单制管理，定期开展后评价，动态调整合作名单。原则上不接受名单以外的外部评估机构的估值结果，确需名单以外的外部评估机构估值的，应审慎控制适用范围。

第三十一条　商业银行应参考押品调查意见和估值结果，对抵质押业务进行审批。

第五章　抵质押设立与存续期管理

第三十二条　商业银行办理抵质押担保业务时，应签订合法、有效的书面主合同及抵质押从合同，押品存续期限原则上不短于主债权期限。主从合同合一的，应在合同中明确抵质押担保事项。

第三十三条　对于法律法规规定抵质押权经登记生效或未经登记不得对抗善意第三人的押品，应按登记部门要求办理抵质押登记，取得他项权利证书或其他抵质押登记证明，确保抵质押登记真实有效。

第三十四条　对于法律规定以移交占有为质权生效要件的押品和应移交商业银行

保管的权属证书，商业银行应办理转移占有的交付或止付手续，并采取必要措施，确保押品真实有效。

第三十五条　押品由第三方监管的，商业银行应明确押品第三方监管的准入条件，对合作的监管方实行名单制管理，加强日常监控，全面评价其管理能力和资信状况。对于需要移交第三方保管的押品，商业银行应与抵押（出质）人、监管方签订监管合同或协议，明确监管方的监管责任和违约赔偿责任。监管方应将押品与其他资产相分离，不得重复出具仓储单据或类似证明。

第三十六条　商业银行应明确押品及其权属证书的保管方式和操作要求，妥善保管抵押（出质）人依法移交的押品或权属证书。

第三十七条　商业银行应按规定频率对押品进行价值重估。出现下列情形之一的，即使未到重估时点，也应重新估值：

（一）押品市场价格发生较大波动；

（二）发生合同约定的违约事件；

（三）押品担保的债权形成不良；

（四）其他需要重估的情形。

第三十八条　发生可能影响抵质押权实现或出现其他需要补充变更押品的情形时，商业银行应及时采取补充担保等相关措施防范风险。

第三十九条　抵质押合同明确约定警戒线或平仓线的押品，商业银行应加强押品价格监控，触及警戒线时要及时采取防控措施，触及强制平仓条件时应按合同约定平仓。

第四十条　商业银行在对押品相关主合同办理展期、重组、担保方案变更等业务时，应确保抵质押担保的连续性和有效性，防止债权悬空。

第四十一条　商业银行应对押品管理情况进行定期或不定期检查，重点检查押品保管情况以及权属变更情况，排查风险隐患，评估相关影响，并以书面形式在相关报告中反映。原则上不低于每年一次。

第六章　押品返还与处置

第四十二条　出现下列情形之一的，商业银行应办理抵质押注销登记手续，返还押品或权属证书：

（一）抵质押担保合同履行完毕，押品所担保的债务已经全部清偿；

（二）人民法院解除抵质押担保裁判生效；

（三）其他法定或约定情形。

第四十三条　商业银行向受让方转让抵质押担保债权的，应协助受让方办理担保变更手续。

第四十四条　债务人未能按期清偿押品担保的债务或发生其他风险状况的，商业

银行应根据合同约定，按照损失最小化原则，合理选择行使抵质押权的时机和方式，通过变卖、拍卖、折价等合法方式及时行使抵质押权，或通过其他方式保障合同约定的权利。

第四十五条 处置押品回收的价款超过合同约定主债权金额、利息、违约金、损害赔偿金和实现债权的相关费用的，商业银行应依法将超过部分退还抵押（出质）人；价款低于合同约定主债权本息及相关费用的，不足部分依法由债务人清偿。

第七章 附 则

第四十六条 本指引由中国银监会负责解释。

第四十七条 中国银监会监管的其他银行业金融机构参照本指引执行。

第四十八条 本指引自印发之日起施行。

14. 《贷款风险分类指引》（银监发〔2007〕54号）

第一条 为促进商业银行完善信贷管理，科学评估信贷资产质量，根据《中华人民共和国银行业监督管理法》、《中华人民共和国商业银行法》及其他法律、行政法规，制定本指引。

第二条 本指引所指的贷款分类，是指商业银行按照风险程度将贷款划分为不同档次的过程，其实质是判断债务人及时足额偿还贷款本息的可能性。

第三条 通过贷款分类应达到以下目标：

（一）揭示贷款的实际价值和风险程度，真实、全面、动态地反映贷款质量。

（二）及时发现信贷管理过程中存在的问题，加强贷款管理。

（三）为判断贷款损失准备金是否充足提供依据。

第四条 贷款分类应遵循以下原则：

（一）真实性原则。分类应真实客观地反映贷款的风险状况。

（二）及时性原则。应及时、动态地根据借款人经营管理等状况的变化调整分类结果。

（三）重要性原则。对影响贷款分类的诸多因素，要根据本指引第五条的核心定义确定关键因素进行评估和分类。

（四）审慎性原则。对难以准确判断借款人还款能力的贷款，应适度下调其分类等级。

第五条 商业银行应按照本指引，至少将贷款划分为正常、关注、次级、可疑和损失五类，后三类合称为不良贷款。

正常：借款人能够履行合同，没有足够理由怀疑贷款本息不能按时足额偿还。

关注：尽管借款人目前有能力偿还贷款本息，但存在一些可能对偿还产生不利影响的因素。

次级：借款人的还款能力出现明显问题，完全依靠其正常营业收入无法足额偿还贷款本息，即使执行担保，也可能会造成一定损失。

可疑：借款人无法足额偿还贷款本息，即使执行担保，也肯定要造成较大损失。

损失：在采取所有可能的措施或一切必要的法律程序之后，本息仍然无法收回，或只能收回极少部分。

第六条　商业银行对贷款进行分类，应主要考虑以下因素：

（一）借款人的还款能力。

（二）借款人的还款记录。

（三）借款人的还款意愿。

（四）贷款项目的盈利能力。

（五）贷款的担保。

（六）贷款偿还的法律责任。

（七）银行的信贷管理状况。

第七条　对贷款进行分类时，要以评估借款人的还款能力为核心，把借款人的正常营业收入作为贷款的主要还款来源，贷款的担保作为次要还款来源。

借款人的还款能力包括借款人现金流量、财务状况、影响还款能力的非财务因素等。

不能用客户的信用评级代替对贷款的分类，信用评级只能作为贷款分类的参考因素。

第八条　对零售贷款如自然人和小企业贷款主要采取脱期法，依据贷款逾期时间长短直接划分风险类别。对农户、农村微型企业贷款可同时结合信用等级、担保情况等进行风险分类。

第九条　同一笔贷款不得进行拆分分类。

第十条　下列贷款应至少归为关注类：

（一）本金和利息虽尚未逾期，但借款人有利用兼并、重组、分立等形式恶意逃废银行债务的嫌疑。

（二）借新还旧，或者需通过其他融资方式偿还。

（三）改变贷款用途。

（四）本金或者利息逾期。

（五）同一借款人对本行或其他银行的部分债务已经不良。

（六）违反国家有关法律和法规发放的贷款。

第十一条　下列贷款应至少归为次级类：

（一）逾期（含展期后）超过一定期限，其应收利息不再计入当期损益。

（二）借款人利用合并、分立等形式恶意逃废银行债务，本金或者利息已经逾期。

第十二条 需要重组的贷款应至少归为次级类。

重组贷款是指银行由于借款人财务状况恶化，或无力还款而对借款合同还款条款作出调整的贷款。

重组后的贷款（简称重组贷款）如果仍然逾期，或借款人仍然无力归还贷款，应至少归为可疑类。

重组贷款的分类档次在至少 6 个月的观察期内不得调高，观察期结束后，应严格按照本指引规定进行分类。

第十三条 商业银行在贷款分类中应当做到：

（一）制定和修订信贷资产风险分类的管理政策、操作实施细则或业务操作流程。

（二）开发和运用信贷资产风险分类操作实施系统和信息管理系统。

（三）保证信贷资产分类人员具备必要的分类知识和业务素质。

（四）建立完整的信贷档案，保证分类资料信息准确、连续、完整。

（五）建立有效的信贷组织管理体制，形成相互监督制约的内部控制机制，保证贷款分类的独立、连续、可靠。

商业银行高级管理层要对贷款分类制度的执行、贷款分类的结果承担责任。

第十四条 商业银行应至少每季度对全部贷款进行一次分类。

如果影响借款人财务状况或贷款偿还因素发生重大变化，应及时调整对贷款的分类。

对不良贷款应严密监控，加大分析和分类的频率，根据贷款的风险状况采取相应的管理措施。

第十五条 逾期天数是分类的重要参考指标。商业银行应加强对贷款的期限管理。

第十六条 商业银行内部审计部门应对信贷资产分类政策、程序和执行情况进行检查和评估，将结果向上级行或董事会作出书面汇报，并报送中国银行业监督管理委员会或其派出机构。

检查、评估的频率每年不得少于一次。

第十七条 本指引规定的贷款分类方式是贷款风险分类的最低要求，各商业银行可根据自身实际制定贷款分类制度，细化分类方法，但不得低于本指引提出的标准和要求，并与本指引的贷款风险分类方法具有明确的对应和转换关系。

商业银行制定的贷款分类制度应向中国银行业监督管理委员会或其派出机构进行报备。

第十八条 对贷款以外的各类资产，包括表外项目中的直接信用替代项目，也应根据资产的净值、债务人的偿还能力、债务人的信用评级情况和担保情况划分为正常、关注、次级、可疑、损失五类，其中后三类合称为不良资产。

分类时，要以资产价值的安全程度为核心，具体可参照贷款风险分类的标准和要求。

第十九条　中国银行业监督管理委员会及其派出机构通过现场检查和非现场监管对贷款分类及其质量进行监督管理。

第二十条　商业银行应当按照相关规定，向中国银行业监督管理委员会及其派出机构报送贷款分类的数据资料。

第二十一条　商业银行应在贷款分类的基础上，根据有关规定及时足额计提贷款损失准备，核销贷款损失。

第二十二条　商业银行应依据有关信息披露的规定，披露贷款分类方法、程序、结果及贷款损失计提、贷款损失核销等信息。

第二十三条　本指引适用于各类商业银行、农村合作银行、村镇银行、贷款公司和农村信用社。

政策性银行和经中国银行业监督管理委员会批准经营信贷业务的其他金融机构可参照本指引建立各自的分类制度，但不应低于本指引所提出的标准和要求。

第二十四条　本指引由中国银行业监督管理委员会负责解释和修改。

第二十五条　本指引自发布之日起施行，在本指引发布施行前有关规定与本指引相抵触的，以本指引为准。

15. 《金融企业准备金计提管理办法》（财金〔2012〕20号）

第一章　总　则

第一条　为了防范金融风险，增强金融企业风险抵御能力，促进金融企业稳健经营和健康发展，根据《金融企业财务规则》等有关规定，制定本办法。

第二条　经中国银行业监督管理委员会批准，在中华人民共和国境内依法设立的政策性银行、商业银行、信托投资公司、财务公司、金融租赁公司、金融资产管理公司、村镇银行和城乡信用社等经营金融业务的企业（以下简称金融企业）适用本办法。

第三条　本办法所称准备金，又称拨备，是指金融企业对承担风险和损失的金融资产计提的准备金，包括资产减值准备和一般准备。

本办法所称资产减值准备，是指金融企业对债权、股权等金融资产（不包括以公允价值计量并且其变动计入当期损益的金融资产）进行合理估计和判断，对其预计未来现金流量现值低于账面价值部分计提的，计入金融企业成本的，用于弥补资产损失的准备金。

本办法所称一般准备，是指金融企业运用动态拨备原理，采用内部模型法或标准法计算风险资产的潜在风险估计值后，扣减已计提的资产减值准备，从净利润中计提

的、用于部分弥补尚未识别的可能性损失的准备金。

动态拨备是金融企业根据宏观经济形势变化，采取的逆周期计提拨备的方法，即在宏观经济上行周期、风险资产违约率相对较低时多计提拨备，增强财务缓冲能力；在宏观经济下行周期、风险资产违约率相对较高时少计提拨备，并动用积累的拨备吸收资产损失的做法。

本办法所称内部模型法，是指具备条件的金融企业使用内部开发的模型对风险资产计算确定潜在风险估计值的方法。

本办法所称标准法，是指金融企业根据金融监管部门确定的标准对风险资产进行风险分类后，按财政部制定的标准风险系数计算确定潜在风险估计值的方法。

本办法所称不良贷款拨备覆盖率，是指金融企业计提的贷款损失准备与不良贷款余额之比。

本办法所称贷款拨备率，是指金融企业计提的与贷款损失相关的资产减值准备与各项贷款余额之比，也称拨贷比。

本办法所称贷款总拨备率，是指金融企业计提的与贷款损失相关的各项准备（包括资产减值准备和一般准备）与各项贷款余额之比。

第二章　准备金的计提

第四条　金融企业承担风险和损失的资产应计提准备金，具体包括发放贷款和垫款、可供出售类金融资产、持有至到期投资、长期股权投资、存放同业、拆出资金、抵债资产、其他应收款项等。

对由金融企业转贷并承担对外还款责任的国外贷款，包括国际金融组织贷款、外国买方信贷、外国政府贷款、日本国际协力银行不附条件贷款和外国政府混合贷款等资产，应当计提准备金。

金融企业不承担风险的委托贷款、购买的国债等资产，不计提准备金。

第五条　金融企业应当在资产负债表日对各项资产进行检查，分析判断资产是否发生减值，并根据谨慎性原则，计提资产减值准备。对发放贷款和垫款，至少应当按季进行分析，采取单项或组合的方式进行减值测试，计提贷款损失准备。

第六条　金融企业应当于每年年度终了对承担风险和损失的资产计提一般准备。一般准备由金融企业总行（总公司）统一计提和管理。

金融企业应当根据自身实际情况，选择内部模型法或标准法对风险资产所面临的风险状况定量分析，确定潜在风险估计值。对于潜在风险估计值高于资产减值准备的差额，计提一般准备。当潜在风险估计值低于资产减值准备时，可不计提一般准备。一般准备余额原则上不得低于风险资产期末余额的 1.5%。

第七条　具备条件的金融企业可采用内部模型法确定潜在风险估计值。运用内部模型法时应当使用至少包括一个完整经济周期的历史数据，综合考虑风险资产存量及其变化、风险资产长期平均损失率、潜在损失平均覆盖率、较长时期平均资产减值准备等因素，建立内部模型，并通过对银行自身风险资产损失历史数据的回归分析或其他合理方法确定潜在风险估计值。

第八条　金融企业采用内部模型法的，已改制金融企业履行董事会审批程序后实施，未改制金融企业由行长（总经理、总裁）办公会审批后实施。

金融企业采用内部模型法的，应将内部模型及详细说明报同级财政部门备案。

第九条　金融企业不采用内部模型法的，应当根据标准法计算潜在风险估计值，按潜在风险估计值与资产减值准备的差额，对风险资产计提一般准备。其中，信贷资产根据金融监管部门的有关规定进行风险分类，标准风险系数暂定为：正常类 1.5%，关注类 3%，次级类 30%，可疑类 60%，损失类 100%；对于其他风险资产可参照信贷资产进行风险分类，采用的标准风险系数不得低于上述信贷资产标准风险系数。

第十条　金融企业对非信贷资产未实施风险分类的，可按非信贷资产余额的 1%～1.5% 计提一般准备。

标准法潜在风险估计值计算公式：

潜在风险估计值 = 正常类风险资产×1.5% + 关注类风险资产×3% + 次级类风险资产×30% + 可疑类风险资产×60% + 损失类风险资产×100%

财政部将根据宏观经济形势变化，参考金融企业不良贷款额、不良贷款率、不良贷款拨备覆盖率、贷款拨备率、贷款总拨备率等情况，适时调整计提一般准备的风险资产范围、标准风险系数、一般准备占风险资产的比例要求。

第十一条　金融企业应当根据资产的风险程度及时、足额计提准备金。准备金计提不足的，原则上不得进行税后利润分配。

第十二条　金融企业应当于每季度终了后 60 天内向同级财政部门提供其准备金计提情况（包括计提准备金的资产分项、分类情况、资产风险评估方法），并按类别提供相关准备金余额变动情况（期初、本期计提、本期转回、本期核销、期末数），以及不良资产和不良贷款拨备覆盖率情况。

中央金融企业将准备金计提情况报送财政部，中央金融企业在各地分支机构报送财政部驻当地财政监察专员办事处，地方金融企业报送同级财政部门。准备金由总行（总公司）统一计提和管理的金融企业，由总行（总公司）向同级财政部门统一提供准备金计提情况。

第十三条　财政部驻各地财政监察专员办事处负责对当地中央管理的金融企业分支机构准备金计提的监督管理，对未按规定足额计提准备金的，应当及时进行制止和纠正。

第三章　财务处理

第十四条　金融企业按规定计提的一般准备作为利润分配处理，一般准备是所有

者权益的组成部分。金融企业在年度终了后，按照本办法提出当年一般准备计提方案，履行公司治理程序后执行。

金融企业履行公司治理程序，并报经同级财政部门备案后，可用一般准备弥补亏损，但不得用于分红。因特殊原因，经履行公司治理程序，并报经同级财政部门备案后，金融企业可将一般准备转为未分配利润。

第十五条 金融企业计提的相关资产减值准备计入当期损益。已计提资产减值准备的资产质量提高时，应在已计提的资产减值准备范围内转回，增加当期损益。

第十六条 对符合条件的资产损失经批准核销后，冲减已计提的相关资产减值准备。对经批准核销的表内应收利息，已纳入损益核算的，无论其本金或利息是否已逾期，均作冲减利息收入处理。

已核销的资产损失，以后又收回的，其核销的相关资产减值准备予以转回。已核销的资产收回金额超过本金的部分，计入利息收入等。转回的资产减值准备作增加当期损益处理。

第十七条 资产减值准备以原币计提，按即期汇率折算为记账本位币后确认。

第四章 附 则

第十八条 金融企业可以根据本办法制定具体办法，报同级财政部门备案。

第十九条 金融企业一般准备余额占风险资产期末余额的比例，难以一次性达到1.5%的，可以分年到位，原则上不得超过5年。

第二十条 本办法自2012年7月1日起施行，《金融企业呆账准备提取管理办法》（财金〔2005〕49号）同时废止。

16.《金融企业不良资产批量转让管理办法》（财金〔2012〕6号）

第一章 总 则

第一条 为盘活金融企业不良资产，增强抵御风险能力，促进金融支持经济发展，防范国有资产流失，根据国家有关法律法规，制定本办法。

第二条 本办法所称金融企业，是指在中华人民共和国境内依法设立的国有及国有控股商业银行、政策性银行、信托投资公司、财务公司、城市信用社、农村信用社以及中国银行业监督管理委员会（以下简称银监会）依法监督管理的其他国有及国有控股金融企业（金融资产管理公司除外）。

其他中资金融企业参照本办法执行。

第三条 本办法所称资产管理公司，是指具有健全公司治理、内部管理控制机制，并有5年以上不良资产管理和处置经验，公司注册资本金100亿元（含）以上，取得银监会核发的金融许可证的公司，以及各省、自治区、直辖市人民政府依法设立或授权的资产管理或经营公司。

各省级人民政府原则上只可设立或授权一家资产管理或经营公司，核准设立或授权文件同时抄送财政部和银监会。上述资产管理或经营公司只能参与本省（区、市）范围内不良资产的批量转让工作，其购入的不良资产应采取债务重组的方式进行处置，不得对外转让。

批量转让是指金融企业对一定规模的不良资产（10户/项以上）进行组包，定向转让给资产管理公司的行为。

第四条　金融企业应进一步完善公司治理和内控制度，不断提高风险管理能力，建立损失补偿机制，及时提足相关风险准备。

第五条　金融企业应对批量处置的不良资产及时认定责任人，对相关责任人进行严肃处理，并将处理情况报同级财政部门和银监会或属地银监局。

第六条　不良资产批量转让工作应坚持依法合规、公开透明、竞争择优、价值最大化原则。

（一）依法合规原则。转让资产范围、程序严格遵守国家法律法规和政策规定，严禁违法违规行为。

（二）公开透明原则。转让行为要公开、公平、公正，及时充分披露相关信息，避免暗箱操作，防范道德风险。

（三）竞争择优原则。要优先选择招标、竞价、拍卖等公开转让方式，充分竞争，避免非理性竞价。

（四）价值最大化原则。转让方式和交易结构应科学合理，提高效率，降低成本，实现处置回收价值最大化。

第二章　转让范围

第七条　金融企业批量转让不良资产的范围包括金融企业在经营中形成的以下不良信贷资产和非信贷资产：

（一）按规定程序和标准认定为次级、可疑、损失类的贷款；

（二）已核销的账销案存资产；

（三）抵债资产；

（四）其他不良资产。

第八条　下列不良资产不得进行批量转让：

（一）债务人或担保人为国家机关的资产；

（二）经国务院批准列入全国企业政策性关闭破产计划的资产；

（三）国防军工等涉及国家安全和敏感信息的资产；

（四）个人贷款（包括向个人发放的购房贷款、购车贷款、教育助学贷款、信用

卡透支、其他消费贷款等以个人为借款主体的各类贷款）；

（五）在借款合同或担保合同中有限制转让条款的资产；

（六）国家法律法规限制转让的其他资产。

第三章　转让程序

第九条　资产组包。金融企业应确定拟批量转让不良资产的范围和标准，对资产进行分类整理，对一定户数和金额的不良资产进行组包，根据资产分布和市场行情，合理确定批量转让资产的规模。

第十条　卖方尽职调查。金融企业应按照国家有关规定和要求，认真做好批量转让不良资产的卖方尽职调查工作。

（一）通过审阅不良资产档案和现场调查等方式，客观、公正地反映不良资产状况，充分披露资产风险。

（二）金融企业应按照地域、行业、金额等特点确定样本资产，并对样本资产（其中债权资产应包括抵质押物）开展现场调查，样本资产金额（债权为本金金额）应不低于每批次资产的80%。

（三）金融企业应真实记录卖方尽职调查过程，建立卖方尽职调查数据库，撰写卖方尽职调查报告。

第十一条　资产估值。金融企业应在卖方尽职调查的基础上，采取科学的估值方法，逐户预测不良资产的回收情况，合理估算资产价值，作为资产转让定价的依据。

第十二条　制定转让方案。金融企业制定转让方案应对资产状况、尽职调查情况、估值的方法和结果、转让方式、邀请或公告情况、受让方的确定过程、履约保证和风险控制措施、预计处置回收和损失、费用支出等进行阐述和论证。转让方案应附卖方尽职调查报告和转让协议文本。

第十三条　方案审批。金融企业不良资产批量转让方案须履行相应的内部审批程序。

第十四条　发出要约邀请。金融企业可选择招标、竞价、拍卖等公开转让方式，根据不同的转让方式向资产管理公司发出邀请函或进行公告。邀请函或公告内容应包括资产金额、交易基准日、五级分类、资产分布、转让方式、交易对象资格和条件、报价日、邀请或公告日期、有效期限、联系人和联系方式及其他需要说明的问题。通过公开转让方式只产生1个符合条件的意向受让方时，可采取协议转让方式。

第十五条　组织买方尽职调查。金融企业应组织接受邀请并注册竞买的资产管理公司进行买方尽职调查。

（一）金融企业应在买方尽职调查前，向已注册竞买的资产管理公司提供必要的资产权属文件、档案资料和相应电子信息数据，至少应包括不良资产重要档案复印件或扫描文件、贷款五级分类结果等。

（二）金融企业应对资产管理公司的买方尽职调查提供必要的条件，保证合理的现场尽职调查时间，对于资产金额和户数较大的资产包，应适当延长尽职调查时间。

（三）资产管理公司通过买方尽职调查，补充完善资产信息，对资产状况、权属关系、市场前景等进行评价分析，科学估算资产价值，合理预测风险。对拟收购资产进行量本利分析，认真测算收购资产的预期收入和成本，根据资产管理公司自身的风险承受能力，理性报价。

第十六条　确定受让方。金融企业根据不同的转让方式，按照市场化原则和国家有关规定，确定受让资产管理公司。金融企业应将确定受让方的原则提前告知已注册的资产管理公司。采取竞价方式转让资产，应组成评价委员会，负责转让资产的评价工作，评价委员会可邀请外部专家参加；采取招标方式应遵守国家有关招标的法律法规；采取拍卖方式应遵守国家有关拍卖的法律法规。

第十七条　签订转让协议。金融企业应与受让资产管理公司签订资产转让协议，转让协议应明确约定交易基准日、转让标的、转让价格、付款方式、付款时间、收款账户、资产清单、资产交割日、资产交接方式、违约责任等条款，以及有关资产权利的维护、担保权利的变更、已起诉和执行项目主体资格的变更等具体事项。转让协议经双方签署后生效。

第十八条　组织实施。金融企业和受让资产管理公司根据签署的资产转让协议组织实施。

第十九条　发布转让公告。转让债权资产的，金融企业和受让资产管理公司要在约定时间内在全国或者省级有影响的报纸上发布债权转让通知暨债务催收公告，通知债务人和相应的担保人，公告费用由双方承担。双方约定采取其他方式通知债务人的除外。

第二十条　转让协议生效后，受让资产管理公司应在规定时间内将交易价款划至金融企业指定账户。原则上采取一次性付款方式，确需采取分期付款方式的，应将付款期限和次数等条件作为确定转让对象和价格的因素，首次支付比例不低于全部价款的30%。

采取分期付款的，资产权证移交受让资产管理公司前应落实有效履约保障措施。

第二十一条　金融企业应按照资产转让协议约定，及时完成资产档案的整理、组卷和移交工作。

（一）金融企业移交的档案资料原则上应为原件（电子信息资料除外），其中证明债权债务关系和产权关系的法律文件资料必须移交原件。

（二）金融企业将资产转让给资产管理公司时，对双方共有债权的档案资料，由双方协商确定档案资料原件的保管方，并在协议中进行约定，确保其他方需要使用原件时，原件保管方及时提供。

（三）金融企业应确保移交档案资料和信息披露资料（债权利息除外）的一致

性，严格按照转让协议的约定向受让资产管理公司移交不良资产的档案资料。

第二十二条　自交易基准日至资产交割日的过渡期内，金融企业应继续负责转让资产的管理和维护，避免出现管理真空，丧失诉讼时效等相关法律权利。

过渡期内由于金融企业原因造成债权诉讼时效丧失所形成的损失，应由金融企业承担。签订资产转让协议后，金融企业对不良资产进行处置或签署委托处置代理协议的方案，应征得受让资产管理公司同意。

第二十三条　金融企业应按照国家有关规定，对资产转让成交价格与账面价值的差额进行核销，并按规定进行税前扣除。

第四章　转让管理

第二十四条　金融企业应建立健全不良资产批量转让管理制度，设立或确定专门的审核机构，完善授权机制，明确股东大会、董事会、经营管理层的职责。

资产管理公司应制定不良资产收购管理制度，设立收购业务审议决策机构，建立科学的决策机制，有效防范经营风险。

第二十五条　金融企业和资产管理公司负责不良资产批量转让或收购的有关部门应遵循岗位分离、人员独立、职能制衡的原则。

第二十六条　金融企业根据本办法规定，按照公司章程和内部管理权限，履行批量转让不良资产的内部审批程序，自主批量转让不良资产。

第二十七条　金融企业应在每批次不良资产转让工作结束后（即金融企业向受让资产管理公司完成档案移交）30 个工作日内，向同级财政部门和银监会或属地银监局报告转让方案及处置结果，其中中央管理的金融企业报告财政部和银监会，地方管理的金融企业报告同级财政部门和属地银监局。同一报价日发生的批量转让行为作为一个批次。

第二十八条　金融企业应于每年 2 月 20 日前向同级财政部门和银监会或属地银监局报送上年度批量转让不良资产情况报告。省级财政部门和银监局于每年 3 月 30 日前分别将辖区内金融企业上年度批量转让不良资产汇总情况报财政部和银监会。

第二十九条　金融企业和资产管理公司的相关人员与债务人、担保人、受托中介机构等存在直接或间接利益关系的，或经认定对不良资产形成有直接责任的，在不良资产转让和收购工作中应予以回避。

第三十条　金融企业应在法律法规允许的范围内及时披露资产转让的有关信息，同时充分披露参与不良资产转让关联方的相关信息，提高转让工作的透明度。

上市金融企业应严格遵守证券交易所有关信息披露的规定，及时充分披露不良资产成因与处置结果等信息，以强化市场约束机制。

第三十一条　金融企业应做好不良资产批量转让工作的内部检查和审计，认真分析不良资产的形成原因，及时纠正存在的问题，总结经验教训，提出改进措施，强化信贷管理和风险防控。

第三十二条　金融企业应严格遵守国家法律法规，严禁以下违法违规行为：

（一）自交易基准日至资产交割日期间，擅自放弃与批量转让资产相关的权益；

（二）违反规定程序擅自转让不良资产；

（三）与债务人串通，转移资产，逃废债务；

（四）抽调、隐匿原始不良资产档案资料，编造、伪造档案资料或其他数据、资料；

（五）其他违法违规的行为。

第三十三条　金融企业和资产管理公司应建立健全责任追究制度，对违反相关法律、法规的行为进行责任认定，视情节轻重和损失大小对相关责任人进行处罚；违反党纪、政纪的，移交纪检、监察部门处理；涉嫌犯罪的，移交司法机关处理。

第三十四条　财政部和银监会依照相关法律法规，对金融企业的不良资产批量转让工作和资产管理公司的资产收购工作进行监督和管理，具体办法由财政部和银监会另行制定。对检查中发现的问题，责令有关单位或部门进行整改，并追究相关人员责任。

第五章　附　则

第三十五条　金融企业应依据本办法制定内部管理办法，并报告同级财政部门和银监会或属地银监局。

第三十六条　各省、自治区、直辖市人民政府依法设立或授权的资产管理或经营公司的资质认可条件，由银监会另行制定。

第三十七条　本办法自印发之日起施行。

17.《中国银监会关于进一步加强商业银行小微企业授信尽职免责工作的通知》（银监发〔2016〕56号）

各银监局，各政策性银行、大型银行、股份制银行，邮储银行，外资银行：

为贯彻落实党中央、国务院关于金融支持小微企业发展的决策部署，进一步完善商业银行小微企业授信业务管理机制，推动小微企业金融服务持续健康发展，现就加强商业银行小微企业授信尽职免责工作通知如下：

一、总体要求

小微企业授信尽职免责工作（以下简称小微尽职免责），是指商业银行在小微企业授信业务出现风险后，经过有关工作流程，有充分证据表明授信部门及工作人员按照有关法律法规、规章和规范性文件以及银行内部管理制度勤勉尽职地履行了职责的，应免除其全部或部分责任，包括内部考核扣减分、行政处分、经济处罚等责任。

（一）适用对象

小微尽职免责适用于商业银行小微企业授信业务营销、受理、审查审批、作业监督、放款操作、贷款后管理等环节中承担管理职责和直接办理业务的工作人员，包括但不限于分管小微企业授信业务的机构负责人、管理部门及经办分支机构负责人、小微企业授信业务管理人员、小微企业授信业务经办人员。

（二）制度建设

商业银行要按照加强风险管理和服务实体经济并重的指导思想，根据有关法律法规和小微企业支持服务政策，明确尽职免责标准、完善工作办法和流程，厘清内部责任部门和岗位职责，建立健全相关决策、监督机制和管理信息系统。在落实小微尽职免责制度的同时，要强化风险管理能力建设，防范片面追求程序及形式合规、不计工作实质和可预见结果的道德风险。

商业银行应结合授信业务风险溢价状况，配套设定合理的小微企业不良容忍度。在落实现有不良容忍度监管政策的基础上，商业银行可根据自身风险偏好、风险管理水平和各地经济金融环境，对不同地区的分支机构设置差异化的小微企业不良容忍度目标。

二、厘清尽职认定标准

（三）直接责任认定标准

商业银行小微企业授信业务经办人员和参与具体业务流程的管理人员，应当以《商业银行授信工作尽职指引》（银监发〔2004〕51号）和《商业银行小企业授信工作尽职指引》（银监发〔2006〕69号），以及商业银行相关业务标准、作业流程作为尽职免责的主要标准。

（四）间接责任认定标准

商业银行负责小微企业授信业务的管理部门和经办机构负责人及管理人员，若未参与具体业务流程的，原则上只承担所在部门或机构小微企业授信业务领导或管理责任。

三、明确免责情形与问责要求

（五）负责人免责情形

商业银行小微企业授信业务风险状况未超过本行所设定不良容忍度目标的，在不违反有关法律法规、规章和规范性文件规定的前提下，原则上对相关小微企业授信业务管理部门或经办机构负责人不追究领导或管理责任。

（六）经办人员及参与具体业务流程管理人员免责情形

符合下列情形之一的，商业银行在责任认定中可对小微企业授信业务工作人员免除全部或部分责任：

1. 无确切证据证明工作人员未按照标准化操作流程完成相关操作或未勤勉尽职的；

2. 自然灾害等不可抗力因素直接导致不良资产形成，且相关工作人员在风险发生后及时揭示风险并第一时间采取措施的；

3. 信贷资产本金已还清、仅因少量欠息形成不良的，如相关工作人员无舞弊欺诈、违规违纪行为，并已按商业银行有关管理制度积极采取追索措施的；

4. 因工作调整等移交的小微企业存量授信业务，移交前已暴露风险的，后续接管的工作人员在风险化解及业务管理过程中无违规失职行为；移交前未暴露风险的，后续接管的工作人员及时发现风险并采取措施减少了损失的；

5. 参与集体决策的工作人员明确提出不同意见（有合法依据），经事实证明该意见正确，且该项决策与授信业务风险存在直接关系的；

6. 在档案或流程中有书面记录，或有其他可采信的证据表明工作人员对不符合当时有关法律法规、规章、规范性文件和商业银行管理制度的业务曾明确提出反对意见，或对小微企业信贷资产风险有明确警示意见，但经上级决策后业务仍予办理且形成不良的；

7. 有关法律法规、规章、规范性文件规定的其他从轻处理情形。

（七）不得免责情形

小微企业授信业务工作人员存在以下失职或违规情节的，不得免责：

1. 借用小微企业业务流程、产品为大中型企业办理授信业务、出现风险的（存量小微企业自然成长为大中型企业的除外）；

2. 有证据证明管理人员或经办人员弄虚作假、与企业内外勾结、故意隐瞒真实情况骗取授信的；

3. 在授信业务中存在重大失误，未及时发现借款人经营、管理、财务、资金流向等各种影响还款能力的风险因素的；

4. 在授信过程中向企业索取或接受企业经济利益的；

5. 其他违反有关法律法规、规章和规范性文件规定的行为。

（八）特殊情形下的问责要求

小微企业授信业务工作人员有证据证明，上级管理人员或所在机构负责人指使、教唆或命令工作人员故意隐瞒事实或违规办理业务，且工作人员对此明确提出了异议的，即使该管理人员或负责人未参与具体业务流程，仍应承担全部或主要责任。视具体情形，可对该提出异议的工作人员予以免责或部分免责。

同一小微企业授信业务工作人员应对多户不良贷款承担责任的，商业银行应当统一考虑、合并问责。

执行尽职免责后，若有证据证明相关小微企业授信业务工作人员存在主观、故意隐瞒行为的，应当对其追加责任认定。

四、规范尽职免责工作流程

（九）完善相关规程制度

小微尽职免责工作流程主要包括尽职免责调查、尽职评议、责任认定等环节。

商业银行应按照本通知规定，修改完善小微企业授信业务相关的不良资产及损失责任评议、认定工作规程和责任追究制度，并根据有关法律法规、规章、规范性文件最新规定和业务发展管理的实际需要，及时进行修订更新。

（十）建立健全组织架构

商业银行可在内部成立各级机构小微尽职免责工作领导小组（以下简称"领导小组"），负责尽职免责的认定和处置。领导小组可指定具体部门负责设立尽职评议组织，开展尽职免责调查与评议。小微企业授信业务经营部门应当参与尽职评议和责任认定工作，以保障有关免责规定落到实处。

（十一）严格落实回避要求

开展尽职评议时，被评议的小微企业授信业务工作人员（含部门负责人、经办人员等，以下简称被评议人）不得参与评议工作。小微企业授信业务工作人员为所评议授信业务申请人关系人，或为所评议授信业务流程相关环节关系人的，应主动声明并回避；事后发现关系人未主动声明和回避的，相关尽职免责评议结果无效。

（十二）细化工作流程环节

小微企业授信业务发生风险后，对相关工作人员的责任处理，必须以尽职评议组织开展尽职免责调查与评议并进行责任认定为前提，不得以合规检查、信贷检查、专项检查等检查结论替代尽职评议。尽职免责调查可采取调阅、审核相关业务资料等非现场方式，以及必要的谈话、核实等现场方式。调查情况应作为尽职评议的重要依据。

尽职免责调查结束后，应当形成相应的尽职评议报告。报告主要内容应包括具体授信业务办理情况和业务各环节工作人员履行职责情况，并应对被评议人是否尽职给出明确的评议结论。评议结论可分为尽职、需要改进、不尽职等3类。其中，需要改进是指被评议人基本履行了授信职责，但仍需改进，发现的不足不是导致授信业务出现风险的直接原因，且未造成较大损失。商业银行可依据自身实际，对评议结论类别进行进一步细分。

领导小组在审核评议结论的基础上，依据相关规定对被评议人作出责任认定。认定为尽职的，可以免除责任；认定为需要改进的，可酌情减免责任追究；认定为不尽职的，应根据相关规程制度要求，启动责任追究程序。

（十三）明确事实认证与责任认定程序

形成尽职评议结论前，尽职评议组织应制作事实认证材料，送被评议人签字；被评议人拒不签字且未在规定期限内提出书面异议的，应注明原因和送达时间，并作出书面说明。被评议人在规定期限内提出书面异议的，评议组织应对其意见及证明材料进行审核；不予采纳的，应作出书面说明。

领导小组应以被评议人签字确认的事实认证材料及书面说明材料和尽职评议组织的评议结论为参考，作出责任认定。责任认定结果应在银行内部公示，并以书面形式告知被评议人及其所在部门。

（十四）加强档案管理

商业银行应对小微企业授信业务及尽职免责工作文档加强管理，客观、全面地记录有关调查、评议、认定过程和结果，并将相关材料存档。

五、抓好细化落实和监管督导

（十五）制定实施细则

商业银行应按照本通知要求，结合自身实际，制定相应的小微尽职免责内部实施细则，并将有关情况书面报告监管部门。其他银行业金融机构的小微尽职免责工作参照本通知执行。

（十六）强化监管督导

各级监管部门要加强对商业银行小微尽职免责落实工作的引导和督促，在对商业银行小微企业金融服务工作开展监管评价时，将小微尽职免责落实情况作为重要参考因素。